歷史與傳記

歷史與傳記 2
徐鑄成回憶錄

作　　者　徐鑄成
責任編輯　曹　慧
美術設計　張士勇　謝富智
出 版 者
印 刷 所　臺灣商務印書館股份有限公司
地址：臺北市重慶南路1段37號
電話：(02)2311-6118／傳眞：(02)2371-0274
讀者服務專線：080056196
郵政劃撥：0000165-1號
E-mail：cptw@ms12.hinet.net
出版事業登記證：局版北市業字第993號

初版一刷　1999年9月

定價新臺幣420元
ISBN　957-05-1610-0（平裝）／28569000

歷史與傳記 —— 2

徐鑄成回憶錄

徐鑄成 著

臺灣商務印書館

目次

我爲何寫回憶錄（代序）

似乎久已絕跡的傳記文學，一九七八年起在我國又逐漸繁榮起來。我也嘗試寫了幾部：繼《杜月笙正傳》、《哈同外傳》之後，去年又出版了《報人張季鸞先生傳》。「書林」是給以極大鼓勵的，每出版一部，「書林」必讓我寫一篇東西，說明寫作的動機和意圖，向讀者介紹。盛意可感。

現在，第四部試作——也許是最後一部習作《徐鑄成回憶錄》即將殺青。全書約三十萬字。「書林」又要我先來「王婆賣瓜」一番。

和前三部書比較，有所不同，一是篇幅較多，二是它不是寫別人的傳記文字，而是寫自己的編年體回憶錄式的文章。寫別人，力求神似，希望本著實事求是的精神，力求在書上再現其歷史的本來面目。寫自己，能否也堅持同樣的客觀態度呢？我從一九七九年「解凍」開始寫作之際，即抱定一個態度：於人，不宥於成見，不「以成敗論英雄」；於己，既不亂塗白粉，也不妄加油彩，一切本著實事求是的精神，盡量詳盡地回憶過去所經歷的事實。至於功過是非，則一任歷史加以評說，自己少發議論。

我是一個十分平庸的人，歷史也很簡單，自從開始工作以來，除了被迫擱筆的二十年外，一直從事新聞事業，而且始終在《大公報》、《文匯報》這兩家報裡轉來轉去，從未幹過什麼驚人的事業。所以起意想寫這本回憶錄，是因為我經歷的時代，是一個不尋常的時代，而友人們也熱情加以鼓勵。我生於前清末年，開始工作時，趕上北洋軍閥的末期——張作霖大元帥統治時期，曾目擊國民黨的興起到它在大陸的覆滅。又曾在新中國度過幾十年不平常的歲月，經歷長期的風風雨雨，直到中共十一屆三中全會以後，才撥雲霧重見青天，過了近十年的充滿希望、最令人愉快的時光。在這漫長而曲折的六十年時日中，我曾五次親自創建過報館，又曾五次親手埋葬（被封或被迫停刊）它們。其中經過，也許只有我一人明其前因後果，並從中吸取經驗、教訓。至於所接觸過的歷史事件和歷史人物，更難屈指數。為了對歷史負責，我也該趁記憶力尚未完全衰退之際，抓緊時間，盡可能加以回憶，如實地寫出來，公之於世。好在我向來有一個習慣，每遇參加一個重要會議或出外作重大旅遊，必記有日記。在反右，特別在十年浩劫中，曾被抄去作為罪證；在落實政策時，已大部分被發還了。這些殘存的舊日記，可以供我作回憶的佐證或線索。

我常常想，新聞記者的職業，大概是容易縮短壽命的。因長期熬夜，不利於健康；更多的是政治上的迫害，如名報人黃遠生、邵飄萍、鄧拓等均死於非命，壯年殉職；張季鸞先生則存年僅五十六歲，他早年備受壓迫，幾次陷於牢獄，中年接辦《大公報》後，則一路順風，名揚四海，直至因病辭世。我已度過八十春秋，經歷則恰與季鸞先生相反，自踏入新聞界大門後，即受前輩之提攜，年甫三十，即主持一家報紙筆政，也曾名噪一時。但自是以後，即與華蓋運結緣，備歷坎坷，直到中共十一屆三中全會以後，才結束厄運，拾起禿筆，重理舊業，並從事新聞教育工作。

記得亡友惲逸群兄曾説過：他的經歷，非常人所能想像；他所過的橋，比一般人走過的路還要漫長。他自感有責任把它寫出來，「明夷待訪」，以待來者。我的經歷，自然遠不及他壯烈淒苦，但有一點是相同的，一生的經歷，都可以明明白白地攤開來。司馬温公有一句名言：「事無不可對人言」；我湊上一句：「胸有是非堪自信」，作為一副對聯，用以自況。所以，自己在寫回憶錄的時候，用不著推敲，更毫無「外慚清議，內疚神明」之處，可以信筆直書，無所隱諱；當然，因年已日近鐘鳴漏盡，有些瑣碎的細節，是記憶不周全了。

我寫這本回憶錄時，也不是平均使用力量的。我在舊社會經歷了四十二年，除了童年及入學的十幾年，簡單順序叙述外，主要力量放在創業時期那近二十年，所占篇幅約占一半。而特別著重於寫新舊交替的一九四九年，寫下近五萬字。解放以後，所經歷的大事，所接觸的中外名人，當然更多。我則著重於寫個人的親身遭遇；因為有些人物和大事，尚待歷史評議，我就只能「宜粗不宜細」地簡單叙述了。

蒲留仙先生曾説，寫鬼神易，狀人難。我寫《杜月笙正傳》、《哈同外傳》，特別寫張季鸞先生的傳時，有深刻的體會。至於這本回憶錄，是否能如實地寫出我的本來面目？則有待讀者的評斷。好在知我者尚多，和我同學、同事的尚多健在，希望不吝匡正和補充。

徐鑄成

一九八七年十月二十日寫於上海

楔子

今夏從南昌、廬山回來，忽酒後發生昏厥，頭腦天旋地轉，四肢乏力，嚇得老妻和子孫輩一時無所措手足。醫生說是「小中風」，經中西醫悉心療治，又是針灸，又是推拿，總算奇蹟般地一步步恢復正常了。

這給我一次警告：生老病死，是誰都逃不了的自然規律。我腦子裡留存著的一些經歷、見聞、掌故、軼事，以及一些第一手的史料，該「留下」的，要趕快寫了，莫等再這麼來一次，就沒有那樣便宜，也許無常一到，就萬事休矣了。

想到最方便的辦法，是採用回憶錄的體裁，從幼年時起，凡印象深刻的，事無巨細，一股腦兒都寫進去，彷彿是一個舊貨攤，什麼古董雜貨全擺出來，讓讀者挑選。

寫完了回憶錄，不由得聯想到胡適博士曾寫過《四十自述》，此文在三〇年代我就拜讀過。在抗戰勝利後內戰方酣之際，胡適博士那最精彩、也是那時人們最喜歡引用的兩句話是「做了過河卒子，只能拚命向前」，以自況他當時立身處世的哲學。我現在的年齡，幾乎已達胡適博士那時的兩倍，自顧平生，立德立言，事業兩茫茫，何敢比博士於萬一。所幸一輩子蹉跎顛沛，幸免於當任何人的卒子，堪自慰耳。

講到胡適博士，也真是了不起的人物，二十六歲就學成回國，受聘為北京大學教授。當時的北大文學系，名學者如林，如中英文造詣極深而以怪僻、保守聞名的辜鴻銘，如章太炎的入室弟子黃季剛等都在此講學。胡適博士初出茅廬，即打出「文學革命」的旗幟，在陳獨秀辦的《新青年》上撰文，提倡白話文，並提倡以科學方法整理國故，所向披靡，視這些國學大師如無物。五十年代初期，曾受到有組織的批評，說他宣傳倡導的「大膽假設，小心求證」是「販賣」杜威的實用主義，是直接反對馬列主義的，在大陸，當時曾被說成是惡毒的敵人。經過三十多年時光的實踐檢驗，結果怎樣呢？那些自以為是馬列主義權威的人，所幹的倒是徹頭徹尾的實用主義——比杜威更「實用主義」的實用主義。先是無緣無故迫害知識份子，後則成批整自己人，整老幹部，再後就一步一步地「大膽懷疑」（完全是無影無蹤的幻想），大膽判定某某某的罪名，以致使之被冤屈、折磨而死。還有，因為個人的好惡，便可以杜撰事實，憑空製造一個典型，愛之抬到可以「上天攬月」，抑之可以打入十八層地獄，使之「永世不得翻身」。回頭看看胡適博士當年介紹的實用主義，應該說倒是很科學的。大膽假設，為了發展真理（無論是自然科學還是社會科學），假設不妨大膽些（當然與無根無據的海闊天空的「假定」大有區別），而求證一定要小心，要實事求是，這裡面，似乎沒有一點所謂唯心論，也談不上形而上學。

我和胡適博士，曾有幸有過幾次接觸。最後一次是在一九三六年。那時，胡博士雖主講北大，而不時來南方公出，除中美文化基金委員會等要他主持外，商務印書館的王雲五先生雖年齡較長，而奉之如名師。事無大小，都要向胡博士請教——如朱經農之出任商務印書館編輯部長，就是胡博士推薦的。那年，《大公報》上海版初創。有一天，張季鸞、胡政之兩先生宴請胡博士於八仙橋青年會附近的錦江餐館（那時，不僅近日第一流的大飯店——錦江飯店尚未開設，即法國公園附近的錦江小吃部也尚未設立，而錦江餐館即以衛生和服務周到聞名），陪客僅我和李子寬、張琴南和許君遠幾位《大公報》的高級人員。記得那天席間，胡博士曾一再稱許《大公報》是「小人國」中的巨無霸。現在想來，不勝今昔之感矣。又說，歐美有名報紙，都講求保存報紙辦法。他建議《大公報》每天至少保存五至十份，用蠟塗抹（當時尚無塗塑及微縮保存辦法）。他力言這是《大公報》的百年大計，否則，一旦存放年久風化，就難以挽救了。

那次聚晤，我彷彿印象猶新，博士的音容笑貌，如在目前，而屈指計之，已歷半個世紀，不僅胡博士已成古人，即我能歷舉的彼時在座諸公，全部已登鬼域，真不勝愴然。所幸近幾年國內評價古人，已逐漸實事求是，胡博士的重要學術編著，已有重新付梓；他的「膽」，已經近於「撥亂反正」了。

我是一九〇七年農曆五月十四日在江蘇省宜興縣城內東珠巷獅子巷口一個古老家庭裡出生的，到現在應是七十八歲零三個月，說「八十自述」，是有些「虛頭」，但照南北朝的說法，人生過了七十，即可謂「行年八十」，那我已「行」了很長一大截路了。再按香港積閏的慣例，我已可稱為「享年八十有餘」。無論如何，到我這回憶錄連載完篇，編次出書時，肯定已過了八十整壽。如果書在國內出版，印刷週期動輒在一年以上，那麼，問世時，我早已行年九十了。

一九八五年九月十八日

我寫這個楔子，是在一九八五年九月。接著寫了回憶錄正文，想趕在整壽前寫畢，以為紀念。剛寫好的二三萬字，寄港發表，不幸被殷洪喬所誤，遂嗒然擱筆。友朋聞訊，十分惋惜，多鼓勵慫恿仍賡續寫畢，謂此項紀錄，可以補近六十年我國新聞史料之不足，且為我國現代歷史保存不少軼聞。聞之又躍躍欲試。又一年多過去了，真到我八十「大慶」這一天了，勢不能再拖，乃握管濡墨，從頭補記如下。

一九八七年六月二十六日

第一章　負笈求知（一九〇七—一九二六年）

一九〇七年　出生

一九〇七年六月二十四日（歲次丁未，農曆五月十四日），我出生於江蘇宜興縣城內東珠巷獅子巷口一個大雜院中。

這座宅子，是城內有名的破「牆門」，正廳三楹，還是明代遺留下的古建築。同居有十餘家，大半系同姓疏房，各分居一二間這祖遺產業。

曾祖仲安公，稍通文墨，只有自置薄田二十餘畝，主要靠經管族中公產維持一家生計。是年他七十八歲，經常盼望在翌年八十初度時能得一曾孫，這樣，在「撒手」見閻王時，就不必下跪了。我的出生，實現了他老人家夢寐以求的想望，「其喜可知也」。

祖石樵公，時年五十六歲，在釀酒行經管賬目。我的祖母宗氏，對我最為寶愛。生有三位姑母，長次兩位已適范氏、余氏，均居農村，有一叔父，早歲在醬園當伙計。

曾祖母及我母親，均朱氏。

一九〇八年　一歲

是年曾祖父八十初度，特請宜興第一家照相館——蓉鏡軒來家攝「合家歡」，曾祖特在額上題有「八旬大慶，四世同堂」八個字以誌慶。

一九〇九年—一九一九年　兩歲至十二歲

一九〇九年，曾祖病逝，我已能麻服匍匐在靈前，掩面作悲哀狀。

一九一〇年，我的父親少石公（諱家驥）十六歲即在邑東南之湖汊鄉設余氏家塾，教我姑婆家的幾位表叔及異姓子弟。是年秋，上海革命維新空氣吹來此小城，乃赴江陰入師範傳習所學習半年。

一九一一年，辛亥年，是年十月爆發武昌革命。是時宜興分為宜興、荊溪兩縣。我家適在宜興縣衙門的隔壁，一時謠言洶洶，說保安隊將來攻打縣衙門。祖母乃攜我避居西廟巷我新出嫁的三姑周家。不數日兩縣縣太爺均被保安隊護送出境，城鄉宣告光復，我仍隨祖母回家。

一九一二年，五歲。剪去辮子，城內哄傳「白狼來了」（即白朗起義），驚恐萬分，傍晚即家家閉户。祖母又偕我逃至西廟巷三姑母家。

一九一三年，六歲。入對門湯氏家塾，從湯次雅先生開蒙。學費每季五百文。

一九一四年，歲次甲寅。祖父石樵公忽疽發於背，呻吟病床歷六月，秋間逝世。從此再無為我買玩具、攜我往茶館吃早點的人了！

改入後門東廟巷斜對過的公立第三小學。該校係新創辦，僅一班，學生二十餘人，教師為朱盤英先生，授新式課文「人手足刀尺，山水田，狗牛羊……」，此外，還每日教珠算一小時。

一九一五年，八歲。隨父母至離城三十餘里之湯渡從善小學讀書，父親任校長兼主要教師。堂叔西林隨往助教。放學後，同學教我放牛、採菱；大雨後，則籠蝦、扠魚、摸蟹，初嘗農村兒童生活趣味。結識了同學高煥榮等。

一九一六年，父親調回湖汊鄉，任新成立的廣善小學校長，月薪二十元，每年以十個月計薪。我和母親、姊姊仍回城，我入通真觀巷之私立敦本小學讀書。全校有七個班級，初級小學四班在一個教室上課，名謂複式教育。高小一二年級同一室，高三畢業班則單獨授課。校長任曰庠先生，為有名之舉人公。

一九一七年，仍在敦本學習。春間，學校發起赴銅官山遠足，學生必須納費一千八百文，統一縫製校服，整隊出發。因家貧，母親無力出錢，乃被摒諸遠足之列。課餘曾偕同學出城南門，過升溪橋，遊岳堤及堤畔之岳亭，展讀岳武穆英勇抗金事蹟之碑文，愛國思潮油然萌發。

一九一八年夏，初級小學畢業，在全班中為最末一名。暑假中，母親對父親說：「這孩子大概讀不出書了，你帶他到湖汊去補習一年，如再無辦法，我也就斷念了。」

暑假後即隨父親至湖汊廣善小學，仍在四年級為附讀生。每晚由父親講解《孟子》一章；漸覺讀書之興趣。父親慈愛，從不加以扑責。

廣善地處村邊，茂林竹篁，常於課餘偕同班同學入竹林深處遊玩，得知不少關於竹筍出土之常識，以及農民如何群獵野豬的故事。

學校另有一教師陳壽松先生，教圖畫及體操，曾為父親繪一幅牡丹，花葉並無生氣，蓋照畫本臨摹者也。

一九一九年，暑假後仍回城入敦本高小一年級。父親則被排擠調至楝樹港單班小學，仍為校長，月薪則由每月二十元降至十六元，家用更不敷。母親乃請外祖父寫信給石家莊在京漢路任段長之大姨夫推薦，冬間得復，派充司事（相當文書），母親暗中為之籌備行裝。

我回城後，頓覺有氣象一新之感，蓋「五四」運動餘風波及此小城，滿街滿巷均遍貼「還我青島」、「誓死抵制日貨，提倡國貨」、「勿五分鐘熱度」等標語；旅外學生會已成立，暑假中假邑廟戲台演出《朝鮮亡國恨》，觀衆多感動落淚。演主角安重根者為旅滬學生萬益君，我同班同學萬元祥之叔也（後為一九二八年宜興暴動之倡導人，被殺害）。

自再回敦本，我好像換了一個人，無論哪門功課，考試均列名榜首。如國文教師王叔青先生，為秀才公，教《古文觀止》極嚴格。每週五作文，下週二發卷，全班十六人，必依次叫上講壇領卷。卷本按作業成績發放，末幾卷必一一痛加責斥。因此同學咸視為難關，多在作文本端作有記號，以便王先生發卷前即可預知其優劣、吉凶。我每次作文，總被選為第一本。

其餘如算術、英文、修身乃至手工、體操，成績亦優異。母親對此亦感詫異，不再施責罵，每喜對祖母說：「鴻生（余小名）開知識了！」

一九二〇年　十三歲

是年暑假後，父親離家赴石家莊京漢鐵路任小職員，月薪二十四元，父親生平從未出過遠門（最遠為到江陰求學）。為了籌措旅費，母親曾到處求情，糾集了一個會，共十人。第一「會」由糾集人收取，共一百元；以後每三月集一會，交款數額不同，已收過者，加月息二分，未收者按次遞減。三年收畢。每次用股子六顆，搖出點子，最多者得中；往往有需急用者，懇求讓會，必向得會者加出二分以上之彩金。此種民間流行之合會形式，為舊社會集款濟急之普通方式，利息一般為月利二分，當時借三分錢者也極普通。三分以上，則稱高利貸，俗稱印子錢矣。

兩月後，始接父親來信，已平安抵達石家莊了。寄住姨夫公館。

一九二一年　十四歲

知主動努力攻讀，每晨起，必至房前小院（母親在寢室前用籬笆隔一小院，約丈餘平方大小，無門，由窗前翻下）讀《古文觀止》四十篇，始登上至廚房食糊粥二碗，然後上學。

時我家已與叔嬸合灶分餐。祖母分由兩房供養，曾祖母則與二叔祖家輪流供養。每兩月有半個月供養曾祖母。我們叫「供太婆」。每餐必備魚、肉四色，早點必備包子或油條，小菜四碟，十分隆重。葷菜、點心我們從不敢下箸，曾祖母有時夾給一個包子，或半根油條，或一塊肉，則如獲重賞，細細品嘗（母親和大姐從未受到這種恩賞）。單獨供養祖母這半個月，則家常菜加一味魚、蝦或炒肉絲就可以了。祖母深知母親之拮据也。平時，我家飯食，只兩素菜而已，大抵為炒青菜及鹹菜燉豆腐，早餐為糊粥（鄭板橋所謂歠糊塗粥者即此）加煮山芋或芋艿以充飢。

那時，鮮豬肉每近約二百文，四兩為五十文制錢。豆腐每天只吃五個制錢，青菜不過二個錢一斤。每晚我温課畢後，母親必命記流水賬，除「供太婆」日費用略大外，平時每天花費一二個銅元（每一銅元當十個制錢，每一銀元大約兑十二角小洋，一千六百文制錢）。

一九二二年 十五歲

那年為我小學畢業的一年。上半年更加勤奮攻讀，學校新聘高小三級級任老師為蔣子軒先生，教算術、英文。蔣老師看我各門功課都極優秀，課本所列題目，事前都已解答清楚，特為我「開小灶」，另教我模範英文課本及《數學三百難題》，我都能努力「鑽」通。他曾對他的幼弟蔣曾勛（在縣立一小讀書）說：「你考中學時，如有幸坐在徐鑄成附近，或可得其指點。」可見他對我的功課極為滿意。

當時，宜興全縣只有一私立彭城中學，設在和橋鎮，教學自不及省立的。要進中學，只有投考在常州的省立第五中學及無錫的省立第三師範，否則，只有投考較遠之蘇州省立第一師範或上海之第二師範（即龍門師範）。此外，就只有進收費極昂貴之教會學校或上海之私立學校。

我是五中與三師都報了名。五中考期比三師約早半個月，全城投考生約二十名，由一五中學生徐照君帶領，雇了一條小航船由輪船拖帶，這樣每人攤的船資可便宜些。

常中當時校長為宜興名士童伯章（斐）先生，為名書法家兼擅詞章，民初即出掌該校，瞿秋白、張太雷等均該校畢業而轉往京、津深造者。

我赴五中應考時，見學校範圍之大，堂舍之多，為之咋舌。考畢，同赴常州鬧市觀光，並遊文筆塔。第三日晨，仍由原船返宜。將解纜時，徐照兄匆匆趕到，私語我說：「適間已看到金榜，同來應考者僅你及任君錄取。勿輕告人，免他人失望。過幾天，錄取者當接到通知書。」我回家以後，即將此訊告家人。而幾天以後，當縣小教師之堂叔說，已聞該校的任生接到通知書，余迄未接到，母親因而頗責我所聞不實，余亦幾絕望矣。

過幾天，與同學朱百瑞同至無錫應考。無錫比常州更熱鬧，當時已有小上海之稱。我們租住梁溪旅館一小房間，每日租費僅五角，宜興人大抵多投宿於此。筆試及格者第三天口試，我幸被錄取為第二名（只招一班，共五十名，其中二名由該校附小直升），百瑞則名落孫山。

返家後，常中考單已輾轉遞到，我果被錄取第十四名（全榜共八十名）。曾祖母素嚴厲，至此亦喜形於色，逢人即誇讚曰：「小小年紀，兩榜都高中，等於秀才了！」又責罵堂叔說：「身居長輩，不代為高興，反譏笑他造謠，其實可惡。」她老人家還拿出了一塊錢，買一斤烏棗，用豬油燉爛，交給我母親說：「早晚叫鴻生吃一枚，最是補心血的。」

不幸是年秋冬之際，她老人家即無病而逝世，享年八十七歲。我曾告假一週，回宜奔喪。蓋我祖父早逝，父親又遠在千里外，我為長房長曾孫，名義要主持喪事也。

一九二三年　十六歲

自入三師後，按時起居作息。我的生活，像是驟然成熟了！三師的學風樸質純正。學校第一任校長顧述之先生雖已於我入學的上半年辭職隱居，但他所規劃設計的許多制度和辦學方針，一直還在起指南的作用。他定的校訓為「弘毅」二字，當然取義於「士不可以不弘毅，任重而道遠……」，這就開闊了學生的眼界，立志做一個於國於民有用的人。

其次他多方誘導，使學生逐漸培養自己研究的能力，所以功課雖然緊，學生還於課餘作自己的研究，博覽群書，自己有獨力思考，有自己的見解。我入學的第一年，就知道高班三年級同學常常在《時事新報》的「學燈」投稿，其中袁家驊、顧綬昌兩同學，更與北大教授朱謙之討論美學問題，這給我的觸動很大，決心要自己也埋首研究，有所建樹。

一九二二年暑假後我入預科，預科的級任老師李玉彬，輔導我們按部就班地學習。翌年下半年升入本科一年級，由新聘的老師錢賓四先生教國文及讀經，讀的是《孟子》、《論語》，講解明晰，得益匪淺。

三師的各科教師都是經顧述之先生精選的，國文教師如錢基博、沈穎若、錢賓四諸先生尤為一時之選。其次是注重博物（即生物學），學校特在大禮堂旁建有相當規模之博物館，陳列師生自製之動植物標本無慮幾千種，在當時各中等學校中是罕見的。

在圖書館中，則新出的《獨秀文存》、《胡適文存》，以及雜誌如《學衡》、《科學》、《醒獅》、《嚮導》等無一不公開陳列，由學生瀏覽。

我如飢似渴地吸收各種新舊知識，並開始閱讀各種有名的古典小說，積累知識基礎。

可以說，在三師時期，是我走向成熟的時候，也是各方面發展最活躍的時期。我現在已八十足歲，到了耄耋之年了，但不時還會做這樣的夢，彷彿又置身在三師自修室中，急忙趕著功課；或如置身《大公報》，寫了自以為得意的社評，受到張季鸞、胡政之兩先生的表揚。可見這兩段學習和工作時期，留給我印象之深。

我從高小二年級起，即喜讀報，每日飯後，即抽暇赴育嬰堂（在城隍廟西轅門）內附設公共閱報處，陳列隔日之《申報》、《新聞報》，時間匆促，翻閱要聞大意而已。

入三師後，設有閱報室，《申報》、《新聞報》、《時事新報》、《時報》、《民國日報》畢備；早晨，還有本地出版的《無錫報》、《新無錫報》二種，我在休息時間，常細讀不忍去。其中《申報》之《飄萍北京特約通信》、《時報》之《彬彬特約通信》、《新聞報》之《一葦特約通信》，對我有極大的吸引力。如當日不能看到，第二天必到圖書館借出細讀。此外，《時報》之《鮑振青東京通信》，也每篇不輕易放過。這些通信，有最新的信息，有內幕新聞，剖析入裡，綿裡藏針，而又文詞秀麗，各有特色。

我那時初讀《史記》，深感前述這些優秀的新聞記者，具有史家的品質學養，是救國不可少的崇高職業，從心底開始嚮往這種工作。

那時教我史地的向秉楓先生，博覽群書，講課時常「跳」出課本，引述稗官野史故事，如《揚州十日》、《嘉定三屠》，以及江陰閻典史抗清的故事，說時既嚴肅又悲憤。許多同學，多以他所講的內容複雜，筆記困難，而期中考試，向先生出題常涉及他口述的範圍，多以解答為苦。我對向先生所引野史、軼史材料，最有興趣，牢牢記在心裡。所以每次考試，不加準備，常被向先生擬置第一。這也許是我發願有朝一日從事新聞工作的另一原因。

師範不收學費，膳宿費也全免。除預科第一學期要繳納校服（一身粗呢制服，兩身布制服，在校時除制服外，不得著其他外衣褲。年高學生，每以著破舊補衲制服為榮）三十元外，以後每學期開學前，我只向母親要零用錢五元（那時宜興、無錫間只有小火輪可通，我每次必坐「煙棚」，來回連黃包車用去一元）。衣服均自己洗刷。我竭力節省，還可用節餘之款，購置《古文辭類纂》、《經史百家雜鈔》及《曾文正公家書》等書，至於《胡適文存》，以及新式標點的《紅樓夢》、《儒林外史》等書，則概向圖書館借讀。

每年雙十國慶節，各地必舉行提燈遊行慶祝，一九二二年亦全校列隊出動，參加無錫各界之提燈遊行，人數之多，各式花燈之盛，遠非宜興小城可比。翌年因曹錕賄選總統，各地乃停止此舉，以示抗議。從此以後，再不復見這類慶祝矣。

寒假前，某星期曾隨同學在光復門內某戲院看王漢倫、鄭小秋主演的國產電影《孤兒救祖記》，是為我生平第一次看電影，納費小洋一角。

一九二四年　十七歲

魯迅的《吶喊》出版。北新書局的主持人李小峰，原為三師同學，後考入北大的。他寄來一批《吶喊》在三師小販部優待寄賣，我買了一本，毛邊，裝潢別致，閱後即不忍釋手，覺其思想深刻，文辭尤生動，啟發很大。從此以後，魯迅每出一本書，即破慳囊去爭先購買，反覆細讀不已。

是年暑假，發生江浙齊（燮元）盧（永祥）戰爭，上海四郊為主戰場，因齊之目的為奪爭應屬江蘇範圍之上海，而自民國二年北洋軍南下以後，上海長期為皖系軍閥盧永祥、何豐林控制之下，至此爆發戰爭，江浙富户，多逃至上海租界避難。余友朱百瑞一家，隨其外祖父逃至上海。

宜興當江浙交界，為偏戰場，開來不少軍隊，計有蘇軍楊春普第三師等。我祖母、母親亦與外祖兩家避居離城十餘里之偏僻農村。全家只有我隨叔祖留守，每日聽到南郊炮聲隆隆，入夜不斷。如是者約二十天，戰事卒以盧永祥失敗出洋而告終，我家人亦漸回城。

在留城看家之約二十天中，我學會燒飯。初買麵條煮碎肉青菜與叔祖共裹腹，後亦能煮飯，燒青菜、肉絲炒雪裡蕻並蒸燉碎肉，極得叔祖讚美。記得那時青菜只二分一斤，四兩豬肉，只費六個銅元。

戰事結束，學校通知開學，我已升入本科二年級，同學大多數選我及錢德升同學為正副級長。校長專制，說我不聽話，宣布此次選舉無效，仍以原級長孔祥夫連任。

開學之初，得百瑞函，知其全家某晨將過錫返宜，乃於是晨告假至河干送別，見雇有專船由小火輪拖送。我登船拜見其太夫人及眷屬，得見其二姐及其他姐妹。二姐嘉稑尤明麗，向所愛慕，特以家貧，未敢向百瑞啟齒。此次覲面，尤令人遐想。

是年秋，又爆發第二次直奉戰爭。馮玉祥回師北京，舉行所謂北京起義，囚禁曹錕於中南海內，聯合直軍胡景翼、孫岳，改所部名國民一、二、三軍，共推馮為國民軍總司令，並派鹿鍾麟驅逐溥儀出故宮，成立故宮善後委員會，並通電歡迎孫中山先生北上主持國是。奉系軍閥張作霖等則堅持主迎段祺瑞組織臨時執政府，擁段為執政。

冬，孫中山先生啟程迂道日本北上，號召舉行國民會議，並提出廢除不平等條約之主張，而段祺瑞已入京就執政職，主張由各省實力派推代表開善後會議。並與各國磋商召開關稅會議，企圖將外人控制之關稅，稅率由值百抽五改為七點二五，以便增加稅收，紓中央政權財政之用。以此改良之辦法，對抗孫先生之革命主張。

十一月，奉軍乘機南下，驅走蘇、皖、魯等直系軍閥，張宗昌占領山東，張作霖並命姜登選為安徽督辦，楊宇霆為江蘇督辦。我寒假回家，家家閉户，蓋咸知奉軍之紀律極壞。來駐宜興奉軍有三個營，三營營長褚玉璞軍紀最壞，幸團長丁嘉春尚能約束部下。三年後，褚即由山東軍閥張宗昌賞識，提拔由旅長、師長、軍團長至直魯聯軍幫辦兼直隸（今河北省）督辦，儼然方面大員。可見軍閥時代，亦早有「直升飛機」也。

是年冬，宜興開始拆去西城一段牆，建有樓閣，民間咸稱謂「甲子門」。

一九二五年　十八歲

因不願以小學教師為終身職業，暗中準備投考大學。

是年三月，孫中山先生不幸在北京逝世，噩耗傳出，舉國同悲，即一潭死水之三師，亦受重大震動，學生自治會出面舉行追悼會。我那時已算高班同學，親撰、親寫輓聯，懸之禮堂。追悼會肅穆之空氣，為前所未見。

過不了幾天，學生會又請惲代英先生來演講，剖析國內外形勢及孫先生畢生之貢獻，條理分明，而説服力、鼓動性極強烈，為我生平所僅見。自惲先生演講後，學生中暗中參加國共兩黨者頗多。我也躍躍欲試，曾探聽門徑，後聞我所鄙視的同鄉潘國俊也已加入國民黨，因而作罷。

六月一日，聞悉上海南京路發生英軍屠殺群衆之大血案，群情憤激，學生會決定全體列隊去參加無錫全市之罷課、罷市的抗議遊行，集合地點在城中心公園，沿途商店亦多有閉門罷市者。各校集合者計有縣錫中、私立錫中及國學專修館等，以三師隊伍為最長，出發在鬧市遊行，喊「反對英帝國主義殘暴屠殺我同胞」等口號外，還分若干小隊，分頭赴近郊及農村宣傳。我參加南門外小隊，該處多進城賣菜、賣柴農民。我曾站在市口一小石台上，高聲演説英帝國主義暴行，簡述國內外情勢，大都複述惲代英氏所闡述者，亦聲嘶力竭，頗有數十農民駐足凝神而聽，此為我生平第一次所作的公開演講。

暑假中，曾借文憑與朱百瑞同至南京投考東南大學，未被錄取。該校為東南最高學府，校長為郭秉文，校舍寬大，其孟芳圖書館及工字房、田字房尤有名。南京市內，尚駛有小火車，往來下關至市中心。

自中山先生逝世，繼之發生「五卅」慘案，全國民氣驟為發揚。廣州發動之國民革命運動，影響到上海。《東方雜誌》曾刊出蔣介石戎裝與張静江、鮑羅廷等合影；嗣後又刊出廣州一般輿論，青年激進團體謂應慎防新軍閥之誕生。吳稚暉則力言當前並無產生新軍閥之跡象。

暑假後，升入本科三年級，班級選舉，同學又一致選我為正級長，錢德升為副級長，校長無法再否決，只能承認。是年學校老訓育主任陸小槎先生退休，新訓育主任為溧陽人沈同文先生。教務主任錢基博（子泉）先生，受上海光華大學聘為教授，由理化教師陸靜生先生擔任。

一九二六年　十九歲

上半年決意再借文憑投考大學，每日放棄休息及課餘操時間，而自修室隔壁適有一空房，堆放不用桌椅，我乃拆去其鎖柄，自己關閉在內，潛心補習英文、數學。在學期考試時，故意不參加自己最有把握之史、地兩門考試，作破釜沉舟之打算。蓋師範章程，畢業生必在小學教課兩年，才得投考大學；又規定凡學生有兩門功課考試不及格者開除。我兩門不參加考試，任學校開除，自以為可免於服務兩年之限制矣。

聞本年清華招考，可在理化及生物中任擇其一，我對理化無把握，生物學則頗有自信。而該校又在南方假南洋大學（今交通大學）為考場，乃借得高班畢業同學徐錫華、朱嘉聲兩兄之文憑與百瑞弟同去應考。

此為我首次到滬。租住浙江路二馬路口之一小旅社，每餐僅吃一碗陽春麵（光麵）或鹹泡飯充飢，代價僅小洋一角餘至二角。

餐畢，即由日升樓站乘五路電車至法大馬路，轉乘二路車至徐家匯應考。

考兩日事畢，時小學同學潘志涵兄卜居閘北寶山里（在蘇州教會之晏成中學讀書），曾由其嚮導一切。

考畢返宜，等待發榜。榜未發前，三師之開除通知書已到，幸郵差將信投我手中，我秘不向母親報告，免受責罵。及《申報》刊出清華錄取名單（全部共取八十名），我手抖眼花，幾乎看不清字跡，最後定神審視，徐錫華名字赫然列入其中，心頭為之一暢，心中積石落地矣。百瑞未錄取，慰以下次再努力。

清華在去年已改新制（即不再為留美預備學校），但親友震於清華之名，有力者都願幫忙，經母親竭力籌措，糾會並借貸，勉力籌湊二百元，作為入校一切費用。

同城考取清華者，尚有洪寶林兄，經商定同行。

洪兄也是初次赴京。八月底別母辭親啟行後，先乘火車至浦口。是時長江不僅無一橋可通，連後來的輪渡也未設計。黃水滔滔，僅有小划子可渡，由我坐守行李，洪兄去與船伕討價還價，最後以兩元定價，送至彼岸。

登浦口後，各自背行李，直奔車站。洪兄找到「茶房車」的門路，每人付小費兩元，然後登車，車廂較普通車為空，入夜可在條凳上舒腿睡下。我乃與洪兄輪流休息，歷兩天兩夜始到北京。

有洪兄的姐夫來接，一切平善，出站後即赴其姐姐家休息。洪兄姐夫在交通銀行工作，家住前門西司法部街。我首次入京，看到皇城之氣象，心胸頓覺開闊，無怪北京大學之生每以天下為己任也。

翌日，合雇一輛馬車，由天安門轉至西單、西四，由西直門出城，一路平房小屋，出城後更崎嶇土路，自晨九時出發，至清華園已傍晚，即註冊領入第三院宿舍，旋即晚飯安息。

第二天，偕同學參觀全校舍，真是遼曠無際，建築則崇樓傑閣，美輪美奐，設備完美而西化，恍如置身中西合璧之大觀園。主要建築有大禮堂、圖書館、體育館、科學館；前二者都以軟木鋪地，圖書館書庫且以玻璃為間隔，且開架任師生入內翻閱。學生宿舍及起居間，計分第一、第二、第三三院。第一院有樓，蓋清華學校初創時建築。第三院則新制學生宿舍，咸平房，二人一室，鋼絲床、書桌、書架、凳椅各有一套。窗外草地及操場則綠草如茵，間以繁花，休息有靠椅，口渴則隨處有消毒之自來水，噴湧而出，可掬而飲之。各主要建築均有各色大理石所間隔之廁所，手紙且多為進口之五色波紋軟紙。飯廳則六人一桌，四小菜，四大菜，米飯、白饃咸備；早餐亦四碟小菜一點心、白粥。學生每人發兩口袋，寫明房號姓名，換洗衣服床單等每晨納入口袋，有工役取去，晚間即已洗淨折疊整齊，連口袋置放床隅。我從小為窮學生，一旦處身此環境，彷佛劉阮上天台矣。

我選的是政治系，除國文外，其餘均外國課本，授課時師生都以英語直接講課、提問，我最初極費力，以後逐漸跟上。

教師中給我印象最深者，一為楊樹達先生，博學多識，授國文，講解明晰；一為外籍英語教師溫德先生，講課不厭其煩，務求每一學生徹底了解課文；一為教授生物學之錢崇澍先生，我選是科，得以融會貫通生物各門之基本知識，助教似是劉先生，輔導實驗，亦耐心講解；一為體育老師馬約翰先生，臉色紅潤，對新生都要脱光檢查，每生規定有一鐵箱，置放衣服，馬先生一一鼓勵學生游泳及跳木馬等；尚有陳福田先生，為澳洲華僑，不會説華語，亦以英語授課。每日下午四時以後，圖書館、宿舍一律上鎖，俾學生全部赴操場及體育館從事體育運動。馬先生畢生從事清華體育教育（每屆華北及全國運動會，均任總裁判），後年逾八旬，仍童顏白髮。我五〇年代在全國人大開會時仍仰展其丰采談吐，不圖在「文革」時被誣為叛徒、特務，可見所謂造反派之全無常識。溫德先生熱愛中國，一九八六年曾聞其壽高百齡，猶矍鑠安住清華，我衷心祝禱先生能壽登百廿歲，永為師表。

校中心有工字廳，署「水木清華」，朱欄彩飾，中為正廳，廳後臨有一池，四周樹木蔥鬱，半池殘荷，假山曲折，蓋原主人那桐所營。每週六有跳舞等交誼會，培養出洋習慣，我曾在此聽趙元任先生之方言表演。

學校設有國學研究院，教授為梁啟超、王國維、陳寅恪、趙元任、李濟諸大師。間在週六在一院作公開演講。我曾聽過梁任公先生所講之歷史研究法及書法要領。王靜安先生仍小辮作遺老裝，所演講之「王莽量衡」則不惟考證清晰，且製有實物，聽者得益不少。

半年清華生活，使我各科學識有極大長進。每晚常喜鑽入書庫，翻閱大英百科全書及自創刊號起之《東方雜誌》等，必至閉館鈴響，始猛然驚覺，匆匆離館，蓋對近代時事刊物，特有濃厚興趣也。

不圖學期考試畢後，忽接教務長梅月涵先生（校長為曹云祥先生）通知，約在其寓所面談，至則梅先生問我：「你對母校校長有何疙瘩?」我不解。梅先生藹然詳述，謂三師校長曾連函舉發我借文憑應試事，清華答以該生投考時之照片與入學時核對無誤；且該生入學後品學兼優，似不應追究。但三師復函洶洶，並附來我及徐錫華之本人照片，聲稱如再不開革，將向教育部控告云。

月涵先生並溫言慰勉，謂人生難免無挫折，要有再接再厲、屢仆屢起之決心。言畢，出示一寫就之致南開張伯苓先生介紹信，並言：「伯苓先生為我中學老校長。我懇介你去南開學習半年，明夏再來清華插入二年級。」其委曲愛護青年之一片苦心，使我熱淚潸潸而下，其熱心適與三師校長之必欲逼青年於死地適形成一鮮明對照。

不願驚動同學，翌日昧爽，即清理行李，灑淚告別清華園，移居城內東四炒面胡同舅父家，蓋一大雜院也。

天津《庸報》是年甫創刊，社長為董顯光，總經理為蔣光堂，創刊時徵文，我幸獲首選，獎金十元，乃急通知該報寒假中通信地址。不久，該報果派人送來白洋十元，出具收據作證。此為我在報刊發表文字之濫觴，亦為我筆耕之首筆收入。然茫茫人海，則有走投無路之感。

最難處置者，好友朱百瑞已由其叔接到錦州，準備自修一年，再投考清華。寒假前且已寄來免票乘車證（其叔在錦州車站任副站長），盼寒假赴錦州度歲，如知我已離清華，豈不影響其前進銳志。

我即以《庸報》所得之十元稿費，作為零用，仍照原計劃赴錦，臨行以電話通知舅父，因舅父常恐我經此打擊，遽尋短見也。

舅父多年在華洋義賑會工作，因嗜好難戒，家用甚拮据，對我雖愛護有心，援助乏力。

我在錦州強為歡笑，度過春節。錦州城很小，蓋吳三桂駐守時所築，彈丸小城，有陳圓圓梳妝台等「古蹟」。吳偉業詩中有「衝冠一怒為紅顏」，謂其愛妾被李自成部下奪去，因而投清，可見陳圓圓從未出關，何來梳妝台乎？

在錦有一事可記，曾托百瑞向其母夫人請示，表明我愛慕嘉稑之忱，願結為終身伴侶，百瑞欣然贊同。此為我在顛沛中對前途有自信心之表示。

自錦回京，即轉赴保定。初擬在父親身邊自修半年，再考大學；乃默察姨氏待之殊冷漠，父親亦寄人籬下，難以自主。適河北大學招插班生，乃變計入河大。蓋南開所費不貲，父親又收入甚菲，斷無力供應，不得不重違梅月涵先生之好意矣。

河北大學為省立，由舊式書院所改建，設有醫、農、文、法四院，我考入法學院，課文全用陳舊六法全書，我意在暫得一棲身地，仍銳意自修，生活則不願加重父親負擔，往往就校門外小吃店吃炒餅或啃火燒果腹，視半年前在清華，頓如天霄墮落人間地獄矣。

時段祺瑞執政府已垮台，北京政壇由顧維鈞政府暫維殘局，京津一帶落入奉系軍閥控制下，直魯聯軍幫辦褚玉璞出任直隸省督辦，名義上還兼任河北大學校長。張宗昌曾自稱為「綠林大學畢業生」。准此，則我亦為「綠林大學」一名學生矣。

當時京漢鐵路動輒欠薪數月，我不忍向父親要零用，增加其負擔，恒以火燒、粗糲度其枵腹，時有同班好友伍知威，兼任學校圖書室出納員，得每月約二十元之津貼，恒賙濟我之窘況。

星期天常步行入西門，逛天華市場及紫河套之破爛市場。進城途中，必經有名之第二師範。解放後，我看到《紅旗譜》及《野火春風鬥古城》等故事片，對其背景人物，特感親切，況如身歷其境也。

第二章　步入報界（一九二七—一九三七年）

一九二七年　二十歲

暑期，又與朱百瑞約好，會於北京，一起再考國立大學。先報考北大，寓於北大三院附近之騎河樓大溝沿妞妞房一小公寓內。榜發，均未蒙錄取。後遷居和平門外香爐營橫街一公寓，報考師大，仍用徐錫華名，幸與百瑞同被錄取國文系。亦選英文系課程，如沈步洲先生之英文短篇小說及鮑明鈐先生之「雄辯術」。

國文系教授大都為國內有名大師，如吳承仕、錢玄同、朱希祖、高閬仙（步瀛）、劉文典、劉毓盤諸先生，均屬權威教授，魯迅則於上半年離去赴廈門。

當時，北京各報銷數最廣者，為《晨報》、《世界日報》，《京報》聲望已不如飄萍在世時。因關心南方正在發展之革命形勢，人們多從《順天時報》窺之，明知該報為日人主辦，對我國不懷好意，亦從此測知片段的南方情況。

《北京益世報》及報界前輩朱洪主持之《北京日報》則全無生氣，銷數幾百份而已。

晚報有《世界晚報》及《北京晚報》（季迺時主持），前者以張恨水之連載小說而聞名。此外，尚有小型報，以《群強報》發行最廣，多刊戲目廣告及小市民關心之平民生活及市井新聞，販夫走卒如洋車伕等每人手一張以消閑。

課餘無事，與百瑞合譯一中篇小説，用我名由舅父介紹於《國聞週報》，竟蒙錄用分兩期刊出，得稿費二十元。蓋是時舅父（朱幼珊）已兼任國聞通信社北京分社編輯矣。

我謀求新聞工作益亟，曾應徵為日日新聞社駐北京特約訪員，稿雖在上海各報刊出，而報酬闃然，因而中輟。秋間舅父告我：國聞社缺一抄寫員，只傍晚工作二三小時，月薪二十元，供一頓晚餐。我聞而心動，托舅父介紹，一則可跨入新聞界之門，二則可紓經濟之困厄。

旋即上班，社址在西單附近之船板胡同。時天津《大公報》已聲譽日隆，在華北儼然有異軍蒼頭突起之勢。國聞社實兼作《大公報》之北京記者站。分社主任為金誠夫先生，另有編輯、記者共六七人，抄寫除我外，有戚先生及陳先生。不久，我舅父與主任發生爭吵，因而被辭退，幸未株及我。時社長胡政之先生家住國聞社分社內，津館務雖忙，恒一週來京一次，料理家務，並常為《大公報》採訪特稿。

我剛進師大不久，張作霖即進京住順承王府舊址，而自封為安國軍大元帥，任孫傳芳、張宗昌為副帥，並在中南海組織大元帥府，接管北京政權。內閣改組，任劉哲為教育總長，並下令合併北京各國立大學，稱京師大學校，劉哲兼管。如北大改為京師大學第一文理學院，女子大學為第二文理學院，師大為第一師範學院，女師大為第二師範學院，法政大學為法學院等，院長為張貽惠、徐炳昶、白鵬飛等，大率維持原校長人選。而劉哲常輪流到各院召全院學生演講，並加強了院內外巡邏，學生黃夜被捕者時有所聞，名為「防止赤化」，軍閥獨裁恐怖乃籠罩全北京上空。

時有宜興同鄉路阿林（小名），為百瑞老家對門鄰居，來京任奉系官僚財政次長張振鷺之秘書。家庭布置舒適，不時邀請百瑞及我至其公館作客，而盛讚我二人為一對有為之青年。我們也因此稍減客居之鄉思，並略知一些奉系軍閥官僚集團之內幕，時予已在國聞社開始工作矣。

我看到國聞社所發給各報之新聞，大率為各衙門例行之「宮門抄」，缺少新聞意味，乃不顧幼稚，寫一長信給胡政之先生，認為北京政局終將遞變，北京勢將失其政治中心之地位，而仍將永為全國之重要文化中心。國聞社似應適應此即將來到之變化，及時改變採訪重點，逐漸注意各種文化活動。

下週胡先生來京，晚飯後，約我至其書房談話，說：「你的信很有見地，我也久有此意，苦於無從著手。」旋問我在師大功課忙否？能否抽出更多時間為國聞社工作？我答重要功課大都選在上午，且學校紀律鬆弛，缺課可自己補習，胡先生說：「聞晏陽初在定縣搞的平民教育促進會甚有成績。我想請你去參觀一趟，為期三五天，回來寫一報導，以作為你設想之嘗試。」我欣然願即出發，胡先生即手書介紹信，並關照國聞社庶務曹鳳池，速為我印「大公報記者」名片，並預備旅費，盡可能及早出發。

時我母親已由故鄉偕妹遷居保定。我先到保定拜叩父母，雖為小房蝸居，已可獨家生活，不必寄人籬下矣。

母親燒家鄉菜，父親忙於購選保定有名之滷雞及雞雜碎餉愛子，一門融融天倫之樂。

第二天清晨，即乘便車赴定縣。

定縣自漢即為中山靖王封邑，為元明清官商入京必經之要邑，我久聞其名，以為必甚繁庶；及下車站一看，與想像大異。城垣確很遼闊，而城內荒村茅店，田疇縱橫，時北方已初雪，大車在白茫茫一片積雪中緩緩而行，歷一小時許始抵達平教會。

時晏陽初先生已赴美募款，由其副手湯茂如、陳築山先生熱忱招待，並導引至各實驗場地參觀。晚間歡宴，主要人員都參加，計有熊佛西、瞿世英諸先生，一切款設及桌椅，都不亞於北京。

晏陽初先生早年留學美國，畢業後值第一次世界大戰正酣，及渡海親赴法國視察。見我國華工服役前線，運送給養，十分難苦，而什九為文盲，離家數萬里，恆以難得祖國消息為苦。晏氏周歷前線，聽華工縷述遭際，十分同情，乃一一代作家書。後發現羅列千餘常用字，教華工學習，勤慧者三月即可自寫家信，表達胸臆。晏氏推度甚速，收效如彼響斯應。大戰結束，乃發展此經驗，提倡平民教育，在廣大農村推廣，並擴展教育內容，教農民自教、自學、自治、自強，並引歐美新品種，鼓勵農民改良農牧，增加收入。平縣為其第一大規模試點（以後在四川也增試點）。五十年代初，曾與梁漱溟先生提倡之鄉治，同被批判為改良主義，為欺騙農民、阻礙革命之逆時代舉措。而世界公論，則推崇晏氏為二十世紀世界十大偉人之一。記得一九四九年九月舉行開國的政協大會，學生界首席代表晏福明聞即為陽初先生之公子，殆鼓勵其背叛家庭歟？一九八六年，晏先生以九十餘高齡，跋涉萬里，歸國觀光，盛讚現代化之新面貌，其愛國熱忱，可見老而彌篤！並謂倘有機會，當再回國參觀。

我在平教會參觀三日後，復乘大車至十餘里外之一窮山溝（俱在城垣之內），訪問以土法提倡村治之米迪崗先生昆仲，其同志凡十餘輩，聞來外客，咸群集招待，共議當晚以餃子款客。各家湊集白麵（平時咸以包穀雜糧度日），而急切無處覓豬肉（定縣當時半月才殺一次豬，敲鑼叫賣）。正在躊躇無計之時，忽有一人闖入，謂鄰村死一馬，可商割馬肉和白菜作餡，於是群情始帖，一頓馬肉餃子，大餉賓客。當時北方農村之貧困，可見一斑。

大體了解米氏村治之構思後，翌晨即道別回京，趕寫《定縣平教會參觀記》，寄呈胡先生。政之先生即分刊四～五日的《大公報》，並親撰社評介紹。大意謂中國知識份子學成後多注目城市，而中國之前途，端賴知識普及，知識份子應移其目光於廣大農村云云。我的參觀記及胡先生之社評，並由《國聞週刊》一九二八年一月號轉載。此為我作參觀報導之發始。前年賀越明搜集我生平著作，編寫《徐鑄成通信遊記選》（福建人民出版社一九八七年版），列此為首篇。

從此以後，胡政之先生正式聘我為國聞社記者兼天津《大公報》記者，以文教為中心，展開採訪活動。師大功課盡量選在上午，下午則從事新聞活動。

這是一個新的嘗試。我的採訪經驗不多，從哪方面入手？如何提綱挈領、取得新聞線索呢？我知道，北京有一個華北體育協進會，為華北各省市體育運動的最高協議和領導機構。由張伯苓先生為會長，馬約翰、董守義、袁敦禮諸先生為委員。而總幹事郝更生先生實際主持日常工作，他是師大體育系的教授，和我有師生之誼，乃專程去訪問，陳述我的想法。郝先生極表歡迎，因為協進會的工作也需要宣傳，彼此一拍即合。我不時去他家作客，他的新夫人高梓女士，領導各女校體育，與郝更生先生留美同學，同攻體育專業，對我的訪問，也極表歡迎。

由此，北京各大中學有什麼重要比賽，華北地區將舉行哪些運動會，我事先都掌握情況，預先作好布置。一九二八年在太原舉行華北球類比賽，一九二九年春瀋陽舉行的華北運動會，我都親往採訪，為《大公報》體育版放出異彩。我自己調查研究，作好充分準備，固然是重要原因；而郝更生之幫助，也是一個因素。其餘，如各大學舉行重要校際比賽，或有引人注目之運動會，我都自往作現場報導，在國聞社發稿，頗受各報重視。

一九二八年　二十一歲

春間，百瑞弟得家書，其太夫人已徵得嘉稑同意，允與我訂婚。我喜極而賦一結儷詩，寫之絲帕上，並寄去一長信，傾吐多年愛慕之心。旋得嘉稑覆信。從此，情書往來不斷，訂為白首之盟。

是年，北伐軍攻克京津，改北京為北平。旋蔣介石及閻錫山、馮玉祥、李宗仁、白崇禧及其他重要將領先後到北平，共同赴西山敬謁孫中山先生靈柩。我的採訪範圍擴大，曾寫有《西山謁靈記》及其他不少採訪稿件。如天安門舉行「北京各界慶祝平津底定大會」，吳稚暉、白崇禧、方振武及馮玉祥代表郭春濤均參加，群衆近萬人。我曾寫有詳細報導，頗為平津各報所採用。再如，北平各界曾在前門內舉行孫中山先生銅像奠基典禮，北平政治分會主席張繼主持，甫自海外歸來之林森（子超）先生亦參加，長髯飄飄，風度不凡。我曾請問其「尊姓大名」，林先生笑而出名片示我。我肅然自愧識見之簡陋。

當時平津及華北各省，幾乎盡落入山西閻「老西」控制之天下，西北軍（第二集團軍）在攻克平津之戰鬥中，厥功最偉，從冀中突破奉軍防地，逼得張作霖匆忙結束北京政府殘局，退往關外（被日本軍閥炸死於皇姑屯車站），而蔣介石此時決定了「扶閻抑馮」的謀算，突令西北軍韓復榘、石友三、孫良誠等部停止前進，讓閻錫山部開進平津，接收平津冀察地盤。這就種下了以後國民黨連年發生內戰的主要原因。

當時山西幫幾有「雞犬登仙」之感，特別是閻老西的五台小同鄉。有一件我親身經歷的事，舉此可見一斑。我父親有一個同事（同為保定車站的文書雜職），他大概也是一位五台籍人。當晉軍已開出娘子關之際，忽請假回家，不知如何夤緣時會，到晉系控制華北之初，忽被發表任為平漢鐵路局局長。真是一步登天，儼然政壇紅人了！有些保定車站的司員，向我那位久任段長的姨夫道喜，說某人曾是您的部下，現在當然不會忘了您的栽培，您一定要升遷了。我姨夫連忙搖手，說：「不，我曾在他手下當差的。」這真是官場現形記的一段好材料。也可見晉系當時雞狗齊飛的一個寫照。

當時，馮系只得了北平市長（何其鞏）的一個空銜，上面還有閻錫山的平津警備總司令的控制，還有張蔭梧、楚溪春等憲兵司令等機關掌握實權。張繼以「黨國元老」做了幾個月北平政治分會空頭主席後，就拂袖離平，實際也由閻掌握。

國民黨黨務公開了，成立了北平特別市黨部。主任委員為谷正鼎，他是接近魯籍國民黨元老丁維汾的「大同盟」的一個派系，介於蔣及汪精衛的改組派之間。時丁維汾任國民黨中央組織部長，所以時有「蔣家天下丁家黨，宋氏一門三部長」之諺，後來陳果夫、立夫兄弟先後掌握組織部，這才被改稱「蔣家天下陳家黨」。

除谷正鼎外，那時的北平市黨部委員，尚有張清源、吳鑄人等，在師大還未畢業的同學黃如金任組織部長（抗戰勝利後曾任吉林大學校長），另一同學曹鰲則任工運部長。這就給我擴大採訪範圍提供了機會。《大公報》復刊之初，即提出「不黨、不賣、不私、不盲」的方針，所以對「黨務」新聞，不感興趣；但黨務牽連到社會各方面，如有一次北平電車工人全體罷工，我就先從黨部工運科找到了線索。還有一次，第三國際的代表樊迪文（荷蘭人）到平，在市黨部發表演講，我的記錄稿，成為《大公報》重視的稿件。

那時，「五卅」慘案尚未解決，日寇尚侵占濟南及膠濟路沿線，激起全國人民更強烈的反日義憤。北平也組織了反日會，由曹鰲任總幹事。這裡有不少新聞，如抄查日貨，拘捕私下販賣日貨，或以日貨改裝為國貨出售之奸商活動等等。我有一個相當長的時間，天天去反日會採訪，曹鰲以同學的關係，提供了不少便利。

有一件事，迄今對我還是一個謎。北平有一所交通大學，原是唐山交大的分校。那時學生起而要求獨立，發生風潮。記得該校學生會的主席為于斌，已結婚，家住在府右街口該校附近的一個小公寓裡。他們小夫妻還請我到家中吃了一頓便飯。我們往來很密，這位于斌先生已屆畢業，對我說畢業後準備赴義留學。他和後來紅極一時的于斌主教，是否是同一人，或僅是姓名巧合呢？這個謎只有上帝能解答了。

一九二八年四月，我奉派赴太原採訪華北籃排球比賽的新聞。我是隨郝更生等主辦人員和運動員一起出發的。那時從北平到石家莊，火車正點要歷約九小時，郝更生與北京及平漢路當局一再交涉，才撥了幾節車皮（當時各實力派紛紛扣留車輛，路局能使用的車皮很少），第一批三月三十一日上午八時出發，到石家莊已是日落西山，下榻於小客店。石家莊那時還很荒蕪，車站附近，矗立著辛亥時被袁世凱暗殺的吳祿貞烈士銅像。此外車站附近，只有零落的小店。從北平出發前，一位冀南籍朋友告訴我，石家莊的鬧市區在西部，那裡飯館及各種商鋪林立。他還告訴我一個秘訣，到石家莊的大菜館吃飯，只要把兩角錢暗下塞在跑堂的手中，彼此心照不宣，會有不少好吃的菜「飛」來。

我在小旅店安放好行李後，即步行到鐵道以西躑躅。原來那裡是古老市區，街道狹小，乞丐成群，雜以紅男綠女，氣氛相當繁雜。我購了幾件土製的日用品，即找到一間有三層三開間店面的飯店走進去，跑堂殷勤引進一小間，倒茶並洗臉後，開單子叫菜，我要一小杯白酒，點了栗子白菜、罈子肉等兩味小菜。我記住朋友的「秘訣」，私下把兩毛角票墊在菜單下，遞給跑堂，他向我微微點點頭。等酒菜端上後，隔壁正在猜拳暢飲，大吃大喝，而一小盤、一小碟「美味佳餚」，如現批烤鴨、炒腰花等紛紛向我的桌上「飛」來了，真使我大快朵頤。這種「飛」菜的經驗，以後在別的碼頭，沒有再經歷過。

第二天清晨，又由郝更生先生齊集分住兩小店之運動員，坐上正太鐵路的二等車廂，重上征程。

那時正太路還是窄軌，車廂比別的鐵路狹小了好多，加上沿線山巒起伏，車行顛簸、曲折，而窗外則時而巍巍青山，時而懸河天降，一路風景，奇幻秀麗，美不勝收。

我們坐的是路局指定的一節車廂，車役服侍周到。我曾去別的三等車裡巡禮，則乘客擠得滿滿的，很少空座。山西人喜歡抽旱煙管，且車廂內發出那一股「熱撈」氣，使人聞而欲嘔。

我和幾位老鄉閑嗑了一陣，就轉回來了。

沿途經過井陘、娘子關等站，過了陽泉，不久就到達太原。

我那時雖初當記者，也已學習張季鸞、胡政之先生的習慣，出門即寫旅行通信，按日向讀者盡快報導一路所見、所聞、所感（此習慣一直保持到解放以後，一九五七年下半年以前）。

茲摘錄一九二八年四月六日《大公報》刊出的我此行的第二篇通信如下（題為〈正太道上〉）：

正太車站在平漢車站對面，而秩序之整亂，亦適成反比。列車七八輛，甚為整齊。乘車就座，行李存放均有定處，茶水伙食供應亦有定時，秩序井然。每站到站時刻，亦鮮有參差，此實予吾人以極好之印象。……

正太每日客車，往來各二列，由石家莊開太原之第一次為快車，上午七時二十分開行。余等所乘者為慢車，上午九時三十分開行。同行諸君（包括運動員與職員、新聞記者），精神咸非常高興，緣車外之新環境，處處引人入勝。獲鹿一帶氣象與平保（保定）一帶彷彿，然田麥已高出一寸餘，或因地勢高而土肥之故。自此迄距太原六十公里之榆次站，此三百餘里，車無時不在高山邃谷中盤轉，經山洞凡二十有三，長者至三里餘，短者亦十餘丈，車軌更多隨山勢而曲折，車身常呈弧形，在後一輛車中往往可見前一輛車之側面，蓋高山穿行殊不易，且水源為車站擇卜之一要素，山中水少，自不能不遷就。聞車軌弧形建築頗不易，因而軌須高低得當，以避其側倒。正太路車軌鋪設不僅整齊，且頗美觀。同行有清華大學工程學教授劉君，每讚不絕口。……

於此，吾人知正太路之所以採用窄軌，非必盡為慮與他路發生不良之關係（當時軍閥割據，動輒將各路車輛扣留運兵，甚至以此漁利）。實緣車道曲折太甚，車軌如再放寬八寸（如一般路軌），其工程費將達數倍以上。路局初未料收此意外之後果，外間軍隊乃至鐵甲車等因此不能向晉省長驅直入也。

車行速率不甚高，每小時平均為十五英里，然乘車無一困厭者，此實因窗外之風景，無一刻不引人入勝也。高原景色固多壯偉，然秀麗處亦不減江南山水，惟色調有不同耳。萬仞峭壁綴以若干蔚色蒼柏，白鴿回翔其上，更時有碧桃銀杏夾雜其間，益增嫵媚。娘子關一帶曲折更甚，山勢更奇峭，山谷間一片黃沙，時有山伕策驢而過，山中多村落，村民似多天真，或因無戰爭經驗故歟？首陽西有一村，方在舉行類似廟會之盛集，男女多衣紅著綠，更有不少老太太穿天青禮服，排坐台階，小孩則佇立不轉瞬，此種熙熙攘攘之景象，雖車行僅一瞥，實深銘刻於腦海。有「葛天氏之民歟，無懷氏之民歟」之慨。……

下午七時零二分，車按時抵太原，大會籌備處張武成君等均到站迎候，照料異常周到。乘洋車入城，經兩度軍警之盤問，為有運動會招待證，未加檢查。入客棧後，必先填履歷表，經軍警親來查問後，始可出外自由活動。聞平時檢查更嚴。

客寓尚清潔。記者不慣住炕，幾經周折，覓得床板一副，布置被褥，甫上床，即入甜夢。合前夜睡眠片刻，共不足六小時也。

我這次還寫了《太原鱗爪》等好多篇通信，從此養成了每次出訪必將所見所聞寫為通信的習慣。張季鸞、胡政之兩先生不以觀察淺薄而摒棄，每篇都在《大公報》刊出。這給予我很大的鼓勵，我每次寫作，只署名「本報記者」，《大公報》也無額外酬金之例。所以，寫作的動機，不為名，也不為利，只是恪盡一個新聞記者應盡的職責而已。

關於那次華北球類運動會的經過，我已詳細寫了《初出茅廬》，刊載在拙著《報海舊聞》中，茲不贅。

另外，有兩點可以補充的：一是我那時只是一個年輕好動的青年記者，也喜愛運動。那次運動會期間，曾組織「號外」墜球隊（即後來之排球，規則沒有現在那麼嚴謹，每方有九個隊員，分三排上陣）。由平津各報記者組成，曾與女子錦標隊比賽，雖然是失敗了，也打贏了幾個球。當時曾被攝入新聞鏡頭。《大公報》和《國聞週報》都曾刊出。於此，可見我當時的「雄姿」。

第二，當時同行的記者，在北平《晨報》的滕樹谷及天津《庸報》的聶某等人，另有專業攝影記者宗維賡等人（宗在三十年代迄四十年代間，很有名於滬港電影話劇界）。這位滕樹谷老兄，當時也不過二十有零，喜歡在運動員中吵吵鬧鬧，滑稽突梯，如此而已。

想不到三十年代初期，卻成為上海新聞界的「有名人物」。

那時，《時報》的創辦人狄楚卿（葆賢）無意再經營報業，將《時報》盤售給南洋歸國富商黃伯惠氏。黃氏特在四馬路貴州路口建造四五層的《時報》大廈，將編輯經理等部全由「平等閣」搬入（平等閣在四馬路望平街口），並向美德訂購了最新的三色捲筒機（是為我國報紙採用多

1928年7月，作者在北京師範大學畢業時所攝。

色印報機之始）。

三十年代，國民黨政府在滬舉行第二屆全國運動會，滕樹谷特來採訪，隨來者有天津《大公報》特約訪員章繩治君（甫由北平匯文中學畢業）。由於採訪活躍，同受黃伯惠先生「青睞」，同被「挖」入《時報》，一任編輯體育版兼採訪，一任記者。在運動會期間，《時報》以大量篇幅，刊載會內外新聞及「花絮」，並且日以木刻大字，套紅刊之報首，以吸引讀者。

滕君花樣百出，其拿手傑作，為將打破大會多項全國紀錄之游泳女將楊秀瓊賜名謂「美人魚」，每日刊載大幅照片，並每日刊登楊秀瓊之「起居注」，這樣的「噱頭」一時很能迎合部分讀者的低級趣味。

以後，全國運動會閉幕了，黃伯惠叫滕樹谷跑社會新聞，他更充分發揮其「天才」，無中生有，以小誇大，盡量製造驚人的「消息」，特別喜歡在女明星周圍轉，搶鏡頭，造消息。劇影中人很討厭他，名導演蔡楚生鄙視其人，特創造一劇本，以滕的影子作為可笑的主角。凡看到此影片者，即明白一個無聊文人的影子「躍然」如在目前。

滕不因此痛改前非，反加緊製造謠言，以為報復，對名影星阮玲玉之「桃色」新聞，更加工渲染，連篇播之報端，此「人言可畏」一代明星殞落之緣由也。

我由此事，更深刻認為新聞記者之人格、品德和報社的報格之重要。《大公報》標榜「不黨、不賣、不私、不盲」之四「不」主義，在當時實是一種有針對性的社規。最近，我看到台灣九六高齡之前輩報人曾虛白先生的談話，說「不黨、不私、不賣」實為新聞界之普遍規律云云，深合我心。

以上是回憶華北球類運動聯想起的一段故事。

一九二九年　二十二歲

春四月，又隨郝更生先生及平津各校運動員，專車赴瀋陽採訪華北運動會新聞。我當時仍在北京師大讀書，半工半讀，在國聞通信社工作，是時國聞社分社主任為曹谷冰兄。

那時，東北「易幟」（廢除五色旗，改懸青天白日旗）未久，張學良剛新除楊宇霆、常蔭槐二人，被推為「東北保安軍總司令」，君臨四省。而張作霖屍骨未寒，國仇家恨，逼使張學良勵精圖治，建築葫蘆島港，修造與南滿路並行之鐵路，引用新進有為之人才創辦東北大學，吸引劉風竹、臧啟芳等為教授，致力培養人才。我們到瀋後，即住在北陵新建之規模宏大的東北大學宿舍裡；華北運動會即在建築現代化（當時水平）的東北大學大操場舉行。

為了採訪好華北運動會新聞，胡、張兩位特請何心冷兄另車赴瀋，作為我的「助手」。心冷兄原為國聞社上海分社骨幹，一九二六年《大公報》創刊前，特調到天津，任副刊《小公園》編輯，兼任採訪主任、本市新聞版編輯。可以說，除了張、胡兩先生外，他是《大公報》開闢草業時期最有力的功臣。他的未婚妻李鐫冰女士為《大公報》有名的三才女之一（其餘兩位：一是駐英法特派記者呂碧城女士，一為編婦女週刊的蔣逸霄女士），心冷兄本與鐫冰女士約定（鐫冰為李子寬之胞姐）是年春暖花開，江南草長時回滬結婚，政之先生商請其推遲婚期。以如此老資格之同事，作為我的「助手」，可見報館當局對此次運動會之重視。

北陵離市區有一二十里。我與心冷兄約定：我住在北陵，採訪所有新聞。心冷則日夜守在國聞社瀋陽分社內，負責接聽電話，拍發天津電訊及其他聯絡事宜。

此次華北運動會的採訪，我們抓緊一分一秒，利用方在試驗階段之無線電話，取得比太原球賽更輝煌之成果，其詳情已見拙著《報海舊聞》。還有幾件瑣碎見聞，可以一談：

一、我們於會後曾赴瀋陽市區巡禮，曾到日僑密集之「日本地」觀察一番，見區內馬路平整，房舍清潔、整齊，而市面盡為日商鋪子，日本軍警密切注視行人，虎視眈眈，其鄙視華人之程度，遠較天津、漢口之日租界為甚。我當時看了，有不寒而慄之感。

二、我們也曾經過「帥府」（為張作霖父子所住之府第），則餘威猶存，行人過此者，輒由衛隊揮令在對過行人道俯首默默而過。我曾抬頭覷視，看到圍牆甚高大而遼闊。近門處有一大廳，蓋即商決東北大事之所謂「老虎大廳」歟？

三、張學良氏曾兩度到華北運動會場，但未致詞，開幕詞由副會長（東北大學副校長，校長由張少帥兼任）劉風竹代致。張學良於歡宴會上曾蒞臨，夫人于鳳至女士亦參加。我席位離張略近，見其鬚髮鬖鬖，面目黧黑，精神委頓。聞其心緒不好，嗎啡針毒甚深云。

四、過「帥府」不遠，覓得浴室。其優等室供兩人獨用，布置設備，比天津之高等浴室，殆有過之。我和心冷兄，披瀝談心，見其識見很廣，學問亦淵博。有一事我迄今難忘，我們浴畢離館，忽心冷訝然謂遺失一錶，當即返浴室尋找，幸在浴池邊原壁猶在。心冷語我曰：「此錶為鐫冰所贈，故珍貴如此！」

五、在離瀋前一日，送心冷兄至南滿車站，蓋將到大連，轉乘海輪赴滬結縭矣，南滿車站，秩序視國內各站為好，空氣非常安靜，行車準時開達，不差分秒。我看到站內之天橋，即想到兩年前張作霖、吳俊升專車即在此挨炸而斃命，心中暗暗為民族前途擔憂。

翌晨，即乘運動員專車入關，過天津時，報館已派庶務周作恭兄在站截留，謂「胡張兩先生知老兄此行辛苦，特請下車，在報館休息三五天。」此為我第一次親至天津報館，亦為我第一次與季鸞先生見面。

六月初，忽接政之先生電話，很簡單，只幾句話：「你學校能否告一段假？我們想請你到外埠採訪一次，如可能明日早車即來津。」

當時北平各大學因積欠尚未還清，又因合併問題拖延不決（南京教育當局仿法國辦法，實行大學區制，如江蘇、上海均屬中央大學區，即中學及圖書館、博物館等均歸中央大學區管理），北平各大學擬合併為北平大學，由李石曾任校長。原各國立大學改稱學院，一如張作霖時代之京師大學，而職權更大，兼轄天津、河北省各大學及中學並其他教育機關。此決定一經宣布，北京各大學群起反對，遊行示威，繼以赴中南海（大學辦公處所在地）砸爛招牌，運動延續經年。從此，大學上課秩序更鬆弛。所以，我未向師大教務處請假，只關照同班同學一聲，第二天即搭平津早快車抵津，還帶去了簡單的行李。乘車到四面鐘對面報館，時甫上午九時半左右，胡先生已到報館。他簡單對我說：「我們看你很有才能，且富於新聞敏感，想請你去一趟太原，開始採訪政治新聞。你可以先到心冷鋪上（時何心冷兄尚在滬未返）休息一下，飯後張先生更向你談具體任務。」

下午一時左右，季鸞先生即來館，向我分析太原醞釀之閻（錫山）、馮（玉祥）聯合反蔣之局勢，希望我相機採訪其內幕消息，並關照我可從李書城、王鴻一、劉治洲幾位先生入手。季鸞先生並親書一介紹信囑面交小垣（李書城字，亦稱筱園）先生。

當晚我即回平，第二天清晨出發，即到保定拜見父母親，團聚一晚，翌晨即赴石家莊轉車赴太原。下榻正大飯店，安頓行李後，即先往訪太原分館經理雷夢覺先生及駐并記者呂征夷兄（復旦大學畢業生），承雷先生為接風，初嘗山西之特殊風味，如過油肉、刀削麵等，盛情可感。以後，我即開始採訪活動。當時，如四川之劉文輝，湖南之何鍵，兩廣之陳濟棠、李宗仁，東北之張學良乃至甫反馮投蔣之韓復榘、石友三等均有代表駐并。我並曾乘便車去過離并幾十里之晉祠，訪問在此被軟禁之馮玉祥，寫有《晉詞訪馮記》等等多篇通信。大概張、胡兩先生對我之採訪及寫作能力，頗為讚賞，到并一週後，季鸞先生即親筆來一手書，略謂：「自兄到并以後，所發電、信，應有盡有，足見賢能，希繼續努力，並望珍重。」總之，我跑政治新聞，第一炮算是打響了。

回平不久，張先生又函囑再往太原一行。胡先生並附函謂：「此次赴并，可多住些時候，旅費可隨時向分館支用。」

我仍住市中心之正大飯店。有一天，我甫外出採訪回旅舍，茶房忽交我一信，說：「後進有一位湯先生，請你回來後即往一見。」

我按號往訪，原來是邵飄萍的夫人湯修慧女士，蒙以茶點水果接待、坐定後，她含笑說：「我也來并採訪已旬日，看到你在《大公報》寫的通信和電報，甚為欽佩。我館事緊身，不能在并久留，擬請你代我們《京報》也順便發些新聞電。」我連忙說：「報社社規，不允記者兼職……」她急擺手說：「我知道你們《大公報》有這條規矩，但我們不奢望你所特別採訪的新聞，只要一般大路的消息，你順手給我報打些電報就可以了。」說畢，她把已辦好的收報人付資的電報執照交給我，並附有一百元鈔票，說：「這一點說不上報酬，只是補貼你的車馬費，望勿客氣。」

過了兩天，邵夫人即回北平。

我囊中素不存私款（窮學生也無餘資可存）。我把這一百元在太原買了隻手錶，餘款買了一些土儀，以便過保定時孝敬父母親。

這是我第一次買的手錶。這隻方形手錶，以後曾先後贈給大兒子和小兒子，大孫兒亦戴過，幾乎成了我家的「傳家之寶」。

又過了約兩星期，忽接政之先生由平來電：「有事盼速回平。」

不知有什麼要事？連忙摒擋行李，翌晨即動身。過保定時，只回家休息片刻，向父親呈上土儀，即購票回京（當時火車票隨時可買，二等車尤空，並不需早日訂購）。

到國聞社後，見到胡先生，他說：「谷冰已丁母憂回崇明原籍奔喪，我親來北京坐鎮。但天津報館事繁，我不能在平久留，所以打電報給你，請你速回代理分社主任職務。」我說我年輕資歷淺，恐難勝任，請另找一位編輯或記者代理此職。他微笑回答：「我已鄭重作了考慮，相信你可以負責，你就不必推辭了。」談畢，胡先生即於當日下午四時乘快車回津。

第二天，我到幾個機關跑了幾條新聞，三時許回到船板胡同（東單蘇州胡同迤北）國聞通信社，步入辦公室，見空無一人。時庶務曹鳳池兄（胡先生表弟）正在長途電話高聲談話（曹耳背，職工都背後稱為曹聾子）。他見我來了，忙以指示意，叫我去接電話，我想是天津長途電話。我說：「今天一個人都沒來上班，這也難怪大家想不通……」胡先生忙在電話中說：「我一切已知道了，今天你看稿子發得出去嗎？」我說：「我已跑到幾條，湊上幾條沒有時間性的，大概可以對付。」（兩拉抄寫員陳、戚兩兄照常上班。國聞社每天發稿多則五六張，少則三四張。）胡先生說：「這就好。你立即草擬一個啟事，送登《晨報》，公開招考三名練習生，由你訓練。我另在報館派一位外勤，明天就到平協助你。」我聽後很惶悚，馬上接著說：「胡先生難道不準備挽留他們幾位？」政之先生立即斷然回答：「我不吃這一套。」說畢，他就把電話掛斷了。

第二天，天津派來的孔昭愷兄到平，即開始工作，並和我共同商量出題及口試等問題。報名投考的人不少，我們錄取了三名，即定期到職試用，其中的一人，即後由《大公報》派往新疆採訪，旋被盛世才扣押年餘的李天織君。

前年《人民日報》副刊上曾刊載一篇雜文，引述我這件故事，說可見好馬也要靠伯樂加以識別和提拔。

這篇雜文寫得很好。我以為千里馬總有一股犟勁和奮蹄絶塵、仰首長嘶的習性，不僅靠伯樂識別，也要有識者善於馴養和給以奔馳的機會。這裡面，要有耐心和功夫。政之先生的善於識人，是人所共知之的；而在涵養、訓練和耐心方面，我以為季鸞先生更勝一籌。

到了九月底，谷冰兄即回平銷假。我即向胡先生請假，準備回宜興故鄉結婚。

我的未婚妻朱嘉稑，亦宜興人。先外父閏生公中年早逝，賴外母朱太夫人淒苦撫育三女一子成人。嘉稑居次，長於我兩歲有半，而品貌端莊秀麗，其姊妹早已出閣。是年年已二十五歲，外母頻函促早日完婚，經與百瑞弟商定，於十月初結伴返里，完我終身大事。政之先生送禮百元，我父母親百計籌劃，向保定車務段段長侯太太借了百金。我就攜此兩百金回里完婚。

因為火車票貴，決定先到津乘海輪南行。

坐的是招商局某海輪。當時房艙票價每人八元，並供伙食，但茶房賞金至少需納每人二元。茶房不僅無固定工資，且須先向買辦交納一筆錢，才能謀得此職。此當時之慣例也。

船顛簸行四日，第五日晨泊上海十六鋪碼頭。時清黨之餘風猶在，稽查行李甚嚴，我曾帶一本老舍新著《二馬的故事》，封面為絳色厚紙。絳色近紅，而又以「馬」字為書名，乃勞稽查軍警反覆審閱，約半小時始獲放行。

租住在三馬路某橫街之長發棧內，取其價廉而可靠，「老上海」所介紹者。

翌日即乘車赴無錫，轉乘內河小輪回宜。

此交通工具為我中學時代常坐者。船上有蛋炒飯，飯為無錫大米，飯粒硬而油重，加上一盂蒽花醬油湯，充腸適口，一別三年，重嘗此江南美味，甚快朵頤矣！

家中房舍依然，而我家的住房已由二叔出租。祖母近年八十，依二叔嬸供養，頗為康健。我偕百瑞回至岳家，拜見岳母及諸尊長。嘉稑與我魚雁頻通，而見面只低頭臉紅一笑。晚飯後，即投宿於新街之新旅社。該按舊俗，「毛腳女婿不能上門」也。

當時宜興習俗，結婚禮尚用舊式，我主張在城內公開場所之「厚余堂」舉行。岳母則謂女子出閣必坐花轎，必拜天地，自不能重違其意。衣飾箱籠等岳家已簡單備齊，尚缺手提皮箱一對。翌晨，即偕百瑞至常州置備，信宿即返。返時岳母已在原租與王姓房屋布置房舍，獨院三楹，窗前略有花木，有一小門可通大宅灶間，如此，接待新婿，不犯「毛腳」女婿之嫌。

從常州歸來，我即喬居於此。

結婚之日，先用花轎載新郎新娘至厚余堂，伴郎有小學同學潘志涵、任肇基二人，兩史姓表妹執花束為牽披紗。

到厚余堂後，由徐姓族紳為主婚，婚畢，回茶局巷岳家。大廳已花燭高燒，桌椅皆紅緞帔，依然相對拜天地，拜見岳母，然後喜筵數桌，款宴親友，如此新舊混合之儀式，一時轟動全城，圍觀者如堵。

迄今回憶，結婚已忽忽近一花甲，現在已子孫繞膝（有三子、四孫、二孫女，長孫女去年已結婚），數十年相敬相愛，從未口角或臉紅。今年（一九八七年）同行、好友為慶祝八十整壽，嘉稑白髮婆娑，精神尤矍鑠，年已逾八旬有二，可謂福壽雙全（半生坎坷），白髮偕老矣。

結婚之第二日，二叔嬸在東珠巷老家置備喜酒。我與嘉稑雙雙回家，叩見祖母及諸尊長，參加者有姑母、姨母等，蓋我為祖母膝下最大之長孫也。

結婚後，除親戚宴請外，曾至城內外各處遊覽，作為「蜜月」旅遊。時西氿邊正砌築京（南京）杭公路，曾聞鄉人竊竊私議：「築路沒有邊，將來汽車行走，開出馬路怎麼辦？」有聰明人回答：「大概將來兩邊總要修築欄杆罷！」如今則宜興已成旅遊勝地，公路四通八達，中外遊客日夜汽車如流水，遠非昔比。我們老夫妻從一九八〇年重見天日後，幾乎每年必回宜一次，雖彼此在宜都已無親人，而故鄉作客，戀念舊土之情，老爾彌篤也。

轉眼蜜月已過，胡先生連函促歸津，而兩手空空，盤纏無著，乃專函胡先生告急；不日即匯來百元，即拜別岳母，與百瑞弟一同就道，此行仍由滬乘海輪赴津。經上海時，仍下榻長發客棧，曾赴虹口、靜安寺等區遊逛兩日，即乘輪出發。到津後，瑞弟即回平。我們新夫婦先回保定叩見父母親，並筵請親友，略留三日，即留嘉稑在保侍奉翁姑，我隻身回天津，蓋胡、張兩先生已決定調津館內任體育、教育版編輯，兼主編經濟新聞版，月薪亦已長至七十元矣。

轉眼隆冬已屆，季鸞先生有日找予謂：「太原方面似有變卦，閻閻已將馮囚禁於其家鄉五台縣之建安村。你可即日赴并一行。編輯工作可交趙恩源（甫由燕大畢業入館，作我之助手）代理。」第二天我即就道，時北國銀裝素裹，到處白雪皚皚。而軍閥混戰頻頻：第一次蔣馮戰後，有蔣唐（生智）之戰，以及石友三之反叛（此戰延及河北省之順德府）；閻錫山以「主持公道」為旗幟，出兵在冀南阻擊石之後路等等，兵荒馬亂，平漢路尤為要衝，各路軍閥爭相扣留車輛，致平漢路行車秩序更亂。我乘的客車，大抵為鐵棚行李車所改裝，而行車無定時，從北平到石家莊，幾耽擱一晝夜。有些運貨小販，販賣雞鴨，只能攀登車頂，一夜風雪暴寒，雞凍死聞達數十隻。可見當時民間之疾苦。

第二天傍晚，到了太原，立即進行採訪活動，先見到李書城、王鴻一、劉治洲、周玳、徐永昌及馮之秘書雷嗣尚諸人。

此次到并，並勾留二十餘日，在并度過舊曆新年。有了經驗，熟人也更多。我曾乘馮私人醫生陳先生（聞即老友陳仁炳兄之胞叔）之便車親至五台訪問馮先生，來往大雪飄飄，真是「一去二三里，下車四五回（為鏟雪），拋錨六七次（為加油或加綁繩索），八九十徘徊。」到了五台，得見馮先生，寫出很轟動一時之通信。

我並曾動用腦筋，設法見到閻錫山（這位土皇帝盤踞山西數十年，從未接見過一次中外記者），收穫極為豐富。新年時與雷夢覺經理小館對酌，曾看民間結婚之儀式，雷先生並告我晉北大同一帶之風俗。

閻錫山雖已就任蔣委之「陸海空軍副司令」，並就任國民黨山西省黨部主任委員之稱（實權仍操之CC健將苗培成、李嗣璁等之手），但與馮及各方代表仍暗中「藕斷絲連」，時局一時難有新發展，亦不致有突然變化，經函得張、胡兩先生同意，結束此行。歸途過保定時，留居三五日，並攜同嘉稑抵津，借住同學好友潘家，地址在河北大經路三元里。

上班二三天後，胡先生看到我看畢小樣，即匆忙離館，翌日即為我安排，在日、法租界秋山街之集體職工宿舍樓上，騰出小屋三間，供我小家庭新居之所（與庶務主任周作恭一家為鄰）。

一九三〇年　二十三歲

小家庭生活，事事草草。最初常至蘇州館（在紫竹林）便餐，後以所費不貲，乃自備餐具，備一打氣爐，自己做飯。我亦能燒小菜，而切菜刀等未購齊，常以剪刀剪菜，甚至剪肉。夫妻雙雙動手，自己烹調，有時燉蛋花湯，風味甚美。蓋那時《大公報》職工伙食均由報館供給，我不便開口搭伙也。

在這年初春，我有幸看到一次宣統「皇帝陛下」及其后妃，經過是很偶然的。原來，前兩年曾在遠東運動會上爭得網球單雙打冠軍之林寶華氏，被邀請來津，教小皇帝打網球（也算「內書房行走」罷），出入於溥儀在日租界的行宮（那時，溥儀已由張彪的「張園」搬至陸宗輿的一幢私家花園——靜園裡）。有一天邱飛海由上海抵津，這兩位在遠運會為國揚威的國手，在英租界網球場友誼表演。我作為體育版的主編，自然應去觀戰，寫一篇特寫。正在凝神觀賞林邱二氏的精彩球藝時，忽鄰座人聲嘈雜（我坐的看台，正面對大門），「宣統皇帝來了！」「看小皇帝和他的后妃啊！」我抬頭一看，只見溥儀已慢慢步入特等優待座。跟著他進來的，除一群太監保鏢外，有他的皇后婉容及貴妃文繡。溥儀比我大一歲，看來比我老而且瘦，尖削面龐，戴一墨綠色眼鏡，攜有「御杖」；婉容則豐容盛寰，明眸皓齒，風度十分宜人，大概那時她還未染上煙癮吧！跟在她後面走的文繡，卻是一位纖弱的女子，面容也不如婉容的美豔。他們入座後，人聲方停息下來。等到林、邱二氏打完了三局，快近完場時，皇帝即在簇擁下施施離去。

我也有幸和後來當上「滿洲國」宰相（總理大臣）的鄭孝胥有一面之緣。他是辛亥前後有名的書法家，我一九二六年初次抵京時，看到琉璃廠各書畫古董店的招牌，大都是他和朱益藩先生的手筆，恰如上海流行之清道人以及後來的唐駝、譚澤闓一樣。那次是《大公報》發起募集陝西旱災賑款，到四面鐘《大公報》館親送捐款者極為踴躍。到第三天下午，胡先生請我去營業部幫同收款。一小時後，有一位留小鬍子的五十開外的老人來館，我在慌忙中看出他是鄭孝胥。我請教他尊姓大名，他以濃重的福建口音答覆了；我裝著聽不清，連忙抽出一張紙，請他留下姓名。哪裡知道他惜墨如金，掏出一張名片，並付了十元的捐款，等取得收條後，即離館而去。

夏間，嘉稑已懷孕，加以我長期上夜班，她一人在家孤寂，隔壁為一荒園，時有怪鳥聲磔磔傳來，引起她的恐懼。我乃寄函雙親，請母親攜妹來津照料。旋得俯允，母親即偕幼妹德華來津。以後不僅生活有照料，且可製備嬰兒所需衣帽等等，並陪同嘉稑至東亞醫院定期檢查，我也得以安心於工作。

暮春，我又一次奉派赴太原。時太原局勢又起新變化，張季鸞交遊甚廣，常從第二集團軍駐津辦事處主任林叔言處得知太原動向。

我抵并後，得知閻已將馮從建安村接至太原，下榻晉省為紀念太儒傅青主先生而建立之傅公祠。並從李書城先生處知閻每偕親信登門訪談。後在無意中得悉馮已秘密離開太原，局勢已開始由蔣閻勾結轉為閻馮醞釀聯合反蔣之大團結局面。內幕經過詳情，及我運用新聞嗅覺及技巧之經過，已詳載拙著《報海舊聞》中，茲不贅。

我回津不久，變局公開，旋擴大會議（全名為「中國國民黨執監委員特別擴大會議」）並由此產生「國民政府」與寧府相峙。馮並親赴隴海前線指揮所部及雜牌軍劉茂恩等部沿隴海路長趨直進，一度進至蘭封附近，其先鋒鄭大章部騎兵且包圍逼近蔣親自指揮之鐵甲軍，蔣僅以身免。津浦線則由閻之第三集團軍負責，一度逼近濟南。雙方動員軍隊逾六十萬，是為民國以來規模最大之內戰。戰火遍及魯豫蘇皖四省，史稱中原軍閥大混戰。

擴大會議政府的一幕，不滿一月即收場。關鍵人物為在瀋陽之張漢卿，「左袒則左勝，右袒則右勝」。馮、閻及蔣都派有重要代表前往爭取。馮的說客為薛篤弼，閻方為賈景德。擔任寧府遊說人員有吳鐵城、李石曾、古應芬、張群等人，陣容浩大，且使錢撒漫，殊非薛、賈等之窮酸可比。而張學良則秘不表態，使說客們及一般人民，咸莫測高深。偶發通電，態度亦模稜兩可。

胡先生曾早年服官東北，與張氏父子及所屬王永江、莫德惠、韓麟春等相熟。這次他親自出馬，赴瀋探訪，事先與季鸞先生約定，如張決定入關助蔣，則來電謂「請速匯款五百元」；如入關袒護閻馮，則電文為「請來款接濟」。

胡先生抵瀋後，張接見談話，亦未有何暗示，只約請其三日後同赴葫蘆島參加商埠奠基禮。

胡同乘專車抵葫蘆島後，翌晚張即約見，對胡謂：「我苦思冥想半月，覺置身事外非計，為國家人民計，決出兵入關；但只希望閻百川等速退出平津，我決不以一矢相加。」張又簡單談其入關部署，已令于學忠為第一路軍總司令，占領平津以西；王樹常為第二路總司令，占領天津及津浦路沿線；今日即電閻馮，請其懸崖勒馬，和平讓出防地。

是日深晚，張季鸞先生即得葫蘆島打來的「速匯款五百元」一電。張即寫新聞，並趕寫一篇短社評，隱約透露時局真相。並以長途電話告知曹谷冰，囑翌晨盡早往訪汪精衛（時為擴大會議三首領之一，其他二人，一為閻錫山，一為西山會議派之謝持），知汪尚不明真相，即勸其早日離平。

迨第二天谷冰兄往訪，汪果尚不知內情，還相信薛子良（篤弼）近電，謂張有意來京就職云云。汪得曹勸告後，即電致閻錫山公館，則秘書謂閻及親信清早已乘專車赴并矣。

汪放下電話，連稱：「百川太不夠朋友！」

三天後，我又奉派再作太原之行。至則太原市民一片恐慌之色。因前一日南京飛機曾來上空盤旋兩小時，投擲傳單並落下一彈，幸彈小威力不大，適落在省銀行徐行長公館內，炸毀柴房一角。於是省鈔行市大跌，原一元可兌法幣八角，斯時則對折換算矣。

我去訪問了汪兆銘，他對張先生之關照極表感激，並謂擴大會議所訂擬之憲法草案已二讀通過。談時即從抽屜拿出一份送余，云「請指正」。

自從漢口「清共」以後，我對汪並無好印象，但憑心而論，那時為人尚老實，不當面撒謊。我向其發問：「今後國民政府是否遷并辦公？」他不正面答覆，只謂：「我們黨的歷史，公開的時間短，秘密的時間長。」我知其無意在太原長留矣。

兩日以後，我即乘車抵石家莊，留宿正大飯店，隔壁適遇曾仲鳴，心知已為布置汪出洋之準備矣。

我回到天津，津局全變，原警備司令及市長崔廷獻等全體要員逃回太原，新任公安局長張學銘等已到任就職。天津老百姓口頭很「損」，說自從老西兒來津統治三年，天津衛已下沉三尺，意指地皮已被崔廷獻等刮去厚厚一層。

自從我妻懷孕後，家用增加，收支常感不敷。適湯修慧先生來信，擬請我兼任《京報》駐津記者，月致車馬費五十元，我在津既不負採訪任務，家中又未裝電話，向《京報》通話無門；但重以湯先生之青睞，不得不勉力從事。且每月多收五十元，不啻解決我之貧困。好在教育及經濟新聞版看小樣尚早（每晚約十二時可看畢），而那時天津夜市甚晚，我乃每天赴法租界天祥商場四樓打彈子半小時，先掛好長途電話，來時即向《京報》簡報新聞（大率為當天晚報所載者）。

胡先生大概消息甚靈，約一個多月後，他忽約我閑談，說：「聽說你夫人即將分娩，開支一定不敷，下月起決加月薪三十元，我已通知會計課了！」心照不宣，我即函湯先生，婉陳苦衷，辭去兼職。以後，我赴平採訪北平圖書館新址落成新聞，曾迂道至宣外魏染胡同《京報》社，向湯先生面陳苦衷，並再三道謝其一再照拂。

到了十一月，我的長兒白侖呱呱出世（農曆十月二十一日）了。還有一段插曲，那時英國瑪麗皇后適懷第二胎，日本裕仁皇后也懷了第二胎，兩國人民都祈盼得降生一太子。日本宮內太臣俯順民意，決於降生之際，親王則宮內鳴鐘一下，誕生內親王則再敲一下。屆時，英后生下一皇女；日本皇后臨產之際，據當時同盟社消息，皇宮外人民成千上萬，摒息靜聽鐘聲，鐘聲一下，群衆咸欣喜若狂，不料鐘聲甫停，又鳴聲作響，知誕生者為內親王矣。

我則一介平民，喜得一「親王」。

鄰居周作恭夫人只生有三位千金。周夫人每對我母親嘆息說：「徐先生年不滿三十，已經獲有麟兒，可憐作恭勞碌半世，膝下猶虛！」

侖兒襁褓時的面紅潤而秀氣，周家的三位姐姐，暇輒來抱嬉，視同親生兄弟，每稱其謂「小白」云。我們自己逗樂，則稱之謂「侖侖」。

滿月以後，我家與周家俱遷離集體宿舍。作恭擇定日租界小松街一幢小洋房（報館臨近松島街），上下各四間並有廚房、天井，我家住樓上，作恭家住樓下。從此居室更寬敞，我有專門讀書室，且地點極僻靜，樓上四面有窗。

一九三一年　二十四歲

蔣以中原大戰獲勝，馮閻力量大受損失。以為天下群雄，「莫予毒也矣！」倡議結束軍政時期，實行「約法」，胡漢民則認為時機未到，與蔣氏爭辯，面紅耳赤，最後雙方幾至拍桌大吵。事後，胡氏即被蔣軟禁於京郊之湯山。

新聞公開後，祖胡之粵籍四元老古應芬、鄧澤如等即通電質詢，廣東之「南天王」陳濟棠及廣西之李（宗仁）、白（崇禧）等將軍亦通電反對。在京之孫科則赴滬表示抗議。蔣挽元老吳稚暉、張繼等從中調停，挽孫回京，而孫科則口頭敷衍，秘密籌劃赴穗。某日，吳稚暉等尚與孫在其客廳懇談，孫則出而「上廁所」，秘密從後門出去，直駛碼頭，登上外商輪矣！

一時百粵將軍政客雲集，如西山會議派之鄒魯、謝持，如改組派之陳公博、甘乃光等，咸麇集廣州，一如半年前之北平擴大會議；而汪精衛失敗秘密赴法後，亦聲言決返國參加。不久即集會穗城，舉行所謂非常會議（全稱「中國國民黨執監委員非常會議」），並決定成立「國民政府」，桂系之李宗仁亦參加並經常留穗。

我又於春間奉張、胡兩先生派，即日赴粵採訪。適吳達詮（鼎昌）亦因處理四行（鹽業、金城、中南、大陸所謂「北四行」）行務，與我同車赴滬。

廣州、香港以前我從未到過。到滬以後，即晤李子寬兄，同往《申報》，訪問粵籍編輯鄺笑庵先生，承其函介港穗新聞界友人。

由滬乘荷印（荷屬東印度，今獨立為印度尼西亞）郵船芝沙達尼號二等艙南行。

船上旅伴大都說粵語、閩南語，當時，國語並不通行。幸好巧遇在南洋山打根教書的程同藻女士及其先生，都是宜興同鄉，又沾點親戚（程女士是宜興旅滬體育家朱了洲先生甥女，我亦稱了洲先生為舅）關係。真是「他鄉遇故知」，暢談契闊。承他們「速成」教我粵語數目字及常用語之讀者，如「邊處」、「邊個」和「冇」、「叱嘢」之類，學而致用，方便多了。

到香港後，又同去高升戲院看了中國第一部有聲電影，胡蝶影后所主演《歌女紅牡丹》，還是用留聲機配音的，往往有「言行不符」之處，劇情卻十分動人。同藻女士忽忍不住悲啼，涕泗齊下。

乘晚班船赴穗，第二天清晨到達廣州。汪精衛也已由歐返粵。

在一九二七年廣州暴動以後，兩廣軍人誣汪精衛、張發奎等與共黨「勾結」，致釀成此禍。因此，在廣州建了一塊「汪精衛-張發奎禍粵紀念碑」。現在汪來參加粵府，又是「同志」了，於是在汪到穗之前，加工把這塊碑砸除。我到穗的翌日，特驅車往瀏覽殘跡。

我下榻在鹽業銀行招待所內，粵行經理為陳先生，北方人，特為我安排北方菜，因達詮先生專函關照，故招待殷至。陳經理不時還陪我吃小館，並同至銀行公會樓頂品茶，邊觀賞珠江景色。我此次留穗約一月有半，當時港粵交通極方便，「龍山號」等小輪布置極舒適，晚開早到。我每隔一星期輒去香港度周末，來去自由，不似今日之需簽證也。

到穗之次日，適「中央黨部」及「國民政府」聯合舉行紀念週，各要人畢集。其中汪、鄒魯等為擴大會議熟人，我即上前握手寒暄，並請約定會見日期。汪約翌日即在東山三號其寓所接談，鄒海濱則約好次日下午在鹽道街二號公館（鄒魯早年長期任廣東鹽務局局長，以後又任中山大學校長）接待。我並挽汪、鄒代為介紹孫科，亦蒙約定日期長談。

第二日晨，雇用汽車，直馳汪寓，至則汪已在階前佇候，握手迎接。

熟悉當時官場情況的人，曾作過一概括性評語：「國民黨三大領袖中，胡漢民談鋒最健，和他談話，只有你聽他講，滔滔不絕。蔣介石則不大輕於開口，只聽你的意見，偶或唯唯答一二句而已。汪的作風，介於兩人之間，談話時，盡量讓你表示意見或提疑問；等你發言告一段落，他才微笑徐徐作答，絕不使冷場。

果然，我和他得彼此歡洽。也許因為我們太原一會，他對我印象不壞，所以，如對「老友」，侃侃而談。

我在離津前，季鸞先生曾叮囑，此行主要任務，為探聽粵府當局意見，是否將出兵，再打內戰？

我即婉轉問汪：「國民政府成立後，是否準備第二次北伐？」汪聽後，也用「外交辭令」答道：「我們的根本方針，是兩句話：以建設求統一，以均權求共治。」其不主張出兵明矣。我當天即將訪汪談話，電告《大公報》。

我和汪談了逾半小時。辭出時，汪不僅送出客廳，並送至大門口，親為開汽車門。對一年輕記者，如此客氣，無乃太過而近於虛偽乎？

看訪鄒海濱，亦甚客套，但近於圓滑，無一句著實話，敷衍約二十分鐘，我即告退。

「國府」委員中，惟孫科最有實權，兼財政部長。他約我在葵園談話。他一開口就火氣很旺，大罵蔣大權獨攬，甚至說：「丟那媽！」說蔣一點不懂民主，完全軍閥作風，簡直是個軍閥。他這樣痛快地罵，完全不體會我們的報在蔣的管轄之下，無法照登。

但是曾幾何時（數月以後），寧粵即以妥協相對。「九•一八」後，孫哲生先生又與蔣和好，和「丟那媽」一起，到杭州舉行煙霞洞會談，然後赴寧，一度出而組閣了。

我自回津後，即改編各地新聞版。又以何心冷兄健康不好，每晚必飲大量白蘭地始能入睡，政之先生勸其偕鐫冰夫人回滬作較長時間之休養。

胡先生決請徐凌霄先生接替其工作（凌霄與張胡兩位均為老友），當時為《大公報》編輯戲劇週刊，並為《國聞週報》寫「凌霄漢閣主談薈」。他對政之先生挽其編《小公園》，認為可以一試，但他兼任清史館編輯，向例不能離平至津工作，必須覓一助手，兼司其事。胡先生返津，即囑我兼編副刊。

副刊在上午發稿。各地新聞亦在晚飯前截稿、看大樣。晚上盡多空餘的時間。那時侖兒已茁壯，終日嬉笑。我暇時以逗兒為樂，閑時至勸業場一帶鬧市聽落子。大鼓大王劉寶全那時在泰康商場登台，凡有精彩段子，我總盡可能往飽耳福。我最欣賞他的《鬧江州》和《遊武廟》。後者描寫朱元璋與劉伯溫同遊武王廟之對話；劉伯溫聽到姜子牙、伍子胥等紛紛被太祖傳令逐出武廟，看到這位聖主猜忌太甚，不能容納功臣的深心，於是立即上書求退居青田山中。朱元璋這個人，的確是輕視文士、殘殺功臣的典型皇帝。秦始皇焚書坑儒，只坑了四百多個儒生；而胡太祖呢，單單胡維庸、藍玉兩案，即「瓜藤蔓」株殺了五萬餘人，開國元勛徐達、常遇春亦難逃其暗算。雖後代修史者以功大於過的觀點仍尊稱為太祖，而實為後世有帝王思想者樹一學習惡例。

後來，由於季鸞先生的鼓勵，我也喜往觀看北昆。

這裡面有一段故事。原來一九二六年段祺瑞執政府被推翻時，安福系健將曾毓雋被馮系之鹿鍾麟囚禁。曾的外室陳文娣設法私往探監，並千方百計以重金買通看守人，將曾化裝一起逃往東交民巷。曾之親友對陳文娣之機智勇敢，讚不絕口；曾之寵縱有加，自不待言。三十年代初，陳有名交際場合，徐娘半老，而猶風韻奪人。陳那時喜昆曲，對北昆名角韓世昌、白雲生、龐世奇尤吹捧揄揚不遺餘力。時《大公報》業務發展，不僅能獨立，且多有贏餘。張先生漸有興趣於娛樂；由陳文娣之介紹，亦漸著迷。凡龐世奇登場日，張先生必購票請編輯同事若干人往觀賞；我亦常往「叨陪末座」。後來我在滬時聘笛師拍曲，蓋亦受此影響。

明王世貞之《藝苑卮言》中論南北昆之不同處有謂「凡曲北字多而短促，促處見筋；南字多而調緩，緩處見眼。北則辭情多聲情少，南則辭情少而聲情多。北力在弦，南力在笛。北宜和歌，南宜獨奏。」對南北昆之優劣辨別極為明晰。我後來看到，凡南曲之一折，皆由一角獨唱到底。如王西廂之《驚豔》、《佛殿》皆由張生一人獨唱；《拷紅》等折由紅娘獨唱。北曲之董西廂則每折由數人和唱，此分辨之大較也。

炎夏剛過，日本軍閥忽製造「九・一八」事變，開始對我大規模軍事侵略。

事變發生之次晨，只見《大公報》要聞版上角，登一加框之「最後消息」，略謂日軍在北大營、柳條溝一帶開始向我軍尋釁，迄至午夜一時，槍炮聲尚在蔓延。當天我到報館時，編要聞之許萱伯詳談經過，說昨晚要聞版已截稿，守候北寧路（即今京瀋路）局之汪松年忽來電話，謂路局局長高紀毅甫與瀋陽局通話，告以上述緊急情況。話未完即被人掐斷。許兄說他就將此消息，編為最後新聞，嵌入版內。我後遍翻平、津、滬及各地報紙。此重要新聞只《大公報》趕上。有人謂「九・一八」消息係戈公振先生首先傳出，殊非事實。蓋公振先生並不編《申報》要聞，且此為公開之新聞，何待賢者而首先發表？

公振曾以記者身分，次年隨李頓調查團親赴東北考察。報導翔實，殊為難得。但此乃兩回事，不能混為一談。

侖兒周歲以後，母親返回保定，留下小妹德華陪伴其嫂。從此，她一直留在我處，由小學而中學，而做工作、結婚，始終生活在一起。

「九・一八」後，日租界空氣更加緊張。我每晚回小松街，時常碰到「抄靶子」的事。在馬路昏暗的一角，驟然跳出三五名黑衣漢子，喝聲「舉起手來」，一柄硬梆梆的東西頂在你的腰部，上下搜索一番以後，才讓你離開。

到了十一月底，北方已氣候寒冷。有一晚，我已看畢大樣，正在檢閱各縣通信員的來稿時，突然，從東北方向傳來一陣槍炮聲，以後且連續轟擊不斷。有人到大門口去了望，則旭街、松島口馬路上已架起機關槍，各家門口也有日警端槍守住，不准出入。據說所有大道口均架機槍；與法界及華界交界處則堆放沙包、鐵絲網。是舉距開炮時不足五分鐘，可見海光寺日軍，與流氓漢奸張璧等由東馬路衝向華界的行動，是完全配合好的。

由於我防軍應付得當，既不許地痞漢奸衝入華界，日方亦無擴大事態之藉口，事變得以平息。但從那時以後，日租界對外交通，完全封鎖。我到第二天上午九時，始獲穿越馬路，回到小松街。

那一天的《大公報》一張未發。經報館當局與日總領事館交涉，報館機器、設備始陸續運出，遷至新址——法租界三十一號路南端近教堂處。

兩日以後，聞旭街背後馬路開放一口子，可以放人。我回家即匆忙收拾，將急用的衣被打了兩個包袱，抱了兒子，偕妻及妹子趕往排隊、檢查放行，投宿於秋山街鼎新里（居法租界內）朋友家中。從此，即未回過小松街，直至下月月底，我被派去武漢工作。小松街家具、衣被、書籍，盡成為「皇軍」之擄獲品矣。

一九三二年　二十五歲

年初，即匆匆單身就道，趕漢就特派記者兼《大公報》駐漢辦事處主任之職。

《大公報》在漢本有記者喻耕屑，兼分館主任。喻本為國聞社駐漢分社主任，與政之先生相識多年。大概因薪水多年未提升（《大公報》在武漢已銷七八百份，報館收批價六五折，喻收入已不菲），喻寫信給胡先生，以年老請辭記者兼職，蓋意在「摜紗帽」也。胡素有「不吃這一套」的脾氣，乃派我赴漢創辦事處，亦鍛煉人才之一法也。

武漢人地生疏，我乃將家眷送至保定，隻身於舊曆春節前趕到漢口「履新」。先覓屋於大智門附近宏春里（樓下辦公，樓上則為住宅），布置甫定，即將眷屬接至漢口。

在前一年，長江中下游之湘鄂贛皖等省，曾發生大水災，聞淹死人民十幾萬人，財產損失無算。漢口市區亦被洪水淹沒達半年，水高過平房；一般居民房屋為二層，皆從二樓窗口進出。市內交通僅賴小划子來往。我到漢時，大水初退，而馬路及室內底層水漬猶分明。馬路上到處有信號「船靠左行」，我初以為鄂語指車為船也，後始恍然。

我很欣賞蘇州評彈的表現手法，抓重點，不平均使用力量。譬如，《珍珠塔》一書，描寫方卿二次見姑娘，從清晨由襄陽化妝過江，掩入陳府的後花園，初會采蘋；然後小姐下樓相會，二次見姑，唱道情；直至采蘋下樓，同至庵堂見母，責打三大孝，姑嫂相會，大團圓。這段故事，至少在書場裡要彈唱半年以上，而故事只發生在一日之間。評彈界行話，說這是關子書。相反的，方卿早年身世，以及奉母命一路由河南到襄陽，時逾十數年，卻一表而過。這叫做弄堂書。

我從一九三二年一月到漢，一九三六年一月離漢，恰是四整年。中間也有不少「關子」可表，但重要過程已詳細寫入《報海舊聞》裡，這書發行相當普遍，我想不必重複，留些篇幅詳細回憶《文匯報》上海、香港版先後創刊和初期的經過，以及孤島初期戰鬥後、重回《大公報》主持香港版、桂林版，以及勝利後的上海版經歷（從一九三九年秋至一九四六年四月，時長七年有半）。這些，是我一生中的「關子」，我應盡可能加以詳細追憶。

漢口這四年，只從幾個人略略一表吧。

我初到漢時，漢口特別市長是吳國楨，不過二十六七歲，勇於任事，頗富朝氣。後來漢口改為省轄的普通市，由方本仁的兒子接任市長，有些衙內作風，市政風氣就大不同了。吳國楨調任民政廳長（省主席由何成浚兼）。吳鄂西人，早年入清華，後赴美國留學，歸國後，甚受蔣夫人賞識。

吳任鄂省民政廳長不過數月，武漢卻流傳他一段「佳話」。原來他的父親吳老先生，久在鄂省當知縣。吳國楨上任時，其父照例隨班晉見。這位廳長大人，也待如一般下屬，照例傳見、訓話，勉以勤政愛民云云。以後，他調寧當外交部長。抗戰時，繼邵力子後任中宣部長。勝利後，繼錢大鈞任上海特別市市長。那時我主持《文匯報》筆政，和他打過不少次交通。他也不時打電話給我，找《文匯報》的麻煩。但這個人頗有「費厄潑賴」風度。當時真正扼殺《文匯報》的是 CC 特務方治。這些，以後再詳談。

其次，談一下張群（岳軍）。這位蔣氏的密友，一九三三年出任湖北省政府主席。一時人望很高，小民曾譽之謂「張文襄（之洞）第二」。倒不是他有什麼顯著的政績——如首倡省府「合署辦公」之類，而是鄂省承何成浚、夏斗寅兩屆黑暗政府之後，「飢者易為食」，張氏出之於清簡開明，遂得到民眾的讚譽。後張氏內調南京任外長，繼之者為楊永泰，飛揚跋扈，遂不得善終，刺客傳為胡漢民派之劉廬隱所指使，實為中統特務。那時我已調滬供職，自不悉其內幕。

講到楊永泰，生前也和我有一面之緣，是季鸞先生為我寫了一封介紹信，前往訪問的。一派官場習氣，談話不得要領。他以「三分軍事、七分政治」的條陳，受知於蔣。他是攬權的能手。蔣老先生規定重要事項都要自己親批，楊乃每天一大疊公文，不論重要與否，一律送呈「總司令」批核。蔣不勝其煩，乃囑「次要」文件歸秘書長核准施行。於是，大權漸落入楊的手中。他擬定一個「七分政治」的方案，凡「剿匪」區省分一律實行行政督察專員制度，歸總司令直接管理。這方案經蔣批行後，長江中下游及豫、陝等十個省政，遂事事由楊管理。當時的行政院形同虛設，院長汪精衛被「架空」了。這大概是 CC 及汪派最恨楊的一事。

楊下面有兩個機要秘書，一為裴復恒，聽說是蔣的表弟，後來棄仕從學，曾擔任上海河海工程大學校長；另一為羅君強，抗戰時隨周佛海投敵；周擔任汪偽的「行政院長」，羅任秘書長。汪死後，上海為大漢奸爭逐的肥肉。周以「副主席」之尊，兼任上海市長，由羅君強代理一切，後來周病死獄中，羅大概被正法了。

張漢卿（學良）將軍大概一九三四年來漢就副司令職（代行總司令職權）。他出國前我曾在機場見過一面，還是在瀋陽時那麼瘦削。那次由歐返國，即來漢就任，面色紅潤而壯健，與前判若兩人了。那時他偶或公開露面，不帶趙四小姐。夫人于鳳至女士，年逾花信，尚亭亭玉立。翌年，張即調陝任「西北剿匪副總司令」，他還不時托人帶去洪山的紫菜苔，蓋念念不忘兩湖風味——漢口的紫菜苔炒湖南的臘肉也。

旋即發生震驚世界的「西安事變」，大大推動中國歷史前進的步伐，張為人民立了大功。想不到因此被軟禁達數十年，趙四小姐始終苦難相從，成為一對受人民懷念的「牢獄鴛鴦」。

我以前在廣州，曾乘輪赴對江（那時海珠橋尚未架成），看到那個特區（李福林防區）鴉片公開銷售，吸煙館門前以玻璃燈為市招，嘆為觀止。豈知到漢口以後，霓虹燈市招更為輝煌，聞商人每在此「戒煙所」談生意，甚至可在一榻橫陳之餘，開條子，擺酒席宴客。

當時漢口公開設有兩湖特稅處，一年收入上億。「剿匪」經費均賴此挹注。而特稅處長為漢口最大的肥缺，即特商組織之「特業公會」亦烜赫冠於各業云。

1932年作者擔任《大公報》駐漢口特派記者。左立者為長子徐白侖，懷抱的小女兒後夭折。

當時湖北之實力巨頭有二，一為徐源泉，負責鄂中「剿匪」；一為反共先知先覺之夏斗寅（「馬日事變」之幕後指揮者）。那時夏已胖如肉團，轉動失靈，其部下旅長葉篷甚囂張。後投敵任「前漢」之軍政部長，「後漢」（汪偽組織）之湖北「綏靖公署」署長。抗戰勝利後被正法。

我那時每月收入逾三百元。除薪給貳百元外，又兼為滬、寧兩家報紙發新聞電，共為百元。加上湖北分館之津貼（年有一千餘元），生活頗為富裕。是時物價不高，農產品尤便宜（所謂穀賤傷農），白米三元餘一石，雞蛋一元可買一百二十個。

斯年，我妻又生一子，早殤。旋搬家到特三區欽一里，有房大小四間，乃轉租某私人醫院者（二樓全層）。

一九三三年　二十六歲

十月，照有結婚四周年紀念照，係漢口江漢路啟新照相館所攝。該照相館女主人為宜興同鄉電影演員范雪朋女士，本姓姚，其弟姚掌球與我堂弟認識。

一九三四年　二十七歲

因《大公報》兩湖分館開張，商得金城銀行經理王毅靈先生同意，在金城裡租有底層及二樓兩套房間，門面作代辦部，二樓即由我家遷居。

新春，小女得患肺炎，急延名醫聞亦齊（聞即聞一多先生之胞弟）等名醫救治，是時肺炎

1933 年 10 月，作者在漢口與朱嘉稑拍的結婚四周年紀念照，並在照片上題〈蝶戀花〉一首。

無特效醫藥，不治早夭，年甫二足歲。

一九三五年　二十八歲

是年夏，偕妻同遊京（寧）、滬、蘇、杭，並回宜興省視祖母。

十一月，接岳母（已隨百瑞弟至宜昌）來漢，照料其女坐月子。

年底，次兒福侖出生。

一九三六年　二十九歲

福侖滿月，我即送岳母返宜昌，然後收拾行李，準備離漢。新置之一堂柚木家具，並去年新購之「菲歌」四燈收音機（當時我國新有無線電收音機，在漢只能收聽南京台），全部作價由報館收買，留給後繼者使用。

一月底抵保定，過了舊曆正月半，即拜別雙親及妻兒，隻身赴上海。

那時張、胡兩先生已到上海。以國聞社上海社同人為基礎，籌備《大公報》上海版。是時天津《庸報》已由社長董顯光、經理蔣光堂出售予日人。其編輯主任張琴南、編輯許君遠（均為原北平《晨報》陳博生之舊部，時《晨報》早停刊，博生受任中央社駐日記者）不願附日，經張、胡兩先生禮聘，為上海版骨幹。

滬館已擇定愛多亞路大同坊（今延安東路，黃浦區政協舊址），營業部則設在福州路（今古舊書店舊址）。

已在霞飛路陝西南路口租下一幢二層洋房（在陝西路口某里弄內）為重要幹部宿舍。張、胡兩先生住二樓，我及琴南、君遠居樓下，白天即赴大同坊上班。

我自一九二六年來滬投考清華，十年來過滬近十次，但還是「鄉下佬」、「洋盤」。有一事可為佐證。我不懂乘一、二路電車或二十一路公共汽車。到滬之翌日，即雇黃包車，講明小洋兩角，坐到愛多亞路石路附近。豈知車夫欺生，到蒲石路口即停車。從此請教老上海，再不願當「洋盤」矣。

到出版臨近，遷居大同坊內作為工人宿舍之隔壁居住，以便試刊。

滬版於四月一日創刊，張、胡兩先生全力臨陣，內容充實，版面新穎。《大公報》原在南方及海外有很多讀者。但《申報》、《新聞報》等老牌報紙帶頭抵制，出版三天，報攤不見一份。盡數由人「吃進」。真是「惡龍難鬥地頭蛇」。於是，胡先生請友人哈瓦斯社之張翼樞先生，挽請杜月笙出面請客，杜聞人「閑話一句」，《大公報》得以化險為夷，暢銷無阻。

當時滬館編輯部陣容，除張、胡兩先生親自掛帥外，編輯主任為張琴南，我和許君遠輪流編二三版要聞——好比足球隊的兩個主力中鋒。我還每週要為《國聞週報》寫一篇《一週時事述評》及《一週大事日記》，每週的二三兩天，編報之餘，輒為週報趕稿，不覺東方之既白。君遠先還兼主編國際版，並兼任副刊《小公園》之主編。此外，國際版有章丹楓，各地新聞有吳硯農（解放初期任天津市委書記，後任河北省委書記），本市新聞為王文彬兼採訪主任，文學副刊編輯蕭乾，體育新聞由嚴仁穎主編輯（嚴為天津耆紳嚴范孫先生之孫，人稱「海怪」），體育記者章繩治，還有翻譯主任楊歷樵兄，日文翻譯吳子修，繪圖記者趙望云，連外勤、譯電、事務等，共不足四十餘人。

後來廣告增多，《大公報》一向要維持「櫥窗新聞」之整齊，二三版從不刊登廣告，不似別的報紙聽任廣告支配），乃於下半年起，增刊一大張。除廣告外，闢有兩個副刊，一為劇影副刊，由唐納主編（拍電影忙時，由葛喬代理）；一為「大公俱樂部」，由「馬二先生」馮叔鸞主編。

是年秋間，發生了一件意外事件，原由《大公報》資送日本留學之于立忱女士，忽回滬公幹，不幸因苦悶自盡於旅館。個中原因，只有張、胡兩先生明白，同仁咸心照不宣。于女士係後來成為郭沫若夫人于立群女士之姐。是以郭先生所寫之《洪波曲》中，提及此事，對季鸞先生頗有微詞。

一九三七年　三十歲

新年中，即赴保定接眷，母親捨不得兩個愛孫，親送至北平。時頤和園已闢為公園，我侍母及妻兒往遊一日。

趕到上海，早已租定今復興公園附近萬福坊一號為寓所，家具則早托經理部同事董克毅在拍賣行拍得一套，頗為精緻而實用。

當時滬館贏利反超過津館。據李子寬兄（時為滬館副經理）告我：去年決算，淨贏餘五萬餘元。是時張胡兩先生均在滬布置公館，胡先生住辣斐坊，張公館則在今復興公園對面之一幢三房洋房，均距我家只咫尺間。

是年四月，有一天，胡先生約我及子寬兄，偕赴愛多亞路山西路迤西察看一片曠地，大約有一畝有零，謂準備購下，計劃在此建造一幢六層大樓作為新館址。可見這位以「知日家」聞名的政之先生，亦不料四個月之後，上海即作為戰場也。

「八・一三」事起不測，敵軍一再增兵，瘋狂侵略；我軍英勇抵抗，血染滬郊，從此展開全面抗戰。租界以外之閘北、浦東、南市、滬西先後騰起一片血海，烈焰蔽天，死傷枕藉。迨十一月中旬，我軍放棄上海，下月，南京亦告失守。這些關節，現代史記載甚詳，恕我簡略表過。

南京失陷之頃，上海公共租界工部局總辦費信惇發出警告，今後上海租界，不許為反日力量之根據，並警告所有華商報紙，應接受日本軍方機關之事前檢查。

因此，《申報》、《大公報》、《時事新報》、《民報》（《民國日報》於「一・二八」後改稱）及《立報》等均宣告自動停刊，大報中只《新聞報》、《時報》則接受日方檢查，繼續出版。

《大公報》滬館人員，只留工廠工人（胡先生暗中準備出《正報》，向法租界公董局請立案中），並留李子寬及少數看守人員外，我和君遠、歷樵、文彬、蕭乾諸兄均在遣散之列。

我驟嘗失業痛苦，一家六口（我夫妻、兩兒、幼妹及保姆），素無積蓄，賴三個月遣散費艱度日。幸旋得老友杜協民兄來函，聘為重慶《國民公報》駐滬記者，月薪為四十元，數雖戔戔，可以賴此延長數米度日之時間矣！

為了搜集新聞，發致《國民公報》，我每天仍至《大公報》原編輯部，與李子寬兄交換新聞（他每日對漢口《大公報》發電）。

有一天（約十二月底）忽來二人，一即原《大公報》廣告員陳厚仁，一則西裝革履之中年，眉宇間不掩其精明之氣。經陳介紹後，子寬即同他們至樓上下之排字房、機器間參觀一遍。迨送走來客後，我即詢訪者何人、何事？

子寬笑答，來客西裝者為嚴寶禮。「他們籌備出版報紙，想請我們代印。編輯部人手已湊齊，獨缺一位總編輯，想請我物色。」接著他對我莞爾言道：「老兄有此意否？」

我想，辦報而沒有總編輯，豈非報界笑話？因亦一笑置之。

第三章　主持筆政（一九三八—一九四八年）

一九三八年　三十一歲

我有一宜興同鄉儲玉坤，在南京政大新聞系畢業班時，曾來《大公報》實習。畢業後，即入《新聞報》工作，佐編教育版。去年底《新聞報》宣布接受敵軍檢查，老編輯郭步陶先生（後郭老先生受香港新聞專科學校之聘，任校長，迄今桃李滿天下。我於一九三九年秋亦兼任教師）等四人憤而辭職，儲玉坤即其中一人。一九三七年底李子寬兄告我《正報》籌備創刊之議，並囑先和玉坤面約，請其任國際新聞編輯。

大約在一月二十日左右，儲玉坤忽來訪我，說《文匯報》即將出版，他已應聘任國際版編輯，並說，此來是奉嚴寶禮等先生之命，擬請我為該報寫社論的。我問：「每月寫幾篇？」答覆是每日一篇。我又問：「言論有沒有限制？」答覆是：「題目和內容，一切由你決定，報館保證不加刪改。」至於報酬，則「目前因營業沒有把握，暫以每篇四元計酬。俟營業發展後，改為每篇十元。我們內部職工，亦暫以四折計薪的。」我問明了創刊的大約日期，答應俟稍作準備，即按日交稿（言明每日寫好後，即打電話通知館，立即派信差來取）。

我去找同在孤島賦閑的老同事楊歷樵兄，請他幫寫國際問題。我們均有甲胄生蟣之感。他答應每月寫十篇。如此，我每寫兩篇，有一天休息，得有構思之餘裕。

到了一月二十五日，送來了《文匯報》創刊號。一看字模和格式，就知道是《大公報》的印刷廠代印的。而館址為福州路四三六號，分明是原《大公報》營業部的舊址。

報紙標明為英商，報頭下寫有發行人兼總主筆克明 H. M. Cumine，第一版刊有克明署名的發刊詞《為本報創刊告讀者》。有一段說：「本報本著言論自由的最高原則，絕不受任何方面有形與無形的控制，如不幸遭受外界的阻力，余必設法排除之。」顯然，他是擔任保鏢的角色的。

我寫的社論於一月二十八日即開始登載。

當時，上海紛傳敵人漢奸正籌組南京傀儡組織，梁鴻志、温完堯等躍躍欲試。我寫了一篇社論《告若干上海人》，對那些民族敗類，作最後的警告。第三天，《文匯報》即遭暴徒拋擲炸彈襲擊。營業部職員陳桐軒遇難，蕭岬卿、畢祉芬被炸傷。

是時，我的三兒復命出生，在廣慈醫院。取名復命者，熱盼恢復淪亡之意也。

楊歷樵兄告我，他有次赴舊《大公報》編輯部，李子寬以閑談的口氣向其詢問：「《文匯報》的社論，很像是《大公報》人寫的，你知道是誰麼？」我對歷樵說：「就該明白告其真相。我們都是已被遣散了的人，難道還要受社規約束麼？」

就在《文匯報》被炸的那天下午，政之先生忽派汽車來接我。那時他喪偶未久，有人為他介紹顧維鈞先生之令侄女顧俊琦女士（光華大學畢業），已結成俊侶。政之先生正在滬等待吉期。

我受到他這樣的寵邀（兩家相距只隔一條馬斯南路），很感意外。

入座後，胡先生含笑問我：「《文匯報》的社論，很像是我們自己人寫的。你知道是誰寫的嗎？」我立即回答：「是我學寫的，胡先生一定看出它的膚淺、幼稚罷。」他答道：「不，不，寫得很有文采，構思也很深刻。就是有些地方，太激烈一些，怕出問題。」

我連忙接著說：「已經出了問題了，報館今天已被敵人投擲炸彈，並留下『警告信』……」

胡先生說，這些，他已在晚報上看到了。他接著問我：「嚴寶禮這個人靠得住嗎？是一時投機，還是決心想幹下去？我想，我們想投資和他們合作，所以請你來商量，你看這些人會不會變卦？」

我說：「我剛才打電話給儲玉坤，請他問問嚴寶禮，社論要不要寫下去？要我寫，還是保持原有的態度？後來，儲來電話，嚴已明確說明，社論仍照舊寫下去，保證不更改一個字。這樣看來，嚴寶禮這個人是有些魄力的。」

胡先生說：「好，鑄成，我相信你的判斷。明天，我就叫子寬找嚴寶禮談合作。我們也投資一萬元，唯一的條件是你進去負責編輯部，另派王文彬進去任本市編輯兼採訪科主任。」

「經理部派什麼人？」

他說：「只要你抓緊他們言論方針就夠了。經理部方面，我不準備派人，我們不計較圖利。」

李子寬和嚴寶禮的商談很順利。據子寬告訴我：「《文匯報》原來的資本是一萬元，而實際只收到七千元，所以經營已感困難。《大公報》代印的排印刷費，分文未付。所有用的白報紙，全由《大公報》墊上，亦未交付代價。所以，我們不加股，他們顯然難以維持下去。至於你和文彬的參加，他們更求之下得，他們正缺少幹練的主持人。現在名義上的總編輯胡惠生，只在《民報》編過各地新聞，缺少掌握全局的才能（按：子寬幾年前亦曾在《民報》兼任編輯）。」

我問：「難道嚴寶禮會無條件接受合作嗎？」

「他們只提出一條，他們的資本要作為原始股，升值為兩萬元。」子寬兄答。

「胡先生同意了？」我問道。

「完全同意了。」子寬兄答。

我屈指一算，《文匯報》原來只有七千元，變成了兩萬。《大公報》一萬算作一萬，反而落得二對一的比例，我想胡先生的算盤素來是精刮的，如何願吃此筆眼前虧？也許是他說的，只要抓住魂靈頭，經濟上不予計較罷？正如《三國演義》裡的周瑜打黃蓋，都是為了民族利益，一個願打，一個願挨罷。

總之，我於雙方合作談妥後，就立即進《文匯報》「走馬上任」。時間大約在一九三八年二月二十日左右，距《文匯報》創刊不足一個月。

我「履新」的那天中午，嚴寶禮特請我吃飯，約儲玉坤作陪。嚴先說了些「久仰」和「一切仰仗」的客套話，還談了幾個具體問題：一是我的月薪，規定為四百元。但他說：「目前經濟困難，暫按四折付薪；現在全體職工，都是按四折計薪的。我們已向全體職工宣布過，一旦廣告費達到月收五千，即改按五折發薪。如銷數超過一萬，廣告費亦月入萬元，就十足發薪。」第二，希望我進《文匯報》後，也像在《大公報》一樣施展才能，他願意把「發起股」讓給我和儲玉坤各一千元，實收五百元。我笑著說「我是素無積蓄，多年來一直是寅吃卯糧的。」他說：「不要緊，我先墊上，以後分十個月在薪水裡扣好了。」

我當天到編輯部觀察一下，由寶禮兄陪同，第二天即去上班。我自己除主持言論（包括社論和短評，後者全部由我執筆）外，還親自主編要聞版。各版的稿子，都送我過目，然後交胡惠生蓋章發交排字房。

為了訓練新手，我經寶禮同意，從《大公報》舊同事中，調來程玉西作要聞版練習編輯，幫助試編短欄新聞。主要讓他主持編輯部總務，如登記來稿及讀者來信，並作為與經理部之橋樑，開單向經理部領取稿紙、筆墨等等。

我抱定宗旨：洋商報是中國人辦的，以宣傳抗戰、宣傳愛國主義為言論方針。儘管口氣上還用「華軍」、「日軍」字樣，但堅決反對侵略，對漢奸聲討毫不留情，絕不如《大美晚報》等「中立之態可掬」。其他如本市新聞，副刊亦能配合「皮里陽秋」的抗日基本步調，如西北八路軍傳來的聲音，以及史沫特萊的見聞錄等等，陸續發表。

我接手一個月後，銷數即直線上升，突破一萬大關，且漲勢有增無已。廣告亦劇增，甚至經常發生排隊、爭取早日刊出之現象。到四月之後，發行數激增至近六萬份，超出一向冠於上海各報之《新聞報》（它因接受敵方檢查，為愛國同胞所鄙棄，發行跌至五萬餘）。

由於銷售激增，廣告版面大，自然相應地要擴大篇幅，最多時增至日出五六張，平常亦保留四張之上。

要聞擴大為兩版，本市新聞兩版，並增加教育版、體育版、經濟版；副刊除《世紀風》外，增闢了《燈塔》，一度請江紅蕉氏來主編。

各版也急需添補人才。先後入社者，有經濟版之魏友棐（兼寫經濟方面社論），體育新聞之周峻，國際助編兼翻譯徐緒昌，本市新聞編輯周起苞及助編邵季良，法律顧問版編輯張寄涯及嚴獨鶴之弟嚴蔭武。要聞方面，先由嚴寶禮兄介紹其蘇州同鄉朱雲光（曾做過《時事新報》編輯），並介紹其至友（兩路局時，嚴為稽查處職員，同事好友義結金蘭，有十兄弟。「八・一三」後路局遣散大部員工，嚴寶禮、余鴻翔、周名賡等志同道合，乃集遣散費發起創辦《文匯報》。）余鴻翔從我學習，練習編輯要聞。外勤也先後添了胡惠生介紹之胡道静，嚴寶禮介紹之馬直三（亦十兄弟），其中比較得力者只有沈壬生兄。

我的用人方針，抱用人唯賢態度，頗能五湖四海。只要是愛國而有一定文化程度又願意學習的，即使沒有一點新聞基礎也先吸引進來，教其邊做邊學。原外勤中之有經驗者惟邵伯南（紅葉），但因不容於克明（非堅決開除不可），寶禮兄與我商酌，派其赴漢口當特派記者（不久即由董老介紹，赴解放區工作，在新聞界卓然有成）。另一方面，即使是原《大公報》好友，因交遊不慎而不宜留此崗位者，亦商得子寬兄同意，勸請其辭職，計先後有王文彬兄、許君遠兄。本市主編則委胡雄飛介紹之吳農花擔任。

編輯工作繁重了（每版要審閱大樣，並抽審小樣）。同時因楊歷樵兄調至香港《大公報》任職，乃請儲玉坤、魏友棐分寫純國際及經濟方面社論。以後又由子寬兄介紹，請李秋生、費彝

1939 年春節，香港《大公報》社同仁合影。第二排坐者左三爲作者，左二爲胡政之，左四爲張季鸞，左五爲金誠夫，左六爲楊剛。

民兩兄分寫社論。我亦學張季鸞先生榜様，每篇社論必細加潤色、以期風格、筆調之一致。我每週一般寫三篇。

一九三九年　三十二歲

「七・七」事變之後，日寇大舉侵我，已如弓箭脱弦。我乃向《大公報》借薪一百元，匯給我父母親，以備應變之需。我父親忠厚老實；加之，高級職員一般欺壓下屬。迨日寇逼近保定時，高級職員之其眷屬，開一列專車匆匆開往漢口，可憐我父親冒烽火尚去車站上班。至則人已闃然，不得不退居家中。敵機來轟炸時，和我母躲在床下避彈。風聲日緊，乃隨一家鄰居逃難至博野縣一荒僻小村中。賃居一貧苦户老夫妻家中，約三五月。迨平漢路可通車北平，急急奔至北平。我那時始得到父親來信，即專函懇托留居天津租界之舊《大公報》副經理王佩芝兄，請其派人至京聯繫，並請其代購船票，送他們回滬。是年春暖時節，雙親安抵上海。從此一家團聚，三兒都已茁壯，雙親得以享含飴弄孫之樂了。

是時報館業務大發展。據寶禮兄請一英國會計師來館查帳，根據收支情況，資本每股（各面額為十元）實值應為三百八十餘元。營業之發達可見一斑。

查董事會成約，職員薪水，早應發全額，但董事諸公以經費周轉困難為由，改為七折發薪；同仁體諒時艱，亦以所得已不菲。如校對每月可得五六十元，不下於《新聞報》之水平。

從去夏營業開始猛起，克明之薪給，即由其代理人方伯奮（名義上華董之一）提出，每月由三百元增至一千元，另聘其子小克明為董事會秘書，給薪三百元。克明在跑馬廳租有房子，月租二百元，亦由《文匯報》支付。

照例，無功而受如此厚禮，應可滿足矣。但克明不甘心做「保鏢」，想實際抓權，甚至抓言論權，這就勢必爆發我和他歷時半年的鬥爭。詳細經過已載拙著《報海舊聞》及《舊聞雜憶》續編中，茲不贅。總之，鬥爭的焦點是克明企圖將《文匯報》辦成租界當局的報紙，我和大部分同事，則力爭將《文匯報》辦成真正人民的喉舌，宣傳抗日，宣揚民主，對抗敵偽之壓迫，揭露其欺騙的報紙。

而一部分中方董事，則或多或少同情克明之欺騙。

其次，是來自國民黨方面之企圖收買與控制。先是 CC 之潘公展派人出面，時潘在重慶任國民黨中央宣傳部副部長（部長名義是當時尚未落水的周佛海）。他們向嚴寶禮餌以饋送一部印報機（係潘以前主持之上海《晨報》用的轉筒機）。後來嚴與之幾經商酌不見交出機器，李子寬與潘駐滬代理人宓季方相熟向之探詢究竟。宓謂此機已押入銀行，押款為五萬元。如《文匯報》要這部機器，可先墊付此款。

我對寶禮兄談：「《文匯報》自籌印刷設備，實為長久之計。因戰事總有完結的時候，屆時《大公報》要復刊，《文匯報》應早作未雨之綢繆。但目前上海明精廠自造之捲筒機，每部不過兩萬元。外國進口新式套印機，亦不過近十萬元。一部舊機器，索取五萬元『押金』，無乃藉機敲詐，支援何從說起！」寶兄亦極以不然。以後即不再談此事。

接著來的是孔祥熙。孔有駐滬代表胡鄂公（舊國會議員，後聞曾參加中共），曾偕錢納水找嚴寶禮密談，並來編輯部與我點頭招呼。我事後問嚴：「他們來此何事？」寶兄說：「亦來談合作之事。」我問具體條件如何？他說：「具體數目尚未談及，只推薦錢納水來當副主筆。」那時《譯報》、《異報》均已創刊。我和《導報》的惲逸群兄為老友。（「八・一三」前，上海各大報每週舉行一次「星期五聚餐會」，假九江路綢業工會樓上舉行。我和子寬代表《大公報》參加，成舍我、薩空了及惲代表《立報》參加。）他為新聞及共同對付外商事，常在電話中和我交換意見。我談及胡鄂公來「接頭」事，惲兄談：「此人出賣風雲雷雨，要當心上當。」我即將此言轉告嚴。以後即未談判下去。

最後一次「進攻」，來勢更猛。具體聯繫者由《大美晚報》中文部主任張似旭先生，介紹中央銀行一負責人來談判。條件為投資十萬元，說明是宋部長（時宋子文，正任財政部長）派來商談合作的。對等條件除派一編輯主任外，要參加一名副經理兼會計主任。我和嚴商議決立予峻拒。因太阿倒持，不啻將《文匯報》出賣給國民黨。

峻拒的後果是嚴厲的。當時法幣的黑市外匯已跌至八便士左右（官價為一先令兩便士半）。他們可以給受日寇檢查的報紙（如《新聞報》、《時報》）照給官價外匯，而對熱烈擁護抗戰的愛國報紙《文匯報》則不允給分文官價外匯。結果是我們所用的白報紙，要用比《新聞報》高出三分之一的價錢去向黑市購買，這不啻置《文匯報》於死地（黑市外匯尚在繼續猛漲中）。《文匯報》以後陷於經濟困難，雖有其他原因，如經營不善，廣告部人員「招攬」報紙廣告，收入一部分被中飽等等。而致命傷則在中央銀行之有計劃的打擊報復。

經過這次打擊，《文匯報》雖仍極受讀者歡迎（如有一次清晨我偷偷回家，步行經過法國公園〔今復興公園〕，見池塘邊、草地假山邊之靠椅上，紛紛有人埋頭讀報，我一一低首細看，幾乎全是看《文匯報》的。我看到讀者如此熱愛，熱淚不禁潸然而下。）但由於上述原因，經濟上反日感支絀。有一天，董俞律師忽來編輯部，我知道他是華北大漢奸董康之侄。事後我即警告寶禮兄，少與這類人來往。

不久，克明即以嚴寶禮開空頭支票為由頭，下「令」免去其經理職，不少華董信其鬼話，說克明由其孀出資五萬元，由他來「親自整頓」《文匯報》。實則，他已以十萬元之代價，將《文匯報》出賣給汪偽，而居中拉攏者，即為董俞「律師」。

這事發生後，某三位中國董事，尚受克明之欺騙，還請我到新新旅館三〇三號（董事們吃喝玩樂的地方，亦即《文匯報》的「搖籃」）去，一再向我解釋，說此事只對付嚴寶禮一個人；對「老兄」，克明還是器重的。但我們從多方了解，克明已受汪偽巨款收買，還由汪偽派給克明一個總編輯（此人後來任南京傀儡組織的「部長」），所以，以編輯全體同仁為主誓死反對克明此舉。最後，編輯部二十餘人同事，在《申報》（是時《申報》已掛美商牌子復刊）、《新聞報》刊出啟事，寧為玉碎，絕不與克明合作，玷污《文匯報》的光榮。

此事，董事中的徐某，曾在新聞出版史料上寫文否認，該刊不加調查，遽予刊出。事實上，此事千真萬確，正如太陽是從東邊升起一樣。同〈一個建議〉的社論出籠經過，都曾在我的腦海中牢牢銘刻，絕不會淡忘，也不容否認，是事實總不容抵賴或歪曲。後來我看到惲逸群日記，清楚記著：「《文匯報》〈一個建議〉的社論，查悉確非該報主編自撰或授意，係該報編輯儲某所寫。」可見黨是調查得很清楚的。

《文匯報》停刊後，胡政之先生寫信給我，希望我速回《大公報》，任港版編輯工作。以後，又連電催詢。那時，編輯部同仁中，柯靈、周起苞已在《大美晚報》中文版工作。徐緒昌也有其他工作。我到七月底（《文匯報》於五月上旬停刊）才擺脫一切，乘荷印之「芝沙達尼號」啟行。

船行三天半，駛入香港，胡先生已派庶務主任徐國振在碼頭接待。旋即赴館，晤及張、胡兩先生（時季鸞先生親自主持重慶版，因肺癆加劇，隔幾月即來港就醫，張夫人及公子士基則仍留港）。

那時，張、胡二位年各五十有零，已退居二線，輕易不動筆，不親日常工作，致力於培養後一代；且為推我（編輯主任）和金誠夫兄（經理）擔負起第一線任務，創造一切條件。我到館三天（頭兩天胡先生還問問我社論寫什麼題目，看看小樣）以後，就放手不管，不僅各版大小樣均歸我審閱，社論稿（除我自寫約一週三篇外，執筆者尚有楊歷樵兄、袁道冲老先生和李純青）統由我修改、潤色。我當時戰戰兢兢，而精神很愉快。一如在孤島時的發揮全力，且精神沒有孤島時的緊張。暇時可輕鬆地自己翻讀書報，努力於進修。

時香港各報，堪與《大公報》匹敵者，惟金仲華兄主編之《星島日報》。我每天看報，首先與《星島日報》比較，看社論哪家寫得切題，有深度，看哪家有幾條獨家新聞或特寫新聞，看哪家的標題生動、醒目而恰合分寸。一般講，這兩家報章辦報都認真而精益求精；評次伯仲，則《大公報》以精密細緻性，《星島日報》則以態度進步勝。是以兩報銷路都為「外江」報（指抗戰爆發後創刊之報紙）之首兩位。《大公報》讀者多在政界、工商實業界及中年以上知識份子，而青年則多愛讀《星島日報》。

《大公報》港版同事，計有蔣蔭思兄任翻譯兼編國際新聞，要聞版編輯為李俠文，本地新聞編輯曹世瑛，體育新聞編輯為章繩治，副刊編輯為蕭乾（不久即赴英任特派記者，由其燕京同學楊剛接編），英文翻譯有梁寬（厚甫）及馬廷棟、梁邦彥等，外勤記者則有麥雋曾、戚長城、張覺可等六七人。還有管資料之張篷舟等，不過二十餘人。我初到館辦公時，館址在皇后大道中商務分館隔壁之二樓，辦公地點有約二百平方米大小面積，我獨用一辦公桌，編輯部尚不甚擠。

《大公報》港館於一九三八年「八・一三」周年創辦。我到港，趕上一周年紀念。十月雙十節時，香港各界熱烈紀念，並獻金捐助抗戰。適季鸞先生來港，看到第二天本市新聞版大樣之標題一般化，即順手提筆劃去原標題，親筆寫了兩行「可歌可泣雙十節」、「人山人海獻金台」，鏗鏘有力，而信手拈來，意義深遠而扣人心弦，洵為標題之上品。

某次，報館在當時香港最豪華之酒家——金龍酒家聚餐，曾攝影留念。我細數在座諸人，包括經理部、廣告員，連張、胡兩先生、蔣蔭思夫人及張篷舟公子小晶晶（均不工作）在內，只有三十九人。可見港館用人之精練。以區區二十餘人之編輯部，每日編報三四張，可見工作量之大及同仁工作情緒之飽滿。翌年，美國密蘇里大學即受《大公報》以獎章（時東方報紙僅大阪《朝日新聞》獲此榮譽）。

當時國內尚在抗戰初期，國共關係尚屬「蜜月」時期，在港之「外江」報每兩週必舉行叙餐一次，由各館輪流作東，交換時局看法，以及商量應付新聞檢查之共同辦法並裁決報價及廣告費等問題。我到香港後，即經常由我及金誠夫兄代表《大公報》參加。輪到《大公報》作東時，政之先生偶或參加。此外各報社參加者，為《星島日報》之金仲華、邵宗漢；《珠江日報》之黎蒙；《立報》之成舍我、吳范圜、薩空了；《國民日報》之陶百川、陳訓悆、王新命；國新社之惲逸群；中央社之盧祺新及編輯英某（忘其姓名）。此外尚有「榮記」（當時吳鐵城為國民黨海外部部長，兼管港澳事務）之機要秘書汪公紀亦經常參加。叙餐空氣融洽。叙餐前後，例有「雀喜」，誠夫、仲華、范圜及中央社之英某，向例為方城之積極參戰者。某次，席間叙報年齡，我與仲華、訓悆、宗漢為同庚（均一九〇七年生），齊舉杯為賀。而世事滄桑，仲華、訓悆兩兄均已成為古人。回憶前塵，不勝淒然淚下。宗漢亦於一九八九年六月謝世。

我忌食魚腥及牛羊肉，而粵菜獨以魚腥為勝。所以我不參加宿舍之伙食團，且熬夜每至天色熹微，午間難以起身。每日午後盥洗畢，即令工友赴對門之「士多」購豆奶一樽、麵包一枚充饑。然後盤山穿過兵頭花園下山，至報館看報、審稿，構思次日社論題材。迄下午四時，例至哲人咖啡館與仲華等家叙談。有時覺午晚餐（晚餐例有酬應）單調，則赴堅道「菜根香」吃一頓素餐。後來，張竹平氏在皇后道大華大廈開設大華餐館，專售下江菜及蘇揚點心，我的「民生問題」才基本得以解決。

一九四〇年　三十三歲

張竹平，這位曾在上海報壇上叱咤一時的猛將（先曾任上海《申報》經理，佐史量才有功，後創辦英文《大陸報》及申時通信社等所謂「四社」），那時卻隱於商賈，雖未著犢鼻褌，當壚賣酒，卻也便裝笑臉迎接賓客，招徠生意。他在堅道租了一幢三層樓洋房（我一九八〇年赴港小住時，堅道一帶亦已成寸金地，舊房早已拆去，高層建築成「石屎」〔按粵語：水門汀〕樹林矣）。三樓給政之先生居住，底層賃予季鸞先生，他自居二層，恰如兩「大」之間的一塊「三明治」了。

春間，鄧友德兄亦調來香港，任國民黨中宣部駐港代表。據謂離滬前已創辦一通信社，安置舊《文匯報》編輯部尚未得職業之人員，由李秋生兄任總編輯，程玉西任編輯主任。減輕我精神上之內疚，我甚德之。由此兩人成為至友，幾乎每天必見面一次，交換對時局看法。他是四川人，特由重慶聘來一家廚（友德伯父孝可老伯為四川耆宿，曾參加辛亥四川保路會，被「屠户」趙爾豐關禁數十日，激起成都罷市，是為辛亥武昌起義點燃一火種），燒得一手地道的川菜。如無應酬，友德必招待我至其九龍寓所便餐（友德尚未婚）。一瓶黑牌威士忌在手，美饌適口充腸，輒至微醺始返館舒紙寫社評及短評。蓋自是以後，我雖無家，等於有家矣。

有一事最令我終生難忘者。是時張先生每來港，必與抗日將領方振武將軍密談終日忘倦。我和誠夫兄亦因此與方將軍相熟。方夫人亦好客，每去必先日備有魚翅等美味款待。春日近午，我方朦朧盥洗，張先生忽來電話，謂：「叔平先生今天在其公館（九龍界限街）請我吃飯，也請你和誠夫作陪。鑄成，我為了讓你痛痛快快玩半天，今晨我已代你把社評寫好了。你早一點下山過海來罷。」我放下電話，想到張先生正在療養，對我如此愛護，不覺滿眼熱淚。

到了叔平先生客廳，方夫人及季鸞先生、誠夫兄及另一位張先生正圍坐打牌，方將軍旁觀。言暄片刻，張先生即起立讓我：「鑄成，你代我打幾圈，我正想和叔平先生聊聊天。」

我對此道實在不精，而季鸞先生又一離客廳不回，眼見我的籌碼逐漸低下去，心裡越急越輸。直到飯店，張先生始入局再戰，約累計之，我反勝為輸，共輸了張先生近二十元籌碼。

我第二天下午，我正在低頭看報，張先生忽來館，笑著對我說：「鑄成，我究竟本領比你強。昨晚我接手，反敗為勝，贏了二十餘元。不能平分，給你十元。」我面紅口窘。張先生急打岔說：「好玩嘛，你買聽好煙抽抽。」

當時，日軍北進（對蘇作戰）抑南進？南下中南群島，與英荷作戰的爭論相當激昂。香港也許出於主觀願望罷，主南進論者占優勢。胡、張兩先生不輕信幻想，認為香港終難久守。胡先生與桂系李、白、黃（旭初）諸人，素結有交情。一九三三年曾過漢赴桂參觀匝月，歸津披露《訪廣西雜記》，對廣西標榜之「三自」政策（自立、自治、自防）頗多讚許。因此他親赴桂林，覓好地皮（在七星岩後側），建造簡單之木屋，作為館址。然後回港，將港館遷至利源東街之普通商店之樓房。省下資金，購四部平版機、鑄造排字房鉛字，並運去字模，然後陸續將一部分人員運去，準備出桂林版，以作香港職工預設之退路。編輯部調去者，有蔣蔭思、李俠文諸人。管理部有李為群、戚家祥諸人。

那年，我在香港又與飄萍夫人湯修慧先生見面。她以民族大義重，毅然拋開《京報》館及所有產業，隻身到港，賴賬濟委員會（委員長為北洋老官僚許世英）每月發給之百餘港元艱難度日。她有一長婿郭根，青島大學畢業，中、英文均極有根底，但為人訥訥謹厚。湯先生向我介紹，我即延入《大公報》，頂蔣蔭思兄缺，編輯要聞。

是年我開始學跳舞，動機倒不是為趕時髦。香港常有人請舞宴，事前必徵詢參加者有無舞伴。如無，則主人必多請一位閨閣女士參加。在宴會中，樂聲即起，對對翩翩起舞。我不習邯鄲學步，輒使有一女士陪我在席上枯坐，情態極尷尬。後下決心練舞。適香港有速成跳舞學校，每人納五元，一月可成。我繳費去學，豈知伴舞者咸屬「過氣」舞女，只機械地叫『蓬擦擦』（狐步）或兩步的華爾茲舞。我意興索然，旋即放棄。一日，梁邦彥兄（清華後期同學，一九四一年赴新加坡入英國B.B.C.廣播公司，後不幸在炮火中殉難）對我說：「徐先生，你如決心學跳舞，我姐夫曹亮及姐姐梁淑德（均燕京畢業）精於此道，我願介紹去學。」

從此，我和曹亮伉儷成了朋友。他們曾啟發我說：「跳舞，先要會欣賞音樂，懂得節奏；明白跳舞就是各種步子的音樂節奏化，不要死記住『蓬擦擦』的聲音，則變化自如，就不難登堂入室了。」他家有不少音樂唱片，開起留聲機，放出爵士樂，他們夫婦即把手教我跳舞，果然，沒有幾天就學會了。去舞場實習，每支音樂都能應付自如了，別的朋友誰都不會相信，我的跳舞原來是黨員老師教會的（他們倆都是黨員，對黨作了不少貢獻）。後來聽沈體蘭說，他先在租界英國學校教書，他的進步，完全靠曹亮同志的引導。在「那個二十年」中，曹亮夫婦曾被陷入潘漢年冤案的陷阱，被幽禁達十餘年。但願他們倆幸福健在！

一九四一年　三十四歲

宜興旅港同鄉新春聚宴，參加者有財政學家賈士毅，國際問題研究所之徐明誠，他們夫婦名義上在國際所工作，暗中則受漢年同志領導。還有商務之丁某，教育界之周某等。商定今後每一季度聚餐一次，交換家鄉消息。後明誠夫婦成為我的好友，不時邀請我到其府上（住九龍新界界限街）吃徐太太潘麗華女士做的家鄉菜。

友德兄主辦《中國評論》，請我和成舍我及程滄波（接金仲華任《星島日報》總編輯）和甫由南京「回歸」之陶希聖，由海外歸來之吳頌皋任編委，我兼任總編，由郭根負責日常編稿工作。

噩耗傳來，季鸞先生六月九日病逝於重慶，我痛失良師，悲悼之極。曾一週不參加宴會，不跳舞，以志哀悼。除社評外，曾編寫《張季鸞先生年表》，刊之報端。《國民日報》之王新命撰文，語含譏刺，余痛「小人之不欲成人之美」，為文痛駁之。

徐明誠兄曾與朝鮮及台籍志士暗中有情報來往，十一月間，他得朝友密訊，知敵人集中大批飛機，準備發起突襲。明誠電告重慶及延安。我政府由駐美武官郭德華通知美政府，美政府方與日野村特使密談，意謂我從中挑撥，不信此情報。及珍珠港一聲巨響，美艦隊化為灰燼，則悔恨已晚矣！

「一二・八」清晨，我方朦朧入睡，忽九龍遠處傳來炮聲，以為英軍在演習，沉睡如故。工友急聲將我叫醒：「徐先生，不是演習。是敵軍開始進攻了！」我即披衣登陽台遙望，果見新界方面白煙滾滾，翻入上空。

自是以後，即日夜在空襲及炸彈威脅中。彈不甚大，蓋意在造成島上恐怖空氣也。

我每天傍晚，仍堅持上班編報，工友情緒甚高昂，按時操作。每天一同摸黑下山赴館者，為趙恩源、郭根、章繩治三人。在《舊聞雜憶》中記同下山者為李俠文、馬廷棟，係記憶錯誤。蓋是時李兄早已調往桂林館，馬兄則在港有家，不住宿舍，早斷聯繫了。有一次，正過兵頭花園，忽聞頭頂噓噓聲響，未及臥倒，數丈外已落下一彈，幸炸力不大耳。

恩源及夫人徐文蘭，甫調到香港（恩源主編要聞），即陷於火網，亦奇遇也。

政之先生在渝甫開完參政會（補張先生缺），因事來港，亦陷入重圍。聞十二月九日，重慶曾派來飛機，按名單接名人回重慶。政之先生未聯繫上，而方叔平則不列入名單中，曾申言：「我抗日有名，敵人絕不會放過。」但以不在「數」內，卒未被允登機。後隨陳策等繞道衝出九龍，終罹於難。而飛機實空，乃載滿箱籠及馬桶，此孔二小姐帶十幾條洋狗之風潮所以掀起也。

是時，胡先生實躲在德輔道金城銀行內，蓋政之先生與周作民私交素篤，《大公報》與金城關係密切。與胡先生同在金城避難者，尚有我國化學工業奠基人范旭東夫婦（范先生甫由美到港，即遭逢太平洋大戰）及何廉先生。

我向例於上班前去看胡先生。至十三日，九龍已失陷，日寇與英防軍隔海射擊。我經胡先生同意，於是日宣告港版停刊。我寫一社評，題謂：〈暫別港九讀者〉。大意希望與讀者互勉，在任何情況下，保持民族大義和中國人之氣節。末引文天祥〈過伶仃洋詩作〉結：「人生自古誰無死，留取丹心照汗青！」

當晚炮聲徹夜，德輔道沿海一帶大樓彈痕累累，宛然可見。翌晨，我往慰胡先生及范先生夫婦。范先生先讚我社評寫得有力，文詞得體，後喟然議論曰：「任何國家之政府，好比大廈之屋頂，端賴柱石之堅固。如《大公報》言論公正，影響國內外，則不啻在輿論界立下一根柱石。同樣，我們永利、久大，能為化工界煉出新產品，為國際所公認，則亦在化工界為中國樹立一柱石。柱石既多而挺堅，任何政府方有基礎。其不適應者，自然倒垮，而不影響立國之柱石、根本。」他又說：「我昨天聽了一夜炮聲，覺日本人炸藥之爆炸力並不大，我們完全可以追上他們。」

在敵人炮火威脅之下，毫不以個人之安危為念，而時刻不忘如何振興祖國。我肅然起敬，至於淚下。

不幾天，胡先生即冒險雇一小船，直駛廣州灣，轉回桂林，只有我和誠夫兄送行。

薩空了兄與我商議，各報出臨時聯合版。後以《國民日報》拒不參加，乃作罷。

旋敵軍強渡成功，強力威脅港府，拖延十二日，港督楊慕琦俯首投降。

敵軍占領香港後，四出搜查，家家閉户。其人少者，輒被流氓搶劫一空。聞跑馬地一舞女宿舍被敵軍闖入，鶯燕多有遭蹂躪者。

某日，敵軍報導部長多田派兵至宿舍，強迫我與誠夫兄赴其報導部（設在娛樂戲院二樓），威脅《大公報》限日復刊。我問計于旭東先生，得其指示應付之策。旋於第三日之清晨，與誠夫兄及郭根、黃致華（外勤記者）四人於晨光熹微中化裝為流氓，乘敵軍疏散難民船在油麻地碼頭登輪。別了，香港。

四人中惟黃致華能講粵語，一路狼狽，到廣州又停滯七日。經過情形，我事後在桂林《大公報》寫有〈廣州探險記〉記其梗概，全文轉錄如下（曾載《徐鑄成通信遊記選》）。

一個意外的機會，使我在廣州勾留了七天。這一途程中，我整天喘不了氣，整天低著頭，過著像非洲原始地帶探險一樣的生活。但自己是一個新聞從業員，雖在這樣的環境下，也沒有忘掉新聞記者應有的觸覺，因此耳聞目睹，或搜集了不少材料，足夠我今天寫一篇不長的探險記。

沒有空氣　沒有青年　廣州，在我不算是一個陌生的地方。我第一次到廣州，是在二十年前的夏天。那時，海珠橋還未造成，而市面的一派熱鬧景象，不亞於上海。我那時對廣州的印象，是建築整齊，馬路直闊，是中國人以自己的力量組織的最好的城市。

三年前我到香港，而廣州已淪陷，我知道這個熟識的城市，曾經敵機數月的殘酷轟炸，但在我的記憶裡，始終還保留著她美麗的影子。長堤的夜月，荔枝灣的清風，以及黃花崗的自由神像，一切都是那麼逗人回憶。我始終不信敵人「共存共榮」的口號，對於香港漢奸報兩年來「繁榮廣州」的記載，也從未予以留意。但憑我直覺的想像，以為這個美麗的都市，至少總還留著一個軀殼，讓她的愛慕者可以作一番憑弔。但事實竟把我這一線幻想也打破了！

在長堤下船，漏出了敵兵的檢查網，荷著一肩行李，踏上岸，我的視線就開始模糊了！馬路上像剛剛發生過大火災，沿堤的房屋，什九只剩下頹垣殘壁，江邊是密密鐵絲網，路上橫著木柵，只有敵人的軍用車來往奔馳。

找到一個地方歇足後，馬上懷著好奇的心情，往西堤、海珠橋、太平路、一德路、惠愛路一帶作了一番巡禮。每經過一十字路口，便被敵兵偽警搜查一次。想不到敵軍侵占廣州快三年，空氣還是那麼肅殺；不，豈僅肅殺，把眼睛溜向任何一個角落，哪裡找得出一線陽光、一分空氣？街上稀落走著的那些同胞，也和我一樣低著頭，緊著足步，通過一道道「關口」，我在他們的眉宇間，看到他們長期在沒有空氣的環境下生活的痛苦；三年的苦經驗，還沒有嚙斷他們的神經！

忽然，一輛嶄新的汽車也在「關口」前停住了，走出一個衣冠楚楚的人，閑適地走到敵兵的門前，照樣被嚴密地搜身，又若無其事地上汽車走了。這該是一個「新貴」罷，在這雪亮的汽車裡，我看到了他失去靈魂的後影，但在敵兵的眼光裡，卻並沒有抬高他奴才的身分。兩天後，我在長堤一家「豬業組合」的門前，看到不少豬籠，籠是那麼小，把豬的全身都束縛住了，只有一個露在外面的長嘴巴，還在張牙弄舌，一對眼睛，還透出恬然自得的神氣。

走遍了全市，看不見一個青年，廣州只有小孩和三十歲以上的人。這些老年、中年人中，少數是早失了靈魂，多數是把靈魂深深地埋藏著，非空氣不能生活的青年們，都背著靈魂跑了。

繁榮了售吸所　愛群酒店依然矗立在江邊，這是廣州惟一可以辨認的殘骸；但門前冷落如洗，入晚也只有幾點疏落的燈光。永安堂的大廈，被漆上《廣東迅報》的招牌。此外，太平路上以及長堤附近僅存的高樓，都改成了台灣大酒店，「電氣組合」，「商船會社」；偶然點綴著一兩家小旅社和煙紙店，也都奄奄一息。過了海珠橋，便是「警戒區」，再也找不到一家商號和住宅。

西壕口一帶，有幾方里的地方，還有一片瓦礫堆。沙面在不久前被占領，每一個出口，都有三四重兵把守，禁止出入。對面沙基路的牆上，卻粉刷著偽廣東省黨部的標語：「我們要感謝友軍，把沙面奪還中國！」

從江邊往裡走，惠福路、一德路一帶，行人似乎比較多一些，也有幾家茶館、酒店、雜貨店等等；而最多的，卻是售吸所，平均每隔五家門面，便有一家售吸所。在這一段區域內，據說敵軍是不許隨便進出的，門前豎著「駐在軍司令部」的木牌，寫著「軍憲不得立入」，但若干小巷內，「XX料理」和「XX售吸所」是望衡對宇的。

到了惠愛路，氣象又完全不同。那裡所有的商鋪，什九都是日本人開的。街上來往的，除了敵軍外，便是三三兩兩紅綠衣裳的木屐女人。街口上搭著幾座牌坊，據說是準備「慶祝新加坡陷落」而搭的，花綠的彩布，不耐風露，已有些褪色了。

偽政府的門前，站著兩個偽軍，像一對風中的乾蠟，看樣子今天還沒有去過售吸所。就在這一對乾蠟頭上，懸著大幅的標語，寫著四句汪逆兆銘最近說的話：「政治獨立，軍事同盟，文化交流，經濟提攜。」

文化的「交流」　好，就看他們的文化交流罷。

先從報紙看起。現在廣州最大的報紙，是「興亞機關」的《廣東迅報》，除了前面一大堆同盟社電訊外，副刊有兩三個，都登滿著《煙花的生活》、《敗柳殘花記》、《老千的秘密》一類的小說；另外還有《醫藥問答》，問的答的，都不出性病的範圍。其次，是偽黨部的《中山日報》和什麼《粤南日報》、《民聲報》等等，大小不下七八種，每天的標題，千篇一律，不外「皇軍已迫近新加坡」之類。

雜誌不算少，大部都是「興亞機關」的「協榮印書局」出版的，我所看見的，有《新東亞》、《新婦女》、《小朋友》、《東亞書刊》幾種。在《新東亞》上，最精彩的一篇文章，題目好像是《二百六十萬年後的世界》，說那時的人都已不是胎生而是卵生，而且生了雙翼，所以街市都是在空中。可惜沒有說起那時的空中都市中，有多少富麗堂皇的售吸所。

《新婦女》上，開頭便登著一篇《日本的新年》，描述日本的風俗如何合乎科學，近乎人情，簡直就像二百六十萬年後的新世界一樣。後面，卻有著《育嬰常識》、《避孕指南》、《食量節省法》等等，算是指導那些「胎生」新婦女的。

偶然在一個書攤上，買到一本「國定」初中歷史課本。所謂「國定」，是經過南京「教育部」審定印行的，這裡面卻有不少妙文。舉一個例，有一篇敘述中國近代的歷史，大意說，「中國素來是虛心接受外國文化的。歐風東漸，是接受歐美的文化；現在，日本的王道文化，是世界最進步的文化，我們應該全部採納。聖人說，殷因夏禮，百世可知也，就是這個意思。」最後的結論曰：「嗚呼，干網丕振，世運大昌，而王道大行，雖千百年無以易矣。」下面還有一個注解：「干網者，天皇之大權也。」又一篇述日本的維新史，說「今上御報，國威益振」，又來一個注解：「今上，在本文中指昭和天皇。」恕我不願再用這清白的紙，寫這些齷齪的字。聰明的讀者諸君，你們可以從這些不堪的字句中，看出汪兆銘這批漢奸的面目與心肝。他們不僅想出賣自己，出賣國家，連小孩們的靈魂都想批發出售。他們說，這是「文化交流」呀！

銀幕上的鬼影　在這低氣壓下我也曾冒險看了幾場電影。正面都是些兩三年前的上海片或香港片，而新聞片卻可大開胃健脾。

有一次，是映的「大東亞戰事」爆發後的南京動態，從這裡看到不少牛鬼蛇神。第一個出現，自然是那個「面白無鬚」的小丑，穿著一身軍服，腰裡很不自然地握著指揮刀，看樣子，倒真有幾分像一個特務機關長。第二個是褚逆民誼，一口湖南官腔，說三個字停頓一下，身上披著一套大禮服，但依然掩不了太極拳師的江湖架勢。第三個是林逆柏生，一副洋場惡少的面目，指手劃腳，彷彿在那裡變戲法。說老實話，我真沒有聽懂他們說些什麼話，銀幕的光忽明忽滅，聲音像啾啾地鬼叫，叫得我一根根汗毛都豎起來了。

又一次，是映著敵機出動轟炸香港，敵軍舉行「香港入城式」，還有敵軍進占上海公共租界的情形。最後，有東京的所謂「大詔奉戴大會」，看到淺草公園裡擠滿著發狂的人，東條英機挺著胸，提高嗓門在演說，他的姿勢，似乎想竭力模仿希特勒，臉上確也有一堆小鬍子，只可惜身材太矮，演說的技巧也不夠，聽來滿不是味。

一個典型　在廣州，我遇見一個偽警的隊長，他是我所見的僅有的年輕人（我不敢說他是青年，怕污濁了這個字）。但我得感謝他，後來我能安然地離開這個魔窟，曾得他不少幫助。

一個矮小的身材，臉上和手上都長滿疥瘡，說一句話，便得抓上幾抓，嘴裡鑲著幾個金牙。他當然不知道我是什麼人，但憑他的聰明，不久便猜中我是一個讀書不成棄而經商的走私販子。

有時，他喝醉了酒後，會露出應有的驕傲，滔滔不絕，敘述他的威權和得意：「老實告訴你，我在這裡真不含糊。我們雖有幾個隊長，但只有我的日本話說得最好，他們都和我交朋友，憲兵隊長、密探長，都很熟，常在一起吃飯。老哥，放心，你要做什麼生意，都交給我，絕對錯不了。」說著，便舉起生滿著瘡的手從口袋裡摸出一把片子：「你看，這是他們給我的名片。」

有時，他又裝著很愁苦的樣子，說他生活如何苦，每月只有二三十元軍票，應酬又大，他的良心又好，從不仗勢欺人，敲詐別人。他說：「還不是為了吃飯，才不得已做這事？別人也一樣，何必去欺負人，找黑心錢？唉，哪一天和平就好了。」說到這裡，話鋒一轉：「今天又請他們吃飯，花了三十塊，實在周轉不過；老哥你方便，再借給我五十元好麼？」說著又把那隻疥瘡手伸過來了！

直到現在，他的影子還留在我腦子裡，我擔心他的一身瘡，更擔心他千方百計找的幾個錢，夠不夠經常到售吸所去「應酬」。

珍重寄語　一個夜晚，我摸黑穿過八個警戒線，去訪問一個十年前熟識的朋友。他是一個日本的老留學生，二十年來，他在廣東的軍政界相當活躍過；自從廣州淪陷後，大概因為家累太重，在香港住了一年多，又搬回這個鬼墟，過著沒有空氣的生活，在街頭開了一家小的布店，苟延殘喘。

當我摸清了門牌，推門進去時，一眼便看他戴著老花眼鏡，坐在賬台上，他聽見我的招呼，馬上以驚惶的眼光向我掃來。

「哦，是你，真是想不到。」說著他能夠讓我理解的國語。

這一家稱為店的布店面，只有一間。兩旁的架子上，縱橫放著不滿五十匹的布；中間的櫥內，有些針線、竹尺、牙粉之類；電燈發出昏黃的光，一隻黑貓在矮凳上打呼。

他放下算盤，把我邀到後樓的一間小屋內，先問了幾句別後的經過，和兩月來H埠的情形，一面張羅著沽酒燒菜。等到三杯酒下肚，便打開了他不斷的話匣子，一句一話，是如此的沉重，像鉛丸似的擲向我的心弦。

「想不到你一個外江人，竟大膽到這地方來。」

「是的，但我是一個難民呀！」

他點一點頭，又喝了半杯酒：「朋友，我已兩年不喝酒了，因為在我，在此時此地，酒已失了它的麻醉作用，而且妻子們也擔心我酒後的放言。但，今天，你來了，我不能不痛快喝一次。是的，誰想得到我們會在這裡見面？」我為他的真誠，壓住了應有的答語，默默地看著他的皺紋中，又透出了十年前的神態。

「你到了兩天，大概已看出了一個輪廓了罷？乾脆告訴你，這裡不是一個人住的地方，你就是把神經完全麻痺了，也無法生活下去。以我這間小店來說，房錢只有十六塊法幣，而一切捐稅加起來，卻要一百多張軍票。

「布，買的人很少，來源更難。貨都要向上海去採辦，但自己不能直接去辦，先要把錢父給日本鬼子的『組合』，過幾個月再來貨，由他們定價，由他們給貨。總之，本錢是我們的，他們占了一倍以上的利錢，我們分一些殘骨。」

「不也有幾家酒樓旅館開得很神氣麼？」

「你以為是中國人開的？不錯，本錢都是中國人的，但『股東』卻大部是日本鬼，所有像樣一些的店，都有浪人強迫加入乾股，握著實權，這就是經濟提攜呀！」

「以前在香港、在廣州未淪陷前，也曾聽到些人說，日本鬼打來，總不能叫我們老百姓沒有飯吃，老著臉，生活總可以維持的。現在我們都明瞭，這簡直是夢想。除非你開煙館，開賭場，休想有一家安寧，它們絕不讓你安心吃一碗飯。就是那些漢奸們，也何嘗不提心吊膽，刻刻怕鬼子們翻臉不認人？」

「那麼，為什麼你不走呢？以你的能力，到後方哪裡都不怕找不到職業；再說，我們在祖國懷抱裡，喝一口白水都是自由的。」

「是的，我遲早要走的，我就是想喝一口久未沾唇的自由的白水。我過去也曾幾次想走，一則籌不出這一家的路費，再則，我總想等這裡的光復。現在，太平洋戰事爆發，戰事一時難了，我是決心要走了。」他說的是那麼堅決，又乾了一杯酒，接著說：

「朋友，你不要看這裡的人麻木了，你留心看，他們在街頭走，熟人見了都不敢打招呼，他們受盡種種凌辱，但，你看他們，都把牙齒咬緊了下唇！

「我告訴你，這裡不是以軍用票流通市面麼？但大家彼此的往來，都還用法幣；你要離開廣州一里，便絕對看不見軍用票，大家用的藏的，都是中央銀行的法幣。」

他的酒越喝越多，話也越說越多，使我沒有插言的餘地。

「朋友，我再告訴你一個故事。以前，楊希閔、劉震寰他們的軍隊打到廣東，把廣東人盡情劫掠凌辱；但到後來，革命的勢力樹立，鄉民群起協助革命軍，幾乎把他們全殺光了。現在大家心中的火，何啻大過以前的百倍，大家忍住眼淚，摩拳擦掌，在等待這個機會的來臨呀！」

是的，我確信這個機會總會來的。我帶著微醉，臉上被他的狂焰所灼熱，離開了這家小店。我們在門前不敢說話，但心裡都說：「我們到內地再會！」

我向廣州揮手　離別廣州那天，我從長堤到黃沙渡頭，經過了七次嚴密的搜查，幸而我的廣東話能勉強應付過去，最後，渡江到廣三車站。在廣三路沿線，看到敵軍三三兩兩，都像野獸，在擇人而噬。

車上的開車的、車隊長，都是穿著軍服的日本人，車上簡直沒有穿長衫的人，但眼光卻是那麼憂鬱。

在那天的深夜，輾轉覓得一條小船，偷渡過敵軍的封鎖線。我呼吸了自由的空氣，不禁哼出一段戲詞：「蹈龍潭，闖虎穴，逃出羅網！」同時，我向拋落在後面的廣州揮手！

上面這篇通信在桂林《大公報》刊出後，讀者反響頗為強烈。幾個月後，還接到不少讀者的來信，說他們是輾轉看到這一篇《廣州探險記》後，才下了決心，從淪陷區回到後方的。

這裡，我要有幾點補充：在具體情節內，有些不老實。比如，真正指引我們離開魔窟的，是旅館的一位茶房。我卻「移花接木」，說是那個滿身疥瘡的偽軍無意中幹的好事。再如，對我沉痛發洩敵偽統治痛恨的，是一位精神貧窮的中年知識份子，而不是開布店的老於世故的人。而離開陷區，是在三水附近的西南鎮，是混在難民中，經過步行十幾里的「無人區」，真是急急如喪家之犬。到了蘆包，才雇到一條小船。到清遠，停了一宿，得以轉乘小輪，經五日夜才到韶關的。所有這些，都是在戰時環境內，為了迷惑敵人，保護那些善良的同胞，使的一些小狡獪，而基本事實和當地的現實氣氛，卻完全是真實的。

我們到了清遠，正感到下一步不知如何走。一位青年走上來問：「你們是不是香港《大公報》來的？」原來，他是我們的清遠通信記者，他已在碼頭上打聽幾天了。到韶關時，馬上得到駐粵記者陳錫余兄的熱情接待，可見《大公報》在南方各地區，也扶植了不少新聞人才。

在韶關逗留了三天，免不了有廣東新聞界朋友的款宴。我和誠夫平安到達韶關的消息，當天即由中央社發表。

韶關那時是廣東「後方」的重心，李漢魂的粵政府，以及余漢謀的戰區司令部都設在這裡，大小機關的牌子，觸目可見。而戰時繁華，頗極歌舞升平之盛，回想十天前在廣州所見所聞，甚有感慨。

一九四二年　三十五歲

從昭關到桂林，可坐火車。在衡陽停了兩晚（由駐衡記者吉朋信照料），當時轉乘湘桂鐵路車到達桂林。

知胡先生已先月平安抵桂，為之欣然。

在城內營業處（採訪部亦在此辦公）略事休息，即步行至星子岩。

星子岩者，乃七星岩後側一獨立小山。《大公報》社即建址於是，山有岩洞，可以安放機器房，並可為職工躲警報之用。館舍雖木結構，亦楚楚整齊。編輯部、經理部、工廠及職工宿舍，簡單而完備，並有一小禮堂供酬應、集會之場所；平時可為職工業餘文娛之地，胡先生及文彬兄（王文彬，時為桂林館副經理，駐桂逾三年，和各方關係很好）擘劃有方，尤足見胡先生之遠見。

胡先生在山麓一角，建有小洋房，可以俯觀全館。

誠夫兄即在經理部旁安置宿舍。我即下榻編輯部旁一房間內。

從城內至星子岩，需經東江橋（時用粗木建成），折向七星岩旁，路經廣西醫院，然後至祝勝里（該處大概原來為一墟集小村，至此已發展為一繁庶市集；「祝勝」命名，可見為戰時產物）。到了這裡，等於行船已到了碼頭，必須「上岸」步行，路燈已無，曲徑一線，僅可通行。星子岩一帶原為墳場，離《大公報》社半里許，即在墳堆中踏出一條小路，並自行車亦無法通行了。

桂嶺何曾鬢有絲。
1941 年底任桂林《大公報》總編輯時，筆名「銀絲」。

到了桂林後，幾乎每星期至少要進城兩次，大都為參加酬應，必至下午八時左右回館。我那時年壯好飲，桂友每喜稱為「香港酒家」，而三花酒的後勁實在是厲害的。是以每次酬應，最後必酩酊大醉。但精神的作用，往往是難以解釋的。回星子岩沒有別的選擇，一是沒有代步，必須一步一步走到。二是過了祝勝里，就一片漆黑，必須在祝勝里買好一盞紙燈籠（那時幣值天天狂跌，也記不清是五分的代價，還是五角，抑或五元？）還要設法預備一支粗木棍，以便在陰黑甚至泥濘中一步一點，過憲兵五團附近的小石橋，走過一段怪鳥磔格的懸崖峭壁下，最後到星子岩前的一段墳地，則有時還傳來遠處的狼嗥聲。必須帶一根木棍，除為了指路外，也兼以防身。到了報館，往往鞋子都來不及脫，倒在床上，就呼呼入睡了。到十點半模樣，工友把我叫醒。一把熱手巾，居然神志恢復，集中思想寫社評和審閱稿件，直到天色微明（當時桂林的印刷條件是土紙、平版機，加上要等中央社最後一批稿子，等新聞檢查處發回檢迄稿，等到最後一版大樣時，天色已大亮了）。

預備工作是早就要做好的。大約正午十二時半起身，盥洗、午餐，即在編輯部翻閱各報及雜誌；還有重慶、衡陽、昆明各地送來的報紙、刊物，然後思考明天的社評題材，並告訴負責資料工作的羅承勛兄，請他先為我準備所需的書報參考材料，以備晚間執筆。當然，等到深晚，忽然傳來一個重要新聞，臨時趕寫出一篇社評，也是常有的事。

初到桂林時，編輯主任蔣蔭思兄主持版面，我只抓言論；不需入城，空閑時間較多。這段時間，我看書較多。幾個月後，蔣蔭思兄受聘為燕京大學新聞系主任，到成都去了。編輯工作由我兼顧，還定期邀集採訪部記者鐵慶燕、陳凡、曾敏之、黃克夫、易錫和諸兄下鄉來座談（採訪部由文彬兄兼領）。

要聞編輯是李俠文兄，國際編輯馬廷棟兄，英文翻譯主任楊歷樵兄，本市新聞編輯是何毓昌、章繩治。

不久，增出晚報，由楊歷樵任主編，郭根為新聞編輯，羅承勛為副刊《大公園地》編輯。我也偶以「銀絲」為筆名，寫些雜文之類小品。

《大公報》自一九二六年復刊後，一直只有一位總編輯——張季鸞先生一九四一年逝世，到一九四二年二月，才由董監事會決定，任王芸生為渝版總編輯，曹谷冰為經理。任我為桂林版總編輯，金誠夫為經理，王文彬為副經理。

那時，桂林成為有名的文化城，空氣比較「寬鬆」，而各方人物薈萃，文化、藝術繁榮。我商得政之先生及誠夫兄的同意，言論方針力主自由民主，政治上與重慶保持距離，一般不轉載渝版社評，保持獨立思考。社評除自寫外，還請好友千家駒、張錫昌（是我中學同學，時在「工合」工作）等執筆。渝版同事子岡每以渝版登不出的內幕新聞寄來。我們幾乎每週必刊出一篇子岡通訊。這與社評併成為桂林版的兩大特色。加之，外勤記者一般思想活躍，寫出的新聞稿和特寫，能抓著癢處，文句清新，受讀者重視。桂林版發行等於桂林各報之總和，日銷達六萬餘份，不僅桂、湘、粵到處暢銷，即與重慶等距離之滇、黔各地，亦幾成桂版之市場。

那年十月初，我方在編輯部閱報，忽然接到一個陌生電話：「你是徐總編麼？我是蔣經國。我想到《大公報》拜訪，車子怎麼走？」我答：「對不起，《大公報》在山坳裡，無路可通車，我到城裡去拜訪你吧。你下榻在哪裡？」放下電話，我即步行至勵志社招待所訪問，一番寒暄後，他拿出一份手稿，原來是他悼念好友已故贛南屬上猶縣長王后庵的。我看情意懇切，文詞清新，答應及早刊之報端。他致謝後，還說贛南一切皆在試驗，如有機會，希望高明去參觀指引。這是我和這位蔣公子的第一次交往。以後，他即赴渝公幹，回贛後不久，又寄來他寫的悼念另一位縣長——南唐縣縣長王繼春先生的文章，我也在報上發表。

他這兩篇情文並茂的文章，不先在《正氣日報》刊出，而希望在桂林《大公報》發表，這也可反映桂林《大公報》影響之大。

一九四三年　三十六歲

新年剛過，胡先生告我：陪都新聞界將應邀飛美參觀，芸生兄亦在名單之列，希望我即日飛渝，代他主持筆政。

我於年初成行，編輯部由誠夫兄兼管。

坐的是中航班機，只有一個引擎，六個座位。清晨離桂，歷五小時，中午始到達重慶珊瑚壩機場，即乘來接之小車赴李子壩。這是我破天荒第一次坐飛機。

到渝以後，才知事情發生變化。蔣先生聽信媒孽者之言，已用紅筆把芸生的名字勾掉了。

我連忙航函向胡先生請示。旋得覆函：「既來之，則安之。乘機在渝多多探測氣候，對將來主持桂版，未始無益。」這樣，我就留下來過了那年的春節。

我先去參政會拜訪由蘇回任不久的邵力子先生，他是我國新聞界的前輩，承接談一時許，並於翌日設便宴款待。作陪者有王世杰先生及王雲五先生等。

由鄧友德、陳訓畬兄引導，也去侍從室拜候了陳布雷先生，他也是我國新聞界的前輩，又是張季鸞先生的多年至交。在二十年代初，他以「畏壘」的筆名，為上海《商報》寫社論；季鸞先生則在《中華新報》主筆政，署名「一葦」，都風靡中外，有「一時瑜亮」之稱。布雷先生一再謬獎，謂故友季鸞曾鄭重談及，我與芸生為其得意之傳人。布雷先生並力勸我參加國民黨，他自己願破例當介紹人。我婉謝其意，說參加一政治組織，等於女人決定選擇對象，此為終身大事。我對政治素不感興趣，願抱獨身主義。布雷先生莞爾而笑，不以為忤。

我還訪問了戴季陶先生及董顯光先生（時任國民黨中宣部長）等，禮貌、形式而已。

請徐盈兄介紹拜訪周恩來先生，已約期矣，臨時徐盈兄來談：周副主席忽應國民黨代表約談，不得不改由另一同志接談。我應約到上清寺中共辦事處。接待者為當時負責與國民黨政府商談整編問題而在渝逗留半年之八路軍某師師長（林彪）。滔滔約談兩小時有半。

那時在民生公司任職之邵尚父兄，原為漢口兩湖分館《大公報》時的老同事，堅邀我上某山在民生公司宿舍歡度春節。舊曆初五後回到李子壩，即束裝、購票，準備取道貴陽回桂。在貴陽曾赴省府拜吳達詮（鼎昌）先生，並晤及清華老校友周寄梅先生（名貽春，戰時由達詮先生延攬，任貴州建設廳長）及嚴慎予兄（時任省府秘書長）。

在築勾留三天，即乘車赴金城江，轉乘黔桂、湘桂路火車返桂林。在渝時與友德兄約定，結伴同作東南之行。他的最終目的，是至淪陷區邊界，接取由上海來的未婚妻。我此行則為由滬接取妻兒，並接運一批《大公報》陷滬眷屬。回桂後埋頭工作、讀書幾個月，與友德約好，定六月中由桂啟行，相約沿途不拜訪友人，以免酬應。編輯部工作扔托誠夫兄兼管。

友德到桂後，即出發韶關。翌日，乘郵政車（當時，一般公路車用木炭作燃料，獨郵車用酒精，行駛有定時，亦賣票搭客，取費較昂）南駛，當晚抵贛州。投宿互勵社旅社。在市上餐館果腹後，曾巡禮市區，見市面繁榮，四民安定，遠非大後方其他中小城市可比。標語尤多朝氣，如四城均有大幅標語：「歡迎你來參觀指教！」城門向裡一面，則懸：「歡迎你再次光臨。」令人有親切之感。

旅途勞頓，第二天起身已近八時，茶房來倒洗臉水時說：「蔣專員已在門外等候兩小時了。」我惶恐出迎；他堅留一週，參觀新贛南。經再三商酌，決留居三天，詳情已載拙著《風雨故人》，玆不贅述。總之，蔣經國先生在贛南勤政愛民及禮賢下士之精神，迄今猶留深刻印象。

離贛州後，即赴雩都東北約百里之銀坑。當時江西公路局設在這裡。總工程師過之毅先生（無錫人）是鄧友德兄的老朋友。我們向公路局商借一部酒精車，終點為皖南屯溪，備載運由上海出來之眷屬。去屯溪時，由公路售票搭客。回程車費及司機一切費用，由我們負擔，得公路局之特許。又因那時福建正蔓延鼠疫（黑死病），入境前必打預防針及斑症傷寒預防針。我們為此在銀坑耽擱十天，中間發高燒兩天。

自銀坑出發，司機即聽我們指揮。第一天即宿寧都，作為長途準備，並約同本車旅客座談商定約束數事。循建寧、泰寧直駛邵武。我們即拜訪協和醫學院，在此下榻。旅伴則投宿附近客棧。翌日清晨，謝別協和院長，即登車循山路至崇安宿頭。蓋是時贛、閩、皖各省平地，咸為敵人侵占，公路交通，不得不在崇山峻嶺中另闢蹊徑也。過分水關，公路直上直下，見不少公路客車，寸步維艱，每上升一步，即以木卡墊住，喧嚷之聲不絕。我們在上饒投宿。市面房屋大半斷牆殘垣，成為廢墟。蓋此處為後方交通要衝，敵機頻來狂炸也。

曾迂道至《前線日報》，參觀一晚，使人耳目一新。得結識宦鄉（鑫毅）兄。

以後，經玉山入浙境之常山、開化而至皖南之屯溪，休息五天。

那時，屯溪為戰時皖南之政治中心，進出江南淪陷區必經之地。設有屯溪《中央日報》，社長為馮有真兄，與友德及我均為好友，照拂極周至。總主筆李秋生、總編輯程玉西及採訪主任沈壬生則均為《文匯報》舊侶，設宴話舊，往往忘倦。即由《中央日報》職員代為安排轎子及雜用之物。蓋過績溪，公路已破壞，必須乘轎或步行。汽車及司機即在屯溪安置，留待回程之用。

經徽州到績溪途中，仍用汽車送行。黃山在望，苦於不能抽暇登臨。至績溪，遙望這蕞緣山城，此胡適之先生故鄉，亦無緣遊覽。

以後五天，在楊溪、甲路、河瀝溪、廣德、流洞橋覓荒村小店投宿。每日約行五六十里，此原始之交通，甚為緩慢，卻也有一好處，能準時到達預定地點，不似汽車之動輒「拋錨」也。途中每涉遐想：徐霞客遍遊全國名山幽勝，所憑者大概亦賴此原始交通工具也。

1943 年，在桂林辦《大公報》桂林版時與報社同仁合影。

第六日至張渚，則為我的故鄉——宜興一大鎮。此地已陷於「陰陽界」口，市面極為繁囂。在此碰到好多長期未見之親戚朋友。此地亦為蘇南之綠洲，蘇南各行政及工商、金融機關咸設點，於是，更增加戰時之畸形繁榮。

據朋友見告，由江南淪陷區入內地者，咸經過張渚，所帶的「良民證」都棄置一旁。有專門機關收集，換一照片，蓋上假圖章，即可潛入陷區。我乃謀之友德，冒險作上海之行。

我有一職業習慣，出門所見、所聞及所感，輒寫為通信。計自離桂後，已寄回通信——《東南之行》十餘篇。自冒險入陷區直至回抵張渚，共寫了《陷區進出記》十篇，先在桂林《大公報》刊出後，重慶《大公報》亦轉載（見《徐鑄成通信遊記選》），並散記於《杜月笙正傳》中（浙江人民出版社一九八三年版，茲不再復記）。有一點須說明者，所記之人物地點，則多故意失實，則為對敵鬥爭之需要也。有一點最令人難忘。混入陷區後，第一站即宿蜀山之東坡小學，行李甫安頓，即入市尋店午餐，在市中心石橋上，忽迎面走來一紳士模樣之人，彼此注目而視（我已易便裝），對方忽認出「你是徐……」剛出口，我急答以「我是吳某某。」彼此一笑，蓋對面相逢者即第三師範之老同學呂冕南（宜興教育家呂梅笙先生介弟）。乃相偕在館子覓一清淨座頭，低聲罄叙契闊。冕南時為東坡小學校長，暗中參加抗日工作也。

在滬時，曾常與嚴寶禮兄（時表面經商，常出入於張渚陷區間，名義上販運木材，實為國民黨中宣部東南專員處工作）晤談。記得我們曾在八仙橋附近密談兩小時。我問其《文匯報》是否準備恢復？嚴兄答：「你如能仍回主持編務，我雖任何困難，必在勝利後恢復《文匯報》。」因約定二事：一、《文匯報》勝利後復刊，決擺脱英商，擺脱舊董事會，不接受官方投資；二為勝利以後，我決盡可能脱離《大公報》，回《文匯報》主持筆政。

仍循原路回到屯溪，到時，聽到三戰區方面消息，敵軍小股出動，「掃蕩」了張渚直至廣德邊境，到處焚燒殺掠。我們僥倖早走了一週，未遭此難。

坐上汽車，離別屯溪這個皖南山城。我和友德所帶的「隊伍」已逾二十人，浩浩蕩蕩，坐滿了大半車。空餘的座位，售票給急需西上的朋友，過贛南，蔣經國先生又盛筵款待我們，一坐就是三桌。還招待遊了贛州名勝郁孤台和章貢二水合流處的八境台。

回到桂林，已是初秋。那時美方對華援助漸趨積極，飛虎隊所轄之空軍數量擴充，還投入大量費用，建造可以停 B25 型大型轟炸機跑道之機場。一時，盟軍開始反攻及轟炸日本本土之勢大起。

美國、英國新聞處早已在桂設立分區，不時送給《大公報》不少特稿。我們由國際新聞編輯黎秀石兄與之聯繫。

一九四四年　三十七歲

春間，敵軍又開始對我進攻，宣稱要打通「大陸走廊」。先在豫南調集重兵。當時豫南人民，正處「蝗、黃（黃河泛濫）、湯（湯恩伯部之無紀律）」之水深火熱之中，敵軍發動不久，即攻陷豫省全境，乃移其鋒鏑指向湘北，薛岳部旋亦敗退湘西，牆子河全線崩潰，敵軍長驅直入，進圍衡陽。方先覺部死守孤城，曾引起湘、桂人民之熱望。而敵前鋒已逼近桂境之黃沙河矣。

桂林在李濟深將軍、李任仁先生等發起，並經田漢、洪深等文化人熱烈贊助下，號召軍民舉行國旗獻金，誓死保衛大桂林。我曾應田漢先生之約，去劇宣隊做時事分析動員。《大公報》桂版之社評，亦滿腔熱情，宣傳抵抗到底。腔調之激烈，似已遠越《大公報》之傳統。旋遭重慶當局之制止。組織中之民衆保衛隊伍，亦遭解散。而開來之中央援軍，乃為湯恩伯部，到桂後即宣布強迫疏散人民，以掃清視野為名，到處焚燒搶掠。致火車站之秩序混亂以及抛兒、別妻、一家離散之慘況，尤到處可見。總之，「前方是潰，後方是搶」，可以概括所謂湘桂戰役。

《大公報》於十月十三日宣告暫時停刊，我於是日晨步行至將軍橋搭電機廠之便車離桂。當離別星子岩時，軍隊已進駐，一夜之間，館方及職工所飼養之豬、雞，盡被殺光。我的新居布置好不久，柳亞子、梁漱溟、任二北三位先生曾親書對聯惠贈，亦盡曹回祿而喪失。

從桂林到獨山，不過數百里，卻周轉跋涉，歷時十餘天。過柳州時，適遇楊歷樵兄之長公子（在湘桂鐵路任醫生），知湘桂路有撤退眷屬專車，乃告別電工廠旅伴，改乘專車行。豈知從此以後，寸步維艱。蓋過柳州站，即屬黔桂路範圍。每抵一小站，必索「買路錢」，否則供水、揚旗，均受阻礙。最給人刁難者，每至車頭用煤耗盡，必開回柳州站補充，列車棄置一間道旁，職工家屬多在山溝水潭中換洗衣服，動歷一晝夜不聞開車消息。每到夜晚，眷屬均在車廂內展開地鋪。我以一「來賓」身分，乃至無立足地，只能縮足枯坐以待天明，其艱苦為生平所未經。

迤邐至南丹之南一小站，車又停止不前，車頭又摘下回柳州去加煤了。

同車青年，多有徒步赴南丹，希轉搭「黃魚」車赴獨山者。我亦將隨身行李托同車者照看，隨青年們步行。循路軌走約七八里。巧遇南丹站長王先生，其夫人為黃季寬（紹竑）先生之妹，蒙其款留一晚，翌晨與黃夫人內侄女結伴同至南丹汽車站，又巧遇電工廠車，在六寨拋錨一夜後，才平安抵達獨山。稍停三日，雇車裝載由桂運出之機器、材料、雜物，盡一日夜到達貴陽。

我經此變局，對後方的軍事、政治乃至社會、教育各方面，殘餘的一點信心，損失殆盡了。軍事上的上下無紀律，前方望敵後即潰，後方則見財物便搶劫一空。聞桂林最後逃出者言，到了「空室清野」之後，士兵多搶換便衣，紛紛逃離隊伍；有少數遭捕獲者，則兩手均套滿戒指及釧頭，蓋虜獲已滿，圖回歸家鄉矣。此種情況，已為後方之譏刺。此外，尚有數事令我怵目驚心者：一為新聞界撤退列車（其中多桂林《掃蕩報》職工及眷屬）行至柳州站時，忽後面來一列火車，將此車猛烈碰撞，全車血肉橫飛。《掃蕩報》總編輯鍾期森（在漢口時曾參加范長江之「青記」）一家遇難。倖存者中有《大公報》同事何毓昌兄（他有齊人之累，未與其他職工同撤退），因枯坐車隅行李堆中，撞車時將其震醒，渾身是血，撫摸知自己並未受傷，蓋所濺者皆同車人之血也。第二，我過南丹甫二日，金城江（當時黔桂間極戰事頻繁之碼頭，而房子大抵為竹坯木結構）在一夜之間大火蔓延，夷為一片廢墟，傷亡不知有幾百千人！第三，我到獨山時，即聞美機誤以為六寨為敵軍占領，大舉集中投炸，全墟成火海，屈指計之，距我投宿時甫二夜，我曾目擊墟內我軍事機關不少。至此，又添了不少枉死鬼矣！第四，沿途我曾聞單身或一二逃難者，行經偏僻山徑，往往遭持木棍刀叉者之攔路搶劫，往往只因為有一襲毛線衣而遭殺害者。「寧為太平犬，不作亂世人。」於此可見抗戰七年，後方之民間秩序和道德喪盡矣！

到貴陽後，與妻兒聚晤。《大公報》一部分眷屬早於敵軍過全州時，即疏散至柳州。桂林吃緊，又移居貴陽，租得一廢工廠車間居住。是時長兒在此讀中學，三兒隨母補習，一家重聚，互慶再生。

貴陽為誠夫兄曾工作舊地（回《大公報》港館任經理前，曾任黔省府機要秘書兼《貴州日報》社長），故舊很多。我們安抵貴陽後，承達詮先生設宴為洗塵壓驚，並有省府及《貴州日報》友人酬酢多日。《貴州日報》總編輯為我表兄朱虛白，要聞編輯金慎夫為誠夫兄介弟，相知有素，暢談竟日。約留築五日，即雇定一卡車北行。

長兒白侖，時在貴陽國立臨時中學讀書。以該校管理馬虎，伙食極壞而不注意清洗，白侖染上痢疾，久治不癒。嘉稑恐其孤身在外，不易調攝，乃令其退學，一起帶往重慶。《貴州日報》經理趙先生廣交遊，我托其代購貴州當時最有名之「華茅」（茅台）兩瓶，以便沿途獨酌解憂。

五日後安抵重慶，渝館已為桂館職員租借三江村（李子壩報社對面）為宿舍，竹牆土坯，沿嘉陵江構築約七層，且門面甚堂皇，可見山城工匠工藝之精巧。

為了安置桂館職工，胡先生（斯時，政之先生已繼季鸞先生後，任國民參政員，移居重慶，住金城銀行建造之紅岩新村）特在渝館創刊《大公晚報》，由我主編。我未到前，由谷冰兄代理。先期到渝之郭根任要聞編輯。某日，忽以主標題未按谷冰意製作，立以「不服從上級命令」之罪，宣布開除。以後不久，原桂館廣告主任戚家祥及戚家柱等均因撤退時「利用職務，私做生意」之罪名，連同渝館廣告主任李孝元一併開革（二戚及李均為誠夫兄親戚）。可見有「殺雞儆猴」之意。

差不多同時，政之先生特約誠夫和我至紅岩新村談話。大意謂，渝桂兩館，好比同根連枝。現桂館已以兵災而停業，等於二房子弟來依靠長房。你們要善於「以小事大」。他們兩位是很有心機的，「譬如谷冰有事來見我，我雖滿腹心事，必整容含笑接談，以免引起多心。此意，望你們兩位，好好體會。」

很明顯，他是要我們了解寄人籬下，處處以忍讓為先。

我除埋頭主編晚報外，幫助日報每週寫一到兩篇社評。此外，百事不問，業餘也很少進城，即鄧友德（時任重慶新聞檢查處副處長）、陳訓悆（時任《中央日報》總編輯）等熟朋友也很少來往。谷冰與中央社社長蕭同茲很有交情，常請中央社高級職員來李子壩吃飯，我和誠夫兄敬陪末座而已。

是年，國民黨政府陷於內外交迫，極度困難時期，郭沫若先生發表了《甲申三百年祭》，以古喻今，說明重慶政府之分崩離析，彷彿李自成退出北京後情況，敵軍攻陷獨山後，一度威脅都勻，不僅貴陽震動，即重慶亦人心惶惶。官場中傳出消息，即遷都峨嵋，亦必抗戰下去。而一部分公務員則表示：寧餓死重慶，絕不再逃難。幸威脅都勻的日寇旋即撤退，轉而南下，進兵鎮南關，以實現其打通向中南半島之陸上走廊。人心始稍定，中共代表及民盟等第三方面人士，則提出建立聯合政府之主張，和者甚衆。

我在是年年底，曾兩度進城。一方友德約至其集體宿舍便餐，同席有許孝炎及前《京報》總編潘仲魯兄，仲魯為公弼之介弟，是時精神極頹唐，每餐必飲，每飲必醉，終日昏昏。不久即聞棄世，聞年僅四十餘。

另一次為路明女士贈票，往觀其主演之話劇《孔雀膽》（郭沫若先生新創作）。路明與其姊徐琴芳及姐夫陳鏗然均我桂林好友，曾同學京戲於莫敬一先生，他們向以「大師兄」稱我。是夕，我偕嘉稑及小兒復侖往觀劇，見前座有一女士偕一女兒，到處招呼，後經鄰座介紹，始知即聞名新聞界之浦熙修女士。此為我首次識浦熙修女士，想不到以後曾共事二十餘年，且同遭風雨，同陷「陽謀」，熙修被賜以「能幹的女將」之嘉名，及十年浩劫中，且被冤死，嗚呼！

一九四五年　三十八歲

晚報由徐盈任要聞編輯（原任渝館採訪主任時改由王文彬接手），羅承勛任副刊編輯。彼此心領神會，工作極為愉快。陸詒等專任晚報記者。子岡、曾敏之等每用特寫形式為晚報寫稿。時增特色。晚報無評論，我負主編名義，甚得悠閑之趣。副刊偶登雜文，觸著當局痛處癢處，友德不時電囑「火燭小心」，布雷先生則時有警告。好在闖禍不大，留意而已。

約八月十一二日，當日的晚報已出版，我正在誠夫兄客房與同鄉親戚李中孚（亦誠兄至戚）閑談，忽電訊房（可收國內外無線電訊，而不能發報）來告，適截接東京電訊，日皇已宣布接受無條件投降矣。我與誠兄商量，立即印發號外。不久，李子壩鞭炮聲相繼，遙聞上清寺、牛角坨一帶隱約傳來鞭炮，聲如熱鍋爆豆，噼啪一片。大兒白侖在南開中學讀書，時甫放假回家，聞訊即跑步至上清寺觀光，傍晚回來，告以上清寺一帶，人山人海，遊行慶祝隊伍不絕。他還看到有參政會隊伍，黃炎培、左舜生、傅斯年及李璜等民主人士，列隊步行至國府，向蔣主席報喜。總之，原來抑鬱之山城，忽然霧開雲散，滿城鼎沸矣！

翌晚，國府禮堂舉行慶祝晚會，芸生兄去參加。據談是晚最主要節目為京劇《群英會》，演至「有請蔣先生」，這位白鼻子小丑蔣干先生在「推推」小鑼聲中出場，一座軒渠。在座之蔣主席拂然離席而去。提調不慎，相信不是有意開此玩笑，而來此一哄堂，宜乎蔣先生不終場而離去矣。此殆為歡慶勝利聲中一小插曲也。

慶祝高潮漸漸平息，而百萬下江客，急於結伴還鄉，而上天無路，舟車短缺。而各走門路，東下者究屬少數。在《大公報》中，記者張鴻增已赴芷江（朱啟平、黎秀石早已隨美軍赴密蘇里艦準備參加盟軍受降典禮），將隨先遣人員赴南京，李子寬、楊歷樵、陸詒則已動身赴柳州，準備搭乘湯恩伯部隊之軍用運輸機赴滬（時當局已決定派湯恩伯集團軍由美軍空運上海，接收江南一帶淪陷區）。時報館董監事會決議，派我及李子寬兄赴滬，盡速籌備復刊上海版。從國民黨中宣部方面得知，九月二日晨將派一架專機，運送重慶新聞界人士，每報限一人，赴寧參加預定於三日舉行之受降典禮。

在收拾簡單行李預備出發之際，吳達詮先生（時已調渝任國府文官長）忽送來一稿，乃蔣主席電邀毛澤東先生來渝面商國是者。我即發刊頭條。旋侍從室陳布雷先生來電話，謂此訊應由中央社統一發表。但晚報已拼版，婉卻之。晚報一出，讀者爭購一空。後聞此電本為達詮先生向蔣先生建議而得嘉允者，是以達詮先生甚得意，電文發出後，即抄送晚報發表。

九月二日上午七時，即離別妻兒，乘小汽車準時到達九龍坡機場，呆候至十時，美籍飛機師未來，無法開機。我清晨只喝一杯豆漿，兩只包子，至此腹飢難忍，乃購一廣東月餅充饑。費二千元法幣（當時可買一匣最好的土製香煙「華孚牌」）。

十一時許，乘客始登機，兩發動機先後開動，飛機旋即升空，向東飛去。

這機為美軍的一架運輸機，機艙對有兩排座位，可坐十一二人；中間及後部則存放行李。同行者有《中央日報》總編輯陳訓悆，《新華日報》之徐邁進，中央社總編輯曹蔭稚，《世界日報》社長成舍我，國民黨中宣部派赴上海之專員詹文滸，《時事新報》社長張萬里，《商務日報》總編輯陳落，代表《新民報》之趙敏恒，連我共十人，蓋都為各報負責人，名義上去參加受降典禮，實為各自報社之籌備出版，圖捷足先登也。

同行大都為我之熟友，特別是舍我兄為我北平時同業，蔭稚兄則在漢四年經常晤聚，訓念更為在滬、在港共同對敵作戰之好友。機艙中相敘暢談，儼如舉行一茶話會，時時笑聲哄然。

過三峽，俯看神女峰在足下挺立，別有一種姿態。旋經宜昌、沙市，則昔日港口，幾成一片焦土。過武漢時，飛機特繞行一匝。此為我旅居四年之舊地，殘破已不易辨認，只江漢關大樓依然矗立江邊。

過九江、鄱陽湖時，機上人員忽緊張來艙巡視，同機者訊問何故，彼默然以指示窗外，則一個發動機已停，僅賴一發動機支撐前進。同機咸暗暗著急。

幸支持至五時許，飛機已到南京上空。機上人員來告，將在城內明故宮機場著陸。下機後，見持搶戒備者仍為日兵，衆咸心中惕然。《大公報》張鴻增兄及中央社在寧人員在機場迎接，即乘車至原國民大會堂，臨時招待所即設於是，有少數國軍警戒也。

我向張鴻增問南京物價如何？答稱「便宜之至」。我即告以飢腸轆轆，急需果腹。彼謂新街口有一家豪華餐廳，應有盡有。乃偕同驅車前往。坐席甫定，即先叫兩色點品。然後閱菜單，標價之便宜，為天外來客所難以想像。乃大裝闊氣，先要一瓶法國三星白蘭地，開一聽英國香煙三炮台，然後點了五菜一湯，大都為一九四二年離港後久未品嘗之佳餚。我與鴻增兄對酌而談，知明日之受降典禮，因岡村寧次多方推諉，尚須延期二三日。

是時南京行市，法幣對偽幣之一般黑市交易，為一比二百五十元左右。店伙結算賬目，共為六千零幾元偽幣，合法幣不足五十元。余慨然付之，連小賬不及在重慶上機前所購一個月餅之代價。想不到在重慶視如廢紙之法幣，居然身價千倍矣！

受降典禮已改期，我回滬之心如箭，何必在此空磨時間？離酒館後，即直接驅車至下關火車站，購訂一頭等車包房票，代價亦不過合法幣五元。非徒為扮闊氣，蓋我看車站維持秩序者，仍為持槍之日兵，頭等車較安全也。

回至國民大會堂，見到陳落兄，彼謂受降典禮已決定延期，亦想早日赴滬，不知當天的火車票好買否？我莞爾反問：「你今晚想去上海麼？不用買票，我請客，我定有包房。」然後即收拾行李，與陳兄偕行。

到下關車站，告別了張鴻增兄，即出票昂然走進頭等車廂。以二十元偽幣，買了一疊上海的小型報，茶房端來咖啡，我即與陳落兄相對躺坐沙發，披閱小報，儼然豪富生活矣。

一夜只朦朧闔眼片時，清晨即到上海北站，即攜便行李，與陳落互道再見。出站後，見停有三輪客車，客座在前，蹬者在後，聞為上海流行之「孔明車」（蓋羽扇輪車，可以觀景也）。我即以五百偽幣之代價，雇了一乘，直駛至復興公園附近之家中。

我已離家兩載（一九四二年冒險回滬接取嘉稑及兩個兒子），心中忐忑，不知雙親及次兒如何生活。到萬福坊弄堂口，見弄口群兒中有一絕似福兒，彼不加招呼，即奔入弄內。

抵家，則雙親康健，福兒茁壯，歡然侍立。母親説，適間福福登樓，説聲：「爸爸回來了！」即朝天跪下，説：「謝天謝地，一家得救了！」蓋家中僅剩家用三千餘元，孩子亦茹素吃苦，日夜盼我回來，以舒其祖父母之困愁也。我聞之心酸淚下，即以法幣五元，令福兒往購冰磚兩大塊，汽水四瓶。孩子雀躍至呂班路（今重慶南路）購買，還找回來很多錢。孩子邊啜邊笑，對祖母說：「要是爸爸沒回來，怎麼會花這許多錢買這許多東西。」母親亦說：「這孩子很懂事，功課很勤奮，平時天天問我還剩多少錢？連一根棒冰，他也捨不得買。」

午后，與寶禮兄通電話，他旋即來萬福坊訪問，帶來「三炮台」兩聽。並謂：「陳厚仁已知你回來，今晚他已在新雅訂座，為你接風。」厚仁為《大公報》及隨後之《文匯報》廣告員，即當年介紹寶禮兄來與子寬接洽印報事者。

傍晚，即與寶兄偕福兒同往南京路赴宴，各道契闊。我看窗外即新新公司，從四樓至三樓，懸有蔣先生的巨像，四周綴有五彩電燈，上書「歡迎勞苦功高之蔣委員長」。蓋淪陷區人民，八年脫離祖國，望祖國旌旗如望歲。我一路見到，鬧市口如大世界、跑馬廳等地，均高搭松柏彩牌樓，上懸「還我河山」、「光復日月」等匾額，人民之心情，於此可見一斑。

福兒從未逢此盛宴，菜來即下箸不止，到後面上有大菜，則云腹飽已吃不下矣。蓋主人見其杯空，即傾倒橘子水。小孩見杯滿即痛飲，肚子已脹滿也。即令侍役偕往小便，歸後仍窮啜不止。我見此，不禁暗暗落淚，知淪陷區近年生活之苦楚。

聞《文匯報》已於是日復刊，先出四開一張。寶兄謂先由玉坤及云光諸兄編輯，「亟盼吾兄回來主持也。」我說：「《大公報》命我籌備上海版復刊，一時難以擺脫。」

第二天的《文匯報》，即刊出我由渝回滬消息。宦鑫毅（鄉）兄及徐明誠兄即相偕來訪，知這幾年他們在上饒多所接觸也。

下午，葛克信兄亦來訪，知吳紹澍兄亟盼與我晤面。當約定翌晨至其寓所訪問。蓋紹澍兄在滬秘密工作多年，是時任上海市副市長（市長錢大鈞尚在渝未到任）。吳並兼「中央軍事專員」、國民黨上海市黨部主任委員，三青團市主委，時稱謂「紅過半爿天」、「五子登科」之接收大員也。

按時往訪，雨兄（吳字雨生）倒屣相迎。第一句話即說：「我已將《正言報》復刊，懇請我兄來全權主持，我絕不稍加掣肘。」我笑以此來為復刊《大公報》，《大公報》當局絕不會放我婉答之。他問我住房是否已定？要不要代覓一花園洋房或公寓？我又婉謝之，答以父母一直在滬，老家尚可容身。記得子寬兄（已先日抵滬）曾為館址及白報紙事發愁（當時白報紙一律封存，非經特許，不得搬動）。我乃向雨生請對《大公報》幫忙，他說「房子好辦，南京路江西路口有一幢房子，本為敵商所開之大可樂咖啡館，我關照他們（三青團）讓給《大公報》罷」。（即復刊後《大公報》館址）關於白報紙，雨兄亦允由市府發一通行證，可以自由起用（寶兄也借此通行證，為《文匯報》購進並搬運紙張）。

我自一九三二年在漢口與雨生認識，相交十數年，雖政治認識不同，知其為人正直仗義。一九三九年他過港來滬，與馮有真兄共創《正言報》，即邀我主持筆政，我婉拒之，不圖此時雨兄尚如此念舊，為《大公報》之復刊，幫了這麼個大忙也（南京路「大可樂」之房子，恐非幾百條大「黃魚」頂不到手也）。

經過了兩天，湯恩伯到上海，要人都到大場機場歡迎，先期到滬之國民黨軍，列隊過閙市，儼如舉行勝利入城式，湯及其將領，滿面得意之色，自以為勝利英雄。我憤甚。在當晚即寫一社論，刊之翌日《文匯報》，題目是《明黑白，辨順逆》。大意謂上海淪陷八年，絕大多數人民忍飢受辱，堅持漢節。請歡迎和被歡迎者，彼此捫心自問，究竟誰應當臉紅？

有一天，與柯靈兄相見，他說「馬夷初（敘倫）、夏丏尊、鄭振鐸、傅雷諸先生聞兄回來，擬設席接見，聽聽後方見聞，時間即定明晚，席設巴黎新村傅公館」。我欣然應之。到時除上述諸先生外，還有周煦良、徐中舒及柯靈兄，都是八年中堅貞不屈、向敵偽鬥爭的民族菁英。那天，各位先生先分析了勝利後的形勢和自己的理想，然後要我談談後方近況。我具體報告了目擊的湘桂大潰亂的情況以及近月中共及民主人士對要求組織聯合政府的最近發展，舉座訝然。夷初先生接著說：「想不到爛到了這步田地。」傅雷先生說：「那我們應考慮今後鬥爭的方向。」接著，在座的都熱烈發表意見，氣氛熱烈高昂。我談到正在籌備復刊的《大公報》上海版，準備以爭取民主、反對內戰為主要編輯方針。馬先生說：「聽說《大公報》與政學系有關係，你的方針能貫徹麼？」我說：「戰後，我們不能再背上『抗戰第一』的包袱，應以爭取民主自由為宗旨，我必以去就力爭其貫徹到底。」這番話得到在座諸公的贊成，夷初、振鐸、丏尊、煦良諸先生並允為復刊後之《大公報》上海版任星期論文特約撰稿人。

1945 年 10 月，爲紀念上海光復，作者攝於上海中山公園。

那時《大公報》的籌備工作一步緊似一步，除館址已在南京路新址粉刷、改裝外，編輯部亦已租定民國路（今人民路）出「紅金牌」香煙之煙草公司建造之大樓，亦在修繕中。但機器裝運需時，上海版急待復刊。是時《申報》與《新聞報》復刊問題，尚在陳布雷及杜月笙等協議中，子寬兄及與汪仲葦先生情商，在《新聞報》未確定復刊期前，先為《大公報》代印（當然，編輯部亦暫借《新聞報》內編報）。

是時，《文匯報》及《前線日報》，都因自己館址尚未裝修完成，編輯部均暫借上海《中央日報》館（原敵偽時之《中華日報》社）內發稿，我有時去和寶禮兄及宦鄉兄碰面。

《大公報》（上海版）於是年十一月一日復刊。當時編輯部採用「精兵」主義。一則，《大公報》舊職工大部尚在重慶，因交通困難暫不能東下，而必須留足空額；二則，編輯部人員必須純正。留處孤島之新聞界熟手，難以識別是否曾「落水」。除我自己主持編輯及言論外，決請楊歷譙兄（亦與子寬兄一起由柳州乘飛機到滬）任翻譯主任兼編國際新聞，並撰寫國際問題社評。朱啟平兄適由美軍尼米茲總部回國述職，我將其「截留」在上海，編輯要聞。原《文匯報》之周福寬兄編本市新聞，魏友棐則延入編經濟兼寫經濟問題之社評。《大公報》留滬同事季崇威任經濟記者。副刊《文藝》，則由李子寬兄介紹其親友蔣天佐兄（聞名之左翼作家）主編。此外，記者只能在內地來滬記者中物色。當時由渝桂等地來滬新聞界人士，大都被招待住在牛莊路附近之中國飯店內，我去應酬過幾次，當聘請原《廣西日報》記者王坪及原重慶《益世報》之周雨兄為記者。總共算來編輯部不足二十人，所以很多事是「一人而兩用焉」。

《時事新報》亦請《新聞報》代印，編輯部亦暫在該館工作，其總編輯朱虛白，我之表兄也。

我的辦公室暫借《新聞報》總編輯室。報界前輩李浩然先生即曾在此編報達數十載，室不廣，一寫字台、一躺椅、一坐椅，四壁書架皆列滿圖書及舊報合訂本（按年次排列）。為我服役之老工人，年已五十向外，健談，閑時常與我絮絮談往事。說：「李先生每晚來上班時，必先打一中覺。及各版送來審稿已滿桌，排字房來催稿時。我輒攪好一把熱毛巾，將李先生叫醒，李先生即在躺椅上就燈審閱稿件，審畢，加蓋一圖章，命余發交排字房。一時無續稿來，又躺下發出呼呼聲。他處事優哉遊哉，哪裡像你這樣忙法，又寫又編！」

浩然先生與張季鸞為同鄉同學，昔年我常聽季鸞先生稱道：「李伯虞先生之品德文章，為新聞界所少有。」而暮年落寞如此汪漢溪亦以善識別人才聞名，而用非其材，又重於營利觀點，伯虞先生終不能發揮其所長。聞之愴然！

約一個月後，《新聞報》之汪作奇，《申報》之史咏賡與國民黨方面之陳布雷談妥條件——《申報》由潘公展任社長兼總主筆，陳訓悆任總編輯。《新聞報》由錢新之任社長，程滄波任總主筆，趙敏恒任總編輯，詹文滸為總經理，史咏賡及汪伯奇均任董事會掛名副主任職，而杜月笙則任兩報之常務董事。

《大公報》已無法借《新聞報》代印，及與滬西静安寺路地帶路口西一印刷所交涉，暫時代印。編輯部亦搬至該處。

一九四六年　三十九歲

春初，嘉稑偕幼子復侖由渝來滬，長子白侖則留在重慶南開中學（已改稱南渝中學）讀書。

當時，舊政府已告一段落，發表了會談紀要；蔣立席還發表了四項「諾言」，國內表面上一派好形勢，內戰避免有望。不料恰在這舉國喁喁望治之際，昆明發生屠殺學生慘案，重慶則連續有滄白堂事件、校場口事件，頑固派企圖公然破壞和平，撕毀政協決議。而美特使馬歇爾來華，美國在海空方面幫助國民黨政府運兵東北，接收蘇軍撤出後之大片地區。內戰烽火，已首先在東北融融點燃，並有蔓延成大規模內戰之勢。《大公報》（上海版）復刊後，以鮮明之態度，反對內戰，爭取民主，呼籲堅持政協路線。不論在言論上或新聞內容上，都鮮明貫徹此立場，因而大受讀者之普遍歡迎，訂報者在南京路發行所櫃台前排成長龍。此在《大公報》歷史上為從來未見，發行數迅即突破十萬。

我們天天自寫社評，不再轉載重慶版的。態度也有顯然之區別。如上述滄白堂事件、校場口事件及其他類似事件之發生，重慶記者子岡、徐盈、曾敏之、高集等立即以真相（渝版扣發）發電致滬；我們及時以顯著標題登出，並寫社評或短評強烈抗議。星期論文轉流由馬叙倫、鄭振鐸、夏丏尊諸先生輪流執筆，也大義凜然。這樣的鮮明態度，已受到讀者之信任及支持。舉例言之：當昆明血案發生之翌晚，有一青年來編輯部，指明要見我。我出見，此青年著美式軍裝，說明剛搭飛機從昆明來，下機後即直至《大公報》。他說：「昨晚，昆明發生了一件駭人聽聞之大慘案，軍警、特務公然包圍大學，開槍屠殺，死傷學生甚多。我已將當時情況寫好一新聞稿，連同學生所發傳單標語，一起藏在懷內。現昆明已戒嚴，電訊及陸空交通控制極嚴，防止走漏真相。我為《掃蕩報》記者，所以能不受檢查，乘美機來滬。但我是有血氣的中國人，義應披露真相，特寫此稿，請先生過目。」說畢，即從裡衣內掏出他所寫的一疊稿子。我答應不改變內容第二天刊出，並請問其「尊姓大名」，這位迄今我還不認識的陌生青年，含笑鞠躬辭去了。我回到編輯部，請啟平整理潤色，全文在要聞版頭條刊出。我即趕寫一社評，氣憤質問當局。

這是全國第一家報紙揭露昆明血案真相的消息。過了兩天，中央社昆明電，才改頭換面，掩蓋真相（說是兩派學生內訌），發表此一消息。

《大公報》（滬版）這樣嚴肅的態度，自然引起了頑固派之不滿。以「瘋子」聞名新聞界之南京《救國日報》主編龔德柏在該報公然說我是中共的要員，識者均一笑付之。

是年二月，胡政之先生甫由美（代表中國出席聯合國首次大會）返渝，即飛來上海，當晚約我談話，說：「重慶方面有你的朋友，也有芸生的朋友；芸生的朋友都說你有政治野心，一面拉著《文匯報》不放手，一面極力推著《大公報》向左轉。他們說這是你有政治企圖的證明。」我即答：「別人怎麼說我，我不在乎。胡先生對我有什麼看法？」政之先生說：「我對你自然是相信的。但覺得你的言論態度，似乎太激烈些。要知道，我們報館有三百多職工，一旦把當局逼急了，把我們的報封了，幾百職工的生活問題如何解決？你想過沒有？」我忿然說：「我諒當局不敢出此下策，再說，我主持上海版的言論態度，並沒有越出民間報應守的範圍。我來到上海，體會到廣大曾是淪陷區的人民，都對後方回來復刊的報紙，作再認識的辨認。看看哪一家是真民間報，哪一家是假民間報？我們回滬復刊以後，發行數迅速突破十萬。而《時事新報》也原是上海的老報，復刊後門前冷落，聽說銷數不過數千。此中的消長，不值得我們大加深思麼？」胡先生默然，後來他慢慢說：「等芸生回來，我們一起研究研究。」

三月初，王芸生兄由渝抵滬，我即寫信給政之先生，請准辭職。大意說：「《大公報》為你們三位先生（指吳、張、胡）苦心經營，我無權冒險。《文匯報》是我的一支筆『寫』出來的，如遭不測，則我成我毀，於心亦安。請放手讓我去試試。……」信去後，政之先生即派子寬兄懇切挽留，無結果；政之先生又約至其家懇談三小時。余縷述理想。並反問：「五年以後，《大公報》將如何立足？以何為依據，先生想過這根本問題沒有？」胡先生默然，只是說：「你另起爐灶，不如這裡現成爐灶方便。再說，嚴寶禮這個人投機性強，你能和他合作到底嗎？」他看我決心難以動搖，末了說：「這樣罷，我准你請假半年，前去一試，《大公報》是你的老家，隨時歡迎你回來。」這樣，我就和待了前後十八年的老家分手了。

我已於去年十一月中，介紹宦鑫毅及孟秋江兄參加《文匯報》（宦兄離開「前線」後，本有意入《大公報》，因政之先生無意重用，乃由我轉介於寶禮兄）。宦並推薦陳虞孫兄，並以副總主筆名義參加。孟秋江負責採訪部，所用記者均由其推薦。徵得我同意，繼續聘用。

我決心實踐宿諾，完全回《文匯報》。先與寶禮兄「約法三章」：一，報頭下署「總主筆：徐鑄成」；二，編輯部一切用人升黜、調動，由我全權決定，經理部不得干涉；三，自我參加之日起，《文匯報》不應接受任何帶政治性的投資，報館或記者不得接受任何津貼。蓋我認為，此為民間報之根本，且用以防患未然也。

並與宦、陳、柯靈兄商定，以四月一個月為充實、調整幹部，計劃改版，充實內容之計劃期。五月一日，即實行改版擴充張數，以新面目與世人相見。

是時《文匯報》已搬至圓明園路一百四十九號新址，該處原為英海軍俱樂部。太平洋大戰爆發後，由日海軍報導部占用。勝利後，由中央社接收作分社社址。中央分社社長馮有真原與吳紹澍合辦《正言報》，此時因派系糾紛發生矛盾。《文匯報》孤島時社址（在福州路）此時被占為《正言報》社址，馮為示好於寶禮兄，乃將中央社之一層（二層）讓予《文匯報》用。後《文匯報》購備印報機，又商之馮有真，占用後樓倉庫之一角。寶禮艱苦經營之毅力與苦心，殊可佩也。

購機器之資金，由任筱珊氏所出（約百兩黃金）。是以《文匯報》當時最大之股東為任氏，後因資金周轉，寶禮兄常商請虞順懋（虞洽卿長子）幫助；積久成為僅次於任氏之大股東。董事會初由任筱珊任董事長；後《文匯報》民主色彩日益鮮明，乃請其老上司張國淦先生出面（任董在北洋軍閥統治時，曾久任滬寧、滬杭甬兩路局局長，時張國淦任北京政府內務總長兼交通總長）。

再說那年四月那一個月，我和宦鄉、虞孫、柯靈諸兄，緊張地從事改版工作。新延聘的人員，有以下幾個來源：一是我的朋友，如張錫昌兄原是我中學時代的高班同學，我主持桂林《大公報》時，曾請其撰述學術論文；這次請他來擔任主筆，主要寫關於經濟、文化及社會問題的社論。再如秦柳方，也是無錫三師分校的同學，我請他來編輯經濟版。後來他陸續介紹了壽進文、楊培新、王思曙、王易今、欽本立諸兄，大抵都是重慶《商務日報》的進步份子。二是由《大公報》跟我轉來的，有郭根、金慎夫、王坪、李肇基等人。三是由金仲華介紹的，有李龍牧、劉火子等。四是由其他進步人士介紹來的，有梁純夫兄等。五是以前曾在別報工作，因慕《文匯報》進步之名，自願來參加，經我面談約定的。計先後有胡鍾達、劉湖深、程光銳、李夢蓮、鄭心永、李碧依等。到了是年底，郭根辭總編輯職，自願赴平當特派記者；適是時《時事新報》改組，我乃請馬季良兄來任總編輯，夏其言、麥少楣兩位記者一起轉來。這是人員的補充經過，時間有先後，不是改組時一同參加的。

原編輯部人員，朱云光兄已辭職從教，儲玉坤兄則參加《申報》任主筆。

關於分工，我和宦卿、虞孫兄掌握全面之言論，編輯、社論、短評（後改稱「編者的話」）統由我潤色。在初改版之一個月，我天天掌握各版版面（特別是要聞版）。一個月後，我與宦、陳兩兄輪流值班，即一人管版面，一人寫社論，一人寫編者的話，如此周而復始，遇重要問題，則三人同值班，同熬夜。

總編輯初由郭根擔任，金慎夫為編輯主任。

副頁各版統由柯靈兄負責，設計版面，並推薦編輯人員。

採訪部則由孟秋江兄全權負責。

馬叙倫、鄭振鐸、傅雷（夏丏尊先生已臥病）諸先生改在《文匯報》撰寫星期評論。

各版編輯，除要聞外，劉火子編本市，黃裳編社會新聞，李龍牧編國際，梁純夫編新聞窗（及時對新發生之國內外新聞，刊出背景及來龍去脈，此為我國新聞界之首次嘗試）。柯靈因集中精力處理讀者的話版，副刊《世紀風》請唐弢兄來主持。

五月一日社評──〈我們的自勉〉，鄭重說明本報之立場為：要求民主，擁護經濟建設，扶植民族工業。反對一切獨裁、壟斷、剝削及違反自由、民主的現象。同時，並創刊了《半月文摘》。

我並於若干日後，以個人署名，發表本報今後之宗旨，為爭取民主，反對內戰和獨裁；使本報成為一真正獨立的民間報，代表人民利益説話，而不是依違兩可、在黨派間看風色、行市之所謂中立報紙。我並闡發此意：如所謂國民大會，政黨間對此問題，容有妥協。作為民間報，則只問是非曲直，國民大會從產生到組織，始終是非法的。作為民間報，不能因政黨間之暫時妥協而改變反對到底之態度。

改版初期，適值上海推行警管區制，此種形同保甲法之危害人權辦法，我報堅決反對，連續揭露讀者來信並撰文表示堅決反對（因而遭到停刊一週之處分）。以後如攤販問題，臧大咬子事件，莫不表示我報之鮮明立場。尤其是馬叙倫、包達三、簣延方、雷潔瓊等各界代表赴京請願，發生了特務毆打代表之駭人血案。《文匯報》始終堅定站在正義一邊，如實報導。所以，去年（一九八六年）紀念下關慘案四十周年時，親自參加請願，在下關被毆之雷潔瓊先生在紀念文中，猶念念不忘：「當時站在人民一邊，態度最堅決者，厥為上海之《文匯報》及重慶之《新華日報》。」

可以毫不誇張地説，改版不久的《文匯報》，已成為廣大蔣管區內的一盞明燈了。

作為一個旁證，據《大公報》梅煥藻兄（時任胡的秘書）向我透露，胡政之先生每天到報館，必先索《文匯報》，從頭至尾細看，然後讀《大公報》及其他各報。《文匯報》不僅立場公正，態度鮮明，而且版版紮實，内容充實，朝氣蓬勃。宜乎對此報壇多年宿將有如此吸引力也。

銷路直線上升，寶禮兄一則以喜，一則以憂。除難以敷衍馮有真諸老友外，國民黨政府對白報紙的配售，獨對《文匯報》卡得很緊。《文匯報》用紙，一大部分要取給於黑市，而黑市價格不穩（法幣已大量貶值），往往一兩倍於配給價。於是報館現金甚緊。銀行又不肯兑款，僅賴少數錢莊如「福源」等給以少量周轉。迄是年下半年，經濟上已陷於捉襟見肘之地步。甚至職工薪給，亦至拖欠累月。當時物價一日數變，薪水遲發一月、半月，職工實際收入，不啻打一個折扣。《文匯報》所定薪給，本遠低於「申」、「新」、「大公」，而職工寧枵腹堅持工作，不得不謂是受愛國、愛民主之精神所鼓舞。以後，寶禮兄與我及宦、陳諸兄商議不如求助於讀者。乃發起徵募讀者股，每股十元，共徵集一萬股，公開登報說明緣起。

當時經理部由寶禮兄之姻親范煙橋任秘書，周名賡任會計主任（嚴之兩路局同事），而由葛克信（時任市政府參事）介紹張正邦入館任副經理。張曾擔任國民黨江蘇省黨部候補委員，在經理部經常散布空氣，說《文匯報》如何為共黨說話，蘇北難民（還鄉團）如何氣憤，將來搗毀《文匯報》機器等言論，經理部中一部分不明真相者，為之人心惶惶。

《文匯報》銷數已在上海躍居第四位，僅次於老牌報紙《申報》、《新聞報》及《大公報》，當時之官報、半官報，除申、新兩報由國民黨控制外，大型報還有胡健中主持之《東南日報》，軍方之《和平日報》（《掃蕩報》改名），馬樹禮主持、由曹聚仁主筆之《前線日報》；還有青年黨機關報《中華日報》（崔萬秋主持），再加上馮有真之《上海中央日報》，吳紹澍之《正言報》，無慮一二十種，進步報刊僅《聯合晚報》、《新民報》均為晚刊。《文匯報》在日報中有孤軍作戰之勢。

是年十月的一天，胡信達先生（陳銘樞之秘書，常為李濟深做聯絡工作）忽來訪，說李任公已由南京秘密來滬，亟想與我見面。乃同乘車至愚園路一一二五號（近江蘇路口，原為偽中央儲備銀行總經理漢奸錢大櫆的豪華公館，是時已被接收，改為軍事高級將領之招待所），李任公即出客廳相迎。任公為我在桂林時所舊識，時在時局動蕩時找其談話，甚為豪爽。

見面寒暄後，李任公即滿口稱讚《文匯報》辦得好，代表老百姓說話。並說：「勝利前我與煥章（馮玉祥）、志舟（龍雲）幾位黨內民主派人士秘密商定，戰後決從事反獨裁、爭民主運動；第一步計劃集資辦一宣傳民主之報紙。現在，看到你們的《文匯報》，宗旨基本上與我們宿願相符，大家覺得沒有再辦一張報的必要了。」李並含笑說：「再說，我們也找不到像你這樣一位辦報內行呀。」

任公又細問《文匯報》的經濟情況及實際困難。我答以《文匯報》困難雖不少，但團結一致，決心與困難作鬥爭。又一再說明我與嚴寶禮兄曾有約定，絕不接受任何方面之政治性投資及補助，否則，恐當局將乘虛而入。任公又問及《文匯報》讀者股徵募情況。我告讀者應募者極踴躍。但《文匯報》讀者，大都為窮學生及勞動人民。即十元一股，亦往往幾人拚著認購，情況至為感人。目前，已認購者約占徵募額之三分之二弱。任公說「雲南興文銀行在滬有分行，我請胡信達君介紹其經理李澄漁和你們面商協助辦法，李為龍志舟親戚，甚可靠」云云。

我問任公：「南京還回去麼？」他笑答：「我已幾次向蔣先生堅辭軍事參議院長職務，未得應允，只說不妨先去上海休養休養。我一離開，就不打算回去了。在此看看風色再定行止罷。」

任公並說：「龍志舟對老兄亦很欽佩，他有一小兒子正在美國密蘇里大學學新聞，準備學成回國後，命其拜你為師，在《文匯報》學習，在實際中磨練本領。」我笑稱不敢。並介紹嚴寶禮兄之毅力，任公囑胡信達先生一起向李澄漁介紹聯繫。

第二天下午，我們和李澄漁先生見面。他年紀不過三十多歲，風度翩翩，而極誠懇。問起我們的讀者股，說未經售出股份，全部由興文銀行包下，即日可將股款交納。寶禮兄談起報館時感「頭寸」周轉不靈，澄漁說：「這好辦，今後可與興文銀行來往，靈活辦理，辦法於我回滬後約寶禮兄面談。」他說明，第三天將飛赴香港有事聯繫，至多停留三五天即回滬。

第三天的《大美晚報》頭版頭條刊載出驚人新聞：是晨飛出之中航飛機，因香港啟德機場被濃霧籠罩，視線不清，乃飛往馬尼拉企圖著陸，也遭遇狂風暴雨，不得已又折返香港，不幸飛機誤觸一山頭，因而人亡機毀（這一段時期，中航機不時出事。前此沒有幾天，一架中航客機在青島上空墜毀，「四小名旦」魁首，被譽為小梅蘭芳之李世芳即不幸罹難）。我看到這新聞，即為李澄漁兄擔心；看到所載之遇難人名單，澄漁的名字，果赫然在內，為之愴然不止。

在這一時期，還在《文匯報》上發生一場論戰，延續幾月。起因是傅雷兄一篇文章。傅雷博覽中外文籍，於文學、藝術尤有卓識，我往往登門訪談請教。有一天，他對我說：看到美國作家根室新出版的《蘇聯內幕》，內容很紮實；有一篇序言，談到蘇聯社會有些消極的一面，所舉例證十分令人信服。他說：「很想把這篇序言譯出來，你們《文匯報》敢不敢登？」我說：「只要言之成理，持之有據的文章，我們一定登，以廣讀者見聞，引起討論嘛。」

過幾天，文章刊出來了，因此引起一場論戰，當時的一般邏輯，說蘇聯社會還有缺點（哪怕僅是次要的缺點），就是反蘇，反蘇就是反共、反人民，這就是大逆不道；這文章一刊出，反駁、責罵的文章如雪片飛來。當然，也有同意傅雷觀點的，如施復亮先生即寫文支持，但大部都是反對意見。我們連續登出了周建人、許廣平等先生的文章；論爭持續匝月。傅雷先生對我說：「我有許多理由和論據，予以答辯，但我不想給你們添麻煩，默爾而息，就此打住吧。

我們應多留些精力，去繼續反內戰、爭民主的運動啊！」

是年，我四十歲初度，寶禮兄發起為我祝壽，樓上下開席十餘桌。畫家丁悚、吳湖帆等即席合作一〈壽星圖〉，寶禮兄等並延評彈、雜技界為助餘興。《大公報》舊友谷冰、芸生、子寬、誠夫諸兄亦來舍。是時，我家與寶禮兄家合住愚園路七四九弄十五號一花園洋房內。

一九四七年　四十歲

是年春初，鄧友德兄自南京來，下榻福州路都城飯店，約我見面，知南京將改組行政院，張群任行政院長。他被任為行政院新聞局副局長，局長為李唯果。他說，《文匯報》現處境甚危急，不妨由我去京周旋一番，以緩和空氣。

我即以編輯部托宦兄主持，並告訴寶禮兄。翌日晚，即與友德兄相偕赴寧。友德堅挽下榻其公館，其夫人曾在一九四三年同由上海入內地，亦可稱熟友。夫婦款待甚周至。

第二天，參加張岳軍就職後首次記者招待會。我與岳軍先生在漢時有數面之緣。我向之道賀，他也客套一番。

我報辦事處有常駐記者鄭永欣、黃立文、黃裳三兄，負責發行工作有分館主任余鴻翔兄及職員姚宗乃等，聞余到寧，設席表示歡迎。據鴻翔兄談，南京讀者極歡迎我報，銷數逾二千，僅中央大學即達五百餘份，學生冒一切危險，集體輪流來分館取報。可見青年之熱情。

在京勾留期間，適逢中央社成立二十周年，我特往祝賀，與其社長蕭同茲、總主筆陳博生及總編輯曹蔭稚兄等周旋一番。

在京並晤及《新民報》老友陳銘德、鄧季惺夫婦，及《新京日報》社長石信嘉等。

抽暇並與友人孔羅蓀及姨妹朱嘉樹，同遊玄武湖五洲公園及五台山名勝。

歷三日返滬。

時上海特別市長已易為吳國楨氏，市新聞局長為朱虛白。

不久，國民黨上海市黨部主委換了方治（希孔），此人為有名之 CC 頑固派骨幹。從此，對工人、學生之鎮壓，更加嚴厲。

吳國楨雖時時出面鎮壓工潮、學潮，但憑心而論，他還保持一派西方「民主」風度。我舊日記內保存一些紀錄，記某日吳國楨約我談話，我率直與之辯論；又有數次，吳打電話給我，質問某一新聞來源。余即答以新聞道德，新聞來源必須守秘，有什麼問題由我負責。吳即說聲「再見」，掛上電話。而這位方治先生，則一味玩陰謀、施詭計。從此，上海將陷於多事之秋矣！

記得勸工大樓慘案（梁仁達烈士被暴徒毆打、犧牲）發生之次日，方治在某晚報發表談話，說某律師並未參加這次勸工大樓會議。《文匯報》故意誇大事實，甚至造謠，意在煽動學潮、工潮（大意如此）。我即根據秋江報告，於翌晨發表一文〈是誰造謠？〉駁斥方治，以某律師親筆信製版刊出作證據。

在這一段時期，我經常接觸者，除上述馬叙倫，鄭振鐸、傅雷、李濟深等先生外，有郭沫若、茅盾、田漢、翦伯贊、黃任之、沈衡山（鈞儒，衡老所住寓所，適與我住的愚園路七四九弄為對門）、包達三、張炯伯、郭春濤、鄧初民諸先生。《文匯報》每週舉行座談，經常由宦鄉組織、主持。上述諸先生及各界開明人士如周信芳、歐陽予倩先生等常應邀參加。我有時亦到會主持。在一星期座談，一直由陳尚藩兄一人記錄，頗為詳盡，甚受讀者之歡迎。

郭老在南京和談期間，常以雜談形式，記其見聞及所感想，寄《文匯報》之《世紀風》發表。回滬後，我和宦鄉兄請他主持六個週刊（每星期天刊載星期座談），一律以「新」字為冠，計有《新思潮》（郭老及杜守素主編），《新文學》（郭老及楊晦、陳白塵先生主編），《新經濟》（張錫昌、秦柳方、壽進文主編），《新青年》（李平心主編）以及《新教育》、《新婦女》，陣容極為整齊，副刊除原有之《世紀風》外，增加《筆會》，主要刊載純文藝創作。由唐弢主編。新聞版面，則闢《文化街》，集中刊載文化娛樂新聞，由梅朵、陳欽源等主編。

反動派於高壓失靈以後，企圖軟化《文匯報》，曾先後三次施展其收買陰謀，第一、二次由我硬頂回去，第三次也碰了張國淦老先生一鼻子灰。我曾寫有〈一次「鴻門宴」〉詳記其經過，茲轉錄如下（見拙著《舊聞雜憶續編》）：

一次「鴻門宴」

像寫劇本一樣，記這段舊事時，有必要先交代幾個登場人物：

第一個是虞順懋。《文匯報》於抗戰勝利後復刊，當然用不著再掛「英商」招牌了，那些舊股東也大都切斷了關係。資金從何而來呢？嚴寶禮自己沒有錢，主要靠兩個人支持：一是任傳榜，曾在北洋時代當過滬寧、滬杭兩路局局長，他和嚴有點親戚關係，嚴當初進路局，就是他引薦的。他投資二十根「條子」（二百兩黃金），《文匯報》第一次置備的印報機，就是用這筆錢買的。他膽小，不敢出面，特別在《文匯報》反獨裁、爭民主的態度日益鮮明以後，他怕國民黨找他的麻煩，特地請他的老上司張國淦老先生（任當局長時的交通總長）掛個董事長的名義。另一個就是虞順懋。當時是三北輪船公司的經理，也不像其父虞洽卿那樣精明，是個「大少爺」，似乎也不那樣反動。二十年代末期，他曾和李任潮（濟深）將軍換過「蘭譜」；一九四七年李因反蔣潛往香港，就是由他資送去的（這些，我曾親自問過任潮先生，得到證實）。他和嚴是南洋公學時的同班好友，嚴在經濟困難時，總向他商量，只要他手頭寬裕，有求必應，積久便成為當時《文匯報》的第二位大股東。

第三個是江一平。提起此人，「老上海」大概都知道（一九八〇年我去香港，聽說他早病死在台灣）。他早年畢業於東吳法學院後，憑著花言巧語，加上模樣也不算難看，和比他大十來歲的虞洽卿的大女兒虞澹涵結了婚。憑著這點裙帶關係，立刻就成為上海的名律師；不久又由虞的提攜，當了公共租界的「華董」，儼然也是「聞人」了。寧國府成立後，他又和CC頭目們勾勾搭搭，開口「果老」（陳果夫），閉口「立公」（陳立夫），以此出賣風雲雷雨，彷彿是CC系的三流政客了。他沒有對《文匯報》盡過一分力，卻時刻想憑藉虞順懋的關係，對我們進行盤算，對外招搖。

第四個叫吳則中，是「劉姥姥」吳稚暉的堂房侄孫，陳果夫任國民黨組織部長時，他曾任過秘書。因此，比起江一平，「果老」就叫得更響了。抗戰中期，他曾任吳紹澍的「江蘇監察使」署的秘書長。他和嚴寶禮兄是怎麼認識的，我不大清楚。他常以嚴的知友自居，在《文匯報》日益傾向進步那幾年，他經常以透露「機密」的方式，嚇唬嚴寶禮。可以說，每一次國民黨反動派對《文匯報》施展陰謀，布下陷阱，幕後都可以看到他和江一平的幢幢鬼影的。

介紹了這幾個「關鍵」「人物」後，就可以開始談正文了。

一九四五年抗日戰爭勝利後，國民黨當局為了控制輿論，特別對當時文化中心的上海，下了一條「規定」，凡不曾在上海出版過的報刊，一律不准在上海創刊或復刊。明眼人都知道，這項「規定」，目的在於制止《新華日報》和其他進步報刊的出版，因為後來的事實證明，他們自己的報紙如《前線日報》、《和平日報》、《上海中央日報》、《東南日報》以及青年黨的《中國時報》，都從未在上海出版過，卻都順利出版了。進步報紙，唯一能夠在上海創刊的是《聯合晚報》，那是因為主持人用了美國新聞處的名義去登記，他們怕美國人，幾經曲折，不能不點頭。

《文匯報》在抗戰時有鬥爭的歷史，他們沒有理由不讓復刊。儘管這樣，直到一九四七年五月被封，他們一直沒有發給我們「登記證」。自從一九四六年三月我重回《文匯報》，和宦鄉、陳虞孫、柯靈等一起主持編輯工作後，不久就因反對警管區制被罰停刊一週。至於麻煩、警告，以及「蘇北難民」要來砸毀的威脅，更是經常不斷。

一九四七年初，他們認為擴大內戰、消滅人民解放軍的準備部署「萬事俱備」了，決心公開撕毀和談面具，逼走中共代表團，停止民盟等民主黨派的活動，非法地單談召開「國大」。使他們感到頭痛的問題之一，是輿論尚未一律。在他們統治區域內，《文匯報》

的影響，似乎未可輕視。

一天下午，嚴寶禮兄對我說：「江一平明天在家裡請我們吃飯，他要我請你務必準時光臨。」我問：「有什麼事麼？」他說：「沒有什麼，大概好久不見了，想請你敘談敘談，我們明天坐車一起去罷。」

江那時住在高乃伊路，一幢花園洋房。我們到時，院子裡已停著好多輛嶄新的汽車。進入客廳，則赫然看到CC首腦陳立夫，上海的CC頭子潘公展，市長吳國楨和警備司令宣鐵吾，還有虞順懋及主人江一平。他們都笑臉相迎，寒暄握手。我心中一怔，意識到這一席酒是不尋常了。

餐廳裡擺著一桌酒席，酒過三巡後，江一平即開口發言。他說：「《文匯報》是我們老舅（指虞順懋）和我一起開辦的，寶禮負責經營，十分得法。鑄成先生主持編輯，煞費苦心，辦得有聲有色。但是，前一時間，我因為事忙，沒有管報館的事，因此，有些言論，不符合黨國的方針，引起各方誤會。現在，《文匯報》銷路很大，影響極廣。不客氣的說，《文匯報》的聲光，比《大公報》還大了。我決定今後自己來管。今天『立公』、吳市長、宣司令和公展先生都光臨，希望多加指教。各位都知道，《文匯報》規模簡陋，經濟困難。我自己沒有錢，敞開來說，請政府投資十億，擴充設備，提高職工待遇，好好幹起來，一定能為黨國的宣傳，發揮不可估計的作用。」

我一面聽，一面心中盤算，這個襲擊，來勢真猛，顯然，他們暗中已經商定了這筆骯髒交易，用著突然襲擊的方式，想逼我當場屈服。好在我在重回《文匯報》時，就和嚴寶禮兄約定了兩條：一，編輯、言論方針和編輯部的人事進退、調度，一切由我決定，經理部無權干涉；二是在報頭下，刊出「總主筆：徐鑄成。」後者，就是為了預防萬一，萬一報館要改變態度，我就辭職，這六個字不見了，讀者就會明白底細。此刻，要擋住他們的陰謀，首先要公開揭露那個流氓律師買空賣空、招搖撞騙的伎倆，然後毫不含糊地表示自己的態度，讓他們死了這條心。

江講完後，陳立夫也以為這筆交易要做成了。所以很表現了「諒解」的態度，接著開口說：「我們不怪《文匯報》，是我們對不起《文匯報》，這樣對抗戰宣傳有功的報紙，房子也被人搶占了（指吳紹澍搶占四馬路原《文匯報》館址，辦《正言報》），鑄成先生是辦報能手，道德文章，一向是欽佩的，今後還望多多為國家盡力。」接著，吳國楨、潘公展也簡單說了幾句幫腔的話，只有宣鐵吾沒有開口。

虞順懋比較單純，他以一口寧波腔說：「阿拉這邊，嘸啥閑話好講，寶禮哥不會講話，請鑄成兄談談吧。」

我就不客氣地說：「各位想必知道，《文匯報》是寶禮兄苦心經營的，順懋兄不時在經濟上大力支持，得以維持至今。」這樣，我先把江一平撇開了。接著說：「至於我，不客氣地說：是個奶媽，《文匯報》是用我的墨汁餵大的。一平先生剛才談的，當然是一句笑話。我曾再三和寶禮兄約定：不接受任何方面的津貼和政治性投資。各位都知道，我是《大公報》出身的，我之所以毅然脫離《大公報》，主要因為胡政之接受了二十萬美金官價外匯（當時黑市美金一美元合『法幣』二千元以上，官價只有二十元，給官價外匯，等於白送），我當然不會容忍《文匯報》比它更不乾淨。「《文匯報》所以有今日，主要是我們明辨是非、黑白，敢於說真話，受到廣大讀者的歡迎。作為一個新聞記者，絕不許顛倒黑白，成心說瞎話。但是，因為不明真相，在某些記載上，無心的錯誤是難免的。因此，今天能會見各位有關當局，我很高興，希望以後多供給我們一些真實消息，以減少這類錯誤，我們是很歡迎的。」

這一席話，使大家的臉色都尷尬起來了。沒等終席，陳立夫首先站起來，說另有約會，吳國楨和潘公展跟著也一同告辭。獨獨宣鐵吾留了下來；當江、虞、嚴等出去恭送陳等時，他翹起拇指對我說：「佩服佩服。老實說，我本來以為你是共產黨的。聽了剛才一番話，才知你是血性愛國的好漢；今天這個場面，你能頂下來，真不容易。我宣鐵吾對不起你，曾封了你們七天門；今後，你再怎麼罵我，我要是再動手，不是人養的。」我說：「言重了，我只是憑良心辦報而已。」以後，我們有一次「星期座談」，好像談的是物價問題，發一張請柬給他，他居然親自來參加。

當然，他說這番話，並非真是同情我的態度，而是由於反動派內部的尖銳鬥爭，站在軍統的立場，看到 CC 首腦們碰了一鼻子灰，感到高興罷了。

在主人一臉沮喪中，我們離開江家。嚴寶禮兄說：「則中約我去談幾句話，我們一同彎到他家去坐坐好罷？」到了那裡，嚴忙將剛才發生的一幕，約略對他談了。吳失望地說：「鑄成兄，你把事情看得太簡單了。『立公』這個人是很深沉的，就此善罷甘休麼？你太單純了。」我說：「出賣良心的事，我是斷斷不做的。以後有什麼後果，我等著接受。」

我回到報館，當時看到宦鄉、陳虞孫，就拉在一邊，把這一幕的經過，都給他們談了。

過了約一星期，嚴說要回蘇州去休息幾天。又過了幾天，他回來了，找我密談說：「這次我是被則中拉到南京去的，他叫我事前不要告訴你。我也無可奈何，接受了他們的條件了。」我聽了如轟雷貫耳，忙問是怎麼回事？他說：「我到了南京後由吳鐵城（當時國民黨中央黨部秘書長）的秘書張壽賢出面談判。他們的條件是：一、由政府『投資』二十億元；二、他們派一個人來當副編輯主任。他們逼我立即決定，我來不及徵得你的同意就答應了。」我嚴肅地說：「那就等於自殺。反正我沒有簽字，我還是照樣辦下去。」他急了，忙問如何善後。我說：「這個退堂鼓好打，你寫信給張壽賢，就說我不同意，絕不承認這些條件。我看他們也沒有辦法，要威脅，也只會威脅我，不會威脅你的。」

又過了大約十天，張國淦約我和嚴去談話，說陳布雷前一天到他家訪問，拿出一張中央銀行的空白支票，說：「請你轉交給徐、嚴兩位，他們要多少錢，自己在支票上填罷。」張說：「你知道我只是一個掛空名的董事長，作不了主，他們不會聽我的話，好在你和鑄成也是熟人（陳一直以張季鸞為老友，說我和王芸生是張的『傳人』，時常表示『關心』，我和他認識和接觸的經過，另文詳談），有事，你何妨直接找他。」

張還說：「看來，他們對《文匯報》逼得很緊，一連來了三次（上兩次的經過，我們向他報告過），他們要小心了。」自然，陳布雷並沒有來找我，接踵而來的，是國民黨反動派乾脆把《文匯報》封了（勒令永遠停刊）。在此前後，中共代表團被迫撤回延安，內戰加劇，偽國大的鑼鼓日益喧天。

這一幕「鴻門宴」及以後的幾幕小戲，恰恰過去十年，鋪天蓋地的大字報，把我「刷」了出來，有一個該負責任的人「揭發」我（陳虞孫叫嚴「揭發」的，時我被迫離開《文匯報》，陳當總編輯），說我在解放前，曾三度企圖出賣《文匯報》。我看到那天的報，氣得發抖，寫了一封信給鄧拓，大意說：「在運動中，什麼樣的污水潑在我頭上，我不在意，相信黨總會搞清楚的。這件事，太顛倒黑白了。」接著，我簡單地敘述當時的經過，最後說：「請你按常理想一下，我出賣《文匯報》有什麼好處？錢都落進別人的口袋；而我呢，當時我唯一的『財富』，就是『徐鑄成』三個字，為什麼要玷染它呢？即使最自私的人，會幹這種蠢事麼？」

那時，張國淦老先生正在科學院近代史研究所當特約研究員。大約過了三四天，《人民日報》上刊出一條廣告，是張國淦啟事，大意說：「閱某日《文匯報》某某人對徐鑄成的揭發深為駭異。當時我忝為《文匯報》董事長，據我所知，事實恰恰相反。」

張老先生此舉，是否由於鄧拓同志的訪問，不得而知，因為我當時和事後從未和他見面，而且不久他就逝世，但這種挺身而出，仗義辯誣的精神，是令人可敬可感的。

特別是鄧拓同志，試想，在運動正在狂風急浪的時候，在他自己主編的中央報刊上，登出這樣一條廣告，要具有多大的膽識，要甘冒多大的風險啊！

也許，這件事也是一個原因吧，不久他被斥為「文人辦報，死人辦報」，終於被迫離開了《人民日報》。後來，又寫出了《燕山夜話》和同吳晗、廖沫沙同志合寫《三家村札記》這些流芳百世的宏文。

在我，當時不僅對他個人滿懷感激和敬意，而且更加相信中國共產黨。只有這樣的黨，才能培育出這樣挺然不拔的青松。

這裡要加以說明的：在一九五七年「反右」狂飆中，我在京（正參加全國人大）看到那篇所謂揭發，氣得渾身發抖，我對那時憑空潑來的滿頭污水，並不在意，相信共產黨和歷史，終會澄清是非，辨明真相。但這個「揭發」太顛倒是非、混淆黑白了。當時即函鄧拓同志說明真實情況。

十年動亂剛過，我就私下寫出這事的經過，原想留之子孫，以說明我的冤屈。十一屆三中全會以後，雨過天晴，撥亂反正，我即據此寫這篇〈一次「鴻門宴」〉，刊之一九七九年香港《文匯報》，後收入四川版《舊聞雜憶續編》。

反動派三次收買的陰謀破產後，即企圖扼殺《文匯報》、《聯合晚報》及《新民報》三家進步報紙。據解放後所見檔案，從那年（一九四七年）三月以後，新聞界黨（國民黨）團（三青團）聯席會議即討論和決定，相機查封這三家報紙。等到和談徹底破裂，逼走中共代表，片面召集國大，準備全面內戰。他們已撕下民主的最後一層偽裝，扼殺三家報紙，已如弓上弦、刀出鞘了！

拖延到五月，國內局勢日益緊張，作為國民黨經濟、文化的心臟——上海，由於政治上的白色恐怖，經濟上的惡性通貨膨脹，物價飛騰，一日數變，激起工潮、學潮之不斷發生，此起彼伏，如申九罷工、交大學潮，最後發生復旦大學學生被軍警、特務搜捕事件。前去採訪的我報記者麥少楣被特務圍毆。翌日——五月二十五日《文匯報》、《聯合晚報》、《新民報》三進步報紙被反動政府封閉。反對派並逮捕了麥少楣和《聯合晚報》的記者姚芳藻三人。經旬日營救，麥少楣終於經中央社記者陳香梅女士保釋了出來（她們都信仰基督）。

被封前一天的〈編者的話〉，對市當局提出抗議和質詢，是我和宦鄉等商酌後執筆的。過了一天，《大公報》刊出了一個短評，題為〈請保障正當輿論〉（聽說是該報總編某君親自執筆的），大意說：「三家報紙已被封閉了。今後希望政府切實保障正當輿論……」這是一支冷箭，射向手腳已被縛住的對手。很明顯，它是影射這三家報紙是不正當的輿論。明白說，是「為匪張目」的報紙。這是《大公報》歷史上罕見的卑鄙評論。我看了真是又傷心，又痛心。

第一個站出來抗議的是《密勒氏評論報》。它提出「中國今天只有兩張真正的民間報，一張是中間偏左的《文匯報》，一張是中間偏右的《大公報》。應彼此扶持、支援，而不應冷眼旁觀，更不應投井下石！」

第二個起來嚴正抗議的是《觀察》的儲安平先生。他以個人署名撰文說：「我和徐鑄成先生是小同鄉，但這人很傲氣，《觀察》請他當特約撰述人，連覆信都不寫。雖然如此，我還要說幾句公道話，《大公報》的短評，乘人之危，落井下石，太違犯起碼的新聞道德了！」

《文匯報》被封的翌日，我接到軍統頭目王新衡的一個電話，問：「你預備到香港去麼？」我答以並無此項打算。他說：「你如仍住在上海，安全是沒有問題的。」顯然，他們是怕我去香港辦報。

此外，宧鄉、陳虞孫兩兄也沒有受到威脅；寶禮兄則每日仍按時到《文匯報》原址辦公，他還留有一部分職員，辦廣告公司業務。我們三人，不時仍在圓明園路見面，交換意見。其餘如孟秋江、馬季良、柯靈、劉火子、唐海諸兄，則先後赴香港去了。另有些如程光銳、楊重野、李夢蓮則已化裝前往華北解放區。

過了幾天，國民黨已故元老葉楚傖先生之公子葉元兄忽來圓明園路訪問，說他領有一《國民午報》的執照（一直未出版），願與《文匯報》同人合作，編輯方面，由《文匯報》舊人負責。嚴、宧諸兄均同意這樣變相復刊的辦法。商定總編輯人選，由朱云光兄出面，採訪則請原《前線日報》之某先生負責。商定後，我還與葉元兄親自去青浦朱家角，轉乘小火輪駛過淀山湖直至吳縣之周莊，在此水鄉住一宿，「一請諸葛」，即承云光兄俞允。我們冒烈日回滬，此行正當盛夏，途中霖汗沾襟、驕陽當空，而過淀山湖時，則風景如畫，彩虹貫空，此印象迄今猶留存腦際。

當我們正在緊張籌備、出版有日之際，某小報忽刊出一花邊新聞，題為上海將出現新的民主報紙。新聞大意謂上海不久將出版一新的報紙，聞其編輯部實際負責人為有名的民主報人徐鑄成氏云云。

當《國民午報》預定創刊的前一天，突接上海市政府通知：「《國民午報》著不准出版。」這個我們曾灌以心血的報紙，就這樣胎死腹中了！

在《文匯報》剛被扼殺的次日，吳紹澍兄來家訪問，備致安慰，然後說：「你這回可以幫我的忙，到《正言報》去主持筆政了？」我慘然地回答：「我好比新喪的孀婦，你就勸我改嫁，太不近人情了。」吳說：「雖然如此，你不要否認我來勸你的事，這樣，三青團中人，就不會加害於你了。」小型報《鐵報》曾載其事。郭根兄在北平看到這篇新聞，特寫了一篇文章，介紹我這幾年的經歷，題為〈記徐鑄成——我所知道的一自由主義報人〉，可以從旁了解我的一切，茲轉錄如下：

一

在報壇寂寞的今日，偶然翻起剛剛由上海寄來的《鐵報》（七月三十日的），那上面赫然有這樣一個標題〈徐鑄成封筆〉，吸引著我的注意。我讀了下去：

徐鑄成昔為《大公報》台柱，所撰社論犀利無匹，其後忽與王芸生有所扞格，遂拂袖而去，《大公報》當局對徐乃嘖有煩言，以是借題難之，要亦不為無因。溯抗戰勝利之初，《大公報》籌備復刊，徐氏由渝菈滬，襄贊擘劃，貢獻殊多；及脫離《大公報》，乃專任《文匯報》總主筆；顧未久而《文匯報》乃以言論偏激，遭受停刊處分；徐氏心緒，遂復大惡。別報有延徐主持筆政者，徐輒婉辭，迄今猶無東山再起之訊。有詢其未來出處者，徐氏答曰：筆已塵封，不欲專度剪刀漿糊生活矣。徐氏好唱曲，暇輒寄情管弦，以舒其胸鬱勃焉。

這幾句報導中儘管有不少的錯誤（例如關於徐氏脫離《大公報》的原因），但我於讀罷後，不禁隨著一聲嘆息，掩著報紙，陷在起伏的回憶的思潮中。

二

徐鑄成三個字是隨著《文匯報》三個字的起來而起來的。其實，他在報界已有將近二十年的歷史，而且這長長的年月，一直是為了《大公報》而消磨了的。由最初的國聞通訊社的記者做起，而駐外特派員、而編輯主任、而總編輯。他這樣在《大公報》的機構裡按部就班地工作著，但他的名字並未在報紙上露過面，因之他一直是默默無聞的。

真像拜倫的故事一樣：「我一覺醒來，發覺我已是名聞天下了。」徐鑄成三個字發了亮而是在《文匯報》創刊的時候。

「八・一三」全面抗戰爆發，以迄於滬國軍撤守，上海各報一致停刊內遷，《大公報》亦分別撤往武漢和香港。是時輿論界有志之士，深覺上海猶有兩租界可布置崗位，不可盡拋此「江東父老」於不顧。於是相約組織一新報社，並聘一英人作經理，掛起洋商招牌，以求生存。

這個新組織起來的報社就是《文匯報》。它是利用了《大公報》未能撤退的機器和地址以至於大部分人力而起家的。其實在事實上無異是大公報的別動隊，而徐鑄成就是奉命留滬主持《文匯報》筆政的。

上海民眾當國軍撤退輿論消沉的黑暗悲痛的時期，《文匯報》突於此時出刊，它大膽地說出民眾所欲說的話，最要緊的是它發揮抗戰要旨報導國軍作戰消息以及政府軍政大計，使這個「孤島」在精神上得到與大後方取得聯繫，真如大旱之後得甘霖，令人興奮萬狀。

尤其徐鑄成所撰的社論成為滬人每日必讀的文告，犀利熱情，勇敢的筆鋒給與黑暗中的滬人不可名狀的鼓舞以至於安慰，於是徐鑄成三字不脛而走，《文匯報》因之一紙風行，銷數突過十萬大關。

「文匯像是一顆彗星掠過黑暗的天空。」多少人在這麼說著。

三

但隨著國軍作戰不利，敵人與漢奸逐漸向這成為「孤島」的兩租界施展壓力，尤其新聞界成了最顯著的目標。威脅與利誘像一把剪刀的雙鋒向報人伸了過來。《文匯報》因為是所有洋商報紙中最大的一個，而且它團結著最大多數的有志之士，遂自然而然成了黑暗勢力最痛恨的一個目標。《文匯報》被投過兩次炸彈，整個營業部炸毀了，職員中一死數傷。但它屹立不動，繼續努力。

總主筆的徐鑄成收過兩次駭人的禮物：一次是一隻血淋淋的手臂，附上幾句話：「若再寫社論，有如此手！」一次是一籃馨香撲鼻的水果，仔細檢查之下，每隻果子都打了毒針。

在那個恐怖的時辰，滬上報人被暗殺的日有所聞，但除了極少數的降敵之外，大多數是抱著奮鬥到底的決心，以後到了最壞的情況的時候，幾家報館編輯部的人員就全部留宿在編輯室內，有時一兩個月足不外出。僅賴電話與家屬親朋通消息。

這一段抗戰史上可歌可泣的史實，當時傳到了大後方，就成為了夏衍先生新劇本《心防》的題材，我想每個中國的新聞記者都應該引以為驕傲的。

最可痛惜的是這個報人報國的時機未能彌留多久，汪逆精衛終於「組府還都」了，兩租界當局都倒了過去，於是「洋商」招牌也掛不住了。所有支持抗戰的大小報紙一律停閉，至此「孤島」整個陸沉，也就結束了上海報人這段光榮奮鬥的歷史。

《文匯報》停刊較早，它是首先遭受了敵偽的分化陰謀的打擊，敵偽在無計可施之時，就以大量的紙彈集中向《文匯報》的洋經理進攻，這個洋人畢竟不如中國人有骨氣，中彈投降，於是《文匯報》所有編經兩部職員在徐鑄成領導之下，發表了一個義正辭嚴的聲明，明告社會此中內幕，並決心全體撤退，使為《文匯報》也無從產生。

這是《文匯報》第一次的停刊。停刊後，徐鑄成即赴香港，嚴經理卻仍留上海，做著地下的文化工作，不久被捕，嚴刑不屈。當我於光復後踏進《文匯報》的會客室時，迎面就是掛著蔣主席頒給他們的獎狀。

「文匯真像是彗星，一掠就不見了！」當時黑暗的孤島，人人心裡有著這樣一個嘆息。

四

《文匯報》的光榮促成了徐鑄成的成功，他這番由滬轉港，受到了張季鸞先生熱烈地讚賞，立即把《大公報》香港版總編輯的大任托給了他，而且口口聲聲認為托付得人。其時當上海孤島陸沉後，海外的香港在事實上成為了中國的文化活動的中心，各黨各派，以及敵人漢奸都在這兒做著製造輿論的工作，《大公報》仍然以其持中的一貫立場周旋其間。這個期間，徐鑄成的筆完全是代表著報館本身，是是非非都應當算在報館的賬上。

而作為他個人的表現，是在太平洋戰爭爆發，香港被圍的期間。

日軍攻占九龍後，香港彈丸之地立刻變成一個小小的孤丘，排炮和炸彈一齊向這海中孤懸的一點集中發射，全港陷入極度恐怖的深淵。報紙當然全部停刊了，人們在四處逃難和掩避。即以《大公報》而論，大部分員工都躲入地下室，整日整夜蟄伏一隅，飲食行廁都不敢走到地面之上，而徐氏獨能鎮定應付，以輕快的心情，率領著一小部分年輕的同仁，仍然過著正常的生活日程。在炮火包圍之下給大家說說笑笑，並且每日按時「說書」，他的記憶力特強，口才尤佳，他能把幾部完完整整的彈詞如《描金鳳》、《玉蜻蜓》以及《楊乃武與小白菜》等等繪影繪形地講出來，使人聽了如醉如癡把一切眼前的恐怖和危險都忘得乾乾淨淨。他每日經常地從山坡上的宿舍，冒著炮火到市區與新聞界取得聯繫，有兩次曾經被對岸的日本炮手發現了當做目標，炮彈立刻在身邊炸開來，幸而吉人天相平安無恙。

日軍侵占香港後，環境的險惡要比炮火的威脅更為厲害。炮火是可以躲避的，而日本人的「訪問」卻是無法拒絕的，日本人首先要想把《大公報》「復刊」，把條件等等甚至薪水這樣細微的節目都提了出來。

這確是一個大難，卻也是一個人格的試驗。

夜裡，徐氏輾轉反側，終宵未曾闔眼，在他的腦裡在盤算這個不能不立即答覆的問題。終於決定了：化裝出走。

我終生忘不了那個淒風苦雨的早晨，一行四人：徐氏和金經理誠夫以及一個廣東同事和我。四個化裝的「粵籍」難民登上了開往廣州的汽艇，四個人中三個人是既聽不懂廣州話更不會說一字一句，硬著頭皮衝去。

我迄今猶在心中感謝那位珠江碼頭上的紅衣女郎，她是一個翻譯，憑她幾句話，把我們從日本憲兵的留難中解救出來，她說：他們是多年在外的廣東人，所以連本鄉話都不會說了，現在因為皇軍解放了他們的故鄉，才趕了回來。

五

由廣州而韶關而桂林。太平洋戰爭爆發後，可說除了地皮外，香港的一切全都移來桂林，於是這個一向閉塞的小城竟承繼了香港遺產，而變為戰時中國的文化城。

這個文化城的造成，建築師應該說是由香港內移的文化人，而報人又是其中最重要的主力，那個時候，桂林新聞界的蓬蓬勃勃，雖不敢說是絕後，但確已是空前。領導群倫的是《大公報》，主持《大公報》桂版筆政的就是徐氏。

這裡我要插幾句題外話：一般認為《大公報》的成功，是由於胡政之先生的經營以及張季鸞與王芸生先生的文章，這固然是成功的因素，但並非全部。我覺得《大公報》的成功，大部在於中層幹部的健全。以全國報館來說，沒有一家擁有像《大公報》那樣素質高的中堅份子，無論是內勤與外勤。

然而遺憾的是：由於歷史既久，無形中在上層之間有一種官僚主義的作風在養成，因此上中層之間隔膜愈趨愈深，兩層之間鮮有談話，更說不上什麼感情的交流。於是中間份子全仗自己暗中摸索道路，走通走不通就全靠個人運氣了。

但是在桂林館由於徐氏個人性格的影響，上中以至下層之間竟打破了這種人為牆壁，好像整一個報館生活在一個大的廳堂裡，上自經理總編輯，下至工廠的工人學徒都可自由自在地共同工作談話以及玩耍。整一個報館的空氣，是那樣的融洽無間。

桂林《大公報》是抗戰中期比較最滿人意的一張讀物，嶄新進步的作風，敢說敢言，是文化城的支柱，更重要的是維繫著大東南半壁的人心。我覺得這個寶貴的收穫主要就是靠著徐氏自由民主的作風以及他個人熱情的吸引力。因為在他領導與維護之下，中層份子可以盡量發揮自己的能力。

我舉幾個記憶猶新的例子。

如火如荼的桂林報界向貪污宣戰運動，自始至終是由《大公報》的內外勤領導進行著的。中間有關方面千方百計地威脅與恫嚇，例如某當局曾數度親臨《大公報》，指名抓人，但都經徐氏抵擋過去。他說寫那些文章的，就是他本人，如果要抓，就請抓他。

再如震動一時的子岡通訊，那都是些在重慶所不允許發表的，而每週寄到桂林來刊載。甚至渝館曾幾次關照不要登，但仍舊改一改登了出來。

就由這兩個例子，就可以看出能維護幹部，才能運用幹部，從而才得精誠團結把事業發揚光大起來。

六

桂林陷落前的最後日子，也是《大公報》最偉大的時代。他的社論真是賽過幾師雄兵，他的副刊成為真正人民的園地。但最後的時間終於來臨了，一部分中堅幹部雖曾要求徐氏領導他們組織一個《大公報》戰地版，隨著國軍轉戰前線，絕不撤退，但徐氏礙於社命，無從答應。堅持到了最後的最後，終於忍痛放棄了這個辛苦經營三載的精神堡壘，全體員工徒步南行，參加了有名的湘桂大撤退的民族苦難。

等到逃到大後方之後，才知道沒有了桂林《大公報》，就沒有了可看的報紙了！這是貴陽一家報紙所說的話。

再等到逃到了抗戰大本營的重慶之後，像是從一場春夢裡驚了醒來，桂林時代成了記憶中的好日子，讓苦難的桂林人在秋雨連綿的雲霧重慶，想念著，追思著。

那是個不能忘記的憂鬱的時日。《大公報》各處的人馬都退集到了這唯一剩下的最後據點——重慶館，僧多粥少，於是不協調的老病大作，上中層之間的牆壁日益加厚，甚至上層之間也隔起許多夾板來。

在這許多的夾板之中，徐氏緘默起來。再聽不到他的笑聲，也再聽不到他的議論。

七

「勝利」把他解放了，他奉社命飛滬恢復《大公報》滬版。同時《文匯報》諸董事亦集議恢復《文匯報》。這樣，兩張報紙都需要他主持，他在晚間是兩處上班，但一人精力畢竟有限，所以《文匯報》在復刊之初顯得沒精打采，這顆重來的彗星並沒有吸人的亮光。

於是等到王芸生氏來滬後，他就堅決辭掉了《大公報》，走出了他這二十年來的家園。對於徐氏脫離《大公報》，一時成為上海新聞界的新聞，曾有許多記者來訪問他，在《人物雜誌》上有這樣一篇訪問記，他說明他出走的原因：「《大公報》雖然是我的家，但我不能作主，有妨礙到報紙立場的話我不能說，不說又於心不安。我主持《文匯報》，可以說我應說的話，成於我，毀亦於我，可以心安。在抗戰時間為了勝利第一，許多應說的話未能說，但是勝利以後，民主建國既然是大家所公認的，報紙應當反映民意，說話應當配合這個方向，沒有理由再使我們不自由發言，總不能說裹著小腳就不向前走？」

徐氏一旦以全部精力用在《文匯報》，《文匯報》這個彗星立刻光芒萬丈，銷數扶搖直上，在極短的時間內，它的聲音響徹了全中國。在擴版之初，徐氏就確定了《文匯報》的態度，他寫著：「一張真正的民間報紙，立場應該是獨立的，有一定的主張，勇於發表，明是非，辨黑白，絕不是站在黨派中間，看風色，探行情，隨時伸縮說話的尺度，以鄉愿的姿態，多方討好，僥倖圖存。」《文匯報》有些基本的立場，而中堅幹部又都有這種共同的認識——即徐氏所說：明黑白，辨是非，面對真理，有所愛，有所憎。這就是促成《文匯報》起來的最重要因素。

在這裡，我還想附帶說幾句插話。《文匯報》之所以成名已如上述，但如果沒有經理嚴寶禮氏驚人的魄力，這張報紙根本就不能產生。嚴和徐的關係，說句笑話，真可說有些「管鮑遺風」。抗戰數載，徐一人獨自在後方工作，留在滬濱的家庭，便一直由嚴照料著，柴米無缺，安度過了長長的黑暗的歲月，所以後來徐決心脫離《大公報》，而「冒險」與嚴合作，這也未嘗不是一個有力的因素。

八

然而這二度復活的《文匯報》，仍然是短命的。它夭折於抗戰時期，又夭折於建國時期。好像命運注定它就是一顆彗星。生命只是一閃的。

《文匯報》停刊後，徐氏曾去南京活動過一番，但終於決定不復刊了。在那時期，《正言報》主持人以友誼深厚，曾力邀徐氏加入該報，徐氏以這樣一句妙語作答：「我剛剛新喪，你就勸我改嫁，未免在人上說不過去。」頗有寄沉痛於幽默之慨。

末了，我再抄一段徐氏對《人物雜誌》記者所談的話，以見其對目前中國新聞界的看法：

「目前新聞界發展到極可怕的時期：黑白顛倒。中國文人傳統的精神：春秋之筆，董狐之筆，貶褒極嚴，史家認為真理所在，振筆直書，雖殺其父子兄弟，在所不顧。這種傳統精神是可貴的！中國之有近代報業不過百年歷史，雖然在內容上技術上還很落後，但近幾十年來，的確有不少仁人志士如孫中山、梁啟超、宋教仁、于右任、邵力子諸先生投身新聞界，奮如椽之筆，啟迪民智，開創革命先河。《大公報》張季鸞先生曾經說過：『平常待人和氣，遇有大事雖六親亦不認，絕不袒護，絕沒有不敢說的話。』這次抗戰，陷區報人很多與黨派沒有關係，然而都有奮鬥精神，誅伐丑類，雖死不辭，前仆後繼，大義凜然。勝利以後，報人或者由於生活所迫，或者由於言論受制，失去了這種傳統精神。過去，有些報紙像鴕鳥一樣，對有些事情避重就輕，但還沒有指鹿為馬，顛倒黑白，可是，現在卻發展到對於血淋淋的事實都加以抹殺，反口噬人。這對於下一代青年記者養成不顧真理，歌頌暴力不以為恥，反以說謊為當然。這影響太大了！新聞界的遭遇，的確是空前未有的沉重，然而即使如此，也未必可以作為噤若寒蟬或顛倒黑白的理由！」

（八月十六日於北平）

文中提到我曾於《文匯報》被封後去南京走了一趟的事，是怎麼回事呢？原來，在被封約半月後，寶禮兄找我，說吳則中（嚴的朋友，曾當過陳果夫的朋友，前述〈一次「鴻門宴」〉中曾提及人）說，「南京方面有意讓《文匯報》復刊，你不妨去活動活動。」我說：「這也是綁架後企圖迫令屈服，無條件，絕不會讓復刊。」寶禮說：「明知如此，你也該去一趟。」則中說：『《文匯報》如不去人，就說明與政府對抗到底，就將有下一步了。』」不得已有南京一行。車上，見到《新民報》的鄧季惺，聽說《聯合晚報》的王紀華也去南京了。

到了南京，仍由鄧友德兄接至其公館下榻。果然，寒暄幾句後，他就開門見山提出了復刊的條件：一、由政府資送宦鄉出洋，政府只派一人參加《文匯報》任副編輯主任；二、政府加股若干億，並派一會計主任。

我當即嚴詞拒絕，說：「復刊應是無條件的；有條件絕不復刊，再說《文匯報》由我負言論責任，所登文章，均經我親自審過，有什麼責任都由我一人負責。」

在南京住了一天，即關照辦事處為我訂次日的火車票。友德勸我去見布雷先生一面，並乘車陪我去。至則布雷先生未睡中覺，在客廳等候著。他開口說：「鑄成兄，你已決定不談復刊的事了？」我說：「你是報界前輩，設身處地，也不會作接受任何條件的復刊。」他說：「老兄今年幾歲了？」「虛度四十一歲。」布雷先生說：「我們國民黨人自己也有所不滿。但國民黨再腐敗，二十年天下還能維持。二十年後，老兄的鬢眉也斑白了，就這樣等下去麼？」我說：「但願天下太平，我願作一個太平之民，閉門讀書。」

當晚，我即回了上海，向嚴、宦、陳諸兄談了此行的經過。

是年晚秋，值叔祖逸樵公八十大壽，我曾回宜興家鄉祝嘏，遇不少親友及父老，對《文匯報》之封閉，咸對我慰藉，並翹拇指說：「宜興有光，出了你這個硬骨頭。」

在家鄉逗留一週，略遊故鄉山水。

一九四八年　四十一歲

吳沼澍一再勸我赴南京及蘇杭遊覽，我婉卻之。我亦偶應其請，為《正言報》撰寫小文。是時《正言報》之態度，亦譏彈時事，儼然國民黨中一反對派別之報紙矣。

二月，紹澍又來電話，謂日內將有台灣之行，堅邀同往。我詢其是公事還是私人招待？彼答純為私人旅行，是應台糖公司經理沈鎮潮之邀約。三日後，同坐中航機飛台，下榻台糖公司宿舍。

是時，台北尚少三層以上房屋。省政府大廈（原日治時總督府）巍然高聳。市區房屋，一般為二層日本式庭院，秩序井然。

曾赴北投試温泉，並遊新竹、桃園。

暇時，赴《大公報》駐台北辦事處看報，與呂德潤、嚴慶澍兩兄晤談台灣近況。

二月二十九日上午，各報均出報甚遲。慶澍告我：「因昨天為『二・二八』一周年，工人均以怠工沉痛紀念殉難者。」

又我在台北期間，忽見報載許壽裳先生（時任台大文學院長）被一學生闖入其家中刺死。慶澍則據確悉，係特務所為。

四天以後，又乘火車環島至嘉義、台中、關子林等地遊覽，憑弔鄭成功遺跡。關子林之温泉熱度尤高，可以治各種風濕病及胃腸病。台灣每一温泉，均標出水質、成分及可治哪些疾病，蓋均為日籍醫生所調查。在台北參觀台灣博物館時，見南洋調查實物資料甚富，台灣調查尤細。見一古樹橫斷面，按年輪標明年代，說明係幾千年前之古樹。日本人埋頭研究之精神，殊令人欽佩，抑亦可見日本之南進，用心已積久矣。

我們還遊台南及高雄。高雄氣候尤悶熱，僅著短衣，猶淋汗如沉，彷彿江南八月的酷暑。見海港形勢頗宏壯。隔宿即折回南投，轉登日月潭，雇小舟在此人工湖上蕩漾半日，曾登一小島，看高山族姑娘表演木椿舞。晚間，曾在旅舍賞月，清風徐來，至足怡人。

那時，一般旅舍尚為日式建築，晚間懸一大帳，旅客咸席地同眠。紹澍兄對我說：「明日將為我們遊台之最後一天。我想作最後的懇請，你回滬以後，就到《正言報》主持筆政罷。」我說：「現在，此室只有你我二人。我想問句心裡話：據你估計，國民黨統治還能維持多久？」

他徐徐答道：「我看，總還有五年吧。」「我不這麼樂觀，至多兩三年必垮台。即使是五年，現在也如一桌殘席了，你何必拉一個不相干的朋友去湊熱鬧，抹桌子呢？」接著我反問：「即使還有五年，那也一晃而過。五年後你將何以自處？想過這問題沒有？」他喟嘆了一口氣說：「我這樣的人有什麼辦法！額角頭上刻著國民黨三個字，又被人稱為五子登科的接收大員，大家會要我麼？」

我說：「我不是共產黨，你是知道的。但這幾年我交了不少進步朋友。據我所知，中共已明白宣告，不咎既往，只要贊成革命，誰都是歡迎的。」他說：「勝利前我在上海主持地下工作時，曾與馬夷初有聯絡，又曾多次支援過譚平山先生。史良是我上海法學院的同學。他們都可以為我搭線，可惜都到香港去了。」我說：「只要你有此心願，有機會我給你通通消息。」

第三天，仍由台北搭機返滬。上海那時仍是春寒料峭。那年我像過了兩個盛夏。

回滬不幾天，陳訓悆兄忽找我，說剛從南京回來，布雷先生托致意，想請我參加《申報》，「潘公展讓出總主筆兼職，請你繼任。如同意，中央對《申報》的言論尺度可以放寬」。我謝乃兄的盛意，並斷然說：「我是唱慣了麒派戲的人，要我改唱正宗譚派，是改不了了。」訓悆本老友，只說：「我將此意函告家兄。」

三月初，忽馬季良兄來寓訪問，彼此次回滬，仍護送華崗同志過滬赴蘇北、山東解放區者。他告我在港國民黨已成立革命委員會，已在籌備出版一機關報。李任潮先生力邀我赴港主持。我說：「我不是國民黨員，生平也從未辦過機關報。李先生的盛意，只能心領了。」他說：「小K（潘漢年同志的別稱）的意思，也認為你去最合適。」我說：「我要去辦，就辦《

文匯報》，別的我不考慮。」第二天，約定與寶禮、宦鄉、虞孫商談。他們都同意我先去香港與李任潮見面。如願合作，即共同出資，創辦香港《文匯報》。商定後，寶兄即秘密托人訂好飛機票。馬季良以任務未畢，開了夏衍和張建良的在港地址，說可由建良及早見到潘漢年。

臨行前夕，至安福路鶴園訪紹澍兄，告以將有香港之行，詢其所談之事已否決定？他懇切請我務必向馬叙倫、譚平山轉達他轉向的決心。

到港，下榻九龍飯店，即按址去訪問張建良兄。漢年不輕易在公開場合露面，由建良從中聯絡。又去拜訪夏衍先生，夏衍即請我在附近粵菜館共餐。夏衍不吃雞鴨及烹調之瓜類，我則忌食魚腥及牛羊肉，點菜乃煞費苦心矣，亦談助之資料也。夏衍告我，極歡迎《文匯報》來港出版，但色彩不宜太紅。因港當局對進步刊物處處刁難，《華商報》（時夏衍先生主持）天天在風雨飄搖中。《文匯報》應準備頂上去。如態度也一如《華商報》，則恐有被一網打盡之虞。

翌日看到漢年先生，他對《文匯報》，亦與夏衍先生有同一看法，談到與民革合作事，他說：「任潮先生對你很推重。你的提議，他會同意。民革左翼有陳邵先、陳此生、梅龔彬三位，與他們合作好，事情可順利進行。別人的意見，你就不必多管了。」

至半山羅便臣道訪謁李任公，任公港寓僅兩開間一幢三層樓，無花園空地，生平清儉簡約可見，當在客廳接談。任公聞余為報事專程來港，極表歡忭。我提出創刊香港《文匯報》，由雙方各出十萬元為開辦費之計劃，任公亦表完全贊同。他說：「目前，辦報之議尚在初步，因有陳維周（陳濟棠胞兄）之子樹渠頗有資財，他也署名參加民革；在荷李活道建有一樓四底之市房，並購置一架平版印刷機，願租予報館應用。現在，由你來負責創辦《文匯報》，影響必甚大，我完全贊成。」任公即囑秘書電邀陳劭先、陳此生、梅龔彬三人來談。即留我共進午餐，得見其夫人及公子。

飯後，劭先、此生、龔彬先生先後到。邵先為桂林時舊識，此生、龔彬初見，均端莊有學者風。任公即詳談我之計劃，當約定由我等四人全權籌備，我說明，此事基本商妥，我尚須於三五日內飛返上海，與寶禮兄共商籌備資金及員工、設備等問題。

時上海《文匯報》老同志孟秋江、唐海、劉火子、陳朗諸兄聞余抵港，咸約集於告羅斯他酒店，開酒會歡迎。聞《文匯報》有在香港出版之議，極為歡迎。火子、唐海、陳朗均在《新生晚報》工作，表示《文匯報》出版有期，即辭去新生職務，全力投入《文匯報》之籌備工作。

1947 年 5 月，上海《文匯報》被國民黨政府查封。作者於次年出走香港。

那時，香港《大公報》早於幾個月前復刊，由胡政之先生親自主持，費彝民兄任經理，編輯部骨幹，則大部分為桂林版舊人。而使我駭異者，編輯態度一反《大公報》傳統之「中立」立場，如稱共軍為「匪軍」，中共為「匪黨」（從國民黨「清共」以來，季鸞先生始終堅持只稱為「共軍」或「殘共」也），令人不勝憮然！

忽接彝民兄請柬，當晚即至金龍酒店赴宴。至則政之先生親來參加。同席者有歷樵、俠文、廷棟、陳凡、羅孚諸兄，皆同事多年之舊友。酒過三巡，政之先生笑謂：「鑄成，歡迎你來港恢復《文匯報》，大家熱鬧些。」我說：「此來僅為訪友。辦報，談何容易。胡先生清楚《文匯報》底子薄弱。要在香港辦一報館，哪有此力量？」蓋我知胡先生已注意《文匯報》創刊消息，故作此試探。我因計劃全無把握，非故作狡獪也。

政之先生並謂：「我已恢復當年創業時精神，每晚親自審閱稿件，撰寫社評，上下山均步行。」我說：「這種精神，殊使晚輩欽敬和效法。但上下山還是叫一輛的士好，不服老但應珍惜身體，戔戔車費何足計。」胡先生哈哈大笑，說：「我要鍛煉身體。」是日盡歡而散。

我由秋江兄引導，遍訪沈衡山、郭沫若、章伯鈞等民主人士。他們聞《文匯報》有來港出版計劃，咸熱烈鼓勵。當晤及譚平山及馬夷初先生時，即以紹澍有傾向民主之意告知。他們聞訊，說這是好事，決將此意轉告中共方面，並希望我回滬後繼續向紹澍多做工作。

蓋那時還不了解政治上的一套步驟，故此事未先向漢年先生說明，而紹澍亦托先向譚、馬兩先生代達其意也。

在港接洽事大體已告一段落，即訂購中航機票返滬。

抵滬即投身緊急籌備。資金，寶禮兄在港存有一萬港元；虞順懋聞李任公參加（彼在一九二八年之際，即與任公換有蘭譜），乃欣然願出大部股金。工人均由上海調去，排字房設備亦由上海運去。經理部職員大部在當地聘用；編輯部人員除已在港者外，一般少由上海帶去，以節旅費開支。大體商議就緒，即與寶兄分頭準備。我還和宧鄉兄商定，請其赴港，名義為經理，實際在編輯部共同負責，如此，有利外界觀感，宧兄然之。

與紹澍約定見面，告以「搭線」事已代為奔走。紹兄極感激。我進而發問：「將來如對方問及，紹澍有何項實力？上海易手之際，可發揮什麼作用？我將何以答對？」紹澍兄謂：「我有兩個極相知朋友，擔任滬郊旅長，屆時可以起義。」我深記之。他又說：「我與招商局總理徐學禹為至交，曾披瀝胸臆，彼對現狀亦深感不滿。明午我約其便飯，介紹與兄一談如何？」我答應之。翌日，我們約在四川南路一僻靜之西餐館見面。我自我介紹，為一無黨派之報人，一切為愛國出發。徐學禹先生連聲說：「久仰，久仰。」然後他坦然說：「要我公開轉向，其勢辦不到，也於事無補。有一消極辦法，到必要時，我可將招商船隻，盡量調往香港。如此，可利於下一步驟。」我與徐君為初交，未便深談下去，且我也未負任何使命也。談至此，即握手道別。

正當我準備再次赴港之際，某小報忽刊登一花邊新聞，大意說「徐鑄成是有名的民主報人，當局聞其近曾赴港，已密切注意其行動，並已通知機場、碼頭，一經發現，相機扣留」云云，該小報本有當局背景。看此一新聞，顯有威脅口氣。我乃打電話給紹澍，請其化名代購一機票；並請其屆時駕車送我登機。蒙欣然照辦。

三月底如時抵港，仍住九龍飯店，是時馬季良兄早已返港（彼曾回蘇州原籍，清理其祖產），乃相偕訪張建良兄，請其轉告小K（漢年），並訪陳劭老，請即轉告任公，已順利返港及在滬籌備經過。陳劭老與宋雲彬兄合租一三層樓面，地近海邊不遠。劭老好客，陳夫人善治江西菜。自是常約我去便餐。鄰室之雲彬兄亦桂林時好友，每次必舉杯來與我對飲。彼對《文匯報》出版，亦極為贊成，欣然願助以一臂。

我與劭老及季良，先就人事上作一初步部署，以便向任公報告，並急於向港政府申請登記。內定董事長為李任公（登記時用別名），董事為蔡賢初（廷鍇）、虞順懋、嚴寶禮、徐鑄成。另設一社務委員會，劭老為主任，我為副主任，委員為嚴寶禮、陳此生、梅龔彬、馬季良。並定我為總主筆，馬季良為總編輯，柯靈（時在香港永華電影公司任編劇）為副總編輯。嚴寶禮為總經理，宦鄉為經理。並由我出面登記，為督印人。

初步安排好後，即過海至羅便臣道，向任公請示。任公細看名單，連聲說：很妥當，當即定局。

有英人傑克，向在上海工部局任職，為寶禮兄好友，我也見過幾次。在我與克明齟齬時，傑克頗不直克明所為。是時，他已調港在港府任職，我乃寫一申請書，托其代遞，並請其從旁多催促，以便登記早日發下，杰克欣然領命，為此，我曾幾次請其共餐。

陳樹渠在荷李活道的房子，極為狹小，每層不過八十平方米，坐落在一條斜坡山徑的旁邊；二樓以上，另有側門出入。印報機器尤為老式，已在底層安裝好。我估計，每小時至多可印出報紙四五千張。我和馬季良兄及已到港的發行科主任戚家柱議定一大體規劃；底層除機器外，只有一小間作發行科用。二樓為編輯經理部統用，基本上前半間作編輯部，後半間歸經理部用。三樓為排字房，四樓則作為工人宿舍，好在《文匯報》館址一向局促，在香港這寸金地，更是「螺螄殼做道場」了。

有阮維揚者，原在上海開康元玩具公司，是時在港營金銀股票業，兼開小印刷公司（專印商品包裝紙及廣告紙），與寶禮兄為熟友。我來港以前，寶兄即一再囑托，凡經理部用人，可請阮維揚介紹。我乃前往訪問，當承介紹其侄阮大成君，謂其交遊廣闊，市面熟悉，招攬廣告無問題；又介紹徐既仁君，説人極靈活可靠，我乃試用阮為廣告科主任，所用廣告員亦由其介紹。徐既仁為庶務主任。

登記證五月底即已發下，應積極籌備創刊，而寶禮兄來函，上海事繁，一時不能來港。宦鄉兄處亦表示上海一時不能脱身。我以一書生兼管經理部事務，真不勝狼狽。後寶禮兄介紹丁君匋來當副經理，他看到《文匯報》經濟困難，每不願為我分挑重擔。

當時經濟確甚困難；寶禮兄處撥來之一萬元，我已訂好三十噸白報紙。任公處只撥來幾千元。蓋民革初成立，即有錢者認股亦僅在紙上。高佬蔡（蔡廷鍇賢初先生）交股三千元，尚有一附帶條件——介紹一位會計主任。初期《文匯報》之會計主任唐小姐，辦事極認真負責，即賢初先生所介紹。任公對《文匯報》十分支持。他看到認股者遲遲不交款。乃托人向黃旭初説項，將其桂林的住宅出售，得港幣一萬元，率先交股。即使如此，民革應交之股款十萬元，到《文匯報》創辦已三五月，只交來不足三萬元。至上海《文匯報》之十萬元，我也只收到現金二三萬元。所以，在籌創之日起，我即天天如過大年三十夜，因職工之生活——開門七件事，必須維持，而機器之「糧食」白報紙及油墨等等，尤常感捉襟見肘。綜我在《文匯報》負責閱十月（四月底開始籌備，九月初創刊，翌年二月底離港北上）中，在經濟上投入最大者，首推龍雲先生。由李一平先生出面，向龍在港之蕭先生及公子龍繩祖先後收交股款不下五萬元。其次為詹勵吾先生，彼為余鴻翔兄之同鄉好友，經鴻翔介紹，在《文匯報》經濟最困難時，一次即加股兩萬元。我離港後，勵吾又與張稚琴兄合作做生意，挹補《文匯報》，詳盡我已不知。至後來介紹張雅琴兄來任總經理，帶來股款五萬元，則我已離港，未曾經手。總之，在我負責香港《文匯報》之閱十月中，在經濟上支持《文匯報》最有者，厥為龍志舟將軍。對《文匯報》濟急解困，每遇「斷炊」之際，必得一平先生及蕭先生奉龍將軍之命，及時接濟。香港《文匯報》不致餓死在搖籃裡，龍先生支持最多，其次為詹勵吾兄及梅文鼎先生（由梅龔彬兄專程赴澳門，募來一萬港幣濟急），此皆余即沒世亦感激不忘者。願《文匯報》之後來者，永遠勿忘在篳路藍縷時曾給予大力支援之「恩人」。

在籌備之初，我和馬季良兄及唐海、陳朗（已脫離《新生晚報》）及胡星原（原《聯合晚報》記者，已約定參加《文匯報》）、戚家柱等即遷居荷李活道二樓，白天緊張籌備，入夜即席地而臥。他們為優待我及季良，勻出兩張桌子，讓我們鋪席而臥。每晚必沖涼，二樓前有一水喉，高度不及膝，每晚輪流曲身就水喉沖涼。是時室內燈火必關閉，免「有傷風化」也。及今回憶，此中苦境，別有一番風味也。

編輯部人員，陸續補齊。由滬調來者有梅朵、陳欽源；前者編《彩色版》，後者編《筆會》。此金慎夫任編輯主任，楊培新主編經濟版，已在中國銀行工作的王思曙則任經濟新聞記者。此外，米谷任美術編輯，任嘉堯佐黃立文編各地新聞，姚芳藻等任記者。此外，由各方推薦延請者有公劉、石方禹、唐君放等，均年輕而有才氣。楊卓之原為上海《文匯報》寫東北通信，頗博得讀者好評，是時在港，入館任國際版編輯。人員雖少，可稱濟濟多才。蔣文杰由宦鄉兄介紹入館，亦編國際新聞。外勤主任改由唐海擔任，孟秋江則任審報科主任。

週刊各版，仍請郭沫若先生主持。他與侯外廬先生主編哲學週刊；茅盾先生主編文學週刊；宋雲彬兄主編青年週刊；千家駒兄主編經濟週刊；翦伯贊先生主編歷史週刊；孫起孟先生主編教育週刊。陣容之整齊，可稱一時無兩。郭老還特別熱心，主持一座談會，並發表演説，希望發揚《文匯報》特色，在港島提高學術質量。茅公正在創作《清明前後》，我徵求其同意，先在新聞版連載。

香港《文匯報》於是年九月五日創刊。社論最初由我及陳此生兩人執筆；我一週約寫四篇。以後陸續延請加入撰寫者，有千家駒、吳茂生、胡繩、狄超白、金仲華諸先生。每日必有幾篇短評（編者的話），皆由我執筆，趕評每天所新發生之問題，緊扣時間性，發表看法及意見，頗受讀者歡迎。我那時白天為經理部操勞，晚上寫作及審稿、撰寫，工作恆至晨曦初上，每天平均只能入睡四五小時。我座位背後，為報館之保險櫃。每至精神不繼，兩眼昏昏時，輒靠保險櫃之柄打一個盹（我常説是「換電」），然後又精神振作，繼續執筆。回憶我在新聞界服務六十年中，這一段為最辛苦勞累之時期。時我正在壯年（四十有一），同事強半為青年，有一股朝氣鼓勵我前進。如以後為編輯部租賃之云咸街宿舍，僅一大一小兩室，小室由我及季良兄下榻，其餘約十餘位單身青年均擠住一大房間，排列床舖如沙丁魚，而天已大明，尚談笑不肯入睡。

《文匯報》於九月三日創刊後，瞬即受到知識界、工人、學生之熱烈歡迎，發行由一萬餘突破至兩萬五千（當時《大公報》一萬三，《華商報》一萬餘）。因為陳樹渠這架「老牛破車」的印報機，無力印出這麼多報紙，我乃商之《新生晚報》的黎蒙先生。黎氏原為太平洋大戰前香港《珠江日報》的社長，為人和藹、開明，與我及金仲華均為好友（一九四二年起曾任《廣西日報》社長），《新生晚報》的編輯部主持人梁寬兄與我更為老友。我一經提出請代印的要求，立蒙應允，且所索的代印費，十分公道（當時《華商報》與《文匯報》，被港英政府認為危險報紙，無人敢接這筆生意），黎蒙兄的慷慨幫助，解決了我一大問題。從此，三分之二以上的報紙（兩萬份）即請《新生晚報》代印。

但是，一波剛平，一波又起。經理部在報館創刊之頃，寶禮兄曾來港主持三五天，旋即回歸上海，由副經理丁君匋代理日常工作。嚴走後不到一週的一個昧爽，我剛回宿舍。倦極倒頭便睡，發行科長戚家柱忽來將我叫醒，「快起來，白報紙要斷檔了」。我漫應之：「那你快雇車到九龍倉去提取好了。」他發急答應稱：「丁君匋不告而別回上海去了，臨行把押有幾十噸紙的棧單交押給別人了。」我聽了大為驚異，馬季良也驚醒起身，願為我分憂。

回到報館，看到丁坐的辦公桌玻璃板下，壓了一張便條，潦草地寫著幾行字：「鑄成先生：弟有事須趕速回滬，不及辭別。所經手向世界書局移用之二千元，已將棧單交其作抵，請即往贖取。」顯然，他是看到《文匯報》經濟困難，維持不長，怕塌下來壓傷他的頭，因此，搶先溜了，還撒了一泡爛污。

怎麼收拾呢？馬季良兄願和我分頭設法去四出奔走。我在朋友朱旭華處以大一分的利息（如無力償還，每元每月交息一角）借到一千五百元，季良也借來約千元。這樣，把丁的借款本息都償清了，贖回了棧單，得以解決機器的「糧食」問題。

丁的目光短淺常懷危懼問題，我也早有所覺察，曾開誠布公和他談過兩次話。我說：「天塌下來，有我頂住，不會壓到你身上。《文匯報》朋友很多，而且讀者如此熱烈擁護，絕不會聽任我們有困難不伸手。再說，我們今天在困難中做些好事，人民是不會虧待我們的。」想不到他還是想不通，拍拍屁股就一聲不響走了！

第二天，我宣布楊培新兄調經理部，任副經理。我仍兼掌總經理，主要負責籌款。我規定一個制度，收入即解銀行，留少數零星開支。銀行支票，必須蓋報社圖章及我個人私章；報社圖章由副經理保存，銀行空白支票則由會計主任唐小姐保存。

從《文匯報》創刊後不久，國內戰局有急轉直下之勢。東北最先發動圍攻錦州。守軍范漢杰部全軍覆沒。從此開始圍攻長春孤軍之計劃，並聚殲瀋陽開出之廖耀湘部十餘萬。繼遼瀋之後，大軍又入關開始平津戰役。同時，在徐州、蚌埠附近，亦展開有名之淮海戰役。國民黨軍到處損兵折將，呈土崩山倒之勢。軍事失利，影響經濟及人心之維持。推行金圓券，搜索民、商之黃金、外幣，物價一刻數漲，更加速南京政府之土崩瓦解。

在此之時，《文匯報》消息靈通，評論則客觀分析形勢，指出發展之必然趨勢。如圍困長春守軍時，中央社曾發出電訊，謂守城將士，表示堅與城共存亡，主將且發出致「校長」電，表示「來生再見」。中立各報咸大為宣傳。我寫〈編者的話〉，指出其必然結果是放下武器。又如金圓券剛發行時，香港各當地報紙雖不信大陸經濟會根本好轉之宣傳，而大多相信通貨膨脹可穩定一個時期。我報獨從根本上判定不能消滅危機。我連日寫〈編者的話〉，指出金圓券壽命多不過三個月。讀者咸信服我報信息準確，判斷有預見。

當時，我報在上海秘密設有記者站，由欽本立兄負責，我並按時直接匯款作經費。他組織了不少專家，為我們撰稿，浦熙修即其一。她在寧被捕，經營救出獄後，即移居上海。期間不斷為香港《文匯報》撰稿。此為浦熙修與《文匯報》發生關係之開端。

李一平先生是我經常見面的熟朋友，和他同住一幢大樓的居停黃居素先生也常會面談酌。黃先生是國民黨的元老，曾佐廖仲愷先生推行三大政策。三十年代以後，即不問政事，息影香島半山幽静一角，而和我談國內外政局，則瞭如指掌，殆有心人也。

我幾乎每週必過海兩三次，走訪郭老、茅盾、翦伯贊、侯外廬諸先生，徵詢對《文匯報》意見，有時陳劭老留飯，大都是外廬先生留飲白酒，侯夫人並親調山西麵食款待。有一次，侯夫人說：「你們《文匯報》，幾乎常常引起我們家的矛盾。」我愕然不解所以。外廬先生莞爾笑道：「她是給你開玩笑。我們一家人，清早起來，都搶著先看《文匯報》。她是誇獎你的《文匯報》辦得好。」這也可見當時香港知識界一般的評議。

到是年十二月初，馬季良兄忽向我提出辭職，謂將赴美辦報，然後赴巴黎與陳安娜女士結婚。我說：「現在全國解放已指日可待，同事們都準備『青春結伴好還鄉』，你怎麼忽思離國遠去？」他苦笑道：「我自有不能回國的原因。」他曾有一次談到他與江青的關係，說重慶和談前，江青曾到重慶治牙，「忽打電話約我一晤，當即婉言拒絕。」我以為這段公案，早已「一了百了」了，何必還有顧慮？懇切堅留。第二天看到小K。他說：「馬季良要走，你就不必堅留了。」幾十年後，我才恍然欽佩季良的先見之明。

後來，全館職工舉行宴會，為季良餞別。並特請照相館攝影留念。

我一直珍藏這張照片。但到了十年動亂「破四舊」打、砸、抄前夕，和其他三張珍藏的照片偷偷地焚毀了。一張是黎秀石贈我的密蘇里艦受降典禮現場攝影；一張是毛澤東、蔣介石兩先生在重慶見面的攝影；一張為東北軍調時林彪與杜聿明合影。這些照片，都留下歷史的鏡頭。我怕被紅衛兵抄見，指為「別有用心」，罪加一等，因之清出付之一炬了。這是後話。

是年底，香港黨組織已秘密開始送民主人士北上。第一批出發者為李任潮、沈衡山、郭沫若、彭澤民諸先生。當時香港政府十分不友好，而台灣海峽又不平静，他們出走極守秘。漢年先生告訴我，並囑早日做好北上準備。所以李、白兩將軍請黃季寬來港企圖與任公聯繫，季寬到港後即四處打聽任公下落，我只得推說一無所聞。

第四章　民主報人（一九四九—一九五七年）

一九四九年　四十二歲

一月的一天晚上，我正伏案凝神寫社論，即將完篇的時候，忽接到一平先生的電話：「你能出來一次麼？有一位你的好朋友，從遠道來港，急想會見你。」聲音這麼喜悅，我已意識到是什麼人來港了。問清了地址，答應半小時後即趕到。於是掛上電話，寫完了社論，對金慎夫兄關照：「我出去有一個半小時。要聞版上半部，望留給我約兩千字的位置，我回來再截稿。」同事們紛紛問我發生什麼新聞，要你自己去跑？我微笑地說：「暫時保密，我回來你們就知道了。」說畢，馬上下山，叫了一輛的士（出租汽車），立即駛向淺水灣道。

到了快臨海濱，按門牌號碼找到一幢相當寬曠的別墅，叫開鐵門，走過一道小徑，看到一幢房子，一平先生已陪著一位五十多歲的老人，在階下迎候了。

我知道必是龍志舟先生，向前寒暄。龍先生也連聲說：「久仰。」一平先生插話說：「龍先生晚飯前才到了香港，急於想會見到你，催我向你打了電話。」

我忙問這次龍先生脫離虎口、冒險來港的經過。龍先生簡單敘述如下：

「我從重慶被移往南京後，繼續被嚴密幽禁。住的房子四周，特務密布，對面還造了一幢高樓，以便窺看我院中的一切。我每次出外，總有兩輛汽車尾跟著。一般朋友，也都不敢來看我。前兩個月，有一個舊部來訪我。他說，有個朋友在陳納德的空運部隊工作；我們乃秘商如何出走計劃。經過一段時期磋商，決定具體細節。今晨八時，兩個美國人駕車來訪。客廳窗帷敞開，一個部下扮作我的模樣，和一個美國人交談。另一人則在內室趕速為我化裝成西人狀。然後相偕登車，直開出寓所。門崗見是美國人車子，當然未加攔阻。車子直駛機場，已有一架飛機開動發動機。我登機後，飛機即開動，直向南駛。下午一時許抵白雲機場，小車即直駛至珠江內早已停泊之專輪，傍晚即安然抵港。」龍先生還笑著說：「此刻南京方面，可能還在監視這幢房子啊！」我說：「美國是蔣先生的朋友。由此可見『有錢可使鬼推磨』啊！」龍先生亦粲然。

我一看手錶，已過十二時半。道聲珍重，即告別龍、李二先生。

回到報館，即奮筆疾書這一傳奇式新聞，連大字標題，恰恰是兩千字位置。當我寫出第一張時，編輯部同事連忙圍看，「原來是這麼特大的新聞！」大家幾乎叫出聲了。

果然，第二天報紙印出，全港沸騰，報紙不斷重印。

這確是一條全世界震動的獨家新聞，而我是「得來全不費功夫」，是送上門來的。

不久，李任公在港決定的繼任總經理張稚琴兄即來館就任，我肩上的擔子減輕了好多。那時，小K已通知我，第三批北上的日期在邇，早作好準備（第二批於一月底出發，有馬夷初、茅盾、侯外廬、翦伯贊等先生）。

陳劭先先生找我商量，問：「老兄走後，哪一位接任總主筆？」我說：「我推薦金仲華兄，他是辦報的長才。」劭老說：「很好，很恰當。但是，他也可能快要走的。他走後，由誰接替呢？」我說：「那就考慮劉思慕兄。」「那也很好。萬一劉思慕也要北上呢？」「莫迺群兄也可繼任。」劭老又說：「以後再由誰繼任呢？」我笑著說：「我倒像諸葛亮安排後事了。」相與大笑。

陳劭老是任公留下主持民革事務的，暫時不會離港，以後我離港，劭老就先後請這幾位接替。等莫迺群也北上後，陳劭老也走了。由張稚琴兄請孫師毅來任總主筆。

二月初，在上海的友人鄭振鐸、葉聖陶諸兄已紛紛來港，知北上之期近矣。

約十日晚，余餞宴鄭、葉及陳叔通、包達三諸先生，同席有雲彬、傅彬然等好友。

二十日，得小K通知，囑作好準備，日內即秘密乘輪北上。

稚琴兄及報館同事，先後餞別。二十七日傍晚，即攜大小兩皮箱，出發至海濱一小旅社——東山飯店等候。旋知當晚不開船，即開一房間住宿。時已易「唐裝」（中式短褲褂），蓋負責船上接待工作之吳全衡女士（胡繩兄之夫人）通知：所乘輪為掛外旗之專輪「華中號」，係貨輪，不載別客。開船前，均易唐裝，扮作船上執事。其次，應清查行李，重要物品均先交由專人保管，以免海關人員識破。

晚飯後無事，忽憶口袋尚有幾十元港幣，乃至附近德輔道金店，購一戒指紀念。

二十八日晨登輪。華中號噸位不大，約二千噸上下。見同船者除上述葉、鄭、陳、宋、傅諸先生外，有柳亞子、馬寅初、包達三、張絅伯、張志讓、鄧裕志、曹禺、沈體蘭、劉尊棋、王芸生、趙超構及柳、葉兩夫人並曹禺夫人方瑞，另有包小姐啟亞、鄧小姐小箴。連同接待人員共二十餘人，見面均已易唐裝，我及芸生、超構、尊棋等均扮為船員，葉先生等暫作記賬員。叔通、寅初諸老，則為年邁之商人。我等相顧啞然。

九時半，海關人員來檢查，翻看頗細，忽在馬寅老手提箱裡，檢出一照片，乃寅老抗戰前與朋友之合影，當然大都西裝楚楚，或袍褂儼然。海關人員指為搭有重要客人，扣船不放。經再三交涉，大概暗中塞予港幣幾十元，始蓋印簽字，算是「驗迄」。

啟錨時，已過午矣。

船水面有兩層，上層為餐廳、起居間及甲板，下層有少數官艙，由亞子夫婦、葉先生及師母、曹禺夫婦及包、張、叔通諸老師住。其餘全住房艙，我與尊棋兄同室。

因船小，過台灣海峽時顛簸殊甚，晚間且將窗子封閉，以免燈光外漏，防萬一有人偷襲也。

葉、鄭、雲彬諸先生每餐必杯酌，預購白蘭地一打，我則毫無準備，陪飲揩油而已。相與每餐盡一瓶為止。亞子先生早年詩酒風流，是時已少沾唇，每喜謂我等為「四大酒仙」，鄭、包兩小姐亟附和之。

亞子先生又知我及王、劉、趙諸兄為報人。翌晨即各賦一絕為贈，贈余詩有「更有一事心最喜，次公已有後來了」。蓋吾師沈穎若先生字次公，乃亞老同鄉總角好友，南社最早之發起人也。在六十年代，亞子詩選中此詩已被刊落。近年徐文烈昆仲見訪，承惠贈亞子詩集，則已補全矣。

海行估計約有七八日。為減少旅途寂寞，由全衡女士發起，每隔一日晚餐後，即杯茶舉行晚會，各顯所能，舉座轟然，極為熱烈。近閱亞子先生遺作北行日記《前途真喜向光明》，三月二日的日記寫道：

> 上行，作詩和聖陶。下午雀戰。黃昏開晚會，陳叔老講古，述民元議和秘史、英帝國主義者代表朱爾典操縱甚烈，聞所未聞也。鄧女士唱民歌及昆曲，鄧小姐和包小姐唱西洋歌。雲彬、聖陶唱昆曲。徐鑄成講豆皮笑話，有趣之至。王芸生講宋子文，完全洋奴態度，荒唐不成體統了。十一時睡。

這很可反映船上生活豐富、歡樂之一般氣氛。葉聖陶先生近年也出版同類的日記，曾談到我在輪上晚會上曾高唱京劇。我記得曾唱《洪羊洞》及《打漁殺家》兩折，我自感當年嗓子高揚有韻味。至亞老提到我曾講豆皮笑話，使他老人家深感有趣之至。我回想再三，想不出這笑話的內容，可見老年人的記憶力日益衰退了。我當時也曾記有日記，而未詳記此瑣事，再難「對證古本」了。

華中輪駛至東海及黃海南部時，風浪平靜，天朗氣清，我常在甲板上找叔老、亞老、包達老等談往，叔老年事最高（當時他七十四歲，我今年已年過八十有一，超過叔老當年了），而極健談，他絮絮談青年時坐大車（鐵路未修）入京，及晉京後拜客故事。達老則詳談他早年與蔣介石先生交往詳情。亞老大都談南社創立及初期過程。有時，我也找馬寅老談天，他說起他幼年多病，後長期堅持爬山及冷水浴。並說，他家鄉嵊縣多匪，因此，在上海住旅舍，履歷總填紹興。這些有歷史資料的寶貴瑣聞，都已分記於拙著《舊聞雜憶》正、續、補三編中，茲不贅。

我們從上船後，只知船晝夜向北行駛，不知將在何碼頭登陸（在港時，聞第一批在南朝鮮登岸，輾轉到瀋陽）？也不知何日可到埠？

三月五日上午，輪忽駛進煙台。下午始靠近碼頭。迎接者僅軍分區賈參謀長等少數人。在貿易公司歡迎，即分送來客散居離市區有二三公里之舊外國之別墅。我與尊棋、芸生、超構合住一幢。

市面如此冷落，空氣如此緊張，蓋因重慶號起義後，國民黨飛機到處偵察；該艦適於前一日駛進煙台港，故煙台日夜警報，飛機頻頻來襲，所以空氣如此嚴峻也。

三月六日，中共華東局秘書長郭子化先生及宣傳部副部長匡亞明先生專程從青州趕來迎迓。正式歡宴，席設合記貿易公司，菜餚豐盛，佐以煙台美酒，賓主盡歡。郭子化先生時年近半百，大家都尊稱為「郭老」，為人和藹，聞在淮海戰役中，我方動員野戰軍及民兵、民工近百萬，後方供應、組織，郭老曾負重要責任。

下午，赴市區巡禮。煙台相當繁庶，各行業中，以孟家（即在北京開瑞蚨祥綢緞業之孟家富商）財力最大，不僅綢布業，錢莊、南貨等均在經營範圍。

至書鋪，看到東北出版之《毛澤東選集》，紅布面，一厚册，如見異品，即購買一本，暇時詳讀，如獲至寶。後在北京六國飯店受招待時，承饋贈皮面精印一册。嗣後，則成立毛選編委會，所陸續出版之《毛澤東選集》，文革中出版的紅寶書，則視同「聖經」矣。改動詞句甚至內容，已積漸成風。

晚，參加煙台黨政軍民「歡迎來煙民主人士大會」，賓主代表講話外，演平劇，有《四傑村》、《群英會》等，演員年輕而極有功夫。蓋煙台一帶，平劇素有根蒂，舊北京劇界，一向視煙台為畏途也。

七日下午，全部移往萊陽西部農村（後改為萊西縣），分居於貧雇農家中，為策防空安全也。我與傅彬然兄同住一室，榻傍窗。人晚油燈昏黃，爬蟲悉索。而彬然易睡，睡則鼾聲大作，至紙窗發出簌簌聲。余每至深晚，蒙被後始能安睡四五小時。

八日，晨起，見農家屋沿上掛滿山芋片乾，屋上則曬苞米；農民告余，彼等全年均以此為食糧，一年難得吃一次麵粉。

與村幹部談話，幹部取出所窖藏之萊陽梨，皮色已發黑，削而食之，則甜嫩無比。

下午參觀鄉婦女大會。晚，出席歡迎晚會，全是民間新創造改編之花鼓及新平劇，如《公平交易》、《努力生產、支援前線》（均平劇）。

連日所見、所聞，意識到我們已由舊世界、舊時代開始走進一新天地、新社會矣。

九日，由萊陽出發，傍午開車，晚抵濰坊市，當晚駐軍報告濰坊解放經過。

十日，傍晚，改乘膠濟鐵路專車赴青州。蓋制空權仍操之國民黨軍，解放區活動，恒至下午五時後開始也。八時抵青州（益都）為華東局及華東軍區所在地。

十一日，下午三時，參加華東局招待茶會，由宣傳部長舒同主持。會後演平劇，計有《失空斬》、《御碑亭》、《蘆花蕩》等，皆舊戲也。

十二日，參觀解放軍官團，實即俘虜團也。所關者，武官少將以上，文官廳長或國民黨省市主委以上。大門懸有一聯，係瀋陽外圍所俘之廖耀湘所作：「早解放，遲解放，遲早要解放，遲解放不如早解放。」下聯已記不清了。

團占地甚大，我們由舒同引導前往。至則被「解放」者列隊歡迎。我們則站立對面。先由舒同一一介紹雙方姓名。團員為首者為前山東省主席王耀武（濟南戰役被俘），其次為廖耀湘、陳金城（濰坊被俘）、牟中珩（集團軍司令）等。

六年前，我在桂林工作時，與王耀武曾見過兩三面。那時，他駐防湘西常德一帶。他在桂林建幹路建有一幢相當闊氣的公館，以便不時回桂度假。他和《大公報》桂館副經理王文彬熟識。有一次，文彬告我：「王耀武想見見你，後天特在其公館宴請。」屆時，我與誠夫、李俠文、馬廷棟、黎秀石等赴約。室內外陳設和那天宴會的豐盛，在那時的桂林，都屬罕見。最有趣的，主人曾不斷問我們：「照外國規矩，此時應酌什麼酒？照國際慣例，此時是否應遞上手巾？」可以說，主人很謙虛，「每事問」。也可見那時他已有雄心，抗戰勝利後升任方面大員了（那時，他已是蔣的王牌軍之一，一九四五年奉派接收山東，被任山東省主席兼綏靖區司令，直至濟南圍城被俘）。

這次我去「軍官團」時，身著一件舊棉袍。他大概俯首未加注意。等到舒同依次介紹到我時，他抬頭注視，並對我微笑點頭。舒同在旁看得清楚，輕聲問我：「你和王耀武認識？」「是的，六年前在桂林交往過。」「那好，等一會兒參觀他們宿舍時，你找他個別談談，了解他目前的思想情況。」會晤後，柳亞老對他們「訓話」，勸他們「回頭是岸」。

以後，我們魚貫參觀他們的宿舍。一般是一室一個大炕，團員們排列睡在炕頭，被枕清潔、温厚，整齊疊好。室內有桌椅，供休息、學習。只有王耀武單獨一間，有衣櫥及桌椅。我和他略致寒暄後，問他生活習慣否？有無不舒暢的感覺？他頗為感動地答道：「從我被俘到入團以來，他們從沒有對我們責罵或侮辱，只是勸導我們好好學習。像我這樣地位的共產黨，要被我們捉住了，早沒有命了。現在，人家如此對待我們，自己心中只有愧感。你問我生活是否吃得消？像我們這類人，過去飯來張口，衣來伸手，寸草不拈的人，現在要自己勞動，自己鋪床、洗衣，自己掃地，自己去打飯，當然不習慣。但細細想想，人生的目的是什麼？只為了剝削別人的勞動，自己享福麼？想到這些，心地坦然，安心學習了。」

後來，我把和王談話的經過，告訴舒同先生，舒同笑著說：「他的思想倒開始通了。」在閑談中，舒同先生還告訴我，王耀武在濟南攻破前潛逃過青州，被解放軍識破因而被俘的經過，真像一篇傳奇式小說一樣。詳情已寫成〈一個真實的傳奇故事〉，收入拙著《舊聞雜憶續編》。

十三日下午，解放軍以卡車裝戰俘杜聿明來，頭上包白布，被俘時企圖以磚擊頭部自殺未成，傷尚未癒。帶來時尚帶腳鐐手銬，因他尚圖反抗，故未送入解放軍官團也。彼下車後，坐在凳上，柳亞老、張絅老責問甚嚴，訊以為何在淮海戰役中施放毒氣？他說是奉命放的。問以為何殺害杜斌丞烈士？他說，斌丞是他疏房叔侄，還教過他書；被捕後他曾竭力營救云云。

看華東局布告，當時華東局書記本為黎玉，久未視事，由康生代理，亦留延安未到任。

晚飯時，舒同、彭康、袁仲賢、劉興一、許世友等出面為我等餞行。宴畢，即登膠濟鐵路專車西行。翌晨六時即到濟南，市長姚仲明、市委書記劉順元來迎迓。晤老友惲逸群兄及魯平等，同遊大明湖、千佛山等名勝。晚飯後，即上火車北行。到桑梓店，鐵軌未修復，改乘汽車行。陳、馬、柳、包及聖陶夫婦乘小車，余均乘大客車。司機迷路，柳先生車前導而遭顛覆，幸柳老無恙。柳夫人略傷腕，有隨行醫生包紮，車仍緩慢北行。所過地名，蓋皆《閱微草堂筆記》中所習見者。彬然好睡，我及雲彬常恐其碰頂，屢叫醒之，醒則謂：「不是我要睡，是它不讓我醒。」「它」者蓋指困極之瞌睡蟲也。今彬然墓木已拱，雲彬亦早作古人。當時車中神態，尚宛然也。

十五日清晨抵德州，住招待所，中午起身，出外巡禮，則市容尚整齊。有德石鐵路通石家莊，日軍占領時所建。我在二十年代居北平時，即聞建築滄石鐵路之議，始終未實現。日軍侵占時為運兵便利，建此德石鐵路。可見華北雖為我舊遊之地，已歷經滄桑，面目非昔可比。當晚仍乘汽車，摸索徹夜，黎明始抵滄州。休息，乘火車北行。鄧穎超大姐及楊之華大姐、徐冰先生由石家莊專程趕來迎迓，即同車赴津，翌日（三月十八日）清晨抵北京，被招待至六國飯店二樓居住，我與尊棋兄仍同室。

第二天起，第一、二批來平代表（他們都住北京飯店）及原住北平的民主人士紛紛來訪，吳晗兄時負責各高校聯絡工作，來訪尤頻。來訪之老先生中，有一九三〇年即在並熟識之李錫九先生、符定一先生，還有北大、清華等名教授好多位。

我過去在北京入學及工作達五六年，向以「老北京」自居，到京以後，急想出去觀光變亂多年、飽經憂患的北平面貌。曾單獨或與雲彬老友（雲彬前此從未到過北京）出外巡禮，曾去過前門外及琉璃廠、香爐營等舊栖之地，見胡同中髒亂、殘破之狀，遠甚往昔。也曾偕友遊覽天橋、天壇。天壇時大部由解放軍駐守，僅遊祈年殿等一部分。

我們到平沒有幾天，南京和談代表張治中、邵力子、章士釗等即到平，亦住六國飯店，他們住在三樓，他們中有不少是我的熟人，常在樓梯口或餐廳相遇，互道寒暄。

有一天，原宛平縣長（「七・七」時）王冷齋在其公館宴請，同座有章士釗行嚴先生及其秘書潘伯鷹先生。伯鷹為舊識，《大公報》新記復刊不久，《小公園》首次刊出連載小說，即伯鷹以「鳧公」為筆名所寫之《人海微瀾》，當時他還在唐山交大讀書。

那天，王冷齋自己烹調幾色拿手的菜餚，並出其窖藏多年的精裝花雕，熱情款宴，並出其所珍藏的幾十柄古扇，請行嚴先生鑑別真贗，我於此道為外行，旁觀而已。

又一天飯後，我至珠市口散步，見開明戲院方演日場京劇，主演者為杜近雲、近芳姊妹，名甚生疏，即購票入場，見池座有六七成上座。大軸杜近芳演《三堂會審》，扮相、嗓音、韻味均屬上乘，意外滿意。過幾天，到北京飯店「串門」。李任公問我：「到北平後出去遊玩否？」我即以看杜近芳戲所得印象相告。任公說：「你究竟是老北京，可以到處玩玩。我來平已匝月，一天到晚悶在飯店裡，很無聊，你有機會帶我出去玩玩好麼？」我說：「那好辦，我看有好的劇目，一起去觀賞一番。」蔡廷鍇將軍在座，忙說：「你請任公，不要忘掉我。」

翌日，我在大柵欄厚德豫菜館定下一席便酌，並購定了開明的包廂票，請任公、高佬蔡及劭先、龔彬與呂方子諸先生吃飯後，即轉赴開明觀劇。大家看得很滿意。

第二天碰到負責接待我們的人，對我直埋怨說：「徐先生，你給我們開的玩笑太大了。你知道，任公這樣一個人物，去館子和戲院，要布置多少人暗中保護？目前北平城多麼不平靜，要出點漏子怎麼交代！」的確，我前幾天就聽過報告，說反動派潛伏特務多麼猖獗，連中南海內前不久曾發現反動傳單。想到這裡，我真懊悔自己的孟浪。

一天下午，吳晗兄來看我，說：「母校好多年沒回去了吧？明晨，我已約好章漢夫兄，同車去清華玩一天。」

第二天清晨，吳晗即來接，並同往章漢夫處迎接，一同風馳電掣地到清華園。闊別二十多年，母校的面目依然，多了幾幢科學館、宿舍樓等建築，幸喜敵占期及內戰期未遭破壞。先由校委員會三位負責人周培源、錢偉長、馮友蘭接待至會議廳。他們分別告訴我們學校的近況，隨後即引導參觀了主要建築。

十一時頃，吳晗即帶我們去北院教授宿舍潘光旦先生住宅，看到費孝通等老友畢集，蓋一切均由吳晗預為布置者也。

光旦夫人極好客，端出親製之江南風味小菜。光旦先生跛一足，而興致甚豪，出其特備之紹興酒，頻頻舉杯勸飲，直至二時許，主客酒醺飯飽，乃向主人道謝，仍與吳、章同車回城，已日近西山矣。

到平不久，即應邀列席正在進行之全國民主婦代會，由蔡暢大姐主持，鄧穎超大姐報告工作。上午未竣，下午繼續報告，直至四時許始畢。初次經歷了解放區會議之漫長。

我還請假赴天津一次。因接香港張稚琴兄來電，將偕詹勵吾兄攜來一批鋼纜，預備在解放區出售，以所得利潤補貼香港《文匯報》虧損，盼到津先為接洽。到津後，住利順德飯店。曾赴

《進步日報》（《大公報》改組的）訪秋江及徐盈、趙恩源諸老友，並蒙李清方、李樹藩諸友招待至中原公司小遊，看到市區有不少處成了瓦礫堆，因此可知天津解放時破壞之烈也。

承徐盈兄介紹舊津館同事林墨農（時改營商）接洽，等稚琴、勵吾來後，與之談洽價格，未能成交。在津約逗留一週，即相偕回京。

到京即向李任公報告經過，他即與當時華北人民政府負責人董老（必武）聯絡。翌日，得董老電約，偕稚琴前往拜訪。董老了解詳情後，即囑姚依林先生辦理此事，並關照說：「這批電纜，由我們全部收購下來。不要講價還價，他們要多少，就給多少，他們是為維持香港《文匯報》而籌劃經費啊！」

這件事就算告一段落了。據稚琴當時告我，這筆生意約獲得利潤約兩萬港元，足可維持香港《文匯報》兩個多月。

那時，和談已宣告破裂。記得黃紹竑、朱蘊山兩先生曾專機飛寧，對李德鄰先生作最後勸告。蘊山先生回京後對我談及，在寧看到李德鄰處處受掣，曾勸其把背靠到北方來。但可能因對美尚存幻想，他還是飛回廣西去了。

接著是發動渡江之戰，百萬雄師下江南，攻下了南京。

我們於五月初得到隨軍南下的允諾。行前，周副主任曾在居仁堂設宴為我們餞行，同席有芸生、楊剛、李純青諸兄。席間，周公談到「西安事變」，風趣地說張漢卿是竇爾頓送天霸，卻被黃天霸押關迄今。又說到《大公報》，說張季鸞、胡政之兩位先生的確為中國新聞界培養出不少人才。周公還含笑對我說：「鑄成同志，你不也是《大公報》出身的麼？」

南下同行者有俞寰澄老先生、季方先生、邵力子先生夫人傅學文女士、芸生、楊剛、純青、超構諸兄和我及詹勵吾兄，還有錢辛波兄，一行約二十餘人。路局特掛了兩輛軟臥為專車，歷兩日夜開到淮河，時淮河鐵橋尚在修復中，乃擺渡至蚌埠休息。

翌日清晨七時即出發，改乘大汽車行，顛簸殊烈，蓋公路尚未及修復，雖備歷旅行之苦，卻意外遊覽了不少古蹟。如鳳陽之皇覺寺，相傳為朱元璋幼年出家之地，但寺宇並不宏壯，庭園亦蕪亂無可觀。又如滁縣，在醉翁亭買茶休憩。該地以歐陽公《醉翁亭記》得名，而環滁之山，光禿不高，真聞名不如見面矣。

一路崎嶇，至午夜十二時許始到浦口，則大江漆黑，路燈不明，有軍營會辦事人員執手電、提燈引導，乘小輪過江。蓋南京解放不久，正常秩序當未恢復也。

到軍營會，主任劉伯承將軍及副主任宋任窮先生及後來被尊為「一貫正確」之柯慶施市長，咸出客廳歡迎。飯後，即送至國際俱樂部招待所下榻。

第二天報紙刊出新聞，謂「民主人士俞寰澄、徐鑄成等由平抵寧」。而有很多報紙，則改以余名置之俞老之上。蓋過去有一長時間內，《文匯報》與南京新聞界及廣大讀者有血肉感情也。

第二天，中央大學學生會即邀我至大禮堂與全校師生見面，我的講題為《解放區見聞》，略述我的所感所聞。

連日遊歷石頭城各名勝，並與石西民兄及新聞界舊友飲酒於夫子廟某酒店。時我面對諸友，轟歡甚豪，酒後見長桌上空瓶成排，儼如排列之手榴彈。

在寧約勾留一週，即轉至丹陽等待上海解放。我離京前，估許將在無錫停留（時無錫、蘇州等地均已解放）。王昆侖先生並寫介紹信，邀我抵錫後寄寓其黿頭渚之山莊。

丹陽素為滬寧路上最偏僻之小縣，車站距市區又遠。我們被招待住在城外一小旅館，陳設一如下關之普通客棧，我們喜稱為丹陽之國際飯店。由京南下之蘇延賓等下榻其間，過了兩天，潘漢年、金仲華諸兄亦來到。潘已任命為上海市副市長，在丹籌備接管工作也。

某日，我偕芸生、超構入城散步，企圖覓一消遣地方，見一書場，有王少堂説《水滸》，説來繪影繪聲。未終場即離去，因陳毅將軍邀往談話。至則談話已開始，陳將軍談及過江前一切準備細節，又談及解放軍由兩路將會師吳淞口，將切斷美艦出海口子，美軍可能及時從上海撤退，我們也準備打一場惡戰，日內即將見分曉云云。

五月二十三日晚，三野總部傳出消息，美艦果已撤出黃浦江，解放大軍已進入上海市區，蘇州河南部已獲解放。當時潘漢年及接管人員連夜乘車趕往上海。我等則遲一日於二十四日深夜出發。到南翔站，路局消息，謂路軌尚未修復（實則已修好，未恢復行車耳）。乃雇一三輪車，緩緩踏入市區，一路所見，被拆毀之民房尚有餘火，道路時為溝溝坑坑及斷電線所阻。迄日落西山，始到愚園路家中。

當晚，寶禮兄設宴洗塵，仍在南京路新雅酒店，則見對門新新公司所懸之大標語，已有「解放全中國，活捉蔣介石」字樣矣，前後相距不過四年，而形勢變化如此之速，誠可慨也。

聞寶兄已作復刊準備，由虞孫兄推薦，任婁立齋兄為總編輯，即將復刊。

新創刊之《解放日報》，則由長江及惲逸群兄為主持，接管《申報》而出版，聞原《新聞報》房屋、設備，則將由金仲華兄接管，創刊《新聞日報》。小型報歸併成兩家，一為唐大郎之《亦報》，一為陳蝶衣之《大報》。

上海在解放初期，努力安定人心、治理戰後瘡痍、恢復生產各方面，在陳毅市長、潘漢年副市長主持下，井井有條，進展甚速，可以説是解放三十年中的黃金時代。所有當時的成就，書刊史籍已有不少實錄，不必再縷述。

我當時心情也無比開朗。

我的長兒白侖時在蘇州東吳附中讀高中，上海解放之際，蘇滬交通未復，他與二三同學青年，徒步跋涉回到上海。次晨隨大隊解放軍參加解放入城式，曾身登機動車，與大軍握手交友。從那天起，他必於黎明從愚園路家中步行至楓林橋中山醫院為傷病員送藥、講故事，歷月不懈。次、幼兒福侖、復侖，在位育初中讀書。兄弟三人均於是參加青年團，且任小幹部，一家歡樂前進。

《文匯報》原有地下黨員近二十名，解放後復刊，僅剩一候補黨員鄭心永。黨政工團共同奮發，保持並發展報紙特色，以取得讀者之信任。無奈解放後一些套套，每使人瞠目束手。舉例言之。在長沙解放之日，我們已在無線電中收到確訊，而翌日刊出，即被指為搶新聞，是資產階級辦報作風，因新華社尚未正式公告也。再如〈論人民民主專政〉發布之日。要聞編輯鄭心永按所列問題，作分題以醒眉目，亦被指為離經叛道。如此重要文件，只能作經典鄭重排版，安可自由處理！總之，老區方式，蘇聯套套，只能老實學習，不問宣傳效果，此為當時必經之「改革」。

因此，我對社論也艱以執筆，因數十年記者經驗，從不慣於人云亦云，思想未通即先歌頌，每以此為苦。老友李平心兄諒我苦心，輒陪我熬夜，我舒紙半日，尚未能下筆，輒請平心代勞。總計復刊一二年屈指可數之社論，以平心所撰者為多。

幸是時市委宣傳部長夏衍先生、副部長姚溱先生，最能體諒老知識份子心態，遇事推心置腹、披瀝交談。寶禮兄經營有困難，亦盡力幫助，所以我們都心情舒暢。時我被任為《文匯報》管理委員會主任兼總主筆，郭根兄為編輯，寶禮兄為管委會副主任兼總經理，葛克信、劉文華同為副經理。

九月初，赴京參加第一屆全國政治協商會議大會（新中國即由此會產生）。我每天有日記，茲轉錄於下，以見當時氣氛及《文匯報》境況。

九月四日　星期日

中午，寶禮兄在家為余餞行，被邀作陪者有克信、虞孫、柯靈、郭根諸兄，談報館今後計劃；蓋自上海解放，報紙復刊以後，對新的辦報方法，時不能適應，銷數遠不如《解放日報》及《新聞日報》、《大公報》。近月稍好，發行已超過二萬六千矣。

下午三時動身，先至百老匯大樓（後改名上海大廈）。五時，由百老匯直接驅車至北站旁門登專車。六時五十分開車。我與仲華、芸生、超構同車，深晚二時半抵寧。

九月五日　星期一

晨八時許過蚌埠。下午四時過徐州。此段因軍情需要，緊急趕修通車，而路基甚差，故車行甚慢。

沿途所見，農村情況尚好，車站大半修復。人民似亦感安居樂業，較四個月前南下所見，另一番景象矣。

九月六日　星期二

清晨五時過德州，下車購西瓜一個，與三兄分食。瓜約重二十斤，甚甘冽。正午過津。二時一刻抵京，全程行四十四小時，交通之改進，殊足驚人。大約再過些時候，可以恢復戰前三十六小時之速度矣。

在車站迎接者，有徐冰、黃任老、楊衛玉、俞寰澄諸先生。下車後，即赴東四一條休息，該處原為外國人設立之華文學校，現將改為招待所。此次來京參加之文化、科技、教育、婦女代表，均住宿於此。晚《大公報》(駐京大員孟秋江等)在萃華樓宴請。

九月七日　星期三

十時半，往教科書編委會訪葉聖陶、宋雲彬諸兄。下午，赴北京飯店，分訪劭先、龔彬、(薩)空了諸兄。三時開全體籌備會，即在飯店大廳。周恩來先生報告籌備經過，主要為下列四項：一、草擬共同綱領；二、代表產生經過；三、草擬人民政協組織法；四、草擬人民政府組織法。均將提大會討論。又說：國家名稱，本來有提「中華民主共和國」、「中華民主主義人民共和國」者，現決定用「中華人民共和國」，年號為公曆，國旗、國徽、國歌均經籌備小組擬有初步意見，提請大會討論決定。

會後，會晤諸友好，計有任公、此生、（翦）伯贊、（侯）外廬、（周）建人、（林）勵儒、丁瓚、（沈）志遠、（章）伯鈞、（傅）彬然、茅盾、振鐸以及孫起孟、（喬）冠華、尊棋、宦鄉、（徐）邁進諸兄。

開大會代表共四百餘人。年齡最長者薩鎮冰（九十二歲），其次為張元濟、司徒美堂、周善培，均八十五以上。最小者二十二歲，為學生代表。周公說：這可說是「四世同堂」。特邀代表中，有孫夫人、程潛、傅作義、張治中、邵力子、吳奇偉及梅蘭芳、程硯秋、周信芳等。

九月八日　星期四

下午一時半，與超構同遊北海。旋訪尊棋未晤。晚與芸生同往長安戲院看京劇。今日殆為最清閑之一日矣。今晚月色皎潔，車過天安門，見廣場大樹均已拔去，大概準備擴建廣場，以為政府成立開慶祝大會之用也。

九月九日　星期五

今天開始小組討論。我所參加之小組（都是各方混合編組），在市軍管會舉行。到二十九人，羅瑞卿（華北公安部長）為主席。孫起孟為我介紹，羅一一握手致意。今日討論共同綱領，歷十二小時，午、晚餐均在北京飯店吃。晚十時許，始與（吳）覺農兄同車返華文學校。

九月十日　星期六

晨九時始起身。分館邵尚文君來訪，談在華北各地推銷事。唐海來電話，知其已抵京，協助浦（熙修）採訪，現寄住《光明日報》社內。

午後，熙修來，同往燈市口朝陽胡同三號看房子，有大小八間，擬賃作駐北平辦事處用。給浦六萬元，作為籌備急用，余由滬匯來。

九月十一日　星期日

接寶禮兄及郭根函。知報已升至二萬八千，甚慰。午後，訪侯外廬兄，談甚久。又訪李任公，未遇。與其秘書李乙尊兄（即程硯秋之高足李世濟之父）暢談。今天驟冷，儼然深秋光景矣。

九月十二日　星期一

乘電車至宣武門，旋步行經西河沿、香爐營、大溝沿直至琉璃廠。此一帶為余舊遊之地，二十年代中曾在此公寓寄宿，學習、工作歷三四年。公寓房子還在。匆匆二十年過去，占余過去歲月之小半。購《梨園史料》一部及影印之《越縵堂日記》（正、續編）。為宣紙精裝。

九月十三日　星期二

晚雲彬兄請飲酒，所住宿舍，與聖陶等一道，為周佛海之舊寓。同席有聖陶、彬然、振鐸諸兄。此數兄氣質極相近，正直不阿，潔身自愛，殆知識份子接受優良傳統，甚有修養者。余與宋、葉、鄭三兄，都喜飲。二月間，由港同船北上，每飯必盡白蘭地一樽，同行者賜以「四大酒仙」之稱。

呂方子（集義）兄約看李桂雲之梆子戲《蝴蝶杯》。此戲幼年在家鄉看過，印象彷彿如昨。二十年前，曾在太原看過南路梆子《藏舟》一折，亦甚好。李為今河北梆子祭酒，音調、做工均為上乘，扮相亦富麗，看上去不過四十歲，聞洪深極賞之，大量購票約同仁往欣賞。

九月十四日　星期三

西直門外新建之蘇聯展覽館落成，今日正式開幕，柬全體代表參加。建築完全蘇聯式，除哈爾濱外，此殆國內最大之蘇式建築。二次大戰後，蘇實行新的五年計劃，成就斐然，尤注意保嬰事業。從產品中，看到他們的進步。我在留言簿上寫了「我們應堅決向這個方向前進」。

下午，赴北京飯店開座談會，談共同綱領，因連日在討論中，多對共同綱領中不提社會主義，有疑問。因此，今天由周副主席解釋，說毛主席一再說，社會主義是遙遠將來的事，今天應集中力量於新民主主義建設，發展包括民族資本主義在內的四種經濟成分。如過早寫出社會主義，易在國內外引起誤會。會後，在振鐸兄房內坐談多時，後又晤曹禺夫婦，都是今春同船由港到京之好友。

訪熙修，談今後工作部署。又訪問同鄉沙彥楷先生，彼為民社黨革新派參加大會代表之一。又看到孟秋江。

九月十五日　星期四

終日下雨。故宮招待代表參觀，余未往，在寓所寫了三封信並一短稿。下午，遊西單商場及琉璃廠，旋至東安市場，在五芳齋就餐，獨酌黃酒半斤。在古玩攤，購蜜蠟煙嘴等數件。晚，代表證發下。乘車赴宣外校場頭條，訪徐凌霄前輩，歡宴至夜深始歸。

九月十六日　星期五

任嘉堯由滬來，聞報已漲過三萬六，甚喜。吳紹澍兄來訪，晚同往吉祥戲院看戲。

九月十七日　星期六

新聞工作代表小組開會，討論政府組織法及政協組織法兩草案。同組共十四人，計胡喬木、陳克寒、鄧拓、張磐石、徐邁進、惲逸群、金仲華、邵宗漢、楊剛、劉尊棋、王芸生、趙超構、儲安平及余。今天由喬木任主席。從上午八時開始，直至下午四時始畢。

晚，在中南海懷仁堂舉行京劇晚會。會場已修飾一新。此處在李宗仁時代，曾為行營大會議室，現經擴展修建，有座位四百餘席，恰敷代表數。列席及旁聽則坐後面休息室內。後面的草坪，不遠處可見一樓，即當年曹錕被馮玉祥囚禁之延慶樓。

今晚演出節目，為程硯秋之《紅拂傳》，李少春與袁世海之《野豬林》，均極精彩，我坐第三排。

今天籌備會開全體會，結束籌備工作。大會將於二十一日開幕。聞為防空，大會擬於每天晚上舉行。

九月十八日　星期日

吳紹澍兄約同往訪問李任潮先生於其東總布胡同新寓所。經余介紹，任公對紹澍備致慰問。晚北平市府、華北人民政府等二十餘單位，歡宴全體政協代表。地點在北京飯店大廳，由董必武、聶榮臻等致歡迎詞。郭沫若代表來賓致答詞。今日恰為九月十八日，郭特提出十八年前往事，前後對照，說明勝利來之不易。今日之會的確甚有意義。飯後，與宋雲彬兄同至侯外廬處暢談，至十時許始歸。近因大會舉行在即，聞北平特務活動甚猖獗，偏僻胡同多次出現反動傳單。故警備甚嚴，尤其東四至東單、崇文門一帶，黨派首腦大部安排住在這區域，警戒尤森嚴。

九月二十日　星期二

晨九時，與超構兄同遊雍和宮及孔廟、國子監。此數處，二十年代余曾屢來遊覽，超構則為初次。雍和宮實無可觀。國子監西廊有石碑一二百塊，大字全文刻《四書》、《五經》，字極工整挺秀。下午一時，余單獨至南新華街師大母校參觀。二十餘年來，變化不大，僅添了一兩幢建築，餘一切仍舊觀。晚新聞小組開會，楊剛報告各小組聯絡代表開會情況。大會決定明天開幕，預定開七次大會，月底前必結束。又謂，大會期間，希望各代表特別警惕，注意安全。

九月二十一日　星期三

人民政協全體大會，今天下午七時四十分在中南海懷仁堂隆重開幕，在華文學校居住之代表（除在京有家的代表及久住北京飯店的代表外，全住在華文），六時半出發前往，在懷仁堂大門外簽到。會場布置莊嚴，主席台中懸中山先生及毛主席像。上有新通過的國徽。代表席每三人有一擴音器，以便當場發言。先由籌委會秘書長周恩來報告大會籌備經過，即通過主席團名單，共八十九人，林伯渠當選為秘書長。毛澤東、劉少奇、周恩來、朱德、宋慶齡、張瀾、李濟深等登主席台。朱德任執行主席，宣布大會開幕，毛主席致開幕詞，最令人感動的一段話是：我們的民族從此列入愛好和平、自由的世界大家庭的行列，以勇敢而勤勞的姿態工作著，創造自己的文明和幸福，同時也促進世界的和平與幸福。我們的民族再也不是被人侮辱的民族。我們宣布中華人民共和國的成立，我們從此站起來了！幾乎每句話都博得全場掌聲。接著，劉少奇、宋慶齡、何香凝、張瀾等講話。至深夜十二時許閉會。今日大會開幕時，忽雷電交加，大雨如注。散會時步出，已滿天星斗矣。

代表之一楊杰將軍，十九日在港被特務暗殺。秘書長宣布此事，全場靜默致哀。

九月二十二日　星期四

接寶禮兄函，報已漲過四萬。中午，在大柵欄厚德福菜館宴在京及來京同仁，到有熙修、唐海、嘉堯等。三時開二次大會，由林伯渠（祖涵）、譚平山、董必武、周恩來分別報告國旗、國徽、國歌及各文件在籌備小組中審議經過。七時散會，代表多回招待所晚飯，我獨赴東安市場便餐，旋至吉祥戲院看小翠花之《坐樓殺惜》，真是難得的好戲。

九月二十三日　星期五

上午九時，赴六國飯店，開小組會，商討國旗、國都、國徽、年號等問題。關於國都，主張設北平，恢復北京名稱。年號用公曆，均無異議。國旗圖樣應徵者二千九百餘件，經小組選出三十五件交大會選擇。一般意見，大都傾向第三號、第四號。第三號全紅地，在上角黃星，紅地三分之一處有一黃帶（象徵黃河）。第四號為三分之二紅地，上面三分之一為黃地，左角綴以紅星。蓋紅色代表革命，黃色象徵和平，紅星則為中共領導。

余亦贊成第四號，以其簡單、莊重、美麗，而又毋需說明也。余不贊成一般所稱黃色為代表黃種及黃河文化之說，因我國有很多少數民族，有些並非黃種，更多的與黃河並無關係。國旗應有普遍代表性，不宜有大民族主義的表現。

下午三時，開第三次全體會。主席為馬寅初、張奚若、李德全、陳雲、烏蘭夫（雲澤），有李濟深等十二人各代表本單位發表演說。其中，以劉伯承、粟裕、傅作義、梁希的發言，最受歡迎。劉、粟代表二野、三野向大會保證，短期內肅清西南、華南殘敵，解放台灣，完全統一。傅甫由綏遠歸來；他說，蔣最近還有電給傅，說傅今天的處境，彷彿當年他在「西安事變」時，望勿以一念之差，後悔莫及。傅並報告綏遠和平解放經過，全場熱烈鼓掌。傅發言的最後，還說今後將以將功折罪的心情，為新中國的建設盡力。梁為自然科學工作者首席代表，以樸質之態度，表示自然科學工作者全心全意為人民服務之決心。六時許散會，晚飯後赴東安市場購紅筷、茶葉及點心，父親來諭所囑也。十時前返招待所。馬路遊行隊伍不斷，紅旗招展，鑼鼓聲此起彼伏，且有一路打腰鼓、扭秧歌者，可見北平各界正在熱烈準備慶祝矣。

九月二十四日　星期六

下午無會，寄報館信附稿。十時，遊隆福寺，荒蕪益甚，舊貨攤則不少，皮大衣甚多，價亦不貴。聞廟會每月初九至十四日舉行。憶二十三年前我初到北京時，舅氏曾攜遊，愛護備至，今則墓木已拱矣，旋至附近的煙台館「灶溫」小食。

下午三時，開第四次大會，發言者有各單位、各方面代表二十二人，少精彩者。休息時，新疆代表獻旗，並向毛主席獻民族袍及民族帽，空氣十分熱烈。晚飯，加菜飲酒，並在禮堂放映蘇聯電影，余未看畢。看護來量血壓，余為八五／一一八毫米水銀柱，甚正常，蓋來京後，無工作煩心，眠食俱好，健康顯有進步。

九月二十五日　星期日

上午無會，與艾思奇、陳鶴琴、茅以升諸兄同遊天壇。大家對回音壁最有興趣，又陳列之樂器等，布置較半年前大有改進。我帶有照相機，攝影多張。

三時，開五次會，有二十個代表發言，最使全場驚奇者，吳奇偉發言末，舉手高呼「中國國民黨萬歲！」蓋原擬喊「中國共產黨萬歲！」因過去習慣，脫口而出也。此「精彩」錄音，定不能編入廣播矣。晚，與芸生兄同赴吉祥戲院看戲。陳少霖之《捉放曹》，學余派，無韻味，平平而已。荀慧生之《香羅帶》，亦不見精彩。芸生謂不堪入目，旋即偕歸。荀年近花甲，艷妝嬌態，極不自然，然嗓音甜脆，唱腔亦有特色。

看到二十二日、二十三日本報，開幕日專電均當天登出，而《大公報》、《解放日報》則未見，可見熙修之努力和工作深有經驗。余亦先有布置，囑把握時間。又二十二日社論，想為平心兄執筆。大意都按我信中開列的幾點。比其他各報有內容，有新意。數月以來，我寫文章很少，主要是不善於人云亦云、照搬照抄，寫時下的標語口號式文章，而對有些新問題，確無深入研究。回滬後，當多多學習，多研究，多讀書，俾能多寫些有益於國家、人民的文章。天氣近日略寒，有深秋氣息，早晚要穿夾大衣了。聞上海前些時候溫度高達攝氏三十六度，熱得學校臨時放假，南北氣候懸殊如此！

九月二十六日　星期一

中午，約陸詒、陸續、唐海至前門外都一處便飯，因今天大會休會，可自由活動也。飯後，遊戲業場球房，打乒乓球一小時。復至中國旅行社訪紹澍兄，同到中山公園打網球和羽毛球。他極喜運動，一九三三年我與他在漢口結識，即由比賽乒乓而起。……六時半，雨兄約在厚德福吃飯，畢後至開明看戲，大軸為小翠花、裘盛戎之《戰宛城》，不可多得之好戲也。歸已十二時，洗澡，翻閱文件，上床已二時矣。

蘇聯宣布已能製造原子彈。此牌推出，英美殊感狼狽，而雙方力量接近平衡，或反與維持世界和平有利歟？今天過天安門，見廣場正大事翻修，正中豎起二十多丈高的大旗桿，門樓粉刷一新。聞人民政府下月一日宣布成立，二日將在天安門開慶祝大會，檢閱軍隊，此蓋劃時代之大典。聞此廣場可容納十六萬人，殆空前之大廣場也。

九月二十七日　星期二

上午，（黃）苗子、郁風來訪，郁應孫師毅（時任港《文匯報》總主筆）之約，來京任特約記者，當代為介紹政協新聞處。下午二時，開第六次大會。新聞單位代表先一時到場，交換意見。大會通過國都設北平，恢復北京名稱，紀元用公元，國歌暫以田漢之《義勇軍進行曲》代用，國旗為五星紅旗，原說明為「上角一黃色大星，旁繞小星」。有一代表當場發言，「小星」二字有別解，最好另換釋文。周恩來時任執行主席，對此大稱許，說明可否籠統改為「上角有五黃色星」，大家鼓掌。今天有二十四位代表發言，又通過六項議案，故至晚九時散會，歸寓已十時許矣。一九二八年北京改北平，余在，剛做記者不久，今日又改稱北京，余參加決定，可謂有始有終。二十一年變遷，回顧有滄桑之感。

九月二十八日　星期三

今日大會休會，寫寄家書，並函報館。下午，新聞代表小組開會，醞釀全國委員會及政府委員會委員名單，余未往參加。二時，赴聯合書店訪經理邵尚文未遇，因該書店擬包銷《文匯報》（京津地區）。至辦事處，已粉刷一新，家具則尚未購置。熙修擬雇兩信差、一廚師、一女傭，另聘一記者、一文書，徵余意見，當囑全權辦理，並請物色記者人選。又至旅行社訪雨生兄，同至勸業場球房，打乒乓一小時，居然能應付招架，雨兄則凌厲勝昔矣。後同至清香園沐浴（楊梅竹斜街），亦舊遊之地（民初魯迅曾常來沐浴）。浴後，車至西四，飯於沙鍋居。飯後至西單長安戲院看杜近雲、近芳戲。二人均能唱能做，惜配角太差耳。

九月二十九日　星期四

上午，開小組會，初次討論大會宣言，余未發表意見。下午三時大會，通過共同綱領及政府選舉法。並通過以大會名義致電聯合國，否認國民黨政府的代表權。五時半休會，為開幕以來最短之會。

與管文蔚兄同車至六國飯店，在其房間內暢談兩小時許。他是我無錫三師同班同學，全班只四十餘人，錢俊瑞亦同班，彼此都二十多年不見矣。憶一九二五年孫中山先生逝世時，惲代英曾來校演講。……據文蔚說，他那時已入黨。抗戰時，管任新四軍支隊司令員。余在後方時，見國民黨關於新四軍問題的文件，每以陳毅、管文蔚並稱。文蔚性爽直，又是老同學，故談話極坦率。他說大會甚成功，可以慶慰，但等名單發表以後，中下級幹部見有些國民黨人士及保守人員亦參加，頗有反感，要好好解釋。前此，已有「早革命不如遲革命，遲革命不如不革命，不革命不如反革命」之牢騷。又說及蘇南近況（時管任蘇南行署主任），說蘇南、蘇北兩行署，本為暫時性質，最近可能合併，仍恢復江蘇省建制。……又談同學時往事及所聞學校師生情況，九時許始辭出。十一時半即就寢，此為此次來平最早的一次。

今天與（儲）安平兄談話，他說《觀察》即將復刊，領導上大力支持，但恐群眾思想難捉摸，如何辦好，毫無把握。他又說，近月曾至東北旅行，寫了旅行記二十五萬字，材料甚新，特別注重人事制度及工作效率。胡喬木看了極讚賞，力促早日付梓。他又說，他出發前及回來後，都與領導同志商談，反覆請教云云。甚矣，做事之難，《文匯報》之被歧視，殆即由予之不善應付歟？余如遇事諾諾，唯唯聽命，《文匯報》亦不會有今日。以本性難移，要我俯首就範，盲目聽從指揮，寧死亦不甘也。

又聞吳景超近來研究馬列主義甚有成果，在清華教這門課，聯繫實際，甚受學生歡迎。聞黨內有人謂其以假馬列騙人。周恩來獨排眾議，說吳能研究馬列主義，一可喜；研究有心得而公開講，二可喜；講而能得聽眾熱烈歡迎，三可喜。吾人應獎勵之，可派人旁聽，研究其如何講得好，向他學習。如偶有不全面或歪曲處，亦應考察其原因，幫助其學習和改進。總之，不應主義，自以為老革命，抹煞別人的進步。旨哉言乎！

九月三十日　星期五

接父親諭，知家中老幼均好。又接侖兒函，對未能考取公立大學，甚為懊悔，自恨平時學習不用功，當刻苦努力，明年必考上清華云。姑志之，以觀後效。他已赴杭入之江大學矣。上午，至王府井大街理髮，因明日開國大典，個人亦應有新面目也。又至東安市場及隆福寺廟購物數件，皆父親囑購者。

下午，政協最後一次全體會議，通過大會宣言，並選舉毛澤東為中央人民政府主席，朱德、劉少奇、宋慶齡、李濟深、張瀾，高崗六人為副主席（在大會醞釀名單時，副主席原只定五人，後有人提出，副主席中無一為北方人，乃加推高崗）。周恩來等五十六人為委員。又選出毛澤東第一百七十餘人為政協全國常務委員會委員。宣布毛主席當選時，全場歡聲雷動。此次政協之社會科學工作者代表，陳伯達居首席，陳紹禹反在其下。甚矣，余對共產黨歷史之少了解也！六時閉幕前，全體乘車至天安門廣場南端為人民英雄紀念碑奠基。毛主席首先破土，全體均執鎬動土，紀念三十年來並遠溯辛亥革命以來之英雄，儀式莊嚴。當代表下車時，年高八十四歲之司徒美堂甫下車，同車之人急關門，將老一指夾入，幸老人帶有一白金戒，未受重創，否則將發生一慘事了。儀式後，仍回懷仁堂，舉行閉幕禮，朱德致閉幕詞。計大會共舉行八次，歷時十天。

會後，在北京飯店聚餐，代表們紛紛碰杯，並多向毛、周、劉等敬酒者。十時，興盡而歸。

十月一日　星期六

今日為國人最興奮之一日，亦為余最難忘的一天，中華人民共和國今日開國，中央人民政府今天成立。天安門廣場擠滿人群，紅旗似海，殆為我國歷史上空前之盛況也。下午二時，余與代表們乘車魚貫赴會場，街上已懸滿五星紅旗。至天安門，由後門繞至天安門城樓，舉目看到東西長安街及戶部街、西皮市等處，皆擠滿群眾隊伍，估計共有二十萬人參加。三時，大會開始，毛主席等就位，鳴禮炮一百二十響，毛主席親自升旗，用電動。聞此裝置，由技術人員連夜裝好者。旋毛主席宣布中華人民共和國正式成立，並大聲高呼「中國人民從此站起來了！」全場一片歡騰，余亦感極淚下。毛主席宣讀第一號公告：任命林伯渠為中央人民政府秘書長，周恩來為政務院總理，沈鈞儒為最高人民法院院長，羅榮桓為最高人民檢察院檢察長，毛澤東為軍事委員會主席，朱德為人民解放軍總司令。

四時，開始檢閱式，極隆重。參加者約有步兵一師，騎兵一師，炮兵一師，機械化部隊一師，另有飛機十四架，掠空而過，此為余首次看到人民空軍。炮兵、機械化部隊，均為美式裝備，蓋全為戰場繳獲者。

檢閱前，先由北京部隊司令員聶榮臻登台向朱總司令報告部隊列隊完畢，然後與朱同登車前往檢閱。半小時後，總司令返天安門城樓，公開檢閱開始。每一部隊經過天安門時，向台上行注目禮，高喊「中國共產黨萬歲！」「毛主席萬歲！」呼聲響徹雲霄。軍隊過後，繼之為各界群眾隊伍，檢閱共歷三小時。

余與郭春濤兄並倚城樓觀此盛況，回憶二十一年前國民黨軍「底定」京津，亦在天安門舉行慶祝大會，群眾不過數千人，政分會主任張繼任主席，吳稚暉代表中央致詞，憶有「你不好，打倒你，我來幹，不要來而不幹」之精語。時春濤為二集團軍政治部主任，代表馮玉祥發言。余當時初當新聞記者，親自參加採訪。余提及此舊事，春濤謂亦記憶猶新。問有何感想？春濤沉吟有頃，說：「如蔣不如此倒行逆施，今日亦當為主角歟？」余則謂歷史人物，往往如此：拚命抓權，排除異己，最後兩手空空，成為孤家寡人，殆即所謂歷史的辯證法歟？

今日有不少蘇聯來賓參加開國大典。一部分是專家，聞是來協助我各項建設的；一部分為來參加世界和平大會分會成立典禮的，今晨甫抵京，內有名作家法捷耶夫及《俄羅斯問題》的作者西蒙諾夫等。

晚間，抽暇為報趕寫一通訊。

李筱垣（書城）先生，為二十年前舊相識。今日在天安門樓重敘，談及當年蔣閻內戰，頗似一短劇。他神采奕奕，不似六十八歲老人。蓋平日淨心寡欲，又喜研小乘，每日晨夜必打坐一小時，數十年如一日。在湖北耆老中，李、孔（庚）齊名，孔則每喜擺老革命資格，使酒罵座，人品之高逸亦遠不如筱垣先生。聞孔尚在武昌閑居。

十月二日　星期日

上午九時，赴懷仁堂參加全國保衛世界和平成立大會，到會者約八百人，除蘇代表團外，尚有意共代表斯伯諾，朝鮮代表亦趕到，會場空氣相當熱烈。宋慶齡當選名譽會長。民主人士中，統稱李任潮、沈衡山、郭沫若三先生為「李沈郭」，蓋與蘇聯生物學家李森科音近也。午後，去聯合書店小坐，知本報在京發行工作已展開，零售日銷三百餘份。又去旅行社訪吳紹澍兄，同至勸業場打乒乓一小時。

十月三日　星期一

上午，新聞工作者籌備會舉行常委會，決定七日開大會。……下午二時，續開保衛和平大會，朱總司令在講話中，宣布蘇聯已承認中華人民共和國，全場歡呼。……

晚，至西單長安戲院看程硯秋的《鎖麟囊》，票價二千五（舊幣），比一般貴一倍，而座無虛席，可見其號召力。劇情平平，只看程一人表演。身段雖已臃腫，水袖工夫極好，嗓音依然低回婉轉，高低裕如。在四大名旦中，只有他保持原來的唱功，聞程平時喜歡豪飲，淪陷時歸田學圃，似已無意再登台，能使嗓音不敗，可稱奇蹟。

十月四日　星期二

晚參加懷仁堂晚會。有譚富英的《定軍山》，梅蘭芳之《宇宙鋒》。梅的做工、扮相，依然當年，嗓音稍差，幸王幼卿胡琴托得好。聞晚會由齊燕銘提調，齊是京戲行家，故點的兩齣，都是譚、梅的傑作。

十月五日　星期三

下午三時，中蘇友好協會總會成立，在懷仁堂開會，余準時往參加，劉少奇當選會長，他和蘇聯代表表發言都很重要。……大會還選舉宋慶齡、吳玉章等為副會長，至晚十時才散會。會場共掛四像，中為孫中山及列寧，兩旁為毛主席、史達林，亦值得注意也。

十月六日　星期四

今日為中秋節，下午，大雨滂沱，前門一帶積水三四寸。晚飯，宴於泰豐樓，甫入座，更大雨如傾盆，又去中旅社閑談一小時許，十時半雇車返東四，則又一輪皓魄，萬里晴空。車過天安門廣場，抬頭觀賞，當空無絲毫雲霧。招待所送來月餅二、鴨梨四，以便客中度節。……回顧這一年內，祖國的變化真大。今天，能在北京參加開國盛典，並在此度中秋佳節。祝願五億同胞，從此脫離苦海，年年歡度團圓節，共慶太平、自由、幸福，共慶國家日益富強康盛！

十月七日　星期五

全國新聞工作者協會籌備會開第二次全體會，在華文禮堂舉行。……初步決定明年一月在京開成立會。……下午二時，與浦熙修、唐海、陸續等在辦事處商談今後工作重點。晚，胡喬木約余與仲華、逸群諸兄，談上海新聞工作諸問題，十二時頃，才休息。

十月八日　星期六

六時半即起，僅睡五小時許。八時，乘車赴香山，參加新華社主辦的新聞訓練班開學典禮。同往者，除（郡）宗漢、仲華、芸生等外，有老友陳銘德、鄧季惺伉儷及熙修、徐盈、陸慧年等同志。陳翰伯兄主持教務。

余曾先後在北京住過幾年，只在一九二八年因採訪蔣、馮、閻、李（宗仁）等謁陵新聞，到過一次香山，匆匆而過。今天會後，重遊碧雲寺，中山先生衣冠塚仍在。五塔建築、雕刻均極精好。旁有釣魚台，一泓清水，小徑曲折，甚似蘇州虎丘，而幽靜過之，殊為遊賞勝地。徐盈兄對北京掌故極熟悉，同遊講解，更增興趣。三時許返。五時，新聞界代表同至同生照相館合影紀念，並將刊之政協紀念冊，又分別攝單人相。後與超構同至南長街銘德兄處便宴。銘德、季惺深感能力無以發揮，他們對北京「新民」尤感不滿。飯後，至東安市場吉祥戲院，看白雲生、韓世昌主演的《奇雙會》，他們都在二十年代即聞名，今雖遲暮，唱做工夫尚在。最後大軸，為尚和玉客串《四平山》。他當年與楊小樓齊名，並為武生行祭酒。聞今年已七十七歲，風燭殘年，工架仍極好，殊為難得。十一時半散戲，天街如洗，皓月在天，而夜涼如水，月色比南方殊皎潔，氣候也心南方早冷得多。

十月九日　星期日

……晚六時許，赴羊尾巴胡同靜遠處（解放前，潘靜遠曾任《文匯報》特約記者），應其尊人之邀宴，同席有凌霄、一士、勉甫諸叔及同鄉周健臣等。酒酣，由國事談到京劇。凌霄對此極內行，堅決反對改革，十時半始歸。熙修電話，謂報館有電給余，報紙已漲過六萬，同仁咸甚興奮云。

十月十日　星期一

今日本為雙十節。昨日林伯渠秘書長發表談話，大意謂辛亥革命成果，早被袁世凱破壞，雙十節可以懸旗，但不應再以國慶節紀念。新的國慶節將由政府另作決定。昨日政協全國委員會開會時，馬敘倫提議，請以十月一日為國慶節，全場通過，向中央人民政府委員會建議。故京中今日無任何紀念活動，人民亦未懸旗。……今日捷報，韶關、衡陽、來陽等處都已解放。據外電推測，解放軍至多十日即可攻入廣州。毛主席向有關方面表示，解放軍預定本月十八日開入廣州云。

十月十二日　星期三

……昨日下午，曾與劭老、（呂）方子同至東總布胡同李公館，與李任公談港館事，因稚琴來電，一再表示辭職，方子勸我去港調處；任公也附和其說，劭老先生則謂，我在上海事重要，而港館情況已清楚（港館編輯部一部分人員與稚琴不合作），不必我親自去。此老處處從大處著想，令人敬佩。晚在吉祥戲院看戲，主要是看蕭長華的戲。今天他連演三齣：《普球山》、《打面缸》、《會稽會》，無一不佳，且滑稽中帶雋永，不流俗氣，實為當今丑行之祭酒。他已年逾七十，舞台生活，已屈指可數。余此次來京，看了不少京戲，認為最難得者，不在梅、程、荀等，而在蕭及尚和玉，兩人均已年逾古稀，老輩典型，令人有「看一回少一回」之感。

十月十三日　星期四

一再延期，今日終於成行。……早晨，交交際處行李二件，由火車托運，自帶隨身小件二。飯後開車，余與仲華同坐一車廂。晚飯過滄州，飯後，與逸群、仲華等略談，十時即睡。

十月十四日　星期五

清晨起身，車停濟南站。逸群兄在山東、蘇北解放區工作多年。談及當時艱苦作戰及轉移情況，又談及今春我等過濟南入京時重逢的情景。下午，與仲華等打橋牌消遣。晚抵徐州，十時許休息。

十月十五日　星期六

晨九時抵滬，寶禮兄及新聞界友人多人在車站迎接，旅即乘車回家。

從這些日記看來，解放之初，民主生活是相當充分的；各界上層人士，都熱烈擁護黨的領導，而決心於自我改造主觀世界。他們的私人生活是自由、舒暢的。可惜好景不長；不久便因勝而驕，一連寫出批《清宮秘史》、批武訓、批俞平伯、批胡適等宏文，旗角開始向左飄轉。等到第一個五年計劃勝利完成，國民經濟由好轉開始大幅發展，三大改造完成，即開始不斷搞政治運動，忘了「社會主義還是遙遠將來的事」的英明預斷，即想揚起「三面紅旗」，短期內即想搞共產主義，「畢其功於一役」。康生、江青、林彪之流，乃投其所好，幹他們反革命之陰謀，國家幾陷於浩劫不復。重溫開國之初這一段歷史，不禁重有所感。

一九五〇年　四十三歲

年初，報館為努力充實版面，爭取讀者歡迎，決定約請梅蘭芳先生寫回憶錄，總結其過去四十年之舞台生涯。我和柯靈、黃裳特在國際飯店十四樓中餐部（京菜）宴請梅先生，另一重要貴賓為馮幼偉（耿光）先生。梅先生從出科起，即受幼偉先生的讚賞、扶助，數十年如一日，梅先生也尊之如愛師，舉凡出碼頭演劇，新戲之構思一上演，必先徵得馮先生之贊允。此外被邀作陪著，為梅先生之秘書許姬傳先生及其介弟源來先生。我作主人，柯靈、黃裳及寶禮兄都參加。席間，我先談我們的設想，為了梅先生之藝術成就，應予發揚；希望及時將其前進過程及心得體會陸續寫出，必將使後來者有所師承，大大推動京劇之發展。幼偉先生看我們是出於對梅先生的尊重，首先表示首肯、贊同；梅先生亦願以全力從事，以後不論是否在演出期間，每天抽出一定時間，將其經歷及體會回憶出來，向許姬傳先生漫談，姬傳記錄下來後，即寄上海，由許源來及黃裳整理成篇，陸續交《文匯報》發表。

一切商定後，我還乘便問梅先生：「我看了你二十多年的戲，看到你每次演出，《霸王別姬》似最受觀衆熱愛，而每在一地登台，『打泡』必先唱《女起解》，就你自己說，究以哪一齣最為拿手傑作？」梅先生微笑答道：「你這問題提得很好。《霸王別姬》所以上座率特別高，因為這戲是我和楊大叔（小樓）合作唱紅的。我們的藝術功力匹敵，又合作緊湊；特別是楊大叔的霸王，功架好，嗓子高亮，儼然有霸王叱咤風雲的氣概，故一唱而紅，有時觀衆要求連演幾場。《蘇三起解》，因蘇三穿紅衣紅裙登場，戲院圖吉利，『打泡』總要我演此戲。至於我自己，用力最多，並反覆推敲、研究迄今猶在琢磨的一齣戲是《宇宙鋒》。我不敢說是拿手戲，總之，這齣戲每次演出，自己也感到沉醉。所以，每到一地，其他戲目都由提調安排，我只要求必排一齣《宇宙鋒》。」他笑著說：「別的戲是我為觀衆演的，這齣卻是為我自己唱的，每演必感到藝術的享受。」此後不久，梅先生的《舞台生活四十年》即在《文匯報》連載，受到廣大讀者特別是文藝工作者廣泛的歡迎。

同時，我們的《筆會》副刊上，還連載名作家師陀的長篇創作。

我們本來計劃搞三大連載，聽說張治中先生的《和談回憶錄》已經殺青，他也當面向浦熙修答應交給《文匯報》發表。後來他大概看看風色不對，一直不肯把稿子交出。這樣，三大連載的計劃就無法全部實現了。

當時，《文匯報》銷數總在十萬份左右徘徊。要說，十萬份中間，沒有一份是公費訂閱或組織訂閱的，讀者都自掏腰包，十萬份也不算少了，怎奈當時廣告收入奇少，訂價又受限制，而白報紙的供應也不充分（解放初期，白報紙主要還靠進口），因此，業務一直沒有起色。

是年春，中央召開新聞工作會議，我和仲華兄等前往參加，由新成立的新聞總署（署長為胡喬木，副署長為范長江等）和中共中央宣傳部共同召集。會議的主題，是圍繞「聯繫實際」、「聯繫群衆」、「開展批評與自我批評」這三個問題，作為辦好人民報紙的基本方針，反覆討論。從此提出報紙要反對刊載社會新聞，不得發表抒發個人感情及黃色、迷信的報導和作品；反對「資產階級辦報思想」，報紙宣傳要為黨的當前政策服務；新聞「寧可慢些」，但要「真實」。總之，一大套蘇聯模式的清規戒律確定下來了。會議共進行了一個多星期，給我印象最深的有下列數事：一是請陳伯達（當時兼中宣部副部長掌握理論宣傳）來向全體作報告。陳一口閩南話，無人聽懂，後請來翻譯（本國人演講用翻譯，在我，可稱聞所未聞），也不是純粹的國語，我也只懂三四成。二是在全體露天談話之際，忽有一群女同志走過，主席說是江青「駕」到，請其演講。她再三說「不敢」，說「我是來向大家學習來了！」不管她後來如何，當時的態度，看來是相當謙虛的，儀表也落落大方。三是我們（我和仲華及少數同志）去中南海黨中央參觀，看到一位老同志正在埋頭下棋。長江兄忙走上去介紹：「朱老總，給您介紹幾位上海新聞界的同志！」朱老總忙放下棋子，取下老花眼鏡，和我們一一握手。慈祥的態度，迄今猶留在腦海。

有一天，喬木和我單獨談話，說團中央準備創刊一報紙，介紹我去聯繫。過天，我到了團中央，廖承志先生和榮高棠先生和我談話，表示願與《文匯報》合作。我希望能保留「文匯」名稱，報名或稱《青年文匯報》，商談未作結論。我回滬後不久，聽說已吸收開明書店一部分人員參加，籌備創辦《中國青年報》了。

在京時又去拜訪李任公，他說張稚琴與編輯部一部分人員矛盾加深，張辭意堅決，囑我早日赴港一行，加以調處。

六月，美國侵朝戰爭爆發。

七月，張稚琴兄親來上海敦促，寶禮兄亦以滬館白報紙困難，希望我赴港便中購訂白報紙。經領導同意，我乃於七月中隨同稚琴赴香港。

當時，香港已築起「圍牆」，禁內地人任意出入，因時間倉促，來不及辦入境手續，稚琴與我在穗逗留三天，拜訪廣東省統戰部部長饒彰風及杜守素諸先生後，即相偕赴深圳。稚琴覓得一門徑，雇一小船，繞道進入香港。黎明出發，午後二時許始到元朗。稚琴大概花了不少「買路錢」，到元朗時，囊中只剩下數元港幣，而兩人飢腸轆轆，乃在路旁小店各吃了一盤炒粉，即乘公共車入市。過海後，步行至德輔道牛乳公司，要了一盤冷食及麵包等。稚琴口袋中只剩兩毫，乃急打電話給副經理余鴻翔兄，速來付帳解困。

一年半前我離港時很神秘，這次匆匆回來，又極富神奇色彩。可發一笑。

稚琴和我下榻於中環的思豪酒店。那是一間有名的老店，設備古色古香，房間卻相當寬大。稚琴和鴻翔兄照顧我的生活十分周到，每餐必陪我到附近的餐館進餐。那時，我還善飲，飯前，必盡白蘭地兩杯。後來，他們在常去的外江館裡存有一瓶白蘭地，供我隨時取飲。

孫師毅已辭職，由聶紺弩兄繼任香港《文匯報》總主筆，劉火子兄任編輯主任。一度由馮英子來任總編輯，旋即拂袖而去。聶、馮均在抗戰期間任職桂林《力報》，與稚琴同事。當時負責指導香港宣傳工作為張鐵生。我為了調處《文匯報》內部關係，曾與編輯部老同事兩度交換意見。

聶紺弩兄長於文學，而不善於領導編輯工作。每天，他寫了一篇《編者的話》後，即百事不管。我和他在桂林時相熟，這次我到港後，傾談十分投機，又同為酒友，我的房間有兩張鋪，紺弩即每晚來此投宿，暇輒披襟暢談。

老友成舍我兄尚旅居香港，曾來旅舍過訪，李秋生兄亦晤及。並曾與張公權（嘉璈）見面。聞在大陸解放之初，彼與杜月笙等對在港之進步文化事業，曾出力協助。有一天，巧與曹亮及梁淑德伉儷相值，互道寒暄，曹亮兄忽提及吳鼎昌，問我是否有意訪晤，探其是否願意返回大陸？我訝問：「他已列名戰犯，尚能容其回大陸嗎？」曹答：「他如能回去，對祖國建設，還可盡力的。」我正在躊躇之際，一日清晨，路過雪廠街花店，見門前有不少新紮花圈，俯首看其最大者，則飄帶赫然為「達詮吾兄千古」、「弟吳鐵城敬拜輓」。因此知風雲一時之金融界人物——《大公報》開創三巨頭之一已於前一天逝世矣，為之憮然。

孫師毅兄在影劇界熟人很多，特在九龍為我舉行盛大的歌舞酒會，盛意殷殷可感。

在港逗留一月餘，由稚琴兄幫助，訂好白報紙百餘噸，即束裝返滬。

一九五一年　四十四歲

三月中，參加中國人民第一次赴朝慰問團。總團廖承志為團長，田漢、陳沂為副團長，總工會之李頡伯任秘書長，下有華北、中南、華東、西北等各分團，包括各界代表人士。華東分團（稱第三分團）由陳巳生任團長，王若望為秘書長，余為團委。三月中旬由滬出發，先至天津集中，三月二十日專車赴瀋陽。此次慰問，來回共約兩月，余曾記有日記，茲摘錄如下：

三月二十日

下午五時離渤海大樓招待所，由天津車站登車。余與丁聰等同車廂。車五時三刻開行。這一段路有二十二年沒走了。前年本有機會到東北參觀（儲安平兄就是那次去的），為著急於南下等待上海解放，故未參加。

在餐車中，和田漢、李敷仁等談話。廖承志找我談，仍為團報（時《中國青年報》尚在籌備中）與《文匯報》合作事。晚十一時睡。

三月二十一日

一夜睡得很好，醒來已過錦州。車於正午十二時半到瀋陽，一路煙囪如林，與二十二年前大不相同了。全團住東北大旅社，頗為舒適，招待也極周到。在車站晤及王坪兄（在《東北日報》任記者）。

三月二十二日

東北局、東北人民政府、東北軍區聯合招待宴。餐後，看《森林之曲》。是我生平第一次看到這樣場面的歌劇，晚十二時始歸。

三月二十三日

下午與欽本立、唐海（分別代表《解放日報》、《文匯報》）隨團採訪赴朝慰問新聞同行者，尚有《大公報》之潘際炯，《新聞日報》之胡星原。兩兄同訪《東北日報》之張沛（編輯主任）及王坪，談甚久。《東北日報》並設宴款待。

三月二十四日

清晨洗澡。晚與李玉軒先生（三分團副團長，江蘇省代表）閑談。今天打第二次斑疹傷寒預防針，頗有反應。

各同志的演講稿審查了四分之三（總團規定，三分團的稿子，均由我審），還有第二組的稿子，準備一兩天內審畢。

三月二十五日

早晨七時起身，買了些餅乾吃吃，花了東北幣三萬元，這是我到瀋後第一次花錢。七時至九時，趕看《暴風驟雨》，已看了全書的十分之一。

十時，聽楊勇軍長報告。他已離前線二十天，回瀋係治病。講詞甚長，大約謂今天比五個月前，形勢已大不同。五個月前，美、李軍已占領朝鮮土地百分之九十，鴨綠江已受到美軍威脅，邊境時遭炮擊。人民志願軍跨過鴨綠江作戰五個月零三天以來，已解放朝鮮國土的三分之二，消滅了美帝、李偽軍共十三萬人以上。志願軍勝利的獲得，除祖國政府之正確領導外，主要靠四億七千五百萬全國人民之熱烈支援。經過四次戰役，證明美帝的確不過是一隻紙老虎，我們完全能夠戰勝它。……

三月二十六日

東北軍區後勤部長來做報告，大體介紹朝鮮之風俗人情，以及政治制度。中央政府下，有道（相當於我們的省）、郡（縣）、面（鄉）、里（村）共五級。中央除勞動黨外，尚有民主黨（主要成員為民族工商業者及知識份子）。鄉間住房較小，席地眠、食，有「房小炕大、桌小碗大、襖小褲大、車小輪大」之概括語，蓋志願軍所觀察而總結之語也。又謂朝鮮人民之廚房不喜外人進去，這些風俗，盼慰問團入朝後牢牢記住云。

下午，赴北陵陸軍醫院慰問傷員，共住有志願軍傷員二十餘位，朝鮮人民軍傷員九位。至六時半始返東北大旅社。

三月二十七日

上午八時起身，出外洗衣、早餐，並去三聯書店看書，想買土改材料未得。蓋東北土改早已完成也。十時回招待所，聽各組典型報告。首先報告者為全國勞模趙國有，其次為武漢市家庭婦女鍾夢月，接著陝西文化界之李敷仁等。下午，參加總團宣傳會議。

三月二十八日

與丁雪松同志（新華社駐平壤記者站主任）共同檢查各分團慰問信，計有中南區一萬五千封，西南近千封，華東八千封，西北亦逾千封，直屬約八百封，另有讚揚志願軍功績之曲藝材料八十四件。這幾天任務堆得很多，檢查稿件工作主要由軍區梁部長、黃葯眠及我負責。晚，抽暇偕本立、唐海兩兄出外吃麵。

三月二十九日

今天起得很早，趕上吃早餐，下午開分團團委會，陳巳生團長傳達總團團委會內容，謂高崗主席意見：心理準備越強，警惕性越高，危險性就越小云云。

決定入朝後，我和陳巳生團長及學生代表周明調至總團，參加在平壤及其附近之慰問。晚看《在新事物面前》話劇，甚滿意。此戲思想性極高，對領導工作頗有啟發。

三月三十日

擬參觀北陵故宮，至則該館休息，乃在館子午餐。

三月三十一日

參加總團及直屬分團會議，李頡伯秘書長作了朝後安排，分為三個小組活動。我及趙國有、陳已生、許寶騤、田方、朱繼聖等八人為第一組。第二組有雷潔瓊、吳組緗、丁聰、藍馬等。第三組有葉丁易、浦熙修等。到朝講話「我們是毛主席派來的慰問團」，只能對志願軍那麼說；對朝鮮人民軍，則應說「我們是中國人民派來的代表」。

四月一日

今天，換上志願軍軍服。棉大衣既肥而大，晚間可當被蓋。全國幣制統一，今天起，東北普遍使用人民幣了。上午，到館子吃飯及飲咖啡，已一律收用人民幣。可見東北人民政府效率之高。

四月二日

寫寄家信及給侖兒信。今天整天無節目，聽說要重新編組，因此小組也無活動。中午，在馬尼拉飯店吃飯，和本立、唐海等四位談如何搜集材料及寫作計劃；譚文瑞剛從朝回國，詳談朝鮮最近情況。

四月三日

重新編組決定，每組一車，坐二十一人（連警衛人員、乘務員），余在中排第四座。同組有趙國有、扎哈洛夫（新疆代表）、陳巳生、雷潔瓊、向達、吳組緗、許寶騤等。

四月四日

上午十時，按新編組全團集合，同往慰勞空軍。看到新中國人民空軍的英姿，大家非常高興。

四月五日

下午，舊三分團照相留念。

晚七時，列隊至車站。乘專車南行。深夜過本溪，即熄燈防空。

四月六日

上午到安東，到了抗美援朝前沿了，安東曾為遼東省省會，現有人口三十萬。住遼東飯店。下午和傍晚，兩次至鴨綠江邊巡禮。江水暗綠，寬闊彷彿黃浦江。晚與王坪、田方等兄打五百分。

四月七日

與熙修等往訪第五大隊。歸途忽警報聲大作，急躲入路旁人家，時炸彈、高射炮聲大作。警報停後，急回旅社。聞今日敵機在安東投下數彈，炸中一大樓，死十餘人。下午，赴鎮江山防空。該地為遼東風景勝地，櫻花盛開時遊人如織。六時歸寓，終宵有警報四次，不勝其擾。

四月八日

上午五時半起，早飯即吃乾飯、大塊肉，實生平所初歷。飯後，仍全團開赴鎮江山防空。聞昨日空襲，鴨綠江大橋有微損，我團的行期可能要推遲。

四月九日

晨起大霧，未防空，下午四時半出發，原定過江後朝鮮方面舉行歡迎儀式，但抵鴨綠江橋時，又逢警報，且橋搶修未竣，乃全團開回旅社。深晚十時半再出發，過大橋時，有一段需下車步行。過新義州後，忽信號彈大作，車乃熄燈急行，可見漢奸特務之猖狂。

四月十日

清晨三時許到宿營地，司機急將車輛隱蔽，找到一民房借宿，一夜顛簸，疲困極矣。清朝鮮房主阿媽尼代煮粥充飢，此地為宣川郡深川面仁豆里鹿山部落（相當我國的自然村）桂萬熙家。此一部落共有六十多家，四百餘口，已參軍的有四十餘人。據談美軍去年曾侵占該部落一天，即逢中國人民志願軍入朝，把他們趕跑了。下午六時半動身，邊行車，邊防空，十二時到達安州，在雨中摸索前進，翻過一小山，才至宿營地。此種苦況，是使我初步體驗志願軍生活之艱苦矣。

四月十二日

到達平壤，住萬景台。此地為金日成將軍之故鄉，設有遺屬子弟軍事學校。校舍甚寬大，學員已疏散，總團即寄住這裡。

以上的日記，很繁雜，不再多引。總之，從到平壤那一天起，每晚出發，赴志願軍及朝鮮人民軍各部隊慰問，與戰士談話，還有同去的文工團如名演員侯寶林等的演出。當時我空軍力量微弱，制空權盡握之敵人，所以白天不能活動，每晚出發，幾乎必經過平壤。平壤已成一片瓦礫堆。漆黑中經過，今晚看到的殘垣和燒焦的零星房屋，第二夜經過，也許就一點也找不著了。因為美機還天天向這廢墟轟炸。

最難忘的有以下三件事。一是金日成將軍的接見。大約在四月底的一個晚上，月亮透吐出一牙微光。我們總團選出了約十五個代表性較強的人士，由廖團長、田漢、陳沂副團長及秘書長李頡伯率領，去到一個不辨東西南北的山坳裡，被領到一座不起眼的房子裡，和朝方領導人朴總理、南日和婦女領袖人物朴正愛等在一張長桌前圍坐，桌上擺著水果和各色冷食，並有鮮花。坐定後，金日成將軍笑臉出迎，一一握手。金將軍年輕體壯，說著一口很純正的中國話。致了簡短的歡迎詞後，廖承志團長致答詞，代表中國人民向金將軍致敬。以後邊飲酒邊談，各代表紛紛走到金將軍面前乾杯致敬，金將軍含笑問長問短。如趙國有代表中國工人、劉清揚代表中國婦女、田漢代表中國文藝界等等，我也代表中國新聞界向金將軍祝酒。席上紅燭高燒，觥籌交錯，洋溢者中朝兩兄弟之邦的友誼。有一位代表王一知女士，聽說是周保中將軍的愛人，當日寇侵占東北時，周保中曾與金將軍比肩作戰。王一知亦在軍中，在黑山白水間共同戰鬥。金將軍深念舊情，頻頻與王女士舉杯共祝勝利（會後，還接王一知至其行館暢談多日）。那晚，我也熱情如沸，飲酒盡量，飽餐了一頓。老實說，我自入朝以後，難得吃一頓飽飯。當日朝鮮萬分艱苦，白天不能舉火；朝鮮同志招待甚熱情，但每頓只能是冷飯、片魚、乾菜，為了優待，冷飯裡還拌以牛油。我從小不吃魚腥及牛羊肉，對此，只能勉強吞下半碗冷飯。同室的朱繼聖代表（天津仁立毛織品公司總經理）很關心我的健康，特地將其攜帶之多種維生素丸給我服用，說「你這樣長久營養不足，如何得了！」朱老關心之殷殷，迄今感念。

另一次是去慰問朝鮮人民軍某師。該師大部將領及中下級軍官，都曾參加過中國人民解放軍，在抗日戰爭和解放戰爭中英勇戰鬥，為中國的自由、解放立過功。美李侵朝戰爭爆發後，應召回國作戰，曾打到釜山，並在清川江狙擊敵人，掩護友鄰部隊安全後撤，立下大功，被金日成將軍授與近衛師的光榮稱號。他們都一口純熟的中國話，接待我們如多年老友。伙房特包中國式水餃歡迎我們，兄弟熱情之洋溢，往往令人感激涕下，不由「熱淚盈眶」。自然，在那一天慰問活動中，我是飽餐了兩頓。

還有一次是朝鮮企業界人士招待我們的工商界代表。陳巳生、朱繼聖先生約我一同去參加。地點在東平壤的僅餘的一所房子裡，時間自然是深夜，席上點了蠟燭，用厚厚的紙防了空。中朝同行友人暢叙兄弟情誼，吃地道的朝鮮菜，其臘肉、米糕、菠菜尤有特別風味。

這次慰問，中南分團負責平壤以南的地區，最為艱苦危險。在慰問中，曾犧牲了幾位代表及文工團員，天津聞名的相聲演員常寶霆（藝名「小蘑菇」）即其中之一。至於在慰問中爬山涉水而受傷流血者更難以數計。自那一次訪問以後，全國發起抗美援朝捐機獻金運動，人民空軍初展雄姿，大批擊落敵機，爭取了部分制空權，志願軍又發明了坑道戰術，戰場的形勢，就日益改觀了。

我們在朝鮮和戰士一起度過「五‧一」節。五月八日，離平壤回到安東，仍在遼東大旅社休息。各分團也於八、九兩日陸續回國。

我到安東後，即發一電致上海宣傳部姚溱同志，報告華東分團的全部人員，無一傷亡，都已平安回國。

在安東休息後，脱下軍裝，整隊回到瀋陽。旋即全隊到北京，向中央匯報情況。記得我們新聞界的代表和隨行記者向新聞總署匯報時，我曾談到志願軍於戰爭之餘，深感生活單調，並引軍中普遍流行的「白日修身養性，夜晚奮勇殺敵」兩句話作證。范長江聽了十分注意，立即發動全國捐獻書報運動，向志願軍源源供應精神食糧。

在京留兩日，即全團開到天津整休，共商如何向全國人民傳達計劃，並發起「抗美援朝捐機獻金」運動。

到津後，分居各招待所，我住的睦南道招待所，原為北洋軍閥吳俊陞兒子的別墅，他曾在這裡與朱啟鈐的第七女公子結婚。我所下榻的一間房，正是他們的香巢。書桌上大理石台燈，尚鐫有「某某兄及某女士結婚紀念」、「弟朱光沐拜賀」字樣。記得我創辦香港《文匯報》時，中航機頻頻出事，有一架飛機觸山頭墜毀於附近小島，罹難者中有馮有真兄，也有這兩位吳公子夫婦。飛機墜毀時，有一小匣裝有珠寶，散落荒島各處，聞即吳公子夫婦遺物。港府當時曾在荒島戒嚴，以便撿取這些金飾、珠寶。

住了三天，又搬到利順德飯店。蓋總團下榻於此，集中便於商討各種善後事宜。

黃敬市長為歡迎慰問團，特舉行盛大酒會。會上，我認識了三十年代曾名噪上海的俞姍女士（為黃敬的姑母，當年曾主演洪深導演的名劇《少奶奶的扇子》）。也在會上見到老朋友吳硯農（時為天津市委書記）、邵紅葉（時為《天津日報》副總編輯），暢叙了多年闊別之情。

天津為我舊遊之地。我曾抽空赴勸業場聽了白雲鵬兩次大鼓（與白齊名之「鼓王」劉寶全已物故），一段是《黛玉焚稿》，低沉、委婉處，韻味不減當年。

老朋友請客，吃了不少館子。當時最有名的為「周家食堂」，為我宜興同鄉周鑒澄先生（即一九四九年在京與凌霄、一士諸叔同席者）所開。周先生曾長期為京官，精於烹調，乃以其晚年，開設此小館以饗同好。我同本立及唐海兄去吃了一次。後周鑒澄先生特親製家鄉拿手好菜，專門款宴我一次。天津市副市長周叔弢先生亦與鑒澄先生相熟，特煩其選製精餚，款宴我及其他友人。這三次宴會，都使我極滿意，深感「天下無餘味矣」。因為其中有不少家鄉菜，頗慰我的鄉思。

回到上海後，即忙於傳達，差不多一天幾場；有時，不僅來不及寫講稿，連提綱也預想不周全。比如，有一次上海人民廣播電台邀我去廣播，事前也只來得及寫好一個大綱。第二天，我經過人民廣場，恰巧廣場的高音喇叭裡播放我報告的錄音，一連幾次「這個，這個」，使我無限內疚。

經華東分團決定，我和王若望兄負責蘇南地區的傳達，要深入到鄉鎮，盡可能廣泛地使人人能聽到人民志願軍的英勇事蹟和捐獻飛機的迫切性。當時蘇南、蘇北還分設行署管理。蘇南行署設在無錫，區委書記陳丕顯，行署主任為我的老同學管文蔚。根據行署安排，先在無錫召集各縣市宣傳負責幹部大會聽傳達，回各自的縣向縣區幹部傳達並布置群衆大會的召開。我和王若望先去無錫，在各縣市幹部大會上作了傳達，然後回上海休息數日，即帶其他幾位代表，去各縣市深入宣傳。那時我已和王若望分工，他因上海總工會事務繁忙（任總工會文教部長），只能抽出幾天的時間，在松江、金山一角傳達。其餘蘇南各縣，由我主持傳達。我們先仍回無錫，在大廣場開了一次約有二千餘群衆參加的大會，主要由我做傳達報告，然後分赴各區鄉。據無錫市政協主席錢孫卿先生（名基厚，他和我的老師錢基博子泉先生是孿生兄弟，不僅外貌相似，連語調、神態亦難分辨）告我，各方對我報告的反應，認為生動而有感情，舉的例子極有典型性和説服力。管文蔚兄也説，群衆已全面鼓動起來，積極行動起來，支援志願軍，抗美援朝、保家衛國運動已初步在無錫掀起高潮。

在無錫傳達畢後，一行七八人，由蘇南統戰部蔣部長陪同，先至蘇州市，然後到蘇屬各縣、鎮，如常熟、太倉、支塘等處傳達。有兩件事可記：一為在蘇州傳達，群衆大會在王廢基體育場舉行，聽衆人山人海，約達四十萬人，而且一直到散會，秩序井然。這是我生平初次參加這樣大規模的大會。二是各縣市機關首長，真是無微不至地關心我們旳生活，記得在常熟時，席上有一盤血糯八寶飯，色、香、味都惹人食欲。翌晨隨行醫生來檢查，我瞞過了已稍有腹瀉的事實，怕蔣部長阻我貪食這紅如玫瑰的血糯八寶飯。

足跡遍蘇州區各縣後，又到無錫、常州區，如江陰、溧陽、宜興各縣，溧陽為我家鄉鄰縣，但我前此從未涉足。這次除城區外，還到戴埠等地傳達，曾到一山區小鎮，傳達畢，帶去的放映隊放映電影。當放出馬隊奔馳時，群衆紛紛後退，小孩喊道：「馬來了，快跑！」有些老人、小孩，還走到屏幕後想看劇中人物的活動。於此，可見他們中大多未看過電影。後來，中央文化部門，大力發展農村流動放映隊，我於此深感有迫切的需要。

在我家鄉宜興，也逗留了一週，除在城區體育場作了一次傳達（住在我兒時認為天堂的瀛園）。又到和橋、丁蜀、張渚等地傳達。時正當炎夏，吃到有名的溧陽「枕頭瓜」，還在宜興的和橋鎮吃到用井水「鎮」涼的三白瓜（白皮、白瓤、白子），香甜脆口，如品玉露瓊漿，實為消暑之奇品。

我生為江南人，有此機會踏遍江南的山山水水，大城小鎮，實感萬幸。

蘇南傳達任務完成後，回到上海，各機關、學校還紛紛要我去演講。我並先後寫了幾篇關於訪朝的報告。後來，與欽本立、唐海、浦熙修所寫的通信，合編成《朝鮮紀行》出版。

不久，抗美援朝華東總分會成立，沈志遠兄任宣傳部長，我為副部長，羅竹風兄任宣傳部秘書。總會秘書長為王力（時任華東軍政委員會秘書），他後來在十年動亂中紅極一時，與戚本禹、關鋒齊名，成為江青、陳伯達手下的一名打手。但他在上海時，口才、文才都值得稱道，使人有「卿本佳人，奈何作賊」之嘆。

一九五二年　四十五歲

除偶出演講、酬應外，潛心辦好報紙。但報紙發行總無大起色，跟不上《解放》、《新聞》等報。我也很少寫文章，有無可奈何之處。

一九五三年　四十六歲

報紙奉命轉向以中小學教師及高中學生為主要對象，由教育局長戴白韜及青年團市委之孫軼青、陳向明諸同志參加編委會。學習蘇聯為主要任務。外勤科調整為教育（高等學校）、中小教育、一般新聞等幾個小組，號召學習「凱洛夫教育法」，我義應帶頭，亦刻苦鑽研。

當時「三反」、「五反」運動不斷展開，每一「戰役」都事先有具體部署，我奉命參加旁聽，自然也要寫些遵命的社論和長短文章。

一九五四年　四十七歲

是年召開第一屆全國人民代表大會。我幸當選為代表，與劉思慕兄均由廣東產生。九月一日，赴京參加第一次大會，仍在懷仁堂舉行，隆重制定中華人民共和國第一部憲法，並選舉毛澤東為國家主席，劉少奇為人大常委會員長，周恩來為國務院總理。

廣東小組，由古大存為組長，朱光、張文、陳汝棠為副組長。代表中如雷潔瓊、蔡楚生、黃葯眠、黃琪翔等均為熟人，民主空氣和一九四九年開國時之政協差不多，代表的心情則十分舒暢。

《文匯報》改為四開兩張。一部分刊登中小學教師業務指導材料。有一版專門登載時事綜合介紹，我大約每週寫一篇時事性文章，並在報「眼」裡幾乎每期必寫幾百字短評。內容不時為塔斯社引用，拍發專電。

這次全國人民代表大會前後情況及第一部憲法審議、產生過程，我也每日有日記。茲摘錄如下：

八月二十三日　星期一

接上海市委統戰部轉來廣東省政府及省選舉委員會電，通知我已當選為全國人民代表，盼在九月四日前到京報到，領取當選通知書，並與廣東小組聯繫。

報館全體職工，貼出紅紙喜報。

聞今年國慶，將有十一個國家領袖來華參加盛典。

八月二十四日　星期二

市選舉委員會通知，入京前先將國務院條例及五個法案予以討論，以便開會前作好準備。

八月二十五日　星期三

市選舉委員會邀集上海在各省市選出之全國人大代表開會，有江庸、李步新、梅蘭芳、巴金、舒新城、趙丹、謝雪紅、趙超構、劉思慕及我共二十餘人。吳克堅（華東軍政委員會統戰部長）報告代表入京日期大約在下月一日左右。又通知從明日起，每日下午三時開會討論憲法草案及五個法案。共推江庸老先生為小組組長。

八月二十六日　星期四

下午三時，赴政協開討論會，先逐條討論憲法草案。五時半始散。晚八時，陳（毅）市長晚宴歡迎英工黨代表團。余與張春橋同桌，來賓有四個英國記者，各人觀點及態度均不同，其中《工人日報》記者最進步，也善於辭令。路透社記者則不大發言。

八月二十七日　星期五

下午仍討論。鄧裕志由京回滬，也趕來參加。

八月二十八日　星期六

下午討論法院及檢查院條例。晚，民盟小組在聚豐園餞別。

八月二十九日　星期日

下午三時偕嘉稑赴新華影院看新攝之《梁山伯與祝英台》。

八月三十日　星期一

今日政協討論完畢，市府辦公廳通知，所有在滬代表，均於一日下午一時許專車赴京。父親忽患病，即延醫診治。

八月三十一日　星期二

父親已退熱，大慰。上午七時半，赴大光明影院聽陳市長報告四中全會精神。下午開編委會。晚社委、編委在知味觀為我餞行，十時返。

九月一日　星期三

十二時許上車站。一時四十二分開車。至鎮江以上，水勢仍甚大，車在堤上緩緩行駛，四周楊柳僅露枝頭。天甚熱，車內溫度達華氏九十九度，無法安眠，與楊東蒓、思慕等打撲克。至晚一時許，輪渡過江，車從浦口開出，始略有涼意。

九月二日　星期四

氣候轉涼，晨六時過蚌埠，水勢亦大。十時過徐州，始不見洪水蹤跡。上下午各小睡一小時。與夏衍、榮毅仁等打撲克五百分。與東蒓等談到十一時。

九月三日　星期五

三時許即起，洗臉畢，車已到天津。上午七時二十分抵京。華東及中南代表住華北招待所。我與思慕同房，二六六號。下午赴北京飯店報到，領得當選證書，代表證則以照片未齊，緩日發下。寫信給二兒福侖，約其星期天來聚晤，因星期日前布置有會議。北京社會主義改造進度甚速，聞同仁堂、萃華樓、全聚德等均已公私合營矣。

與管文蔚兄晤談。

九月四日　星期六

六時起身，因昨晚初睡時、被厚翻覆不能成眠。幸帶有薄被，換後即得安睡。上午，寫家書及致編委會信。飯後，與雲彬、思慕同至故宮參觀古畫，看到《韓熙載夜宴圖》及《清明上河圖》等精品。故宮正修繕中。晚赴和平賓館看電影。曾赴辦事處，晤熙修及潘際炯等。返招待所已十一時矣。

九月五日　星期日

一上午等福兒來，未來；蓋未收到我的信。下午二時半，赴北京飯店開全體會，由林伯渠秘書長報告籌備經過及大會注意事項。齊燕銘作補充。三時半，廣東小組在北河沿工商聯開會。

九月六日　星期一

八時許，廣東小組討論憲法草案。下午五時半，乘電車赴全聚德吃烤鴨，熙修、吳聞、謝蔚明、際炯、梅朵做東，並請超構作陪。熙修轉來黎澍兄一信，仍盼熙修參加旅行雜誌工作。接福兒來信，准下星期日來。福兒一九五〇年響應號召，十五歲即參軍（參幹），三年多未有音信。

九月七日　星期二

上下午都參加小組會，討論憲草。會後繞騎河樓妞妞房一帶躑躅，蓋當年投考北大時，曾寄寓妞妞房公寓也。北京天氣轉冷，有深秋氣息。晚十時返招待所，見月光皎潔，漸近中秋矣。《十二把椅子》看畢。

九月八日　星期三

早飯後赴雲彬房略談，如浙江組尚在討論憲草。廣東組已討論完畢了。聞葉聖陶、呂叔湘等連日從文法修辭上修改憲草，今日可畢。上午，小組又分幾個小小組，漫談全國人民代表大會組織法。同組有曾生、林平（尹林平）、鄧文釗、思慕等。下午三時，廣東小組會，討論憲草最後兩章。譚平山第一次參加，身體很衰弱，由二人攙扶。中央人物中，聞李任公最近也中過風，已治癒。柳亞老則中風已失明，嘴也歪了。晚，與周谷城兄同至北海公園賞月，在五龍亭近月光下泡茶，每人千元，先購票。後思慕亦來，僅加開水錢五百。瓜子每包售千元。舊風氣已革除矣。遇陳其尤、黃鼎臣等致公黨領導人。據陳其尤談，今天憲法起草委員會整日開會，已將憲草及立法案修改通過，交大會審議。

九月九日　星期四

上午，各小組醞釀討論人大組織法、國務院組織法兩個草案，由我逐條宣讀討論，古大存組長亦來參加。下午小組會，討論兩法案完畢。

午飯前，因買皮鞋帶，步行出西什庫夾道，繞西四大街至缸瓦市石化橋附近，在一山東小館吃雞半隻、白酒二兩、炸醬麵四兩，共八千五百元。飯畢即回招待所。大會已發來文件多種，並發全體代表名錄。晚，看曹禺《明朗的天》，是他解放後發表的第一部劇本。

九月十日　星期五

一夜大雨，今晨又萬里晴空。北京的秋天，真是秋高氣爽。下午，民盟在和平賓館歡宴各地盟員代表。張瀾主席及沈鈞儒、章伯鈞、羅隆基、史良、高崇民幾位副主席都參加。遇邵宗漢、千家駒、華羅庚、薩空了諸兄。

七時半，統戰部報告高饒事件。後赴實驗劇場看李億蘭之《張羽煮海》，廣東小組所招待也。十一時半畢，乘大車回招待所。傷風未癒。

九月十一日　星期六

復兒來信，知父親舊病又發，甚為焦念。在來京火車上，遺失襯衫一件。今天由華東統戰部同志洗好送來，今日社會風氣之好，真令人驕傲。今天為中秋節，晚聚餐加酒菜。我與吳梅生、裔式娟、陸阿狗、余順余等勞模代表同桌，共度佳節。晚七時，大會招待在北京劇場看《鋼鐵運輸兵》話劇。回招待所，又每人發月餅二、梨一、蘋果二、葡萄一串，真周到極矣。

九月十二日　星期日

福兒於八時許來。分開了三年零十個月，幾乎已認識不出了；他身體很健壯，服裝甚整齊，他是騎自行車來的。在寓所略談，即同往中山公園品茗一小時許。他對祖父母及母親很關心，也關心哥哥、弟弟。他說，初參軍時，幫助老百姓勞動，有些吃不消；經過長期鍛煉，身體好多了。茶後，同至公園後部柏樹林散步；又至天安門廣場，見烈士紀念塔已矗立，在加緊修建中。同至西單全聚德吃烤鴨，吃了半隻，叫啤酒一升，共五萬餘元。在燈市口《文匯報》辦事處休息兩小時，因他要在七時前趕回，乃在王府井西餐館吃了些冰淇淋、汽水、三明治、點心等。又赴照相館攝影。回到招待所休息半小時，吃些葡萄。六時十分，送福兒出大門，約他下週再來。晚飯後，與雲彬、鄧文釗同至北海賞月。在五龍亭畔泡茶一壺。見月光灑滿全湖，湖色清澈，微風不波。今夜特別熱，有初夏之意。辦事處送來羊毛毯一條，可以解決睡的問題了。

九月十三日　星期一

1954 年 9 月，與二子徐福侖合影。

上午九時，與雲彬同至北京飯店訪友，先至（陳）此生房，小坐。（楊）東蓀不在，後訪莫乃群。陳、莫均為廣西省府副主席。又在何遂房坐半小時。何老健談，多談民初軼事。又訪包達老，不遇。在管文蔚房間小坐，他的房間最好，有兩套間。

下午，龔之方來，三時許，赴辦事處校正憲法草案稿寄報館，作為預排特刊之準備。至東安市場，購《四十年的願望》及《未開墾的處女地》各一本。

晚飯後，代表同至長安戲院看馬連良之《群英會》加《借東風》，做工敷衍，唱亦一無可取，且不賣力。

九月十四日　星期二

大會明日就要開幕。今天發來座位名單，單位及個人均按第一字筆劃為序，廣字（那時尚無簡體字）筆劃多，排在最後面，我的座位是二十七排二十三號（共有三十五排），所以也不算太後。毛主席的位置在三排邊上，蓋便於登主席台也。

上午九時，廣東小組在北京飯店三樓開會，由古大存組長傳達大會議程及代表資格審查委員會人選，徵求意見。又談到大會秘書長鄧小平提出常委可否兼政府職務問題。小組討論熱烈，一致認為常委責任重大，應全面看問題，以不兼政府職務為宜。

招待無微不至。從本星期起，每晚特約兩三個戲院，任代表擇一看戲，早一天通知秘書處。今晚，我看中國評劇院之《志願軍的未婚妻》。晚六時，師大教授陳先生，約我及谷城、思慕在後門湖南館小酌。後沿什剎海步行，綠蔭夾道，風景甚佳。八時返招待所，取票後，坐小汽車到大眾戲院看戲，已演至第二幕矣。劇由夏青主演，唱做都遜於新鳳霞。歸時月色正明，天熱，洗澡後入睡。

九月十五日　星期三

天氣仍熱。上午十時，廣東小組在工商聯開臨時會議，由葉劍英傳達昨日中央政府委員會臨時會議，最後對憲草作兩項修改：一為序言第三段，改成「通過中華人民共和國憲法」。一為總綱第三條，根據西藏代表意見，去掉「對宗教信仰的改革」字樣。毛主席在會上指示，憲草已容納全國意見，今天已是比較完整的了，當然，不可能是天衣無縫的，天衣無縫的東西，本來是沒有的雲。十一時半回招待所。午後未睡。二時一刻乘汽車動身，車臨時故障，換車至懷仁堂，已二時三刻。三時，毛主席入場，全場掌聲雷動。

毛、朱、劉、周及宋（慶齡）、李（濟深）、張（瀾）、林（伯渠）、董（必武）各位登上主席台。毛主席宣布全國人民代表大會第一次會議開幕，並作了簡短的講話，生動而有力。毛主席甚健康，臉色比前紅潤，聲音洪亮，真全國人民之福。

大會先通過毛主席等九十七人為主席團，旋即宣布休息三十分鐘，主席團開會。

四時，大會重開。毛主席、葉劍英等任執行主席。今日會議，始終由毛主席主持。通過議事日程後，劉少奇作憲法草案的報告，全文三萬多字。

今日會議甚隆重，外國使節均參加旁聽。

代表總數為一千二百二十六人，報到一千二百一十一人，僅十五人請假。很多老先生因病未參加，但柳亞老、齊白石仍由人攙扶參加，郭沫若昨日腿發病，仍策杖到會。

在休息時，見到李任公、章乃器、陳劭先、宦鄉等。宦兄新任駐英代辦，說正在等簽證，日內出國。

七時二十分散會，我與超構同乘愈之車到國際俱樂部會餐。有芸生、（邵）宗漢、（李）純青、（黃）洛峰等到，商新聞界對台廣播事，要我和芸生、超構廣播。十時，仍由愈之以車送回招待所。

九月十六日　星期四

上午，小組討論少奇同志報告第一段，對辛亥革命的功績估價問題展開熱烈討論。下午大會，由宋慶齡、陳毅、賴若愚等為執行主席，通過提案審查委員會名單後，開始大會討論。今日發言者，有林伯渠、李濟深、王崇倫、張瀾、郝建秀等三十人，這次大會發言的特點，是結合實際，開展批評。一般評價，以陳明仁、陳蔭南、楊石先最為精彩。

休息時晤及林礪儒（時為教育部副部長），談教育部與《文匯報》合作事，尚未作最後決定。又晤胡繩，胖得不認識了。又晤龔彬、安平等。七時半散會。晚飯後，赴長安戲院看中國京劇團演《雁蕩山》、《秋江》、《黑旋風》等折子戲。其中《秋江》為第一次看到，葉盛章、黃玉華之表演絕佳。

今日颳風，天氣轉涼矣。晚著毛背心。

九月十七日　星期五

今天上午小組會，下午三時大會。發言者有班禪、彭真、黃炎培、老舍、賀龍等二十餘人。黃繼光烈士母親鄧芝芳代表發言受全場熱烈鼓掌。《四十年的願望》看完，實在不見精彩。晚，在長安看吳素秋演《紅娘》，與夏衍、潘梓年、雲彬坐在一起。

福兒來信，出差山東，本星期天不能來看我。

九月十八日　星期六

上午，小組繼續討論劉少奇報告，楚生、潔瓊、葯眠等均請假，到者僅半數左右。連續舉行三天小組討論者，僅廣東一組。內蒙古自治區送來牛五十頭，羊二百頭，因此各招待所每餐必有牛羊肉，對我無異為一個威脅。

下午大會，發言者有吳玉章、葉劍英等三十一人，丁玲的詩朗誦最為精彩，袁雪芬的發言亦有感情。

晚參加大會舉行的晚會，地點仍在長安，由李少春、袁世海演《野豬林》，比一九四九年政協時演出有新改進。在戲院遇伍黎（赴朝文工團團長），說他們來京參加會演。據伍黎談，上海天氣也相當熱，寧、鎮間水勢已退多矣。

九月十九日　星期日

昨晚通知，今晨繼續開小組會，由朱光報告明天通過憲法辦法，旋休會。十時赴辦事處，適中國青年出版社李庚等正與熙修談旅行雜誌問題。

十二時赴前門外全聚德，應振鐸邀宴。同席有巴金、（馮）賓符、仲華、空了及馮沅君、朱君允、方令孺，飲酒頗多，菜也很好。此次入京，已吃過四次烤鴨子了，以此次最為滿意。三時，與仲華同赴王大人胡同中國新聞社，開理事會。除在京理事外，還有印尼、緬甸、馬來亞等地歸僑參加。初晤陳翰笙、王紀元諸兄。王大人胡同蓋了不少新房子，多為僑辦用，何香凝先生住宅也在內。八時半，坐宗漢、高天的車回招待所，我和福兒合攝的照片已送來。寫寄家書，附照片。十時半睡，一週以來，甚少如此早休息也。

九月二十日　星期一

今天是中國人民大喜的日子，第一部人民的憲法將誕生了！侖兒來信，說我參加決定中國歷史進程的兩個大會——開國的政協和第一次全國大人，是莫大的光榮。我也深有此光榮感。上午小組討論投票辦法後，赴辦事處小坐，在蓬萊春吃水餃三十個。回招待所後，即刮臉、整容，換新衣服。大家都興奮得不想午睡了。見郝建秀在理髮室理髮。廣東代表都理髮換上新裝。二時即赴懷仁堂。

今天由周總理任執行主席，先宣布實到人數為一二一二人，今天報到代表為一一九七人。其中上海有一人不到，軍隊代表有七人不到，可見解放台灣任務之緊。

憲法先由秘書處（人民電台同志擔任）朗讀全文。四時許，發出通過票，粉紅色，以漢、蒙、藏、維吾爾四種文字印好。四時四十分開始投票。我於四時四十五投入莊嚴的一票。

核對票數無誤。六時開票結果，全體通過，無一反對，無一棄權。全場熱烈鼓掌，歡呼「毛主席萬歲」、「中華人民共和國萬歲」約長二十分鐘。休息後，又討論通過全國人代會組織法。會議於七時結束。

今晚，招待看《劉巧兒》，由新鳳霞主演。我因寫對台廣播稿，未去看。又今天讀夏衍所寫《考驗》，甚好。

在會場找楊廷寶教授，因接侖兒信，楊先生是南工老師。見面略談後，原來他就住在華北招待所二五五號，距我室很近。據侖兒來合，楊教授為國內建築學權威，與梁思成齊名。

晚飯後，即聞窗外鑼鼓聲不絕。蓋憲法通過消息傳出，群眾紛紛遊行慶祝。從走廊窗口外望，見西什庫後庫已為群眾隊伍擁塞，紅旗在電燈光下飄飄閃耀。

九月二十一日 星期二

上午未開會。八時許赴辦事處，吳聞、宦邦顯都在，宦系送其兄赴英，我留他在京多住幾日，為辦事處幫忙。二時許，乘羅隆基便車赴懷仁堂，因今天要照全體相。三時開始照相。站在毛主席後面者為常香玉。據說，她聞知河南代表適在中排後，十五分鐘前，她即在此等候。毛主席入座時，還和她握手。三時半開會，郭沫若扶杖任執行主席。今天，通過了《國務院組織法》等四個法案，並宣讀了朝鮮和阿爾巴尼亞賀電。六時不到散會，這是散會最早的一次。晚飯後，與雲彬兄同乘電車至西單。沿途遊行隊伍相接，車輛通過困難；乃改乘三輪循宣武門城根出前門，在鮮魚口迎春書聽相聲大會。十時半早出，在大柵欄一妙堂吃冰淇淋、酸梅湯等。復步至正陽門，天空探照燈光交織，蓋為國慶慶祝預演也。

今日在會場，晤劉導生等。

九月二十二日　星期三

今日因周總理報告尚未整理完畢，大會休會一天。整日無事。上午九時，與雲彬、思慕、（舒）新城同乘小汽車到故宮文華殿，參觀「祖國自然資源展覽會」，有三部分，調查頗詳細。參觀一遍，等於上一大課。

飯後午睡片刻，陳其瑷來訪，上下古今，談了三個鐘頭。六時頃，步行至德內大街，吃炸醬麵四兩，僅三千一百元。旋乘車至東交民巷，看將建成之新僑飯店。在台基廠乘電車到北京劇場，看話劇《龍鬚溝》，比電影好得多。看畢回招待所，已近十二時矣。

北京開始颳風，氣候也轉涼。蓋時令已居秋分，北京的秋高氣爽時候已結束了。招待所給每人發羊毛毯一條。對代表生活之照顧，真可謂無微不至。

九月二十三日　星期四

上午不開會，到雲彬房間談，見馬夷初（敘倫）以所書橫屏並覆雲彬一函，蓋有留作紀念之意焉。

下午三時，繼續開大會。朱德、林伯渠、林楓、烏蘭夫等任執行主席。首由周總理作政治報告。報告約兩萬字，其要點：一、宣布國營、合作社經營及公私合營工業產值已占總產值的百分之七十以上；二、對印度為和平而努力表示讚揚並提出對世界和平問題的五項基本原則。總理報告後，陳雲、郭沫若、鄧子恢發言，系補充報告性質。程潛發言，則為一般討論性的，他提出了黨與非黨團結，中央與地方等有關問題的兩項批評。

九月二十四日　星期五

北方天氣乾燥。我到北京二十餘日，僅下過一場雨。溫度也比南方變換快，近日天氣就已寒冷，這兩天非著毛衣不可了。因呢制服僅帶一套，想盡可能著布衣，留呢制服國慶日著也。

八時，赴辦事處，將社論稿寄報社。下午三時繼續開會，黃炎培、傅作義、柳亞子等任執行主席。今天發言共二十人，以李德全、傅作義發言最精彩。這次大會發言有一特點，大多能聯繫實際，做批評與自我批評；尤其這幾天各部長發言，說明五年來工作有成績，同時指出缺點。當然，有些批評是抽象的，不著邊際；有些自我批評流於形式。但此種風氣的轉變，實為國家繼續前進之一大關鍵。散會前發主席團協商國家負責人名單：朱德為副主席，劉少奇為人大常委會委員長，宋慶齡、林伯渠、李濟深、郭沫若、陳叔通等均為副委員長。國務院副總理有陳雲、林彪、彭德懷、鄧小平、鄧子恢、陳毅、烏蘭夫等。各部部長不兼人大常委。散會後，搭陽翰笙、錢昌照便車赴和大開會（原義大利使館），成立中國新聞界聯誼會，採用聚餐形式，由廖承志主持，發言極風趣。推定鄧拓為主席，金仲華等為副主席。會中，與田方、陳翰伯等晤談。

九月二十五日　星期六

今天趕了三個會，十分緊張。蓋大會必須在二十八日閉幕，以便安排國慶及接待外賓任務。而關於名單之協商，總理報告之討論，以及還有五十餘人報告發言，必須在兩天內，以大會、小會趕完也。九時，在工商聯開小組會，由朱光傳達政府負責人候選名單。此名單經中共中央慎重考慮，提出與各民主黨派負責人協商，又經大會主席團通過。毛主席、朱德副主席及少奇同志任人大常委會委員長，均在意料中。宋、李、張（瀾）、郭等任副委員長，大家也無意外。出乎估計者，一是副總理均是黨員。周總理說明，今後任務重大，每一副總理要各專一門，而這些同志久經鍛煉，甚有才幹也。二是國防委員人數達九十六人，黨外人士達三十人。鄭洞國、鹿鐘麟等都任委員。總理說明，我國之國防委員會，性質與蘇聯及美國的均不同，目的為集思廣益建設現代化國防並為解放台灣起好的作用。鄭洞國介於起義及被俘虜之間，但近年有進步。鹿鐘麟過去和我們有摩擦亦有聯繫，近年在天津做居民委員會工作，任組長，甚為積極。他們對國防建設都可能起作用。經此說明，大家思想恍然，一致同意，並保證表決時贊成。

下午三時，繼續開大會，由陳叔通、龍雲、竺可楨等任主席。發言者有羅榮桓、馬敘倫、章伯鈞、茅以升、蔣南翔等二十人。張聞天預定發言，臨時未發，蓋為迎接蘇聯貴賓也。

區夢覺代表為我鄰座。據她統計，夫妻同為代表者有十二對。晚八時半，繼續開小組會，討論總理報告。討論最熱烈者為中西醫結合問題。十時半開會。歸途遇豪雨，為此次入京以來所未見。外甥媳來電話，大姐約我及福兒明天去吃餛飩。但福兒究竟來否未定，因婉謝之。

九月二十六日　星期日

今天臨時加班開大會，因等候福兒來，怕他白跑一趟，而電話又不通，乃請思慕帶去請假單。而福兒竟未來，可能又出差了。今天是星期日，隔壁四十中學聚集了好多少先隊員，均手執綠色或紅色紙花，列隊操練，蓋準備國慶遊行也。聞天安門昨晚已有部隊進行遊行演習。

下午三時，參加大會，有李書城等十七人發言。發言完畢，對周總理報告舉手表決，一致通過。

接父親手諭，知福體已痊癒，甚慰，當晚寫覆稟。十二時睡。

九月二十七日　星期一

上午小組會，傳達今天大會注意事項。下午三時開大會。今天又是一大高潮，因今天要選舉主席、副主席及其他政府領導人選也。大家整容，刷衣帽，並提早乘車赴懷仁堂。今天到會代表一千二百一十人，比通過憲法那一天還多，一向請病假的林彪、徐向前將軍也到了。執行主席多至十人，劉少奇、朱德、林彪、彭真、劉伯承均登台。林彪年僅四十六歲，頭已禿了，極現蒼老。

劉少奇同志為執行主席，宣布第一項議程為選舉國家主席及副主席。清點人數後即發票，票長約七寸，寬四寸，上寫漢、蒙、藏、維四種文字。投票後，即繼續選舉常委會正副委員長、秘書長及常務委員。五時許，選舉揭曉。當劉少奇同志宣布毛主席已以一千二百一十票全票當選時，全場鼓掌歡呼達二十分鐘，我的手也紅腫了，口也喊乾了。朱總司令也以滿票當選副主席，全場掌聲也經久不息。

清點常委會選票時，忽少了一票，雖劉少奇宣布選舉為有效，眾咸詫異。到七時左右，始查出有一票夾在中間：因常委名單長，票約二尺，有一票數時未疊好也。

毛主席當場提名周恩來為國務院總理。同時即進行最高人民法院院長、最高檢察院院長選舉，與國務院總理同時表決。票分紅、綠、白三色。七時許投票畢，清點票數無誤。

主席宣布休會。今天開會歷四小時，未休息，甚為緊張。今天羅馬尼亞等國代表團參加大會旁聽，代表熱烈鼓掌歡迎。

當離懷仁堂返招待所途中，沿途已有慶祝毛主席當選之遊行隊伍。我們的車經過時，群眾報以熱烈掌聲。九時半，重到懷仁堂。由陳雲擔任執行主席，宣布選舉結果，劉少奇當選常委會委員長，宋慶齡等當選副委員長。周恩來當選總理，董必武當選最高人民法院院長，張鼎丞當選最高人民檢察院檢察長。掌聲不絕，十時許休會。歸途繞經天安門，群眾已略散去。十二時前回招待所休息。

九月二十八日　星期二

今天為大會最後一天，上午未出去。下午二時一刻乘車出發，到懷仁堂開會。今天到會貴賓有波蘭人民領袖貝魯特，朝鮮人民領袖金日成。金元帥比三年前在平壤見到時更為健壯。

三時半開會。毛、劉、周、朱、宋（慶齡）、李（濟深）、張（瀾）、郭（沫若）、黃（炎培）、陳（叔通）登主席台。代表又向毛主席歡呼歷十餘分鐘。毛主席親自主持會議。首由周總理提出國務院名單，劉少奇代毛主席提國防委員會名單，全場一致通過。後又通過法案委員會、預算委員會、民族事務委員會名單。最後毛主席宣布：第一屆全國人民代表大會第一次會議已勝利完成了自己的任務，完畢了整個議程，會議勝利閉幕。全場又熱烈鼓掌歷十分鐘，四時乘車返招待所。

六時，赴北京飯店，參加大會會餐。先在仲華房內與夏衍、錢端升、邵宗漢等閑談。六時一刻入座，共一百二十餘桌，我坐八十五桌，同席均廣東代表。菜大都為冷盤，僅一熱菜、一湯、一點心。毛主席六時半入席，奏《東方紅》。宴會中，約定不離桌敬酒。代表們如鄧芝芳、郝建秀等仍舉杯向毛主席敬酒。並有王昆、郭蘭英、周小燕等唱歌。

宴會開始時，毛主席起立簡短發言：「祝各位代表的健康，為著我們各方面的進步，為著我們進一步團結來進行我們的社會主義建設，大家乾一杯。」宴會將終時，毛主席又起立說：「最後，大家再乾一杯。」於是，毛主席首先離座，各首長也紛紛離去。

宴會中最令人感動的，是達賴和班禪雙雙起立，同時向毛主席敬酒。這象徵西藏內部及與全國各民族之緊密團結。

在大會期間，我幾乎天天看到達賴與班禪，同行同休息。開始還有些拘謹。後來一天比一天活潑，都穿了新皮靴。畢竟他們還是青年呀，班禪十七，戴了眼鏡；達賴十九，個子高一些。

八時，赴懷仁堂看戲，有常香玉的《斷橋》，做得很細膩，比越劇的表情和形象更好。第二齣為程硯秋之《三擊掌》，唱得很賣力，唱腔和嗓子實在好；穿了宮裝，身段也不算難看。第三齣周信芳之《打嚴嵩》，周的嗓子比前好多了。加以配角很整齊：袁世海的嚴嵩，孫盛武的門官，江世玉之小生，更加強戲劇氣氛。最後一齣為梅蘭芳之《貴妃醉酒》，唱得很認真，可惜臥魚身段畢竟不如年輕時了。最難得的，蕭長華配高力士，姜妙香的裴力士，可稱牡丹綠葉，一時無兩。十二時許唱畢。我初在原座位看，後移至十六七排西藏代表的位子，清楚多了。

九月二十九日　星期三

上午民盟總部開座談會。因廣東小組預定今日照全體合影，乃先到北京飯店。攝影畢，與黃藥眠同車至太平胡同民盟總部。參加者有史良、曾昭掄、千家駒、沈志遠、宋雲彬等二十餘人。午飯後，步行至辦事處，路經王府井大街，見北京大劇場正在加工興建。在辦事處，看到連日上海本報，內容相當充實。侖兒來信，盼我經過南京時與他見見面，又報告了他和陶陶（朱益陶）戀愛經過。

四時許，理髮。因連日疲勞，理髮時幾乎全在沉睡中。理髮浴身，為準備參加天安門國慶大會。昨天已接到首都慶祝國慶籌備會的請柬，我在二台觀禮。晚，北京市委、市府在懷仁堂舉行京劇晚會，我因連日欠睡，未去。據去的同志回來說，劇目有譚富英的《二進宮》，李少春的《三岔口》，馬連良的《四進士》，相當精彩。

晚飯後，林平來房閒談香港舊事，直至十時，醫生來檢查，我的血壓九十—一百四十，下壓略偏高，當注意飲食，少吃脂肪。柳無垢與思慕一起晚飯後，乘三輪回家，途經景山翻車，跌傷眼睛，急送北京醫院。仲華聞訊，急來問訊，而思慕已去北京醫院矣。乃與我談及，他明天即回滬，將出國參加世界和平大會及新聞工作者國際協會，為期約兩月。

九月三十日　星期四

九時許，與雲彬同至琉璃廠榮寶齋看木刻水印畫，幾可亂真。餘購齊白石、任伯年畫各一幅，連錦裱及框共十四萬餘元。雲彬亦購十九萬元。出門經楊梅竹斜街步行至前門，在都一處對酌，吃三角及燒賣，共二萬五千元。十二時半回招待所，休息一小時。三時半，中央人民廣播電台派孫同志來錄音。試聽之下，有一二處不甚清晰，其他尚好。報載，蘇聯政府代表團已於昨日抵京，包括赫魯雪夫、布爾加寧、米高揚、什維爾尼克等多人。劉少奇、周恩來、彭德懷等均往機場迎接。今晚提前於五時半晚餐，六時半即乘車赴懷仁堂參加中央人民政府舉行的國慶五周年慶祝大會。到會者除新的國家首長、全國人大代表、全國政協代表以外，還有十一個兄弟國家的政府代表團，以及各國來我國參加國慶的來賓共兩千餘人。大會由劉少奇主持，周總理作報告，赫魯雪夫、貝魯特、金日成等十一國代表團長講話。赫魯雪夫講話極為有力，明確指出：中蘇盟誼絕不容許帝國主義挑釁戰爭，否則一定要自遭毀滅。他引用了好幾句中國古諺語來說明，頗為恰當。周總理的報告和赫魯雪夫講話，必將引起國際的震動。其他外賓的講話，都在首尾講了一段，其餘均由翻譯直接譯出，以節省時間。

十月一日　星期五

今天的大會，又是一次歷史性的。五十多國的代表，尤其是民主社會主義陣營各國的大集會，在遠東還是空前的。

今天是我們偉大的國慶。六時半即起，七時早餐，吃乾飯，在我又是破天荒的事。八時開車，經景山前街、北池子、東華門至勞動人民文化宮下車。然後步行至天安門登西二台觀禮。看台係新築，有休息室、廁所等，極為乾淨。休息室內備有茶、煙、汽水等。東台大部為外賓，西台為人民代表。政府首長及人大常委則登天安門城樓，各國政府代表團亦登天安門。

十時，盛典開始，彭真市長宣布開會，國防部長彭德懷首先檢閱部隊，由華北軍區司令員楊成武引導。檢閱畢，彭部長宣讀對部隊講話，後遊行開始。

先頭為部隊，比五年前整齊雄偉得多，一式都是新式武裝；武器如重坦克、「斯大林風琴」（喀秋莎）。飛機亦有各種類型，飛掠天安門上空而過者，有七八十架。

部隊檢閱畢，群眾隊伍陸續列隊受檢。首為工人大軍，約有一二十萬。學生隊伍最多，繼之為文藝隊伍與體育隊伍，非常整齊，充分顯示我們的團結和壯大。

今天參加檢閱的飛機，一部分可能為自己製造；因為在前天報上，已宣布我國自製的飛機已陸續出廠了，性能很好。又今天報載，鞍山第三座自動化煉鐵爐已參加生產，祖國建設真是一日千里啊！

今天遊行有三個特點：㈠領袖像中增加了陳雲同志，成為毛、劉、周、朱、陳五個領袖；㈡國際領袖中，未掌握政權之兄弟黨不列入；㈢不舉行向領袖獻花。今天參加遊行的群眾約達六十萬人，但到十時即如時完畢，可見組織工作大有進步。工人學生隊伍都著一色制服，各手執鮮花（每一方隊一種顏色），甚為美觀。

車子出文化宮，甚為麻煩，三時開車，四時才到招待所。四時午餐，備有加菜和酒，相當豐富。飯後呼呼睡了一大覺，直到六時半雲彬來才把我叫醒。吃晚餐，我吃小米稀飯。

七時開車，赴天安門看國慶晚會。初帶夾大衣，八時到場。旋即放煙花。火樹銀花，蔚為奇觀。規模比上海的大得多。約放了一小時許即停止，時天微雨，代表們均散去。我到文化宮覓車子時，焰火又放。我坐了河南代表的車子回來，一路在北海等處遙看天安門上空火花飛舞，直到我記日記時天空尚畢剝作響。

此次來京參加大會，歷時已一個月，屢經高潮，今天已基本結束了任務。參加國家生活中這樣大的喜事，每天比幼時過新年還鬧忙，還興奮。這樣幸福的生活，當然越活越年輕了。一直考慮為報館寫一篇特寫，材料很多，而無時間組織、落筆。

今天，（錢）俊瑞兄又告我，已通知教育部當家副部長董純才同志，和我談合作出報事。十一時半，準備休息，窗外濛濛細雨不歇。

十月二日　星期六

晨起，氣候驟冷，北京已漸入冬令。上午無事，也懶於出門。

下午二時許，乘車赴西直門外蘇聯展覽館，參加開幕典禮。車在新街口附近被阻約三刻鐘，三時一刻到達，已在致開幕詞。三時半剪彩開幕。分三路參觀。展覽館建築不甚高大，中央大廳只有四層樓高下，但建築金碧輝煌，相當考究，彷彿一座精緻的小擺設。七時返招待所。大會整個程序已全部完畢。今後自由活動，只等秘書處通知束裝返滬。

為了福兒要看京戲，今天托招待組代購了兩張明天日場的戲票。

十月三日　星期日

九時，福兒來，外甥（楊）邦傑亦同來，蓋門口相值也。稍事休息後，同出門，邦杰赴東安市場，余偕福兒至北海，沿海邊走出大門，在府右街口雇車同至東安市場。在五芳齋吃雞絲火腿麵兩碗，為福兒加一客蟹粉包子。旋至鋪內購小孩毛衣一襲，備送邦杰之女孩。十一時半回招待所，因福兒要看祖父母與父親來往信，兼取自行車也。余休息半小時，即乘車赴計委宿舍，福兒騎自行車隨行。門牌難找，至大姐家已十二時半矣。吃水果、吃菜、吃餛飩。又談家常至二時半辭出，趕赴長安看京戲。四時半未終場即出來，因福兒必須五時前趕回。乘三輪回招待所。北京的三輪，比上海貴兩三倍，只能坐一人，且頗危險，時有跑車出事，所以我輕易不坐三輪。今天星期日，電車擠，不得已乘一次。

大會秘書處送來全體代表合影一張，長二尺多。此照每張至少要二十五萬元。七時許，赴懷仁堂看戲，與喬式娟、趙祖康同一排座位。我坐十排十六座，毛主席四排二十三座，此為我最靠近毛主席的一次。米高揚四排二十九座，布爾加寧四排二十一座，赫魯雪夫四排二十五座，師哲四排二十七座，少奇同志坐四排二十八座，周總理坐第三排。

今日晚會，主要節目為音樂，以周小燕歌唱最受歡迎。另有雜技及李少春之京劇《雁蕩山》。聞此劇即將出國赴印、緬等國表演。

今晚有機會晤見教育部董純才、林勵儒、韋慤三位副部長，談報館遷京的事，約定明天下午到教育部再談。

十月四日　星期一

上午八時半赴辦事處，小結代表大會及國慶報導工作。下午二時在燈市口乘電車至西單商場下車，轉乘三輪至教育部，副部長柳湜出面會談，談與《文匯報》合作問題。據談，主要問題在基建。此次為初步交換意見。晚，蘇聯間藝術團在懷仁堂演出。十一時半散會，微雨中歸招待所。

在懷仁堂晤黎澍，約明日下午見面。聞欽本立已調《人民日報》，來電話約談。代表已有離京者。曾生昨日回粵，周谷城今早回滬。

十月五日　星期二

十二時欽本立來，同至六芳齋湘菜館，菜甚地道。在辦事處午睡一小時。四時，黎澍來，略談旅行雜誌事，旋坐他的車子同到新僑飯店，參加新聞工作者聯誼會招待各國記者的酒會。共到二十餘記者五十餘人，十時半返，今天陰雨，更覺寒冷。

招待處交來車票，明日晚車離京。

十月六日　星期三

早餐後，清理行李。在京已三十三天，離滬已五週矣。代表昨晚今晨離京者多；食堂原開二十餘桌，今只剩七八桌矣。

六時半上車站，臥車只有一輛，我與思慕、新城及項南同房。同車則有吳克堅、沈志遠、宋季文及超構等。七時半開車，十一時過天津，入睡。

十月七日　星期四

一路陰雨。下午過蚌埠，大水仍未退盡。

午飯，與超構共飲一小瓶白蘭地、一瓶啤酒，午睡了兩小時。

十月八日　星期五

晨六時車過蘇州。八時二十五分準時到滬，報館全體編委、社委及嘉稑來站迎接。

晚，三報在錦江十二樓餞宴張春橋、魏克明。魏以事未到，九時頃歸家。

一九五五年　四十八歲

是年發生了幾件大事：一、被上海人民一致稱譽為「我們的好市長」陳毅元帥調京任外長兼副總理。「好學生」柯慶施調來上海任華東局第一書記、上海市委第一書記兼市長。二、發生潘、楊事件。據說，由於柯慶施的努力，「挖出了埋藏得很深很深的反革命集團」（即潘漢年、楊帆「集團」）。黨內老同志被牽連者達幾百人。如惲逸群兄在「三反」中被冤繫獄，去年甫得「寬大」，在北京地圖出版社工作（我在京曾在新聞工作者聯誼會上與其共餐），此次又受「潘、楊事件」的牽連，被判重刑入獄。三是夏衍、姚溱等調京工作，劉述周、石西民調來上海。劉繼潘漢年任市委統戰部長（潘原為市委副書記兼統戰部長）。夏衍等調京後，一度由谷牧來滬，兼任市委宣傳部長，不久即由寧調石西民來繼任。四是到是年下半年，發生「胡風反革命」案件，震動全國。胡風去年甫當選全國人民代表（四川產生）及全國文聯核心領導，居然被抄家，且從抄得之日記及來信中斷章取義，摘取「罪證」，定為反革命，流放、下獄。偉大領袖且親自做了詳細的批評，印發全國，列為文件。於是，旋即在全國掀起肅反運動。

一九五六年　四十九歲

開春，即忙於報館之結束及職工遷京工作。教育部特派《人民教育》黨委書記劉松濤先生來滬商議合作之具體細節。

自從報紙轉變為以中小學教師及高中以上學生為主要對象以來，領導方面派來一位副總編輯，負責審查教育方面稿件。去年底後，報館也開展了肅反運動，由這位副總編負責。全館被認為懷疑對象的有六七人，日夜關門交代，批、鬥，十分緊張。我則專心負責編輯與言論工作，批鬥會一次也不讓我參加。

三月底，我即赴京籌備《教師報》。《文匯報》仍繼續出版，直到月底才宣布停刊，立即將設備、人員及遷京職工家屬，陸續遷至北京。當時肅反尚未結束，被懷疑對象一律留滬，繼續接受審查，仍由這位副總編負責。

《教師報》已在德勝門外學士路闢有近百畝的曠地，建築了面積為五千餘平方米的四層大樓，作為編輯及辦公之用。並建有高大之機器房，裝好了一台由民主德國進口的新式印報機及排字、鑄字房等。職工宿舍也整齊寬敞，並種植了不少樹木花卉。當時學士路附近（今北太平莊）尚十分荒涼，而環境則十分幽靜。

教育部正式任命我為《教師報》總編輯，劉松濤同志兼黨委書記。教育部負責指導報刊工作的為柳湜副部長，他對我的工作極為信任和支持。舉例言之，一位副總編（即《文匯報》調去的那位）曾將他寫的一篇稿子直接寄呈柳副部長審閱，柳湜先生立即予以退回。並親批：「《教師報》所有稿件，一律由徐總編決定。除徐總已閱轉的稿件，一律退還。」教育部部長張奚若先生及常務副部長董純才先生也十分信任，讓我列席教育部部務會議。重要的社論，大都由副部長葉聖陶先生執筆，內容事前均與我商酌。

1956年在北京東四十條寓所。

我的住宅，教育部已決定購入東四十條一幢民房，其中有花園迴廊。並特修一個汽車間，以便利我汽車的停放。

《教師報》出版前夕，教育部並設宴款待原《文匯報》編輯人員，除董、柳兩副部長參加外，並請吳玉章老先生親臨主持（吳老兼中國教育工作者協會主席），尊我居首座，吳老親自酌酒以報事相托。這種平易近人、禮賢下士的態度，使我終生難忘。

《教師報》於是年五月一日創刊，每週出版二次，不久，發行量即超過五十萬份。

我每週只須到館看稿、審稿四天，其餘時間，盡可在家自學，並抽空遊覽京郊風景。此為我畢生最悠閒自得的時期。

不久，黨的「八大」舉行，正確指出：「先進的社會制度與落後的生產力之間的矛盾為今後主要矛盾。」

而國際間亦風雲幻變。蘇共二十大批判史達林之個人迷信，特別是赫魯雪夫的「秘密報告」，震撼全球，由此引起了波蘭之騷動及匈牙利之反革命暴亂。

當時，在京之人大代表及全國政協委員，由統戰部組織討論。我與金岳霖、錢端升、陳達諸先生同組。主席者曾啟發：現在「大和尚」出了問題，我們是「小和尚」，有問題也可以大家議議。我去參加兩次小組會，參加者一致認為，具體情況不同，我國有正確的黨和英明的毛主席領導，一切是沒有問題的。

有一次，大約在六月初，當時任中宣部副部長的姚溱兄曾來《教師報》訪問。他對我說：「你對目前的工作，情緒怎麼樣？」我說：「情緒很好，我已安心把辦好《教師報》作為我下半輩子的工作。」他笑著說：「這話，我不完全相信。一向搞慣日報的人，每週兩期的專業報，怎麼會使你過癮？」接著他又認真地說：「現在，黨中央已決定把《光明日報》還給民盟去辦，黨員總編輯決定撤出，由章伯鈞先生任社長。黨的意見，想請你去擔任總編輯。讓我先來徵求你的意見。」我說：「假使讓我自己挑選，我還是願意繼續留在《教師報》。辦報好比組一個戲班，我不能唱獨腳戲。我現在的班底都在《教師報》呀。」他點頭微笑地走了。後來，才知道《光明日報》已找了儲安平兄去當總編輯了。

是年開第一屆全國人代會第三次會議期間，我有一次去前門飯店訪友，在樓梯口適與鄧拓兄相值。他問我：「你是哪一天來到北京的？」我笑著說：「我來京已幾個月了。」他才恍然說：「對，我早聽人說你在主持《教師報》了。」他走上幾步樓梯，又回下對我說：「我覺得《文匯報》停刊很可惜。它有別的報紙所無法代替的特點。」他說完，我們便分手了。我回家路上，一直在琢磨《文匯報》究竟有哪些特點，為別報所不能代替？我自己也想不清楚，反正，我是很欽佩鄧拓兄對中國現在新聞事業的理解和關心的。

不久，聽了毛主席論十大關係的傳達，又親自去懷仁堂聽到中宣部部長陸定一關於開展百花齊放、百家爭鳴的報告。在報告中，陸定一還對過去一些過火的批評作了回顧，並對俞平伯先生表示歉意。

《教師報》的副總編又對編委傳達了劉少奇主席關於改進新聞工作在新華社的兩次講話。總的精神是報紙應重視新聞之傳播，不要生搬硬套別人的經驗。應提倡競爭、競賽，新華社也不妨自己辦一張報紙，和《人民日報》競賽。所有這些講話和傳達，給了我很大的啟發和鼓舞。正在這時，《人民日報》宣布改版，貫徹「雙百」方針。副頁也出現了前所未有的新面貌，有雜文和喜劇一類的新品種。聽説已聘請蕭乾兄任副刊的顧問。欽本立兄家住在東四十條《人民日報》的集體宿舍裡，和我住家相隔咫尺。他公餘常來我家聊天，談了不少《人民日報》進一步改革的設想。作為一個新聞工作者，我感到高興，但絕沒有聯想到自己。

大約在六七月間，我去波蘭大使館參加慶祝該國國慶酒會，適與《大公報》的黨委書記常芝青並排站著。他忽對我説：「中央已決定恢復《文匯報》，你得到通知沒有。」我説：「還沒有聽到這方面的消息。」他説：「你等著罷，總會通知你的。」

回到家，立即去請本立同志並電邀浦熙修同志來，把這消息告訴他們。並電邀寶禮兄進城一談，都很興奮。後來寶禮兄建議，第二天邀請夏衍、姚溱兩位便餐，以便了解他們聽到這方面的消息。

第二天在辦事處胡同對面萃華樓便餐時，夏、姚兩同志説，只聽到有一點消息，具體情況不清楚。

熙修同志在首都各方面有廣泛聯繫，她直接打電話給陸定一部長。回答是關於報紙的事，由張際春副部長分工直接抓。「你們等著罷，到時候際春同志會通知你們。」

又過了兩天，張際春果然派報刊處長來找我和熙修同志，要我們立即去中南海。

我們即刻前往。張際春副部長含笑接談。他説：「中央已決定恢復《文匯報》，今天就算正式通知你們兩位；希望即日負責籌備。先擬定兩個草案：一，言論方針；二，復刊計劃，即復刊需要多少經費、添置哪些設備以及其他費用等等，一一列入。希望盡快寫好，交部裡轉呈中央批審。」我説：「復刊後的《文匯報》，即以文化教育為中心的綜合性報紙，任務比前擴大了。希望宣傳部能幫助我們爭取一些老同志回來，以加強力量，保持《文匯報》的特點。」張際春說：「你們可以把這點附加在編輯方針裡。」

回來後，我們便商議這些任務。復刊計劃比較簡單，寶禮兄答應由他會同幾位管理部科長議定後負責草擬。言論方針，我和熙修並找來本立一起構思，除了積極開展「雙百」方針這一條外，其他都理不出頭緒來。

正在我陷於冥思苦想之際，本立一天下班回來說：「鄧拓同志對《文匯報》非常關心，要不要我去約個時間，和你們兩位談談？」我對鄧拓同志的博學多聞，又深有膽識，素所欽佩；又聯想到他曾對我評價《文匯報》有不可代替的特點的話，因此請本立代為面約一時間，以便登門拜訪。第二天，本立即來說：「鄧拓同志很高興，明晚決定不上班，在他家裡接待你們兩位去暢談。」

我和熙修如約前往。我先談了自己的想法。鄧拓兄立即像熟朋友一樣暢談起來。他說：「有幾條不成熟的意見，供兩位參考：一、中央希望《文匯報》及早復刊，自然希望能大力宣傳『雙百』方針，鼓勵知識界大膽鳴放，《文匯報》一向在知識份子中有特殊的影響。二、應大力介紹國內外文化科學技術的新成就、新動向，以擴大知識份子的眼界。三、也要關心知識份子的物質和精神生活，不妨闢一專欄，廣泛介紹如何布置環境以及如何種花、養魚、布置書房等等。四、社會主義改造完成後，廣大農村將不可避免出現文化的新高潮，似應及時注意農村的文教事業，舊《大公報》旅行通信的經驗很可借鑑，可以派記者去各地農村旅行。不必一定要層層寫介紹信下去，這樣，所得的材料往往是『報喜不報憂』的。可以直接深入合作社，去了解真實的基層情況，組織報導。最後，希望《文匯報》多在西歐、美洲、日本、東南亞方面反映情況，發揮影響。目前，我們《人民日報》和新華社的影響，還大部限於東歐，在其他方面的影響，還不及《大公報》和《文匯報》兩報。你們似應注意多在這方面用力。」

鄧拓兄談得很完整。我回家後，即歸納幾條，寫出了《文匯報》的編輯方針。

正在這時，宣傳部報刊處的王處長（曾任《大衆日報》總編）來催詢了。我即於當天下午，帶了兩份草案，偕熙修至中南海面呈張際春副部長。際春副部長詳細看了一遍後說：「這很好，你們不必等中央批下，即先照此進行籌備工作。」他看到我所開列的希望幫助爭取「歸隊」的名單，說：「別的人好辦，我們一定努力做到；至於欽本立，他是《人民日報》的人，你自己去和鄧拓協商吧。」

我和鄧拓兄協商，他滿口答應，讓欽本立先到《文匯報》工作（組織關係今後再轉）。郭根也寫信給熙修，表示願回《文匯報》。柯靈是《文匯報》的「開國元勛」，多年主持副刊工作，當時正在上海電影局負責劇本創作處。經我和寶禮兄函懇，也願回來。因此，我對《文匯報》編輯的領導層，作了如下的安排：我自兼總編輯，副總編按順序有以下幾位：欽本立（協助我總抓全局）、柯靈（主要負責副頁及週刊）、劉火子、郭根（負責要聞、國際）、浦熙修（主持北京辦事處）和唐海（負責採訪各組）。還決定黃裳等為編委。當時，社內外一部分幹部主張留京出版，我也心動，曾為此徵求過茅盾和錢俊瑞等文化部領導的意見。我不想回上海的原因，主要怕上海有名的「一言堂」的「一貫正確」領導。

恰好，這時上海宣傳部長石西民因公到京，姚溱兄特約請西民和我及浦熙修在辦事處便餐敘談。西民先說，他到滬工作半年來，忙於工作，老朋友都未拜訪，過去對《文匯報》也關心不夠。歡迎《文匯報》仍回滬出版，有事隨時與我面商。姚溱同志也說，《文匯報》在滬出版，仍可面向全國，京滬之間消息貫通，回滬出版與在京是一樣的，他並作了具體安排，所有中宣部的宣傳提綱和大參考等都照發《文匯報》參考。這次「一夕談」，就決定了《文匯報》仍回滬出版。我先請寶禮兄回滬，安排館址及設備、人員遷移的準備事宜。我也於七月下旬回到上海，住在旅舍半月，作具體的安排。經與各方商談，決定聘請周谷城、周予同、傅雷、周煦良、李凱亭、羅竹風、陳虞孫等幾位先生為社外編委，集思廣益，辦好《文匯報》。北京的社外編委則聘請夏衍、姚溱、羅列（當時人民大學新聞系主任）等三位先生擔任，以便就近指導「北辦」的工作。

石西民及副部長白彥對《文匯報》回滬復刊，大力予以支持，幫助解決《文匯報》仍回原址出版等瑣碎問題，還安排了我的住家問題。

八月底，我又回北京，除分批安排職工及眷屬回滬外，還舉行了一系列的座談會，徵求各方面對《文匯報》復刊後的希望和意見，計先後邀請原《文匯報》老同事如張錫昌、秦柳方、楊培新、王易今等的座談。還邀了文化界前輩如翦伯贊、侯外廬、吳晗等諸先生的座談。又一次是特請新聞政治界前輩的座談，計到劭力子、陳劭先、張奚若、章乃器等好多位先生。這幾次座談會，我們得到了不少寶貴的啟發。

一切停當了，我乃離京回滬。

八、九兩月，緊張籌備。根據鄧拓兄關心知識份子生活的建議，決定闢《彩色版》。聘請原

《西風》主編黃嘉音先生來主持該版編輯。又先後派出記者宦邦顯赴川、黃裳赴滇、全一毛赴浙，深入基層，陸續寫出質量較高的旅行通信。又與香港《文匯報》商定購寄海外新出的書籍及報刊。

范長江兄那時在科委工作，特以安娜・路易斯・斯特朗新著旅蘇回憶錄介紹給我們，當派人譯出，以便連載。

在籌備期間，開了多次編委會，擬定組稿計劃。我提出了「人棄我取、人取我棄」的方針。認為應根據我報的特點，有所棄才能有所取，才能重點突出知識份子所關心的問題，精心寫作新聞報導，提倡要「生產北京信遠齋的酸梅湯」，不要大路貨的「一般汽水」。這些觀點，被以後的運動視為「反黨」的毒草。經過時間考驗，證明是符合新聞的客觀規律的。

我們也經過了四次試版，每次都修改原設計，力求做到精益求精。在九月底最後一次試版後，我在全體職工會議上做了小結，認為版面已大體滿意，「拿得出去」，像一張理想中的《文匯報》了。希望大家不要自滿，鼓足勇氣繼續前進。

十月一日國慶七周年那天，《文匯報》正式復刊，改為橫排，採用樓梯式標題。並根據新聞的重要性和信息量安排版面，使讀者耳目一新。比如，出版的頭兩天，正好趕上越劇名演員袁雪芬女士結婚。我們用醒目的標題，在要聞版顯著地位報導這一喜訊。頗多新聞界人士也視為「離經叛道」。在京的夏衍先生則認為：「《文匯報》敢於打破框框這樣處理新聞，說明《文匯報》的創造精神。」再如，創刊之際，適逢青年團中央全會。我們認為，有關青年的新聞，與《文匯報》關係不大。因此只安排在次要的地位裡刊登，而以頭條新聞，刊載本報專訪的與知識

1956 至 57 年，是《文匯報》的最後一個鼎盛期。
1957 年初攝於上海。

份子有密切關係的報導。後來，在「運動」前夕，「小爬蟲」姚文元寫了一篇〈錄此存照〉，認為這就是《文匯報》反社會主義的鐵證。歷史已判明了究竟誰是誰非。

總之，復刊以後的《文匯報》，得到了廣大讀者的熱烈歡迎，銷路迅即突破十萬。

對於如何宣傳「雙百」方針、鼓勵爭鳴，從哪裡開端的問題，我在京時曾向鄧拓、夏衍、姚溱等同志請教過。到復刊前夕，收到宋雲彬兄自杭州寄來一篇論尊師愛徒的文章。我認為它切中時弊（當時，有人認為應對學生放任，在課堂上看別的書可以，打瞌睡或在考試時抄襲別人的卷子也可以），就在復刊號上刊了出來，引起了廣泛的共鳴和響應。我們以後還提出了「麻雀是害鳥還是益鳥？」的爭論，《草木篇》問題的爭論，最後還展開電影問題的討論，「鑼鼓」打得很熱鬧。

在副刊上，我們刊載了不少舊體詩詞。革命老前輩朱德、葉劍英和翦伯贊、侯外廬以及上海的魏文伯、陳同生等都以佳作投寄，引起讀者的廣泛重視。自復刊後，鄧拓兄即先後寫寄給我三封信，支持我的嘗試。後來，據欽本立同志赴京轉關係後回滬對我說，鄧拓曾在《人民日報》幹部會議上說，要大力支持《文匯報》。

無論如何，這一時期的《文匯報》，在我國新聞史上，作了一個大膽的探索。在我自己來說，也是全神貫注的「黃金時代」之一（另兩個黃金時代是抗日戰爭後的上海《文匯報》和創刊初期的香港《文匯報》）。

一九五七年　五十歲

是年三月上旬的早晨，忽接市委宣傳部的電話、通知即到科學會堂聚話，到則文化、教育、藝術、新聞、出版界的「知名人士」畢集。石西民作了簡短講話，說中央即將召開全國宣傳工作會議，邀請黨外人士參加。各位同志都在邀請之列。時間緊迫，今晚就要動身。望即回家摒擋行囊，以便即晚登車。

我回館對報館的事作了安排後，即回家收拾行李，晚間即登車。同行有三十餘人，新聞界有仲華、超構、陸詒、楊永直，教育界有陳望道、廖世承等，文藝界有巴金、孔羅蓀、傅雷、石揮、吳永剛、吳茵等，出版界則有舒新城、孔另境等。另有一宣傳部幹部隨行，此人即在

「文革」中紅極一時的姚文元。

第三天清晨抵京，住西郊萬壽路招待所。下午，即去中南海聽了毛主席在最高國務會議上講話的錄音。毛主席在講話中深入淺出，妙語泉湧。大意說狂風暴雨的階級鬥爭已經過去，今後用整風的方法，逐步克服官僚主義、宗派主義和關門主義，用微風細雨的方法，「毛毛雨、下個不停」可以比小雨還下得小。在錄音中，時時聽到劉少奇同志的插話，也不時聽到馬寅初、邵力子先生的「旁白」。聽的人都十分興奮。以後幾天，一直成為話題的中心。

有一天，我跟傅雷兄到中山公園去喝茶，看魚賞花。我說：「聽了毛主席的講話錄音，感到渾身都熱呼呼的。」他也興奮地說：「共產主義者遍天下，毛主席真是千古一人。」隨後，我們還相約回滬後各自為發展我國文化事業而努力。

上海小組一連開了幾天座談會，上下午都開；至告一段落後，我即搬至《文匯報》辦事處下榻，以便就近察看辦事處工作。聽說，後來康生曾到百萬莊，對上海小組做了一次「啟發」報告。

有一天，我去年東安市場舊書店巡禮，回到燈市口三號弄口，辦事處的信差忙著搶前對我說：「上海《解放日報》一位姓楊的急著在等你。」我到客廳一看，原來是楊永直兄。他立即站起來說：「你到哪裡去了？急死人。中南海通知，毛主席召見我們。時間緊迫，我們趕快去吧！」

我和永直同志同車趕到中南海毛主席的公館，毛主席由康生陪同，在客廳門口迎接來客。我上前時，他即以溫暖的手和我緊緊握著，並說：「你們《文匯報》實在辦得好，琴棋書畫、花鳥蟲魚，真是應有盡有。編排也十分出色。我每天下午起身後，必首先看《文匯報》，然後看《人民日報》，有空，再翻翻別的報紙。」

毛主席這種高度評價的鼓勵，像一股暖流，在我血液裡洶湧。

毛主席當時的住宅，十分樸素。客廳裡中間放一張長桌，被接見者圍著毛主席而坐，我和毛主席中間，隔著金仲華；鄧拓、王芸生等則坐在對面。

康生先發言，說：「毛主席今天請部分新聞出版界的朋友來談談。各位有什麼問題，望即提出來請毛主席解答。」

冷場了約半分鐘，鄧拓向我輕聲說：「鑄成同志，請你先帶個頭。」我就站起來說：「我們都是舊社會過來的人，馬列主義水平很低，對在報紙上開展雙百方針的宣傳，心中無數。怕抓緊了會犯教條主義的錯誤；抓鬆了會犯修正主義的錯誤。請問主席我們該怎麼辦？」

毛主席回答，大意說你們是做過一二十年的新聞工作了，該好辦多了。我們當年被迫作戰時，完全不懂打仗，是在戰爭中學習戰爭。你們也可在打仗中學習打仗，日漸取得經驗就好辦了。還有一點是該努力學點馬列主義。開始學習，可能學不進去，會頂出來，這叫條件反射嘛！但學多了，瓶子裡沾的馬列主義會越沾越多。魯迅當年學馬列主義是被迫的，是創造社這批人逼出來的。他學懂馬列主義，晚年他的雜文的片面性就少了。

在回答其他同志提出的問題後，毛主席最後問道：「各位在開展『雙百』方針中，還有什麼具體困難沒有？」我說：「我們《文匯報》在開展電影問題的討論後，立即遭到有組織的圍攻（指當時任市委宣傳部文藝處長張春橋鼓動的圍攻）。我理解『雙百』方針在政治上的意義，是高價徵求批評，讓人暢所欲言。現在一圍攻，別人就把話縮回去了。有正面或反面的意見，也不敢盡量發表了。」

毛主席回答說：「你的意見很好。這樣罷，我叫周揚同志給你們寫個小結。這樣，批評、反批評、小結。正、反、合，這是辯證法嘛。你的意見怎麼樣？」我說，主席考慮得很周到，我完全贊成。

接見約有一小時許，最後，毛主席還和參加者一一握別。

離開中南海後，我就叫汽車直駛燈市口北京辦事處，向全體記者細細地把這次會見的詳情複述一篇，讓大家分享我的喜悅和幸福。大家公推姚芳藻一字不遺地記錄下來。經我審看一遍，當晚即航寄上海本報。不僅《文匯報》中引起轟動，社外人士如周谷城先生也親來觀看。

第三天，上海小組開全體會議，由陳望道傳達毛主席接見教育界部分人士的講話，徐平羽（當時上海文化局長）傳達毛主席接見部分文藝工作者的情況。我傳達毛主席接見部分新聞出版工作者的講話。坐在我身旁的是「小八拉子」姚文元。我傳達完後，還低頭輕聲對他說：「毛主席還提到你，說你的雜文比李希凡、王蒙寫的較少片面性呢！」他紅著臉微微一笑。

以後，就開了幾天大會，但發言者並不踴躍，有的發言，只說了官面話。有些文藝界的人士，則表示「要我鳴放，先該賜給我『鐵券』」。石揮甚至開玩笑地說：大膽鳴放，好比《甘露寺》準備殺劉備的那位，是賈化（假話）。後來經過打通思想，發言的才多起來了。而毛主席一天到大會講話：說百家爭鳴，歸根到底是兩家：資產階級一家，無產階級一家。

我和出席大會的大多數代表一樣，頭腦發熱，沒有體會出他老人家的深意。但我始終沒有在大會、小會（如新聞界小組會）上發一次言。因為我覺得沒有什麼意見可鳴放，今後心情舒暢，埋頭做工作好了。

在年初，本立就告訴我，鄧拓已經決定，要我參加即將於春間出國的新聞工作者訪蘇代表團（還預定熙修同志參加九月出發的訪捷代表團，姚芳藻同志則作為記者，下半年赴匈參加國際青年聯歡節）。

宣傳工作會議開會期間，鄧拓忽通知我，訪蘇代表團於會後即將出發，並且中央決定要我擔任副團長。我自忖，自己是黨外人士，怎麼可以擔任出訪社會主義國家的代表團副團長呢，再三懇辭，鄧拓堅留不許。

我又對鄧拓說：「出發前我必須回滬一次，交代和料理報館及家中的事。」鄧拓說：「那就早去早回京，最好三天內趕回，因為預定出發的期近，還有不少事需要趕著辦呢。」

我會後乘飛機回滬，第三天飛回。

我母親很喜愛五歲的外孫女和年甫滿二歲的小外孫。

我到上海的第二天，順車把這個小外甥兒女接來家中（時我家在華山路枕流公寓六樓）。一件意外的事發生了！外甥爬在窗口看花園，不慎從窗口墜下去。一家嚇得腿都軟了。嘉稑氣急敗壞地奔到樓下，僥倖小孩跌落在一叢冬青樹上。急送華山醫院檢查，除額部有些擦傷外，沒有發生腦震盪等後遺症。我傍晚回家，見其活潑如恒，一顆心才放下了。

第三天即仍乘機回京。那時，國內民航只有螺旋槳機，升空不過一兩千米。在泰山頂上掠過時，想起了《論語》上有「登泰山而小天下」。我在《訪蘇見聞》第一篇寫我當時的抒懷，覺得泰山好比毛主席，叢立於群山之上。這也可見我當時對黨對毛主席的崇敬心情。

到了北京，鄧拓兄告訴我，中央決定叫我當代表團團長，俄文《友好報》副總編盧競如和徐晃同志（前中南軍政委員會公安部副部長）為副團長。團員共十二人，計有《人民日報》陳泉壁、《解放軍報》唐平鑄、新華社丁九、廣播電台的邵燕祥、《大公報》劉克林和《天津日報》的邵紅葉等，另有俄語翻譯二人。

這次出訪，是應蘇聯外交部和對外文化協會聯合邀請的。我方主持單位負責人為外交部新聞司司長龔澎和中國記協主席鄧拓。鄧拓同志告訴我，中央決定在訪問團內設臨時黨組，組長為徐晃同志。曾叮囑徐晃同志，黨組開會，除純討論黨內問題外，一律要請團長列席。我聽了真是感激涕零，黨真把我當自己人了。

在京除準備各種禮物外，還請戈寶權兄向全體團員介紹蘇聯語言、風俗及其他應注意事項。

三月二十七日出發。此行在蘇共訪問十個加盟共和國，歷時近五十天，受到蘇聯各方極為友好的招待。我每天記有詳細的日記。茲極簡短地摘錄如下：

三月二十七日　星期三

四時即起身，整理行裝。長兒白侖、長媳朱益陶六時半即來送行，熙修亦送至機場。到機場送行者，除同業外，有蘇聯大使館負責人員。

飛機為巨型螺旋槳機，有二十四個座位，恰成我團的專機。於上午八時四十分起飛。

1957 年 3 月 28 日，作者率中國新聞代表團赴前蘇聯訪問，
圖為在莫斯科機場致詞。

十二時抵烏蘭巴托，停四十分鐘。下午三時頃，抵伊爾庫斯克，開始踏上蘇聯領土。機場懸有列寧、布爾加寧、毛主席三個像。時天氣晴朗，而西伯利亞寒風刺骨。

晚十一時，又換機西行。清晨二時抵克拉斯諾雅爾斯克，下車進餐，三時許繼行。

三月二十八日　星期四

晨六時許抵新西伯利亞。九時許抵鄂木斯克。又換機。十二時前抵斯維爾特洛夫斯克，已入歐洲境矣，三時至喀山。

七時半（莫斯科時間二時半）抵莫斯科。歡迎甚盛。我大使館到有參贊宮亭。蘇聯外交部負責人致歡迎詞，余致答詞。

住蘇維埃大飯店，我的房間有三個套間，兩個浴室。工友告我，前次彭真同志及中蘇友協錢俊瑞同志來莫斯科，均住此室。

六時，全國赴克里姆林宮，參加蘇聯黨

和政府歡迎匈牙利領袖卡達爾歡迎酒會。遇到劉曉大使。會場三個大廳相連，我被介紹會見了西蒙諾夫、波列伏伊諸人，並看到蘇聯領導人赫魯雪夫、布爾加寧、莫洛托夫、馬林科夫、米高揚、卡岡諾維奇、伏羅希洛夫、別爾烏辛、薩哈洛夫等全部中央領導。

九時許回飯店，看電視，十二時左右入睡。

三月二十九日　星期五

上午赴蘇外交部，正式拜訪部務委員兼新聞司長伊利切夫，代交龔澎同志贈送禮品。外交部在斯摩棱斯克大廈，高二十七層。又參觀莫斯科地下鐵道，從白俄羅斯下去，共青團站回到地面，共行七公里許，每站都以大理石雕砌甚精。又參觀市容及舊市區。

三月三十日　星期六

上午參觀東方博物館，有徐悲鴻畫。下午，參觀天文館。晚在莫斯科大劇院看歌劇《魔鬼》。劇場有五層看台，頗宏偉。

三月三十一日　星期日

上午，參觀克里姆林宮，先到部長會議大樓，瞻望列寧辦公室及其簡陋宿舍。聞列寧精通英、法、德等五國文字。在部長會議大樓裡，也看到卡岡諾維奇、米高揚的辦公室。

又參觀大克里姆林宮、三座教堂、武器陳列館及大鐘。

下午，全團列隊瞻謁列寧、史達林墓寢，獻了花圈。晚，又赴大劇院看芭蕾舞《湧泉》，係根據普希金長詩所寫。在劇場遇到賀綠汀，他來蘇是參加音樂工作者代表會的。

晚十一時回飯店用餐，疲困極矣。

四月一日　星期一

上午參觀小型汽車廠，每天可生產「莫斯科人」小汽車十七輛。

伊利切夫同志來共進午餐。

下午，赴百貨公司參觀，並看時裝表演。

四月二日　星期二

今天天氣晴朗，是到莫斯科看到的第三個大晴天。街心花園積雪很快在消融。上午參觀市中心市場，旁有集體農莊市場，貨色多而貴。

下午訪問對外文協，送了禮品。晚七時半，訪問《真理報》社，受到極隆重的接待。總編輯撒切可夫及全體編委都參加。撒切可夫和我都致了詞。

十時回飯店，開了團長會議，布置下一階段工作。在莫斯科參觀後，將分成兩隊，分赴波羅的海、烏克蘭及中亞細亞各加盟共和國參觀。

四月三日　星期三

上午，參觀農業學院。下午，赴列寧山參觀莫斯科大學，由副校長親自引導。晚赴音樂劇院看芭蕾舞《天鵝湖》。該劇團曾到北京演出，所以對我們更友好。劇畢，請我們登台與演員合影。

四月四日 星期四

九時出發，到距莫斯科三十五公里的高爾克鎮。謁列寧逝世之別墅。

下午，訪問市蘇維埃。晚，伊利切夫在其家款宴，極為熱情，他家藏名家油畫很多。

四月五日 星期五

晨起，車赴離市區一百五十多公里的核電站參觀。歸途，經女英雄卓婭被難處，有大理石像。

晚八時，訪問《消息報》，就在那裡晚餐。該報國際部負責人羅果夫，與我在渝時相熟。

下午五時，大使館參贊陳礎及宮亭同志來訪。旋我即與徐晃同志同往大使館看訪劉曉同志。後日將分兩組分赴各地參觀，我和盧競如大姐率一組先赴愛沙尼亞參觀。另一組由徐晃同志率領，赴中亞細亞各加盟共和國參觀。

四月六日 星期六

參觀列寧博物館及畫廊。

四月七日　星期日

五時即起，八時五十分飛愛沙尼亞，下午三時抵塔林，宣傳部長、《人民之聲報》總編輯等來迎接，下榻宮殿旅館。下午，塔林市蘇維埃主席接見，極隆重。接見後舉行酒會。七時辭出，參觀市容。

塔林臨波羅的海，緯度極高，夜晚九時半尚可在室外看書讀報，嚴冬更徹夜長明，時有五色光閃起，名「北極光」。天氣比莫斯科為冷，而景色絕佳，到處引人入勝。人口有三十餘萬。在海濱看落日，樹梢紅透，而下部仍蔚然油綠，誠為奇觀。

四月八日　星期一

八時半早餐。此處西餐風味甚好，尤合我的口味，火腿肥肉少。聞當地農民有一句諺語，大意謂：有了好的豬肉和土豆，便什麼都滿足了。蛋糕也鬆軟而甜度適中，開人胃口。

九時半，乘車赴哥霍拉也特爾維，參觀煤炭聯合公司。該處距塔林有二百公里，一路風景甚清麗，公路旁有木板隔牆，蓋防積雪溢入公路也。

工廠主要生產煤氣及煉製高級汽油。

該地蘇維埃及工廠聯合歡宴，菜極豐盛，酒亦醇。蓋波羅的海三國，文化上受西歐影響頗深也。

六時半宴會畢，出門大雪紛飛，我為江南人，此蓋生平之奇遇也。

八時半回到塔林，當地新聞同業來採訪，電台要我去廣播，當與盧大姐商酌好講稿。

塔林離芬蘭甚近，隔海隱約可看到芬蘭的房子。

四月九日　星期二

早餐後出發往距塔林二十二公里處參觀「未來」集體農莊。又訪問兩戶農民家庭，每家有沙發和收音機。訪問出來，又大雪紛紛，雪勢益猛。

晚飯後，參觀波羅的海艦隊，唐平鑄同志著上校制服同往。艦隊政委並親來迎接。又赴愛沙尼亞歌劇院觀劇。演畢，又被邀上台與演員合影留念。

昨為星期一無報，今日各報都以顯著地位刊出我團消息及照片。我在廣播台講詞，亦譯成愛沙尼亞文登載。

四月十日　星期三

昨晚離劇場後，踏雪路歸。途遇蘇聯電影演員《易北河會師》之男主角，相互熱情招呼，並談愛沙尼亞正在拍第一部故事片。今天在餐廳又相遇，原來他也住在此旅館。老遠就打了招呼。廣播電台送來稿費一百五十盧布。《人民之聲報》送來稿費二百盧布。

十時，訪問愛沙尼亞文化部，與部長交談約一小時。又訪問了兒童院，該院共收容從剛出生到三足歲的兒童一百九十個，全是私生子或母親因病無力養育者。一百九餘嬰兒，有一百六十多個工作人員撫養。四時後，遊賞塔林市容，市中心相當熱鬧，有中世紀歐洲城市情調。我買了一個橡皮青蛙及別針數枚，以便歸贈親友。

五時，愛沙尼亞黨中央招待，由第一書記凱賓同志接見，送我們每人一套書籍、一套唱片和一面小國旗（聞該國中國人來訪者不多）。我們也回贈了禮品。

晚九時，塔林文化界舉行盛大宴會餞別。

四月十一日　星期四

七時半，整理行裝，文化部又送來照片多張。十時從旅館出發，十時三刻登機，沿海低飛高度約八百米，甚平穩。十二時半即到拉脫維亞首府里加，迎者數百人，我在機場又致答詞。機場舉行獻花儀式，可見當地之重視。

住里加飯店。聞該店戰時被毀，最近才修復。房間小巧，室內有浴室等設備。

二時飯後，即出發參觀市容，里加有人口六十萬，參觀露天音樂廣場，有座位數千。聞波羅的海三國人民咸酷愛音樂也。

七時半，看芭蕾舞，所坐包廂為特等的，後面有兩層專用休息室，過去殆專供貴族所坐。該劇院氣派頗似莫斯科大戲院。

拉脫維亞文字用拉丁文，比俄文易認。文化方面大概受德國影響頗大。

四月十二日　星期五

八時半理髮，很快速，不洗頭，不刮臉，也不吹風，十五分鐘即解決問題，理髮費用由拉文化部招待者所付，聞每人為十盧布。十時，赴漁業集體農莊參觀。該農莊一般漁民每月有四至五千盧布收入。船長及輪機師約為八千元。下午，參觀里加兒童之家。五時半，赴海濱遊覽，濱海區距里加市約二十五公里，那一帶大都為暑期休假者及遊客旅遊地，風景及房屋設施均屬上乘，海邊沙很細。所有一切，比我四十年代所見之香港淺水灣好得多。七時半，看話劇。今天相當冷，傍晚飄小雪。

四月十三日　星期六

九時，參觀無線電廠，是蘇聯規模最大的無線電廠，製造三種收機，最大的售兩千盧布，附有電唱機。還有一種叫「旅行家」的手提式機，可以插電，也可用乾電池，電壓也可變換。

二時，拉脫維亞共和國部長會議副主席接見，談了許多基本情況。因晚上電台約我廣播講話，因請列娜同志（蘇外交部翻譯）同回招待所，我急寫好約兩千字，請她譯成拉文。

七時，參加文化、新聞界宴會。新聞協會送給我團每人一架「旅行家」收音機，我們也回贈了禮品。

文化部長和我長談。他一九二二年即參加革命，革命軍中有一個排全是中國同志，所以與中國同志的戰鬥友誼很深。

今天又下了一天大雪，晚上又月明如畫，一輪高懸。今日抽空寫一航空信寄滬。

四月十四日　星期日

九時參觀集體農莊市場。後在街心花園小坐，拍了幾張像。

十二時，赴電視台播講，連翻譯共講了半小時。此為我生平首次上電視。聞蘇聯各加盟共和國首都及大城市均已設有電視台。

四時前到機場，送行者包括文化部長、文聯主席共二百餘人。四時二十分起飛。天氣清明，而機身顛動殊烈。八時到明斯克，停機休息二十分鐘。九時十分到烏克蘭首府基輔。下機時大雪紛揚，到機場迎接者有對外文協分會及各報負責人二十餘人，還有一位到基輔實習的莫斯科大學留學生姓李的同學，熱情來迎，並協助導遊市容。基輔有一百萬人口（烏克蘭全國四千二百萬），為蘇聯幾個大都市之一。所住旅館甚宏偉，僅次於莫斯科蘇維埃大飯店。最難得洗澡間終日有熱水，可見燃料甚充足。我腳有濕氣，燙了一次腳，為來蘇後最舒服之一次。十時半晚飯，樂隊特為我們奏《全世界人民心連心》、《東方紅》兩支曲子。

四月十五日　星期一

八時半起，窗外一片白色，可見一夜的雪下得不小。出門，霧很重，且泥濘不堪。到第聶伯河水庫，僅匆匆一過，有高橋長一千八百米，僅比我武漢長江大橋短二百餘米。

基輔很像重慶，有上下城，馬路時高時低，我們僅參觀謝甫琴柯大學及一有地下室之大教堂及上坡電車等處。基輔甚美麗迷人，可惜我們僅安排半日遊程。

下午一時告別基輔，四時飛到第聶伯彼得洛夫斯克，下機後春風拂面，完全南方天氣矣。續行於下午五時半抵斯大林諾，歡迎如儀。我們下榻頓巴斯旅館，為該地僅有之旅店。同住的有我國來此學習之礦工同志，告訴我們，參觀礦井時必須注意碰頭。據蘇聯新的五年計劃，到一九六〇年年產煤六億噸，頓巴斯占三億噸。

與《頓巴斯報》同志出觀街景，他說赫魯雪夫去年曾來此市觀察，批評專建高樓大廈之不對。現在市政建設已偏重於實用。

街頭無路燈，甚覺不便。住所也很像上海的東亞旅館。開水要自己去打。

四月十六日　星期二

十時，赴礦井參觀，先由礦井主任介紹該礦情況，然後各人換好下井衣服，戴礦燈帽，燈可照二百多米。該礦在德軍占領時曾放洪水，迄今未開。頓巴斯一帶煤層極薄，而煤質甚好，可以煉焦。

今天真正體驗了生活。在巷道內低頭走了幾公里，又爬了二三百米，最矮處需伸腿爬行。出井後，精疲力盡，為赴朝慰問以來走過最艱苦的一段路。

礦井送我們每人一個礦燈，為最隆重之禮物。出礦井後，我們即合照一影，以為紀念。

五時半，看蘇軍中央部隊與頓巴斯足球隊足球比賽。結果一比零，頓巴斯勝。觀眾狂歡。球場夜間可用，有三四百盞照明燈。

在礦井題了一幅字，晚上，又為《頓巴斯報》寫一短文。

四月十七日　星期三

九時早餐，州委書記告別，席間又一番乾杯，吃了兩個鐘頭，十二時赴機場。在機場據州委書記談：頓巴斯範圍很大，延綿四個州。在斯大林諾（頓巴斯中心）即有五十二對礦井。此外，尚有頓巴斯彼得洛夫斯克、羅斯托夫等州。

在開機前十分鐘，又開了兩瓶酒，各乾一杯。他們說這是烏克蘭送行的規矩。且在酒完後，大家要沉默兩分鐘。大概是唏噓惜別之意。一時開行，今天飛機較穩，天氣也好。二時半後，即看到黑海，海面深綠，並非黑色。飛機降到三百米沿海飛行，約行了半小時，降落索契機場。市長及市工會代表七八人來接。他們有的已著香港衫，可見已完全南方氣候。前兩天在波羅的海及烏克蘭尚大雪飄飄，今到黑海邊，完全換一天地矣。

從機場到索契市有三十多公里，索契市本身即綿延三十二公里，人口七萬，絕大部分從事旅遊服務，工作終年不絕。索契為蘇聯最著名的旅遊勝地，有黑海邊最好的游泳浴場。我們住的旅館即在市中心之海濱，我的房間在三樓面海，推窗一望，綠水拍岸如濤，遠處風帆點點。走出旅社門，見市內到處綠草如茵，雜花似錦，馬路平坦乾淨。不遠處有巍峨的建築，為軍官休假處，名伏羅希洛夫休養所。礦工休養所則名頓巴斯休養所。乘車在市內一周，景色近似香港。

晚在餐廳吃飯，有一位女侍者能講流利的中國話，甚以為奇。九時在門外徘徊，見她偕一男友亦能講中國話，喜而問之。原來他們曾到過我國，且在武漢工作多年。她告訴我：這幾天報上最引人注意的新聞，是伏羅希洛夫主席率代表團訪華，到處受到我國熱烈歡迎之情景。

四月十八日　星期四

昨晚十二時半才睡，今晨七時即起，窗外陰霾，推窗一望，原來昨晚下了大雨，氣候微涼，乃將昨日甫脫下之棉毛衣褲仍著上。據唐平鑄告我，他今晨去海灘蹓躂，見有兩男三女在游泳。

我們住的地方叫海濱旅館，正處在風景點，終日可聽到海濤聲。我在旅館寫完家書後即赴海濱漫步。

我到蘇已近一個月，最突出的感想，必須大力注意發展輕工業，否則難以進一步改善人民生活。史達林在人民中的印象，各地似不一致。聽說格魯吉亞及第比利斯，人民仍尊之如神；其他各地則避而不談。下午，我到索契市中心遊覽，有一廣場仍名史達林廣場，原擬建史達林銅像，現在則列寧像巍然獨立。

在海濱看到一小孩，長得很有趣。據他的同伴說，他出生在上海，其父母都曾在上海國際旅行社工作。但這孩子不會說中國話。

今天在旅館門前碰到一批中國人，原來他們是中央林業部派來考察的。他們，在塔什干，曾遇見我們第二組的同志們。

四月十九日　星期五

七時二十分出發，八時到達機場，約半小時起飛。十時到達第比利斯，為格魯吉亞共和國首都。史達林故鄉哥里離此不遠。機場猶有售史達林胸章者。文字與俄羅斯文完全一樣。十時半續飛，機上來一村婦，懷一嬰兒。機上特為她掛一特製之搖籃。可見民用航空在蘇聯已十分普遍矣。

十二時半到巴庫，機場歡迎甚盛，對外文協主席、外交部部長助理及文化、新聞界數十人，並每人獻一大束鮮花。

從機上下視，即見到處鐵塔。離機場後，一路見到油井如林，都是自動抽油的。下榻國際旅行社，沿海（里海）岸綠樹蔥郁，頗似上海黃浦江邊景色。五時，阿塞拜疆共和國最高蘇維埃主席兼部長會議主席接見，極為隆重，各部部長或副部長均參加。談話後，遊覽市區。

七時半，參加晚會，適馮仲雲為領隊的中國科學家代表團亦到此，乃組織晚會一併歡迎。節目大都為民間舞蹈及民間音樂，奔放而熱情。巴庫時間比莫斯科遲一小時，比北京早四小時。人口一百餘萬，為全蘇第四大城市。

四月二十日　星期六

翻譯同志六時電話將我叫醒，七時早餐，七時三刻即出發至一百七十公里外的古班庫區，參觀集體農莊。

阿塞拜疆地處高加索，為大草原，與中亞細亞各國相仿，主要缺水。近二十年來，已作了很大努力，搞的小型水利，已很有成績。今天我們所見，一為古班區的奧爾忠啟則等六個農場合搞的小型水庫，居然能發七百五十千瓦的電。一為巴庫附近之人工蓄水湖，規模相當大，尚未全部竣工。十時半，到了古班區，區黨委及辦事人員，迎接隆重，我又致了答詞。先在區俱樂部吃了早餐。有一種餅很好吃，甜而不膩，據說是古班的特產。該區農戶一家收入年為五萬盧布（平均）。人民生活相當充裕。

午飯吃罷，已六時半，即驅車回程，阿塞拜疆共和國有兩位副部長始終陪同（一管文教，一管農業）。九時三刻始回巴庫。今天拿去洗的衣服均已燙平送回，服務真周到。

到高加索最大的不習慣是飲茶，我又素不吃魚類及牛羊肉。今天在古班農莊招宴時，第一道菜為羊肉卷，同席咸嘆為異味，我則掩口欲吐，幸同時送上一大盆雞，掩飾過去了。

四月二十一日　星期日

中國提倡謙虛，對蘇聯人民印象深刻。在莫斯科時，《真理報》總編輯撒切可夫和《消息報》總編輯古井在我講話說要虛心向蘇聯學習時，都說要相互學習，中國同志這種謙虛態度，就是蘇聯應該學習的。在斯大林諾，一位工人同志對我說，來此學習的，以中國同志成績最好，因為他們最謙虛。今天，在阿塞拜疆部長會議歡宴我們的時候，也同樣讚美中國同志，有一段話最有深意。他說，阿塞拜疆有句諺語，結滿果子的樹總是向下垂的，真正有成就的人總是謙虛的；只有什麼果子也沒結的樹，才張枝舞幹，兩眼朝天。

下午參觀煉油廠，登九十多米的鐵塔，據蘇聯同志說，這是全國最先進的鐵塔。

今天巴庫颳大風，遍天灰黃色，像北京冬天一樣。據司機同志說，巴庫一年四季颳風，很少不颳風的日子。巴庫同志說，巴庫這兩個字，就是俄文颳風的意思。

三時半，應邀到巴庫電台向土耳其、伊朗廣播。五時半，由對外文協副主席陪同逛百貨公司，買了兩個茶葉筒和兩個膠盒。

七時三刻，赴巴庫音樂和芭蕾舞劇院，看古典音樂劇《阿思麗和恰拉蒙》。

四月二十二日　星期一

九時出發，去離巴庫七八十公里處的海上採油站參觀。我原以為要坐船去。到了那裡，才知汽車可直通水上平台，車在鋼架木堤上行駛，單程線，極為平穩。木堤聯繫了一群採油井，平台亦連片，其上建辦公室及單身職工住宅，外為餐廳、俱樂部、休息室等，儼然成一小村落矣。

三時，阿塞拜疆第一書記接見。後赴對外文協及各報歡宴，為餞行也。七時，參加列寧誕辰八十七周年大會。歸已深宵，檢點行李。

四月二十三日　星期二

在史達林逝世前，各共和國第一書記均為俄羅斯人，近年已有所改變。

六時十分從旅館出發，經一小時始抵機場（相距三十五公里）。七時四十分起飛，始終在裏海上空飛行。約兩小時半，到阿斯特拉罕，該處為伏爾加河通裏海口。十一時續開，僅一小時許，即到史達林格勒。下機後，有對外文協同志來迎。一路行來，天氣晴朗，但有風，飛機晃動殊甚。

史達林格勒這個英雄城市，早已名震寰宇；這個城市的血戰，挽救了自由人類。我在機上，看到郊野小麥初綠，即有親切喜悅之感，亦懷無限感激之情。入市途中，見鐵路有一列火車，滿載拖拉機（這裡有個大拖拉機廠），想見蘇聯近年生產恢復之快。

住的旅館設備很新式，當是戰後新建的。我住了一套房間，舒適僅次於莫斯科。

五時出發參觀市區。先到伏爾加河岸看戰爭最激烈的地方。聞該地將建一六層高的紀念塔。附近已有一水泥坦克紀念，聞年即由此衝出去，與大兵團會師，包圍殲滅了幾十萬德軍。

又參觀當年戰鬥最激烈的巴甫洛夫大夏。現在大廈已修復。我與該大廈出生的兩個孩子合攝一影，以留紀念。我在廢墟上，還撿得一塊廢鐵，想見大會戰落下炮彈之多。又到史達林戰役紀念博物館參觀，曾代表全團在紀念冊上題字。該館講解員對史達林功績含糊其詞。

據城市設計院報告，該市房屋在戰爭中毀去五分之四（即一百五十萬平方米），現已新建一百八十萬平方米。目前每年建房十五至二十萬平方米。主要幹道為列寧大街，甚寬闊，電燈又特別亮，路燈為霓虹燈管，每行三排，入夜一片通明，不愧光明大道。住的旅館名字叫史達林格勒大飯店。十時半準備入睡。整天飛行、參觀，大家都感勞累不堪了。

四月二十四日　星期三

八時出發，向東行三十公里，至伏爾加河渡口，登上輪渡（運河有落差）。到水電站，有二十餘座電站，統一管理。由總工程師報告，該電站於一九五〇年開始建造，明年（一九五八年）第一期發電，一九六〇年可全部建成，共有二十二個機組，每機組發量為十萬五千千瓦，將輸送至莫斯科、頓巴斯、烏克蘭等地。

參觀工地，有如鐵塔的起重機幾十架，每架只有二人操縱。後又至堤下，看進水閘工程。

歸途，曾至拖拉機廠拍照並略事參觀。

在運河邊為史達林銅像照了三張相，這銅像高大無比，仰不見頂，不知費去多少純銅（戰後蘇聯物資奇缺）。難怪赫魯雪夫揭斥個人迷信。但導引同志，對此隻字不提。

今天下午出發時，有一位老太太在旅館對面的烈士廣場獻了花。她見到我們，老淚橫流地說：她的兩個兒子都在衛國戰爭中犧牲；在圍城中，家中留下的三個人也餓死了。邊說，邊號啕大哭。我看史達林格勒的居民，絕少有展露笑容的。

四月二十五日　星期四

十時早餐，史達林格勒州《真理報》總編來送行，致送每人一冊照相簿。我們回贈一套福建漆器茶具。他說將送至史達林戰役紀念館陳列。

十二時半動身，一路平穩，三時三刻即抵莫斯科。在機場等候，五時半晚餐，在休息室看電視。八時三刻又登機飛列寧格勒。一路天空景象，時呈奇觀。先是上面明亮，下面晦暗；十時左右，全部變黑。迨離列寧格勒不遠處，忽見五色光明亮，光芒四射，殆即北極光歟！

十一時抵列寧格勒，住阿斯托利亞旅館，與徐晃同志率領的分團會合。十二時半晚餐，與去中亞細亞的團員暢敘別後所見。一時半睡。旅館床前懸有厚絨毯，以遮「白夜」也。

四月二十六日　星期五

十時出發參觀市容。列城風景幽美。今年聞將紀念彼得大帝建城二百五十周年。今日參觀者，有尼古拉一世及彼得大帝銅像、冬宮、涅瓦河、芬蘭灣海濱等處，還到斯摩爾尼宮及阿芙樂爾巡洋艦參觀。

今晚從工人文化宮參觀出來，已晚九時半，天尚亮如白晝。回旅館，看到《人民日報》多份，知國內熱烈展開百家爭鳴，已進入高潮。

四月二十八日 星期日

上午，蘇外交部陪同我們訪問各地的葛里高利也夫和布洛克同志，來和我們商談今後的日程安排問題。蘇聯同志希望留我們在莫斯科過了「五・一」節後，再去克里米亞、雅爾達參觀、休息幾天。但我團的同志們，則因國內整風是難得的自我改造的好機會，哪怕已成尾聲，也急於想回國參加一下，所以，都主張婉辭謝謝蘇方的盛意，參加紅場的「五・一」慶祝會後，即早日回國。布洛克等同志允將我們的希望轉達。

十一時，去冬宮參觀。規模極大，樓梯就有一百多座，大小廳堂二千多間。我們走馬看花走了一遍，就費了好幾個鐘頭。印象最深的是陳列的美術品極豐富；有些名畫，已見諸我國報刊。中國美術品也陳列了十幾個房間，但精品似乎不多。最後參觀金器館，其中有四千年前在巴庫一帶出土的古金器。

下午，乘車赴離列寧格勒約四十公里的列寧避難木屋及草棚參觀。七時半返抵旅社。這次我們來蘇，除出生地及流亡處外，凡關於列寧紀念的場所，都瞻謁過了。

晚八時，列寧格勒州委宣傳部及新聞出版界歡宴。宴畢上車站，在站台上又歌又唱，與歡送者聯歡，中蘇友好氣氛非常熱烈。旋即登車。這是我們從踏上蘇聯國土第一次乘的火車。客廂比我們的寬，每節車八室，每室對坐（臥）二人，沒有上鋪，廂內有各種燈九盞，掛衣處甚多，車廂也似乎比我們的高些。

四月二十九日 星期一

車上睡得很好，鋪位寬而暖和。列寧格勒離莫斯科約七百公里，聽說是世界上最直的鐵路。因為當年設計大臣把計劃送呈彼得大帝看時，大帝說路太彎曲了。他用鉛筆在地圖上畫了一條直線，命令說「照此建造」。

九時四十分抵莫斯科，仍住蘇維埃大飯店。我住三〇七室，似乎比上次住的房間更舒適些。下午三時，參觀莫斯科畫廊，珍品極富，美不勝收。經過紅場，已搭好牌樓，「五・一」慶祝空氣已十分濃厚。

五時，《文化報》總編來訪，約我寫一篇記述中國的文化生活，以紀念「五・五」出版節。

莫斯科的天氣已相當溫暖，白天出去，不穿夾大衣也可以了。

四月三十日　星期二

十時，赴立體電影院看短片兩個。開頭，並無立體感，等上面一條紅光消失，才感到栩栩如生。

據陳泉壁同志告訴我，他聽記者站同志說，最近中央負責同志表揚了《文匯報》，而《人民日報》則受到批評，說還不及《中國青年報》和《北京日報》，因此《人民日報》大加改革云。怪不得我看到最近的《人民日報》，從內容到編排，更加生動、活潑了。我在蘇聯，也注意蘇聯各報，看到《真理報》比較呆板（最近也登了象棋等內容），《莫斯科晚報》和《莫斯科州真理報》就比較活潑些。

今天已是一片節日景象，到處高懸紅旗。我注意領袖像的排列，很不一致。比較一致的，是赫魯雪夫第一，布爾加寧第二，而史達林像則到處不見。有些學校，還保存一些畫像和石膏像。

大使館參贊陳礎同志及張映吾同志來訪，帶來新到的《文匯報》。

五月一日　星期三

勞動節。今年能在世界第一個社會主義國家——蘇聯歡度勞動節，感到極大的光榮。六時起身，整容整裝；七時早餐，向所見的人——包括餐廳服務人員，互問節日的好。布洛克、葛里高利也夫也早來了。葛並帶了他九歲的男孩一起來，也互相祝賀。

八時許出發，大家帶了自己的護照（我的是外交護照）和入場請柬。一路已看到參加檢閱的戰車隊伍和群眾隊伍首尾相接。我們來到高爾基大街即轉入花園環行路，繞至克里姆林宮旁下車，出示護照、請柬，至觀禮台（我們是第七台）又檢查一遍護照。紅場還沒有天安門廣場大，檢閱台即在列寧、史達林墓上，分為兩層。當然也沒有天安門那麼高。兩旁看台即在墓下的石坡上，隔成若干區域，有石條可坐。我們到觀禮台時，已九時零五分，石條上已坐滿了人。我好不容易在第三排找著一個位置坐下。九時半，樂隊及各種部隊，儀仗隊分別由東西北三路進入紅場。行列甚整齊，樂隊約有八百人。

克里姆林宮伊萬雷帝鐘樓的鐘每一刻鐘即鳴一陣。剛到十時，鐘鳴聲中，即有廣播宣布「五．一」儀式開始，蘇共中央負責同志們登檢閱台上層，下層為元帥們。赫魯雪夫、布爾加寧並揮草帽向觀禮來賓致意，觀禮台掌聲一片。旋朱可夫元帥坐一輛新汽車馳至廣場中央，另有一車載一將軍從另端駛至，敬禮向其報告，並即馳至部隊前傳達命令。這些聲音，都在廣播中播出。部隊聽畢朱可夫元帥命令，「烏啦！烏啦！」三呼，旋將軍又馳至其他部隊傳達，約共十五分鐘，將軍回到觀禮台，時克里姆林宮的禮炮轟鳴，朱可夫元帥宣讀「五・一」命令。約十分鐘，檢閱即開始。首先是在場的樂隊，然後是蘇沃洛夫軍校學員，然後各兵種依次行進。每一兵種受檢者有三個方隊，極為整齊。地面部隊剛過，飛機即成隊出動。首先是一架噴氣式轟炸機帶領四架噴氣戰鬥機掠過天空；然後三架一隊，五隊一組，都是噴氣式，飛鳴而過；最後，有五十架白頭飛機，更快捷地轟鳴而過。約計今日受檢閱的飛機有一百八十架以上。最難得的，是低飛檢閱的飛機好像貼近檢閱台上空，比紅場四周教堂的塔尖略高一些。

飛機過後，地面部隊出動受檢。戰車、坦克，每排四輛，每組五六排，行駛甚速。先是裝甲車、降落部隊、降落小坦克，然後是坦克戰車、各種炮、「喀秋莎」、火箭炮、高射炮等。後來我和唐平鑄同志談，他說，其中有很多新東西，如「喀秋莎」比以前見過的式樣不同，火箭炮也很特別，平射炮炮身極大，還有一種炮後面附帶的機器像一座小發動機。

武裝隊伍檢閱完畢，開始群眾檢閱，時已十一時一刻，先是少先隊員跑至檢閱台前，也是放一群鴿子和氣球。少先隊員後，是體育隊伍，真是五光十色、豐富多彩。先由摩托車數十輛，每輛有一女子，著短褲背心，立在高架上，手執各不相同的旗幟（每旗代表一個運動隊，如斯巴達、狄那摩、火車頭等）。由相反方向馳過紅場（大隊是由西向東行進）。接著，每一種運動項目，都有男女兩大隊作相應的動作而過，有的還停下來表演。最令人驚奇的是網球、籃球、足球隊伍，除大批選手執球昂然而過外，有好幾個隊帶了活動的球門，籃架、網架，兩隊一路比賽而過，踢、打同時有好幾個球，令人眼花撩亂，驚嘆不已。

體育大隊後是群眾隊伍。那時，廣播中喊出各種口號，各行各業，循序而進，與我天安門遊行相彷彿。

紅場列寧墓對面為百貨公司大樓，面向檢閱台，高懸馬克思、列寧像，四周有蘇共中央主席團各個人的像。會後，步行約兩公里，繞至克里姆林宮後門，登車回旅社。

晚看電視，大都為音樂節目。徐晃等同志步行去紅場看禮花夜景，我因疲倦未去。

五月二日　星期四

今天氣候驟冷，著夾大衣出門還嫌冷了，據天文台報告，今夜最低溫度為攝氏零下三度。

上午，開全團會議，初步總結工作，大家認為，此次來蘇近四十天來，收穫甚大，印象很深刻，內部團結很好，沒有發生任何不愉快事件。缺點是出發時任務不很明確，開始組織工作較差。蘇聯方面對我團極重視，布置也十分周到，所到處都洋溢中蘇友好熱情。

下午二時，出發赴中央體育場看足球。體育場在列寧山下，與莫斯科大學隔河（莫斯科河）相望。球場甚大，綠草如茵，看台有三層，共可容納觀眾十萬人。今天為蘇聯最強的兩隊——狄那摩隊及斯巴達隊比賽，門票早已售罄，門前等退票的很多。

午餐後，一部分同志去看寬銀幕電影。我與邵燕祥、劉克林等同志再去中央體育場，看冰上芭蕾舞。

晚飯後，與邵燕祥、劉克林同志閑談一小時半，喝了些白蘭地。

五月三日　星期五

這幾天，主要負責招待我們的是朗司可依同志。這位同志很熱情、周到。每餐後，必問下餐喜歡吃什麼？並特為我預備豬排或火腿。因此，我在生活方面更感方便了。上午，一部分同志去看動物園，我因要趕寫今晚電視廣播的稿子，無法同去。

和丁九同志談話。他說，我們這次來蘇，是非常團結和融洽的。當初要我當團長，是中央決定的，如果林朗同志仍來，是當副團長。黨對我這樣信任，由衷感激。來蘇四十天來，所有團員同志都對我尊重，使我非常感動。

下午三時，參觀《真理報》印刷廠，規模的確不小，有四千多職工。除《真理報》外，還代印好幾家報紙和雜誌。

六時，趕至電視台，我和徐晃、盧大姐兩位副團長，都在電視裡講了話。

五月四日　星期六

十時，蘇聯文化部長米哈伊洛夫接見，由我提出三個問題。米氏剛訪問中國回來不久，所以談得很熱烈而親切。

下午五時，到工會大廈參加蘇聯出版界紀念大會，會場就在舉世聞名的圓柱大廳。廳並不大，圓柱是純白色的大理石製成，閃閃有致。

我被邀登上主席台。來賓中被邀登主席台者，尚有法國新聞界代表團團長等。在會場，有幾個售書台，據說出售的書是外面輕易買不到的。是以買者擁擠。

工會大廳是老房子，離紅場很近，部長會議新建的辦公大廈就在隔壁。史達林等要人逝世後，多在圓柱大廳守靈祭弔。

五月五日　星期日

清晨赴陳泉壁同志房內取回雨衣，並商議分配禮品，預備贈送陪同我們參觀的幾位蘇聯同志。

十時半，出發赴高爾基中央文化休息公園遊覽，有一位《莫斯科晚報》記者在門口等候我們，以作嚮導。公園大約有一千六百多畝面積，分兩大部，一為公園的主要部分，一為莫愁園，供雙雙對對情侶暢遊。園共長十五公里，比上海外灘到中山公園還長，横亙莫斯科河對岸，花樹婆娑，鳥鳴蝶飛，風景曲折有致，宜乎莫斯科綠化面積世界聞名也。

七時半，赴記者之家，外交部新聞司特為出版節開此宴會。我們是主賓。席間，有日本記者一再和我碰杯，還有兩位美國記者（過去到過我國的）也殷勤和我們周旋。

五月六日 星期一

莫斯科氣候又變溫暖了。昨晚睡得早，今晨六時半即起，朝暾已耀目。這幾天情緒甚矛盾，離家已近五十天，急想回國。另方面，蘇聯美麗的國土，熱情友好的人民，捨不得離開；驟然離去，不知何年何月再來此友邦。

據同志們說，在蘇維埃大飯店，普通不帶浴室的房間，至少每天收費三十五盧布；像我住的三套間房間，每天收費至少一百五十盧布。我們每人每天的伙食，至少要四十盧布，加上每天交通開支，所費更多（如從史達林格勒至列寧格勒的機票每張即需五百盧布）。

十時半，出發至農業展覽館，地址在莫斯科西北部，面積很大，而其中道路如矢，綠草如茵，池塘似鏡，噴泉如流珠，真像一人間天堂的大花園，面積有幾百公頃。除有幾座高大的綜合館外，十五個加盟共和國各有一館，建築亦全按民族風格，其中俄羅斯、烏克蘭、高加索各館最為豐富、華麗，展品琳琅滿目。我們走馬看花似地參觀一過，有目不暇給之感。等到休息時，腿已酸麻了。回到旅社，躺下看看電視，不知不覺地熟睡了。

醒來，換上西裝，電話已來催了三次。入餐廳，布置整齊，賓主畢集。今晚是正式宴會，外交部新聞司及《真理報》、《消息報》等各報總編輯均到。我大使的陳礎及宮亭同志均出席作陪。新聞司長伊利切夫同志和《真理報》總編輯撒切可夫同志講了話。我和徐晃同志也講了話。席間，《新時代》週刊總編問我對《新時代》的意見。聽說，他們準備增出中文版。

撤切可夫同志對我說，蘇聯天氣下去越來越好了，問我們是否有意再勾留兩個星期？我說，在蘇聯再留幾個月也是高興的，太美麗逗人了。但國內正在熱烈討論人民內部矛盾問題，再不回去參加，怕思想上趕不上了。

五月七日　星期二

七時半被電話鈴聲叫醒，下樓早餐。盧大姐說，圖一〇四飛機預定九日起飛，但如赫魯雪夫十日接見，又可能延期。

九時許，出發赴大克里姆林宮，列席蘇聯最高蘇維埃全體會議開幕禮，我被邀坐在列席座位的第一排，甚受優遇。會場門口，有好幾張簽到的桌子。

在開幕前，遇到愛沙尼亞黨的第一書記和阿塞拜疆最高蘇維埃主席團主席，連忙和我們握手招呼。很有「他鄉遇故知」這樣的親熱。

今天的大會，赫魯雪夫、布爾加寧、米高揚都未出席，可能在最後討論赫魯雪夫的報告。其餘如馬林科夫、莫洛托夫、卡岡諾維奇、別爾烏辛、薩哈洛夫、朱可夫等都看到了。

大會表決比我國全國人代會簡單，問是否同意？大家一舉手，一兩秒鐘就算通過了。

各國使節坐在會場的小廳裡。各國記者坐在樓上的旁廳裡。

走出會場，我們的汽車中途拋錨，我們主張坐電車回去，葛里戈利也夫不同意，另叫了幾輛汽車回來。

有一位名叫郭紹唐的中國同志，紹興人，是早期的留俄學生，參加十月革命，他早已入了蘇聯籍，娶了蘇聯老婆，生一個女兒。他已改名郭維洛夫，五十年代初，曾申請回中國參加工作。像這樣的例子，我聽到好幾個。可見中蘇兩國人民，有傳統的血肉友誼。

下午二時，再赴大克里姆林宮，仍坐在前排旁聽席，三時開會，由赫魯雪夫報告，內容主要為工業體制問題，主張管理權下放云。聽說，關於工業改革，六月起即實行。

五月八日　星期三

昨晚睡得相當酣，今晨六時半即起。

九時半早餐，十時赴莫斯科廣播電台作華語廣播錄音。同往者有邵燕祥、張又軍及翻譯王器等同志。

後又訪問蘇聯《文化報》，該報以茶點招待。在《文化報》時，即聞赫魯雪夫今天將接見我們，二時半趕回旅社。三時午餐，餐完即刮臉整裝，三時一刻出發（盧大姐上街未及趕回參加），至蘇共中央辦事處，由外交部新聞司副司長哈爾拉莫夫同志陪同前往。

四時接見，即在赫魯雪夫同志辦公室。接見時，赫魯雪夫極為親切，熱烈對我們表示歡迎。我先後提出三個問題：一、改組後蘇聯工業將出現什麼新面貌？二、國際局勢之展望。三、今後如何進一步發展中蘇友誼。赫魯雪夫同志一一詳答，最後他還主動詳細給我們介紹在中亞細亞開墾生、熟荒地的計劃。談話共歷一小時四十分鐘，在座有伊利切夫和撒切可夫同志，還有《人民日報》的李何同志及新華社的李楠同志，談話畢，即在赫魯雪夫辦公室照了相，赫魯雪夫挽了我的手站在中間，其餘分兩排站在旁邊。（按：這張照片，後來在十年動亂中，被造反派在抄家時一併抄去，指為我是修正主義的鐵證。大會批、小會鬥，勒令坦白交代，折磨逾三年之久。照片上，特地在赫魯雪夫和我的頭部用黑墨水抹上黑圈以示眾。）

回到旅社後，形勢急轉直下，傳來的消息，說今晚開出的圖一〇四號尚保留餘票，如趕不上趟，那我們只能再坐小飛機回去了（當時，莫斯科北京航線圖一〇四噴氣式客機每週只有一班）。大家決定立即整理行李，趕在今晚出發。

晚十一時上機場。同機有阿爾巴尼亞議會代表團及我國農業部代表等。趕來為我國送行的，有伊利切夫、羅果夫、外交部東方司副司長賈丕才及《真理報》代表；我使館陳礎及張映吾同志亦來送別。

五月九日　星期四

晨一時，乘圖一〇四機離開莫斯，計從三月二十七日出發，在蘇共訪問四十四天。臨行前，《真理報》記者將剛沖洗出來的赫魯雪夫接見我們的照片，趕來每人分送一張。圖一〇四號共有四十多個座位，中間有兩間包房和一間廚房、兩間廁所、兩個掛衣間。行李間在機身下部，設備相當先進。共有三位女服務員。

飛機起飛後，即升至一萬米高度飛行，四時零十分（莫斯科時間，北京時間為上午九時十分。以後即照北京時間計時）即到鄂木斯克。離莫斯科不到一小時，天即微明，不久即東方發紅，太陽躍然升出。

在鄂木斯克加油，休息了兩小時。

一時五十分到伊爾庫茨克。那一帶還相當冷，四周山頭尚有積雪。

三時離開伊爾庫茨克，從此離別了美麗的蘇聯，離別了熱情友好的蘇聯人民。

五時十分，飛機降落北京南苑機場，先等阿爾巴尼亞議會代表團下機後（有我國首長劉少奇等在機場迎接），我們才下機。到機場歡迎者有蘇聯大使館參贊及林朗同志等，同業有《大公報》之趙恩源兄等，《文匯報》有葉岡、朱嘉樹來接，並向我送了花束。

回到辦事處，晚餐吃了稀飯、醬菜等，過去近五十天中，早晚吃西餐，極想嘗嘗祖國的家常便飯了。命兒七時許來。八時，掛了上海報社和家中的電話。

浦熙修同志去哈爾濱視察未回。

五月十一日　星期六

上午九時，劉克林、邵燕祥兩同志來訪。克林所整理之赫魯雪夫談話稿，頗為詳盡而生動。飯後，與徐晃、盧競如同志同往《人民日報》宿舍訪晤鄧拓同志，報告訪蘇經過。

五月十三日　星期一

回上海。

從此以後，我每天埋頭寫《訪蘇見聞》，逐日在《文匯報》發表，引起國內外廣泛的注意。中國青年出版社曾和我訂約，寫畢後即由該社匯集出單行本。

時隔僅二十天。六月八日，發表了〈這是為什麼？〉的宏文。接著先後發表了〈文匯報一個時期的資產階級方向〉和〈文匯報的資產階級方向應當批判〉兩篇擲地有聲的檄文。其中有一段畫龍點睛的警語：「有人說，這是陰謀。我們說，不，這是陽謀。」

從此以後，像太上老君葫蘆裡噴出一道法力無邊的煙。神州大地，颳起一股鋪天蓋地的罡風，使全國幾十萬知識份子陷於羅網；隨後，還被拋入陰山背後；其中，有不少人家破人亡，妻離子散。有的，還含冤而離開人間。

這是為什麼？！時間已作了初步小結。隨著歲月的推移，歷史將作出更明確的結論。

《訪蘇見聞》被腰斬了。是年八月起，我被命參加上海市政協集中學習。

九月初，被集中到上海縣磚橋鄉一個破祠堂裡，半天農業勞動，半天學習檢查，徹底查出「認識根源」、「階級根源」和「思想根源」。同學共五十餘人，有沈志遠、王造時、彭文應、許傑、徐中玉、程應鏐、勾適生、毛嘯岑、陳詒、楊蔭瀏、陳仁炳、李小峰等。我學會了鋤草、種菜、桃水、擔糞等勞動。兩星期放假回家一次。

第五章　坎坷生涯（一九五八—一九七六年）

一九五八年　五十一歲

古諺說：「五十而知四十九年之非。」我實足年齡五十歲，也好像明白了過去四十九年所做的一切，全是錯的，全是為資產階級服務的。

年初，仍在農村勞動。春節以後，領導上通知將全部轉入甫在創建的上海社會主義學院學習。開始，同學思想上還有些想不通。過慣了「破帽遮顏過鬧市」的被孤立生活，一旦置身在一般群衆之中，如何能適應呢？

三月初，終於全部搬入嘉定縣外岡鄉的上海社會主義學院學習，仍是上午學習，下午參加體力勞動。

特別為我們設了一個第九班集中學習，其餘八個班為各民主黨派及各界黨外人士以及各區知名人士。校舍純由學員自己建造。市委書記魏文伯任校長，由黨校副校長李某實際負責。

時，三面紅旗已高高掛起，大躍進、人民公社運動在全國鋪開、我曾奉命與陳仁炳同學一起參加上海市政協組織的赴江蘇大躍進參觀團。先到蘇州，曾被邀請參觀畝產兩千斤之驗收，田裡稻禾黃澄澄一片，的確長得結實，有農民偷偷地洩漏消息，説大都是從另外兩塊地裡割下稻禾放進這塊田裡的。

在參觀團在場目擊下，縣長親自監督「割稻驗收過秤，畝產為兩千零二十斤」云。

在蘇州，又看到許多小高爐大煉鋼鐵，入夜到處火光熊熊。還有許多新發明，如以烘燒餅爐煉鋼，名為「遍地開花」云。

嗣後，從鎮江過江，至揚州參觀兩日，乃沿運河至淮安、淮陰參觀，則大躍進又更上幾層樓，蓋「人有多大膽，地有多大產」之豪言壯語已越説越豪壯了。所參觀之試驗田，則動輒以指標「一萬斤」、「兩萬斤」寫為木牌，插之田頭。最為驚人者，淮陰一農業試驗場試驗田所種的一畝麥田，標出保證畝產七十六萬斤，且寫有具體措施：土地深翻一丈，將土全翻開，然後一層肥料一層土，如千層糕似的填入田內。結果如何，我們自不及參觀。記得那時看《人民日報》，曾載偉大領袖答記者問：大躍進後中國的糧食吃不完怎麼辦？「最高指示」答道，可以改我國農田為三分之一耕種，三分之一休耕，三分之一改為綠化，多種樹木花果。我們還至泗陽參觀，則當時當地農民，多半住在一半露出地面之土坑內，幾乎每家門前，見有浮腫病者以粗如麻袋的大腿伸出躺倒，嚮導解

1958 年，被劃爲右派後與夫人攝於上海嘉定縣。

釋，說是血吸蟲病患者云。還到邳縣參觀項羽古蹟。該縣大躍進之唯一突出創造，為土法製造之滾珠軸承云。

我這次被派參加參觀團，純為接受三面紅旗之現實教育，以有利於加緊自我改造。

在蘇南北參觀匝月，並到南京進行參觀總結，然後返滬。參觀團團長為周谷城氏。

一九五九年　五十二歲

自江蘇回滬後，則見各機關、學校大煉鐵鋼之產品，堆置路旁，路人咸名之曰「狗糞鐵」，鋼鐵廠都不敢問津。而為了搜集大煉鋼鐵之原料，家家鐵門、鐵柵、鐵器、幾無孑遺，而原外僑商店之鋼製百葉窗，亦拆卸一空也。

九月，社會主義學院第一期結業，我被調離《文匯報》，調至上海市出版局工作，在審讀處負責審讀歷史及教育書刊。代局長羅竹風、審讀處處長許銘、副處長張景選及同事夏晝、王知伊等對我並不歧視，交談如常，我精神備感寬慰，有「樂不思蜀」之意焉。

初至出版局時，羅竹風甫赴民主德國萊比錫參加圖書博覽會。回國後在局內全體會議上作報告，先談萊比錫所見所聞，後提到路過蘇聯，說：「我在蘇聯只住三天，所知當然不及在座之徐鑄成同志。」徐鑄成與「同志」二字聯在一起，我聞之如觸蛇蠍，幾疑聽覺出了毛病。

十月，出版局黨委開會，宣讀中央文件，宣布第一批「已經改造好了的右派份子」，摘去「帽子」，我亦在其列，又一次當場被稱為同志。

我兩年前「戴帽」時，受降職降薪的「寬大」處分，撤去《文匯報》社長兼總編輯職務，並撤銷全國人大代表等公職，薪給被降下六級。時我母親尚健在，每月收入，輒賴出售舊衣補貼。後由石西民批准，為港報寫稿，得以幫助。「摘帽」後，滿以為可以稍加調整，不想載入「另册」如昔。有一次，市委統戰部曾找我「交心」（匯報真實思想），我坦白說：「摘帽後別無所求，但望薪給略加恢復，因實際生活困難纏人。」結果待遇如故，政治上受歧視如故，原來很熟的朋友，相見若不相識如故。因此，有「脱帽」而「帽」痕宛在之嘆。當時上海有一馬列主義專家，大概得到我們「腹誹」的密報，曾公開作報告，説帽子要除根，只有老實學孫行者。孫行者歷盡八十一次磨難，决心修煉成佛，等到了西天，帽痕自然除去，唐僧的緊箍咒再也不起作用了。善哉斯言！但轉而自念，修成正果，談何容易，即如法力高超如唐三藏，自以為立足點已根本轉變，不也在後來，見了美女就動心，即棄腳底踹了牛糞的女子如敝屣了麼？從此，我再也不作非分之想，决心老老實實「改造」，將安分守己以沒世矣。

一九六〇　五十三歲

仍在上海出版局工作。不久，市政協（我在前年已被任為市政協委員）響應周恩來總理號召，增設文史資料辦公室，廣泛徵求老年人士寫出親身經歷，不拘體裁，不強求觀點一致。我被任為辦公室副主任。下午往辦公，上午則仍在出版局工作。

當時，政協有學習小組，我被派參加老年組學習。同組學員，頗多不尋常人物，如復旦老教授楊武之先生（楊振寧博士之尊人）及蕭純錦先生（即魯迅所指斥之楊蔭榆時代女師大之教務長），還有嚴獨鶴先生、李儲文先生等。還有一位奇特的將軍，那就是在天津解放時頑強抵抗的陳長捷將軍。他在撫順戰俘營被寬大特赦後，即「分配」來上海政協任專員，一天到晚，埋頭於寫他的經歷。那時的學習、討論，大概都是照搬「聖諭廣訓」和《人民日報》已闡述的論調，誰也不敢暴露任何真實思想。比如，有一次，上面布置討論「三自一包」、「三和一少」的問題，大家也照《人民日報》的腔調，「狠批」了一陣。休息時，楊武之、蕭純錦兩位先生私下對我說：「我們誰也沒有這個思想，我相信上海人誰也不會有此思想。小組裡如此鄭重地討論，豈非瞎子摸象，無的放矢？」

但也有極少數過分天真的人，如我的好友沈志遠先生，「帽子」剛摘去，統戰部的人即找他「交心」，要他匯報真實思想感情，他天真地說，他只有兩點想不通：一、為什麼天安門一定要掛史達林的像，使中蘇關係更多了一個疙瘩！二、目前農業生產還容許保留自留地，為什麼分配上不容許有自由市場的流通渠道？真是禍從口出，「一言既出，駟馬難追」，上海那位「一言堂」就認為這兩點，都是對外對內的要害問題。從此以後，正如上面所提到的那位馬列主義專家所說的，對沈暗中念念有詞，並假借別的「罪名」，又狠批了他達半年之久，緊箍咒念得他實在滾地、翻騰、抓頭、抓耳，實在無法忍受了。後來，他終於在「文革」前一年就仰藥而與世長辭了，哀哉！這是後話。

一九六一年　五十四歲

記得去年新春，名彈詞歌唱家徐麗仙曾唱出《六十年代第一春》，膾炙人口。今年是一九六一年，倒過來看，還是一九六一。這對我印象極深。

是年，市委宣傳部石西民部長親自抓《辭海》的重修工作（就在一九五七年毛主席召見部分新聞出版工作者談話時，據說是舒新城先生親自接受重修《辭海》的任務。為此，上海特別成立了中華書局辭海編輯所），特包租下外白渡橋堍的浦江飯店，集中上海、南京、杭州、合肥等地的學者，分組討論詞目的確定及釋文撰寫工作。羅竹風局長被調去負責綜合編輯工作。我和沈志遠兄也調去分別參加政治經濟及近現代史組的工作。

從此以後，我幾乎可整天不去出版局了。上午去浦江飯店，下午到政協參與文史工作。去浦江，至少有兩個優點是別的地方辦不到的。一是伙食特別好。當時已到「三年自然災害」的「頂點」，豬肉已成奢侈品，一般居民憑票供應極少量的豬肉。而在浦江，仍每桌四菜一湯，大盤的雞魚鴨肉（有些還是從外地調撥來的原料）。為此，專家們甚為安心工作，我注意不時有些居士或釋士們，也不再茹素，而大快朵頤了。二、市委特許，凡參加浦江工作的，可以不參加任何政治學習，這無疑是一大解放。

一九六二年　五十五歲

仍在政協文史辦公室半天工作，曾為阮玄武（國民黨時代曾任安徽省政府主席）、葛敬恩（曾任青島市長，一九四五年接收台灣時，為陳儀之先遣人員首領）等代寫其口述之史料。旋得全國政協通知，希望組織有關金法朗案的資料。我乃親自訪問北洋皖系要人李思浩氏，記錄其所談史料，每月兩次。時李已年高八十四歲，猶健談。談及段祺瑞兩度當國時情景，輒眉飛色舞。每次談後，歸即記其細節。

辭海近現代史釋文編寫工作，我和陶菊隱先生分任北洋軍閥時代及國民黨統治時代的編寫。亦參加現代史黨史部分之討論。當時已多禁忌，如三十年代不能多提，如正面人物不能涉及其缺點；現存人物除毛澤東外，一律不收入，蓋尚未可蓋棺定論了。總之，一切要以毛選及其注釋並胡喬木之《中國共產黨三十年》為根據。辭書雖為工具書，亦不能脫離政治，應為當前政治服務云云。故修訂多年，迄難定稿。

秋間，我又被約參加辭海審定稿之討論，後內部出版《辭海·修訂本試行稿》，以徵求各方面之意見。

是年，次兒福侖與西安馬瑞蘭結婚。次兒初在北京解放軍防化部隊服役；後受我牽累，下放至福建，曾參加三明鋼鐵廠之基建。旋自願入西藏工作，乃與在藏之瑞蘭結識。不久，身臨前線，指揮連隊，參加對印自衛反擊戰爭。

一九六三年　五十六歲

港友集我在《大公報》發表之軼事、掌故，在港出版單行本，並代取名為《新金陵春夢》。我僅得一冊，後且為市政協某領導索去，迄未歸還。

是年八月，長孫女時雯出生，歲月蹉跎，百事無成，我開始有第三代矣！

一九六四年　五十七歲

上海「左」傾思潮更抬頭。羅竹風因在《文匯報》寫《雜家》一雜文，遭文痞姚文元連續批判。上海的「一言堂」柯慶施且在正式大會上點名批判，並革去其出版局代局長之職務。出版局乃將我調至成立不久的「上海出版文獻資料編輯所」工作。「文獻」者，蓋集各出版社被認為有問題的人之「收容所」也。時正籌議影印老《申報》，我即被指定擔任索引工作。亦「廢物利用」也。

六月，長孫兒時霖出生。甫三個月，三兒復侖及三媳張士慧即將此寧馨兒送至上海，交我及老伴育養。從此，得含飴弄孫之樂。朝晚哺以牛乳，不以為勞。

一九六五年　五十八歲

是年十一月十日，《文匯報》上發表姚文元之《評新編歷史劇〈海瑞罷官〉》，一般知識份子，思想大為震動。旋《文匯報》邀集若干學人座談，討論歷史上有無清官問題。蓋撒網釣魚也。

各機關團體也奉命作此討論。

不久，《文匯報》即公開點出周予同、周谷城、賀綠汀、李平心、李俊民、羅竹風、周信芳等八個人的名字，賜以「反動學術權威」之稱。而在各機關討論中，凡認為清官是歷史客觀存在、清官總比貪官好者，概被指為立場反動。而認為清官比貪官影響更壞者，後來大都封為造反派。

聞《文匯報》編輯部特設小組專管其事，且設小排字房以便保密云。

是年秋冬之際，我由市政協派往青浦「開門學習」，共一月餘。同學有滿濤、錢君匋、馮英子等，並曾深入農村向貧下中農學習。時「後十條」、「二十三條」已普遍傳達學習，工農出身及視為成分較好者，咸動員參加農村的「四清」運動，我們則奉命去農村開門學習。

那時，我的長孫方一歲餘，牙牙學語，十分茁壯，逗人喜愛。我在青浦期間，暇輒想念愛孫。每晚公餘，常摸黑至電話局打長途電話，話筒中聽到「公公」的叫喚聲，即心甜如蜜。晚上人靜，且長途電話半價收費也。

一九六六年　五十九歲

是年六月二十四日，為餘六十初度，至戚尚來我家，杯酒祝壽。

三月二十日，毛澤東專門就學術批判問題發表了講話。他說：「我們解放以後，對知識份子實行包下來的政策，有利也有弊。現在學術界和教育界是知識份子掌握實權。社會主義越深入，他們就越抵抗，就越暴露他們的反黨反社會主義面目。吳晗和翦伯贊等人是共產黨員，也反共，實際上是國民黨。現在許多地方對這個問題的認識還很差。學術批判還沒有開展起來。各地都要注意學校、報紙、刊物、出版社掌握在什麼人手裡，要對資產階級的學術權威進行切實的批判。……」這就說明他對知識份子都當作階級敵人對待。就在這事以後，在上海文化廣場曾舉行一次學術界的大會，當時任上海市委候補書記的張春橋曾當衆發表講話，大意說，知識份子口頭上也講學習馬列主義，其實學不進去。他們是一學就懂，書本一放就忘得一乾二淨。這儼然是聖人們嫡傳人的口吻，我還記得一九五七年反右之初，當時的「柯老」曾找我談話，最精彩的一段話我牢牢記得。他說：知識份子的習性，有兩個字可以概括。一是懶，平時懶於深刻檢查自己，問題成堆就難挽救；二是賊，三天不打屁股，就忘乎所以了。

可見從好學生到張書記，思想上是一脈相承的。

緊接著，是《文匯報》發表姚文元寫的文章《評「三家村」——〈燕山夜話〉、〈三家村札記〉的反動實質》，一場沒頂的災禍，已降臨到中國廣大知識份子及廣大人民的頭上了。首先遭難的是吳晗、翦伯贊、鄧拓、廖沫沙、姚溱以及李平心、傅雷這一批知識份子的菁英。

緊接著，發表了《五．一六通知》，宣布撤銷彭真領導的文化革命五人小組，重新建立「中央文化革命小組」，以陳伯達為組長，江青為第一副組長，張春橋等為副組長，姚文元、戚本禹、王力、關鋒等為小組成員，康生等為顧問。中國空前的一場浩劫開始了。

接著而來的是「拋出」彭、羅、陸、楊四位原中央負責同志，接著是「點出」「四條漢子」。

《五．一六通知》發出以後，制定了「從北大點火，往上搞」的方針。由康生之妻曹軼歐找到北大的造反派聶元梓等人，貼出了據說是巴黎公社以來的最革命的大字報。

當「揪出」彭、羅、陸、楊以後，我以為毛主席一九六二年北戴河會議上所提出的「千萬不要忘記階級鬥爭」，「今後革命的主要對象在黨內」、「赫魯雪夫式的人物就睡在我們身旁」，這一下，是揭出謎底了。豈知狂風驟雨，不僅沒有從此停歇下來，反而更加翻江倒海似的迫臨大地。

從北京開頭，掀起了反工作組的狂潮。劉少奇、鄧小平等老革命，都被迫處於半停職——「帶罪任職」的地位，而造反派的聶元梓儼然成為革命的旗幟，北京各校各派的小將如蒯大富、譚厚蘭等亦應時而起，囂張一時。

八月八日，中共八屆十一中全會通過了《中國共產黨中央委員會關於無產階級文化大革命的決定》，即《十六條》。

從此以後，提起毛主席，必加四個「偉大」，林彪被封為副統帥、自然的接班人、「親密戰友」。他所精心編製的《毛主席語錄》乃成為人人不離手的「紅寶書」。

毛主席多次親自在天安門城樓接見紅衛兵小將，掀起了全國大字報、大批判、大串連等所謂四大民主的高潮，又號召「破四舊」，掀起了各地抄家的高潮。

終於，《我的一張大字報》揭開了謎底，全國才恍然大悟，圖窮匕見，原來，中國的赫魯雪夫就是指的現任國家主席劉少奇。於是，全國人民視為神聖的一九五四年通過的《中華人民共和國憲法》，變成一堆廢紙了！

在文化大革命初起之時，上海出版局領導曾暗示我，要在運動中接受教育，積極參加。所以，工作組開入「文獻」後，並未觸動我。我安心接受教育，努力鑽研雄文四卷，準時上下班。一般革命群眾，也視我為過時的「死老虎」，棄置一旁。

是年，我的長媳朱益陶懷孕，春間來滬分娩，生下我的次孫時霆。因為我家要帶領長孫時霖，時霆由其外公、外婆撫育。

一九六七年　六十歲

我生於清光緒三十三年丁未。今年，花甲重逢矣。

時無產階級文化大革命更高潮迭起，上海也組織起各種造反司令部。市委領導同志先後被

「揪出」、「火燒」、「油炸」，最後被「徹底打倒」。王洪文脱穎而出，儼然成為僅次於張春橋、姚文元之上海革命首長。

是年一月，《文匯報》造反派首先奪權，經毛主席和中央文革小組肯定，認為是最最革命的行動，被稱「一月革命」，又稱「一月革命風暴」，各機關乃紛紛效法。

十一月，長兒和長媳來信，請我親送次孫時霆赴京。我乃向「文獻」造反派請假前往（時當權之造反派為「上海出版系統造反司令部」，簡稱「版司」）。

我長兒家住北京中關村宿舍，工作則在阜外之北京建築設計院，我在京留住幾日，中間曾抽空赴保定勾留三日，看望三兒三媳。在京期間，只在中關村附近小作徘徊，未敢越「雷池一步」。十二月初回滬銷假。

不圖禍從天降，有一天（十二月八日）清晨，忽被「版司」造反派頭頭揪出（後知版聯——全稱上海造反長令部出版系統聯絡社，他們想藉此奪版司的權）。版聯並謊報上海革命委員會，說我是文獻版司的「搖鵝毛扇」者之一。

當天下午，版司頭頭即秘密將我送往《文匯報》。《文匯報》造反派立即予以隔離審查。張春橋並在報端發表談話，說造反派內部已混入壞人。他並報請中央文革小組，開始清理階級隊伍（簡稱「清隊」），從此在全國逐步推行。

我在《文匯報》隔離審查了五十五天，被關在一個洗澡間裡。在浴盆上加上一塊木板，作為床鋪。窗以紙糊，入夜寒風透窗而入，寒徹心肺，共被造反派開大會批鬥了四次。沒有挨打，但每次必「坐噴氣式」，稍一抬頭，即被強力按下。

在「獄」，適逢紅太陽大壽，一片「萬壽無疆」口號聲，在斗室中也震耳欲聾。革命群衆並吃了壽麵。自此以後，我等牛鬼蛇神，每餐必排在革命群衆後面。買到飯菜後，先必須向寶像低頭請罪，然後低頭就食，如基督徒之劃十字焉。

在隔離中，白天尚可在館內行動，並於上下午各清洗廁所一次（但不准看大字報）。有一靠邊者有次代我洗刷，被革命群衆發覺，立被批鬥一次。

一九六八年　六十一歲

我在隔離中度過了新歲。迄是年春節，始獲釋放回家。仍每天赴「文獻」接受批鬥。自然，已歸入牛鬼蛇神一類。「文獻」共有工作人員一百餘人，靠邊者占百分之六十以上。張春橋曾對「文獻」下過評語：「廟小鬼神大，池淺王八多。」因為我們這些牛鬼蛇神，被造反派統稱謂「王八蛋」也。

「文獻」之牛鬼蛇神，一律歸在並無窗户之垃圾間裡，不許看別的書，而勒令反覆學習雄文四卷。罰作每日勞動二次，我仍被派清掃廁所。

凡「清」出新的牛鬼蛇神，我們必列隊低頭陪鬥，有時還陪「坐噴氣式」。

是年夏，曾全部赴北新涇附近之華漕公社勞動，離市區有二十餘里，步行前往。幫助夏收近一月後才全部放回。該公社地處西郊機場附近。放回時，先列隊繞各大隊示衆一圈。每過一大隊部，造反派必集牛鬼蛇神開批鬥會，選一「走資派」，如宋原放、方學武等為批鬥對象，其餘則低首陪鬥，會後如趕群羊，下令跑步快走。共被批鬥近十次，其後一路快跑，一直回到各自的出版社。是日，我們快步疾行近四十里，歸家腿疼難忍矣。

又幾次派赴曹家渡一帶幫修馬路，又定期赴橋樑工廠幫拉鋼筋。監督我們勞動的頭頭，是一個敵偽時曾當過「和平軍」的造反派（因他不在反革命的「線」內）。他還在批鬥牛鬼蛇神的大會上，開口、閉口，以「無產階級革命義憤」進行揭發批判。

平時除早請示、晚匯報時，我們必須在寶像前低頭請罪外，還必須朗讀《南京政府向何處去》、《敦促杜聿明等投降書》，我們儼然被看作戰犯矣。是年秋，我母親忽患中風病，癱瘓床褥。按革命紀律，牛鬼蛇神家屬一律不許醫生上門診治。我乃請到一位朝鮮醫生，一週來打兩次梅花針；而那時我領發的生活費每月只有五十元，只能靠賣舊衣抵補。

一九六九年　六十二歲

歲末年初，上海新組織起來的工宣隊（全稱「工人階級毛澤東思想宣傳隊」）開入新聞出版系統，掌握了各社的實權。辭海出版社、中華書局上海編輯所、科技出版社和我們的「文獻」四社，被集中在科技出版社內實行軍訓，進行批鬥。所有四社的牛鬼蛇神，一起集中在科技辦公大樓的地窖內。地窖陰濕而黑暗，白天也要開電燈。四壁潮濕，壁上滲出滴水；無足夠的長條凳，「牛鬼」多坐在水缸邊上，就昏黃的電燈，默讀毛選。工宣隊員不時來監督，催交認罪檢查報告。每星期必須寫出一份「思想匯報」交工作隊批審，並不時指名被押解至二樓，聽候革命群衆批鬥。

清早即集中軍訓（革命群衆也要參加）。由工宣隊連長叫口令，領讀最高指示，然後帶全隊人馬到打浦橋一帶跑步，約半小時後才回來。

廣場上豎立一寶像，革命群衆早請示，晚匯報。我們這些囚犯則必須低頭向紅太陽請罪，還須朗讀《南京政府向何處去？》等最高指示。

有幾天，地窖中也暗地流傳私下從革命群衆處聽來的一件「韻事」。聽說有一天清晨，一個素來為工宣隊重用的造反派，忘了敲門，走進工宣隊連長辦公室，只見那位連長同志，強按一個素來積極革命的女青年在亂搞「關係」。他連忙關門退出。不久，這位造反派便被禁閉了。「罪名」是偷看機密文件。

不久，大概工宣隊團部也聽到些風聲，把這位連長同志撤回郵局，另換來了一位連長。但是，平心而論，第一批派來的工宣隊員，大部分還是廠裡的生產能手，有樸素的「階級感情」，對人——即使是對囚徒，也比較關心。以後，每況愈下，輪換來的盡是些口號喊得響而生產吊兒郎當的了。

春節間，他們發明了新花樣，各隊組布置忠字室。「文獻」共分四組。每組在科技二樓有一房間。革命群衆買來許多金色紙和五色花紙。中間自然是一幅寶像，上面用熠熠發光的金紙，描剪出「偉大領袖」、「偉大導師」、「偉大統帥」、「偉大舵手」四行金字。正中放一大盆用紅紙束好的萬年青。四壁則貼了五顏六色的標語和紙串。各組競相比賽忠字室布置得莊嚴而豪華。所有搭梯、爬高等重勞動，自然全指揮囚徒們來奴役勞動。

又不久，我們在「忠」字室勞動時，看到廣場上革命群衆正在跳怪模怪樣的舞。後來聽說，是新發明的忠字舞云。

里弄裡的革命情緒也很濃郁。那時，我還住在華山路的枕流公寓裡。這裡，住有不少「資產階級」知識份子中的頭面人物，如葉以群、朱端鈞、傅全香、范瑞娟、王文娟等，素為造反派所側目。文革初起，抄家之聲不絕。居民日夜心驚肉跳。這一地段的里弄幹部，特別積極。清隊開始後，即下令所有「黑六類」的人前往報到，報到時必先令背一段語錄。紅衛兵小將在旁監視，如有遺忘或背錯一個字，鞭叱之聲即隨之而來。枕流公寓的「黑六類」，必公開貼出認罪書。每週六晚上，必著令在辦公室門前聽候傳訊，並預先寫好一週思想匯報。等輪到後，先向寶像鞠躬致敬；然後背一段語錄。革命同志審畢思想匯報後，訓斥一番。等命令退下後，才如假釋之囚徒回到家中。第二天一早，還要清掃大樓，再排隊赴後園清掃垃圾及枯枝敗葉。

「文革」初期，大樓裡被迫自盡者有三人，一為公用局的一個電機工程師，為有名的專家。一為有名的篆刻家吳某——為王福盦之高徒。另一即葉以群同志，我還看到他的最後一面。那天清晨，我匆匆趕去上班，看到以群在六樓走廊裡徘徊（他家住在二樓），我和以群本在解放前即熟識，此時彼此都低頭無語。我忽憶及一書本未帶。乃回家攜取，再出時，隔壁的小孩驚駭地告訴我：「一個人從樓梯間窗口跳下去了！」我從窗口（我住在六樓）望去，見一屍橫在馬路中，鮮血四濺。等到我由電梯下去時，救護車已「當當」開到了。

我的家共被抄了四次——《文匯報》造反派來抄兩次，「文獻」一次，里弄革命派也來抄一次。最徹底的是《文匯報》第一次。那時我還在隔離審查中。深夜把我叫醒，勒令套上寫有「大右派」字樣的硬紙枷。十幾名造反派手持鐵棍鐵棒，押上一輛敞車，直駛華山路。時月色大明，而寒氣逼人。到了枕流公寓，大門已關。忙叫人打開，直登六樓我家，令我帶枷站立在我母的床前，英雄們則翻箱倒櫃抄了一夜，天光大亮才畢事。臨行寫了兩份清單，要我畫押，結果兩份清單都由造反派頭目帶走了。他們仍把我押回《文匯報》，關進隔離室。里弄抄家的一次，空氣最嚴峻。我的孫兒，時不足三周歲，每喜收藏寶像，而相當聰慧，出於幼稚的階級感情罷，常常學寫「毛主席萬歲」等字樣，硬指為大人教導其塗抹的，有辱寶像的尊嚴，罰我們老夫婦在壁角跪了半小時以請罪。

我母親受不了兒遭受此凌辱，終於是年十月逝世。草草成殮，送至龍華火葬場，親友也無一人敢來弔喪。我母勤勞一生，逢此亂世，病不能治，賚恨以沒，哀哉！

而《文匯報》造反派卻看中了我的兩間住房。原來，《文匯報》社址的大樓內，有一層本分配為電台所用。那時，還住了電台兩家高級職員。造反派為了「一統天下」，特經市革會同意，另撥了一兩間房子，勒令我家搬出枕流公寓，由電台職員搬進去居住。執行這個換房命令的，是一個姓王的工人而成為造反派小頭頭的。他用「掉包」的手法，把自己的家搬至撥給我的房子去住了，而強令我家搬至延安中路八七三弄一間不足十平方米的灶披間裡，且鼓動四鄰對我監督。

我住進這「七十二家房客」式的斗室後，每天仍去「文獻」接受批鬥。在此前後，中央「兩報一刊」先後發表了〈批判中國赫魯雪夫的修正主義新聞路線〉等兩文，公開點了我的名，說我所把持的《文匯報》，是中國赫魯雪夫所最欣賞的報紙。這自然提供了工宣隊、造反派對我批鬥的根據。

是年六月，根據最高指示，知識份子應全部下鄉，進行「鬥、批、改」，並接受貧下中農的再教育（時稱「五七指示」）。不論「黑七類」還是革命群衆，一律趕下農村。出版系統是下到奉賢縣的新橋公社。我所在的「文獻」則到第四大隊。該大隊特地騰出幾間堆放稻穀及農具的房子安置我們。房子為泥土地，大家席地為舖，晚間只能緊挨著睡，擠如沙丁魚。白天即坐在舖上學習。每小組有一工宣隊領導監督，下午則幫助田間勞動，伙食自辦。

革命群衆開會時，我們這些黑七類份子，則被勒令去勞動。我也學會了編織草簾，並與其他牛鬼蛇神一起，為廁所（即大口的糞缸）上加蓋一個稻草棚。勞動則鋤草、插秧、挑糞，無一不首當其衝。而且每隔一兩天，必開一次批鬥會。記得劉少奇同志被開除出黨後，工宣隊立即召開大會，宣讀最高指示後，傳達中央文革的文件，歷數「叛徒、工賊、內奸」的「罪行」，當然，要聯繫實際，揪我出來，批鬥我與赫魯雪夫勾結的修正主義罪狀，以作鬥爭的活靶子。

有一次鬥爭會，最使我啼笑不得。原因是一位革命群衆，在休息時間向一個工宣隊員大講其京劇《法門寺》裡賈桂的故事，還學著蕭長華如何念狀，我聽不順耳，插嘴說毛主席所以引用這齣戲，是說這個太監賈桂見了縣太爺都不敢坐，說是「站慣了」的，以說明有些中國人見了帝國主義者，也「站慣了」，不敢與之並起並坐是「賈桂思想」。

這一多嘴，就引來了一場大禍。馬上四處貼出大字報，並立即召開批鬥會，說我是有意「放毒」。

如此，一直到年底，還全體步行到二十里外的「五七幹校」（那時，上海新聞出版「五七幹校」還在海灘建房草創階段）去開了一次大批判會。

一九七〇年　六十三歲

年初，我們這一連，即併入「五七幹校」，稱第十連。「五七幹校」有團本部直接領導，政委韓某某為空四軍團級幹部，領導一切。此外，尚有工宣隊及革命群衆代表，組成一「勤務組」。

到「五七幹校」的第一晚，即對我開了一次大批判會（全校共有學員近兩千人）。當時，「一打三反」運動方在開始，大概還沒有找出「一打三反」的新對象，乃找到我這個「死老虎」批鬥一番，以樹立革命聲勢。大會在領讀最高指示後，先由工宣隊代表上台批判，其次是當地生產大隊代表，後是軍宣隊代表發言。工農兵次序分明，革命聲勢大振。工宣隊代表，就是我們第十連的連長。聽說她的批判稿，是「文獻」一個「紅」筆桿（原是有名的貪污份子）捉刀的。論稿的警句，說我是「沒有國民黨黨籍的國民黨份子」云云。

批判大會時，工宣隊員勒令我坐一張小凳上，必恭必敬，低頭接受革命群衆對我的批判。會後，還連夜開全連的小會，要我匯報大會對我的教育如何深刻等等活思想。

幹校的勞動強度很高，一面要建造大量房子——各連住房都為竹子為樑柱的土坯牆，覆以稻草的簡草棚，而能容納兩千多人吃飯及開會的大飯廳，結構亦頗為複雜而艱鉅。最費勞力的是開墾、平整二百多畝土地。幹校就建立在奉賢海灘上，是新圍堤的鹽鹼地，蘆葦叢生，還雜以許多小丘陵。開墾之初，必須先割去蘆葦，然後在學校北端開挖一條人工河，從三里外引入淡水。再開小溝，引人工河水入灘塗，逐漸沖刷去土內鹽鹼，然後先種一年瓜類、棉花及豆類作物。第二年才勉強可試種稻麥。丘陵概需鋤平，工程浩大。革命群衆一般是半天勞動，半天開會學習。沉重的勞動，強半落在「黑七類」份子肩上。

我雖年過花甲，也照樣要參加搬運磚石、平整土地、樵割蘆葦及挑糞擔水等重體力勞動。平時清晨五時半起身，集合到海濱跑步軍訓半小時。早餐後，又按連集合學習語錄及最高指示半小時，名曰「天天讀」。以後或開大小批鬥會，或從事勞動。

幹校學員中，本有不少技術人員——尤其是科技出版社，他們曾設計不少平土機、機動車、及人工插秧機等「土法上馬」的機器。工宣隊、軍宣隊聞訊後，下令一律不准試驗。說知識份子下鄉，本為勞動改造，利用機器，豈非偷懶，豈非逃避改造？

「一打三反」運動，後來揪出了不少現行「反革命」。我記憶中最突出的有兩件：一是有個在中華書局上海編輯所工作的同志，平時愛好收藏版本。對《毛澤東選集》的歷次版本，都加以收藏，並比較其異同。造反派就說他蓄意侮辱紅太陽，因而被打成現行反革命，還抓進監獄，關了近兩年。另一是《解放日報》的一個當權派，忽被揪出，指為現行反革命。他有口難辯，於深晚摸黑跳進一個糞池，企圖自盡。後被人發現，救上來了。此外，五花八門，遭陷害或造反派內部相互傾軋的事，幾乎月有所聞。

新聞出版系統「五七幹校」，與電影系統幹校隔河（即那條人工河）為鄰。有時我們去勞動，不時經過電影系統幹校，見那裡的大字報也非常熱鬧，也常常揭出新的「反革命」。最常見到的是揭批瞿白音「罪狀」的大字報。

工宣隊對我們這些牛鬼蛇神，監督得特別嚴厲。是年秋季，我的老伴要赴京看望大兒子。

我特向工宣隊連長請三天假，擬回家送其上車。這位女連長非常嚴格，只准假一天。頭一天勞動收工後步行至柘林，乘車到西渡渡江至徐家匯，趕到「小窩」的家中已是黃昏。第二天晨光熹微即須動身，以便趕在出工前趕到幹校。所以，我只好托一位至親，送老伴及孫兒上火車。

是年冬，林「副統帥」第一號命令已下達。幹校各連隊，天天在清晨進行拉練，並嚴格防空軍訓，一聲口令，立即要在原地滾下田裡隱蔽處；旋又一聲號令立即爬上堤。指揮我們軍訓的那位副連長姓吳，聽說原是乞丐出身，因此階級感情特別深。但這樣每日示範操練，不久便下肢生病，經送至上海醫治，說是長了癌，要截去兩腿，結果如何，不得而知。

一九七一年　六十四歲

嘉稑去京後，把大孫兒送至保定其父母處，在北京又住了幾個月，五月初回到上海。

幹校每月放假一次，學員連頭帶尾，可以在家休息四天。一長行鐵棚車，中間放了幾張長凳，年長的革命群衆可以安坐。我們這些「黑七類」份子，只能手攬吊繩，擠在車中搖晃。

是年九月中旬起，幹校的空氣有些不正常。先是工、軍宣隊開會，以後是黨、團員開會；最後，一般革命群衆也被召集去聽報告。田間勞動，只剩下「牛鬼蛇神」們參加。我還是想，這對我們絕不是好兆頭，大約一場新的風暴又要降臨了。幸而過了兩天，適逢照例的假期，我回到家中，照例要先到里弄委員會遞交「思想匯報」。晚上入睡前，老妻輕聲對我說：「林彪死了，想必你們幹校都知道了。」我連忙搖手喝住：「不要亂講，絕沒有這回事，一定有人造謠。」因為事關最最革命的副統帥，輕信謠言，也是「罪該萬死」的。老妻卻還是喋喋不休，說里弄的人都知道了，絕不是謠言。里弄幹部還傳達，只囑咐不要對外國人講。並說林彪及其一夥是叛國投敵，在飛機上被打死的。

我聽了很解恨，但還不敢全信。我們里弄以東不遠，是上海音樂廳。我溜去一看，櫥窗裡放的那張開陳列載有林副統帥玉照的《人民畫報》仍在。記得放假前，我曾在幹校圖書室看到這本《人民畫報》，封面是彩色的「林副主席在學習最新指示」照片，拍攝者署名記不清是什麼，反正大家知道是「敬愛的文藝舵手江青同志」親自拍攝的作品，還突出了光禿禿的頂，埋頭在「活學活用」最新指示。上海音樂廳還陳列著黃（永勝）、吳（法憲）、葉（群）、李（作鵬）、邱（會作）等幾位「無產階級司令部首長」活動的照片。這就使我更狐疑此消息可信的程度。

假期滿後，我仍照例背著行李，到徐家匯坐上校車，歷兩小時回到幹校。

幹校的學員忽然大大減少了。聽說，沒有「政歷」問題或問題不大的，一律已調回原單位工作。學員總數由兩千餘人減少到三四百人。原有十六個連，縮編成三個連：一個是第四連（新聞系統），一個是第三連（出版系統），還有一個第一連，大都是戴了「反革命份子」帽子、「右派」份子沒有摘帽的，以及各式各樣被認為「壞份子」的人。這個連，還要幹重勞動，如運磚瓦、造房子（那時，幹校的大禮堂已翻成木結構磚瓦的，此外，如校本部等也已改建成磚瓦房），挖池塘蓄水，植水浮蓮、水花生，餵豬餵雞、鴨等勞動（那時，幹校的飼養場已成立）。

我雖「名氣」很大，究竟還是「沒有國民黨證的國民黨員」，一向被認為是「死老虎」。

蒙恩典編入第三連，而且可以和革命群衆——都是留有不同長短的「歷史尾巴」的，一起「天天讀」（語錄），一起「天天唱」（樣板戲），並認真學習了。

而團本部一向革命氣概岸然的那位軍宣隊韓政委，忽然不見了。因為他是空四軍出身，而空四軍軍長王維國是積極參與陰謀的林彪一伙。韓政委聽說去學習並「說清楚」了。團本部轉而由一位姓王的工宣隊團長和一位姓沈的工宣隊政委領導著。

在組內學習開始，先由連長報告林彪一伙反革命事件的經過和林彪「折戟沉沙」於蒙古溫都爾汗的過程（後被稱為「九・一三」事件），然後小組進行討論。在會後，又聽到議論紛紛，說空四軍軍長王維國是林彪的死黨，參與謀害紅太陽的「五七一工程紀要」，向林密報毛的行期。是王洪文在錦江飯店死死把王維國纏住，偉大領袖才得以脫身，繞道回到北京的。所以，論功行黨，王洪文不久即調到北京，成為「中央首長」，而且聽說已特擢為預定的「接班人」了（從此，陳阿大、戴立清等流氓份子紛紛彈冠相慶，真有「貂不足，狗尾續」之慨，這是後話）。

我們的小組只有五六人，討論相當敞開，主要是分析林彪反革命路線「左」的實質。大約不過三五天，上面又發下文件，仍由連長逐句宣讀，指出林彪一夥的罪行實質是右，不是極「左」。連偉大統帥都要謀害，豈非右到了極點？連長還逐句傳達了偉大領袖從南方某山洞寫給「江青同志」的一封信，說明不僅他老先生早已看出林彪一向居心險惡，他是不得已被林彪抬出來做「鍾馗」的（為的要捉走資派和反動學術權威這些「鬼」），而且說明，江青也早看清了，希望她以後再也不要「上當」等等。

總之，學習的風向從此來個一百八十度的大轉舵，由批「左」變為繼續深入批右。從此，發言只是為了表態，背誦「兩報一刊」的社論。我們這些死老虎，又變成鴉雀無聲了。

一九七二年　六十五歲

仍在幹校學習，被人們稱為「老山東」（已在幹校苦熬三個寒冬），但連長顧念我年老，以後不去田間勞動，專管工具間；工作是收發鐮刀、鐵鎝、糞桶、水桶等，並於學員用畢交還時，洗刷乾淨工具及糞桶等等。

還曾臨時調去老虎灶幫燒開水，因為我戴著深度眼鏡，水燒開時鏡片模糊，一次給各連灌十幾只熱水瓶時，將手燙傷了。連長特恩准將我仍調回工具間。附帶一個任務，是每天傍晚待報紙來時，去收發室領取報紙，一一分發各小組。此外，時間悠閒得多了。那時幹校已另造好了幾間平房，一部分存放各出版社多餘的圖書（大部是古書及闡述造反道理的「理論」、「文藝」新書，自然，也來了大批郭沫若先生的新著《李白與杜甫》），一部分房間闢作閱覽室。學員並可每人每次借出二册，在寢室閱覽。那時，寢室由於房多人少，每室至多只住二三人，盡可搬取多餘寫字台，作為書桌。我的大部分時間，從此花在溫習古書上。幾個月中，我曾細讀前四史及《莊子》、《列子》等古籍，精神上得到寄托。

同時，我的「生活費」也由每月五十元改發一百元，生活也「富裕」起來，除大都留作家用外，有時買一包「前門牌」過過癮了（平常還是吸每包二角二分的「勞動牌」；在生活費調整前，一向抽八分錢一包的「生產牌」）。

一九七三年　六十六歲

老伴因長兒眼睛工傷，去年就再赴北京，幫助長媳照顧好第二個孫兒時霆。我每次放假回家，只能枯守在陋室裡，有時赴親戚朱家以消磨長日。

秋天，校本部忽宣布，說為了工作需要，決定再調一批人回各自的出版社。我意外地也在名單之列。當天即捲好鋪蓋，「再會吧，五七幹校！」（我似乎很流連這個海濱學校），向來送別的同學們揮手。

上海文獻出版編輯所已被取消了，一部分回原單位，大部職工則併入辭海編輯所。

我到滬的第三天，前往辭海編輯所報到。各出版社的實權，仍操之工宣隊之手。我被分配在資料室工作，實則仍為「廢物回收利用」也。

在資料室的具體工作，是看古書，從裡面找出語詞，製成卡片，以備修改《辭海．未定稿》之參考。

當時，批林已聯繫到批孔。林彪的罪行，怎麼牽連到孔子呢？原來，據說在林彪「語錄不離手，萬歲不離口」之

破帽遮顏過鬧市。
1973 年在上海南京路。

時，曾做過一首詩，自稱要「韜晦」，而《論語》也確實有韜晦的字樣。於是，發動了批孔老二，並認為所有儒家都是保守的，反對革命的，而所有歷史上的改革派，全是法家。於是商鞅、秦始皇、韓非、王安石等都行時了，被尊為法家，即歷史上的正面人物。當時，傳出偉大領袖的一首詩：「勸君莫罵秦始皇，焚書之事待商量。祖龍雖死魂猶在，孔丘名高實秕糠。百代數行秦政制，十批不是好文章。熟讀唐人封建議，莫將子厚返文王。」

被指為「不是好文章」的「十批」，明指郭沫若先生舊作《十批判書》。自然，郭先生緊張了。

我那時翻讀古籍，當然，《四書五經》以及被指為儒家（如韓愈、蘇軾等）的著作都被視為禁書了。我從《商君書》開始，看了《韓非子》、《荀子》等書。後來聽說紅太陽又曾推崇「三李」，於是，大批古詩選也開禁了。和儒家不搭界的舊史書，大可涉獵。從此以後，我就以大量時光，消磨在史籍裡，主要細讀了有關南北朝的十部史和《元曲選》等文學作品。回家無事，也在昏黃的燈光下，看《資治通鑑》、《續資治通鑑》以及王船山（被封為法家）的《讀通鑑論》、《宋論》，不忘隨手抄製卡片。

七月中，蒙「落實政策」，許我搬出延安路八七三弄這間灶披間，令我搬至重慶北路重北新村兩間住屋。

不久，老伴即由北京回到上海。經過多年勞動改造以後，總算有一個可以安居的家，可與老伴朝夕聚首了。又不久，仍按十四級待遇，恢復我「反右」後的工資。

一九七四年　六十七歲

每天仍到「辭海」去上班。繼續做卡片。上面倡議編輯《漢語大辭典》，把我們這些所謂「控制對象」，集中在一間朝北的小房子辦公（人稱這間房子為「北極閣」），大家為《漢語大辭典》提供原始資料。當時，運動仍頻繁。每次運動初起時，工宣隊員必在「北極閣」中找人去「談心」，以探求「階級鬥爭的新動向」云。

是年，我的三個兒子，四個孫兒（小者甫四歲）都由媳婦們陪同，來滬探親，我和老伴初嘗兒孫繞膝之樂。

一九七五年　六十八歲

「批林批孔」運動，鑼鼓敲得更響。「辭海」園內，也傳抄郭沫若先生一首題為「呈毛主席」的新作：「讀書卅載探龍穴，雲水茫茫未得珠。知有神方醫俗骨，難排蠱毒困窮隅。豈甘樗棟悲神墨，願竭駑駘效策驅。猶幸春雷驚大地，寸心初覺祝歸趨。」

這位可敬的學者，也受不了空氣的壓迫，投「降表」了。但一般的看法，他究竟與現代的馮道有別，被並列為「四大不要……」是有失公道的。

但江青、張春橋輩卻更加猖狂，從「批林批孔」，轉為「批周公」、「批現代大儒」、「批宋江」，一步步發展，圖窮匕見，「項莊舞劍，意在沛公」的陰謀，已越來越路人皆知。

後來，又提出「反對經驗主義」、「限制資產階級法權」、「全面專政」等謬論，「四人幫」的野心更加露骨。

是年九、十月間，掀起了一股「反擊右傾翻案」風。我們辭海園（它確有一個樹木繁茂的花園）內，也由工宣隊奉命鼓動，又貼出一大批大字報。我記得第一張貼出的，題目儼然是「揪出還鄉團的總頭目！」大家心裡明白它的目的所指。工宣隊還在各科室強迫寫大字報。我們這個北極閣也不例外。工宣隊和革命群衆擬定了一個「批判」大綱，分幾個小題，批「三株毒草」。著令「廢物」利用「材料」們限期寫出。我到期沒有交。我向領導我們的工宣隊「請示」：「反擊右傾翻案風應該是左派的事。我是全國有名的大右派，也來寫大字報，豈非為運動抹黑？」他聽了點點頭說：「你講的很有道理，那你就不寫罷。」我用了一點狡獪，免於受良心的譴責。

一九七六年　六十九歲

是年，中國三位老一輩的革命家——周恩來、朱德、毛澤東先後逝世，全國震悼、悲痛萬分。

尤其是周總理的逝世，首都人民排滿十里長街，流淚、痛哭哀送靈車的遠去，充分反映全國人民的哀思。

由於「四人幫」窮兇極惡地限制追悼會，禁止人民在天安門廣場的悼念活動，激起了震撼大地的「四五」運動。

記得周總理逝世消息傳到上海的那天，我方下班，一位退休工人攔住說「趕快去買黑紗戴上！」各里弄群衆，則自動集合開追悼會。可見普天同悲，全是發自內心深處的。「四人幫」及其上海餘黨想壓也壓不住。

我午後無事，向例在飯後去南京西路「凱歌」茶室。花一毛錢喝一杯咖啡，以消磨午休的時間。

十月的一天，我到「凱歌」買了票，端了咖啡，找個空位剛坐下，準備細細品嚐。只見四座的人，紛紛交頭接耳，低聲議論。「不會是真的罷？」飄來的大都是這句話。也有大膽的說：「這些赤佬，早該有這一天！」

一位同桌的座客，看我目瞪口呆，神色茫然，默默用手指指對面的牆。只見有一條用白紙寫的大標語：「打倒江青、王洪文、張春橋、姚文元！」還有一條較小的，是「江、王、張、姚『四人幫』已被捕了！」不少人圍著看，年紀大的看一眼似乎嚇著走開了。沒有多久，來了幾名警察，把這兩條標語都撕下了，還大聲轟開行人，一面說：「這都是謠言，快走開，不許亂說！」我還記得，被撕去的標語，末尾都署名為「交大革命群衆」。

我向同座的點點頭，他們也報以一笑，彼此心照不宣，沒有交談一語。

回到「辭海」的「北極閣」，也有人在交頭接耳。顯然，也聽到什麼了，但誰都沒有大聲說什麼。

第二天，大家才傳開了，說「四人幫」前三天已被捕，目前正關押在什麼地方。這消息，是交大一位同學接到他高幹父親的來信，首先在校內外披露的。而這個學生和幾個一同刷標語的同學，則已被公安局拘捕了。

當天下午,「辭海」負責人——稱「領導小組」召開全體職工大會,仍由工宣隊頭頭當主席,而由名義上的第一把手作報告。他是「文革」中第一批「結合」的所謂老幹部,所以對「無產階級司令部」頗有感情,平時做報告時,開口「敬愛的江青同志」,閉口「康老」、「張、王、姚三位首長」。提到上海的頭頭,則言必稱「馬老(指馬天水)或「景賢同志對我如何指示」,「(王)秀珍同志對我們的工作如何關心」等等,表示他是經常和這幾位「首長」見面而蒙信任的。他也是紹興人,平常他「革命首長」儼然對人說話時,總使我不由聯想到阿Q的言必稱趙太爺,自稱是「柿油黨」的神氣。

那天他還是以「滿懷無產階級革命的義憤」,首先申斥「有些別有用心的人」,亂聽、亂傳謠言,「我們一定要追查」。接著說:「中央局勢十分穩定,革命形勢很好,四位首長照常負責,馬老已應召於前晚進京,昨晚還和景賢、秀珍兩位通了電話……」就像「此地無銀三百兩」一樣,會散後,下面「竊竊私議」反而更多了。

其實,那幾天上海的「無產階級司令部」的空氣萬分緊張,調兵遣將,主要是動用王洪文所「精心培養」的「文攻武衛」民兵隊伍,即他們所稱的「第二武裝」——有最精良的新式武器,準備負隅抵抗;已決定了炸毀機場、電廠和自來水廠,炸斷長江口及其他水陸交通要道的計劃,由徐景賢、王秀珍負責指揮,「分兵把口」。預備一經證實「四位首長」被捕的消息,馬上發動「巴黎公社式」的政變(他們叫革命)。先控制報紙、電台。他們連《告全國人民書》和《告世界人民書》也起草好了。

但是,就在他們準備發動「巴黎公社式」暴動的緊急關頭,各機關、各團體乃至各里弄的婦孺老幼，一齊出動上街遊行，敲鑼打鼓，各舉各色旗幟：「打倒萬惡的『四人幫』」，「清算王、張、江、姚『四人幫』的滔天罪行」等口號，真是響徹雲霄。以後，連民兵們也捲入遊行的隊伍。這樣如醉如狂的熱烈、憤怒隊伍，經常首尾相接，足足持續了三天三夜。使公共車輛無法通行。接著，上海人民廣場開了有百萬人參加的聲討『四人幫』大會。

在這空氣下，徐景賢等的「巴黎公社式」幻夢，當然化為泡影了。

不久，北京派來了蘇振華、倪志福、彭沖「三駕馬車」的新領導核心。在萬衆喁喁，渴望除惡務盡的期望中，卻一再強調求穩，連對浮在面上的「餘黨」、「餘孽」，也力示寬大，不抓不辦。有些民憤極大的，「説清楚」甚至不「説」就照常工作了。這樣的「仁慈」使小民們冷了半截。

至於那些「柿油黨」，自然照樣「柿油」，有的還繼續盤踞機要部門。這情況，到兩年後才開始有所改變。

是年六月，長兒白侖、長媳朱益陶來滬，特宴客一席，歡宴至親，為我慶祝七十初度，並共慶十年動亂之收場。

1976 年 10 月，爲紀念「四人幫」初粉碎，與夫人攝於上海人民廣場。

第六章　遊歷著述（一九七七—一九八七年）

一九七七年　七十歲

自從「四凶」擒捕，天日重光。我在市政協的獻詩會上，曾填了一首〈好事近〉：「雨過風光好，四下陰霾盡掃。天朗氣清雲淡，旭日當空照。燕舞鶯啁春意鬧，到好繁花笑。策馬陽關大道，心紅人不老。」詞不工，聊舒滿腔興奮耳。

但「左」的思想積久，難以扭轉。個人崇拜，仍為痼疾。偉大領袖變成英明領袖。而「吹、捧、拍」之風仍盛，「交城縣出了個華政委」之歌聲，到處傳唱，儼然成為正統領袖。而兩個「凡是」，幾乎成為箝制一切的新鎖鏈，廣大人民嚮往自由、安定、幸福之想望，變成了失望。

我仍在「辭海」做《漢語大詞典》之資料工作。當時，出版系統之工宣隊，被撤回原廠。「辭海」新造之資料大樓已經竣工。

一九七八年　七十一歲

香港《文匯報》已創刊三十周年，決定出紀念册。派姚宗鼐、吳羊璧兩兄來滬約稿，我寫了《三十年前》寄去，旋即在紀念册中刊出。這是我塵封二十一年後之首次開筆。從此，經常為香港《文匯報》寫《舊聞雜憶》短篇連載。香港三聯書店編輯出書，老友余鴻翔（憩云）兄為之作序。

不時去市政協參加恢復不久的文史資料工作，為辦公室副主任之一。

是年冬季，中共召開十一屆三中全會，決定撥亂反正，開始糾正過去一切冤、假、錯案。鄧小平同志復出任中共中央副主席，號召全國人民，調動積極性，參加四個現代化的新長征。同時，全國響應《實踐是檢驗真理的唯一標準》的討論，思想大為解放。這一次三中全會所決定的路線、方針、政策，成為開創一個新時代的標誌。

一九七九年　七十二歲

仍在「辭海」工作。是年《辭海》修訂本正式出版。在此以前，我參加近代史組的修改工作，集中在陝西南路一大樓裡，緊張工作幾個月。

香港好友余鴻翔、羅承勛兩兄特饋贈十八英寸彩色電視機一台，由梁占元兄遠道帶交，老友厚情，令人感激。

一九八〇年　七十三歲

年初，上海人民出版社歷史室葉、朱兩同志來訪，約寫近代新聞史料、掌故及個人經歷，欣然應命。經整個春天和盛夏之埋頭寫作，於秋初交稿，定名為《報海舊聞》，計二十五萬餘字，於年內出書。後東京第一書屋翻譯出版了日文版兩冊。

是年夏天，我函招四個孫兒、兩個孫女，都來上海歡度暑假。時住處僅兩間，四孫皆席地而臥，而一門融融，享受天倫之樂。

忽忽暑假將過，送走了各路「小英雄」，本想休息一陣，而政協恢復工作，每週兩次，討論頗費準備。八月初的一天下午，市政協召開各民主黨派少數人會議，我也被邀參加，空氣似頗為隆重。會上，統戰部長張承宗同志宣讀「中央六十號」文件，即《中共中央批轉中央統戰部〈關於愛國人士中右派復查問題的請示報告〉的通知》，宣布對章乃器、陳銘樞、黃紹竑、龍雲、曾昭掄、吳景超、浦熙修、沈志遠、黃琪翔、王造時、費孝通、錢偉長、黃葯眠、陶大鏞及我等二十二位「在國內外較有影響的愛國民主人士」屬於「錯劃」，應予改正。同時宣布章伯鈞、羅隆基、儲安平、彭文應、陳仁炳等五人仍「維持原案」。我聽完報告，心頭感激。三中全會之春風，終於吹去了壓在頭頂的一片烏雲矣！

照例，各民主黨派人物要發言表態，自然是熱烈擁護。但也有人取瑟而歌，勗勉我們這些「犯」過「錯誤」的人，以後應緊記兩條：一，不忘九個指頭與一個指頭的區別；二，勿忘「西安」和「延安」的區別。以後，要我發言，我表示對黨的有錯必糾、實事求是的態度，由衷地感激。隨後，不無激動地說，含冤二十年，人生有幾個二十年歲月白白流失？我們這二十二人中，有三分之二已經不堪折磨，離開人間，我是倖存者之一，今後為報答黨和國家，將更加實事求是、努力工作，力戒少說空話、大話、套話，以赤忱作出貢獻。至於九個指頭、一個指頭之分，有時也難以區別。請問像文革十年所犯之失誤，是一個指頭還是四個、五個指頭？同樣，當時號稱兩個司令部，究竟哪一個司令部是「延安」，事先誰有識力敢於區別？

發言後，有一兩位民主黨派開明人士，向我熱烈握手道賀。

八月中旬，忽接香港《文匯報》由正副社長李子誦、余鴻翔出面，來函、來電邀請我和嘉稑赴港遊覽，並參加九月初舉行的三十二年報慶。時間緊迫，幸得統戰部同志大力支持，於九月一日乘飛機南行。過穗時，又蒙《羊城晚報》吳柳斯同志等深夜機場迎接，並有香港《文匯報》駐穗記者及老友陳朗兄多方照拂。香港報館並已派有專人迎候，我夫婦乃於九月三日平安抵港，余鴻翔、王家禎、曾敏之等老友在車站迎候，同至報館休息。

屈指從一九五〇年一度來港以後，已有整整三十年與港九闊別。初入港境，即為上天台山之劉、阮，有「山中方七日，世上已千年」之感，二三十層之大廈，密如「石屎林」，而車水馬龍，地下鐵道、海底隧道以及縱橫交錯之高速公路，密如蛛網。即如《文匯報》館，也已由荷里活

1980 年 9 月，作者與夫人赴香港參加《文匯報》32 年報慶時攝於香港九龍。

道之小樓遷至灣仔道自建的十三層大廈，而環顧周圍，尚似巨人國中之侏儒。而館內一切設備，俱已電腦化矣。

我至此不由興嘆，過去三十年，國家之命運也如我個人命運一樣，光陰白白流失！不僅流失而已，且關門夜郎自大，自己神化自己，天天搞階級鬥爭，以致國民生產，破壞至「崩潰邊緣」，而恰在這一段時期，世界已進入電腦、人造衛星時代，正如歷史上歷次技術浪潮一樣，大大推進了生產力之發展。回憶一九五〇年我離港時，香港的面貌大體上與上海相彷彿，現在則差距懸殊，香港已成為世界第三金融中心，生產則與新加坡、南朝鮮、台灣並稱亞洲四條小龍。神州大陸人民至此，瑟縮變成窮「親戚」矣！

初到香港的半月，忙於同業酬應，從而了解香港報紙、廣播、電視（統稱大衆傳播、簡稱傳媒界）的發展近況。每晚我還饒有興趣地看一套固定的電視節目「話說當年」，它把歷史上那一天的大事，諸如香港建埠初期的概貌風俗人情；大如第一、二次世界大戰的激烈過程，乃至墨索里尼、希特勒如何興起；慕尼黑會議的插曲，以及邱吉爾如何受命於危難之際，出面力挽危局；如羅斯福如何以如炬之目光，介入歐洲戰爭；即對史達林參加對法西斯作戰，史達林格勒一役挽救文明世界之危亡，也有舊資料如實地再現於熒屏。對我國國內的大變化，如蔣家王朝土崩瓦解，解放軍進入北京，大軍渡江，上海解放的情景，也有客觀的攝影報導。這對我這個老新聞記者，不啻重溫舊夢。「話說當年」對香港的歷史變化，所收集之活動資料更詳。我最感興趣的是一九四一年底太平洋大戰爆發，日本侵略軍攻陷港九時的情景，以及一九四八年那時的香港鏡頭。這些舊事，引起我的回憶和深思。那兩個時期，我都在香港主持一家報館的筆政，備嘗甘苦。那時香港新聞檢查極為嚴厲，新聞動輒被開天窗，社論有幾天全篇被「槍斃」，只能留一大塊空白。副刊那時有文藝沙漠之稱。江太史之詩詞及遺少們之妙對等等，充斥版面。

現在，我看到各報生氣蓬勃，據同業說，新聞自由之程度，甚至超過美歐各國。副刊亦百花競放，有一定的質量，此皆香港歷代新聞界堅韌鬥爭的結果，也與祖國之變化分不開。但我想，經濟發展，離不開思想活躍。有了自信，就敢於放手任人批評了。這個事實，對我有很大的啟發。

我所下榻的《文匯報》宿舍，地處灣仔，三十年前，這一帶本為住宅區，現（一九八〇年）已大廈相連，堂館相接，成為鬧市。附近之跑馬地、銅鑼灣，昔日電車轉彎處，人跡稀少，現已成為市中心之一。有名之北角，外江人聚居特別多，與九龍之旺角，咸稱熱鬧中心。至於昔日之繁華鬧市如中環，以及九龍之彌敦道一帶，更為寸金地，四五十層之大樓及紙醉金迷之購物中心——如新世界商業中心，則成為世界遊人採購奇珍異寶之集中地點。我及老妻曾由友人伴同，入內躑躅，恍如步入迷宮，往往如劉姥姥之入大觀園。見所陳列之珍品，標價有高至百萬港元者，為之咋舌不止。

據報紙記載，香港已成為世界旅遊中心之一。港府每年收入，來自旅遊消費者占相當部分，約達幾十億港幣。香港原為一荒島，甚少古蹟、名勝可言，以何種奇幻，吸引如此衆多之遊客？友人告我：一為自由港，遊客來此採購世界各地物品，甚至比產地為便宜。二則近年大事人工造「名勝」。我在香港歷時約百日，曾參觀這樣的人工古蹟、名勝有三處。

一為宋城。面積不過數畝，而城池儼然，其中市肆、店伙、小販，俱宋時服裝、格式，蓋按〈清明上河圖〉等歷史資料所仿製也。尤令我敬佩者為蠟人館，凡塑造歷史人物——自傳說中之軒轅氏、神農氏、隧人氏、三皇五帝直至近代偉人如孫中山、毛澤東、周恩來等都一一塑成與真人大小彷彿之獵像，共有四百幾十尊，且各有其特殊之背景陳設，如越王勾踐之臥薪嘗膽，如梁紅玉之擊鼓戰金山等，無不神志宛然。我看後之感想，以為此種陳列館，可以滿足未到中國之遊客望梅止渴，且對出生海外、尚未深研祖國歷史之少年、青年，客觀上起了一種愛國教育作用。

二為海洋公園。港府及港紳集資幾億港元，在荒山坡上開闢的特殊大型公園。我驅車前往，見大門前車輛如流水，而秩序井然，毫無雜亂及果皮、紙屑亂抛現象。購票入門，票分兩種：僅遊前部者為三元票（一九八〇年時）；兼遊後山，則為十元，報館派總編輯金堯如兄之秘書劉偉昌君同遊作嚮導。前部為動植物園、鳥類館、兒童遊樂場等普通遊樂設施，花木亭台，亦楚楚有致。購全票者，登半山纜車場，格局儼如一小型車站，進入口處，則有兩條鋼索，係數十餘輛圓形纜車，不停地駛向天空。每乘可坐四人。空車進站後，即很快入座，或一人獨坐高歌，或情侶雙雙倚坐，或一家四口合坐，均悉聽其便。登車後關上小門，纜車即抛向天空，跨越兩座山巔，始到達後山。途中只見彩色纜車在空中穿梭飛舞，蔚為奇觀。後部規模更大，面積廣數百畝。有海豚表演場，有十分舒適之觀覽梯形座，可坐幾百人，面對一碧綠之水池。每天表演數次，海豚六七尾，不時升出池面，或相互比賽；或有馴養者授以各種物體，頭頂弋水而過；或有女郎騎在背上，起伏上下。看台上有不少外籍兒童，拍手稱賞。後部共有堂館十餘處，最令人讚賞者為水族魚類館，館中心為一巨大玻璃圓筒，高有十數丈，寬亦數丈。四周有石級，盤旋而下，可以清楚看到各水層海魚活動之情況及各種珊瑚及海藻之類植物。聞此水族館，規模之大，收蓄種類之多，冠於亞洲。我默視觀客中，有不少為日本及歐美遊客，可見其吸引力之大。

走馬觀花一過，我們老夫婦已腿疼腰酸，幸後部有特設之餐廳部，設備亦彷彿市區之第一流西餐館，而取價特昂。

是日所見，飽開我眼界。遊客中歐美遊客占相當比例。聞公園開闢以來，門票及餐館等之間接收入，已足可償還幾億元開辦費而有餘，可謂動足腦筋，招徠遊客矣。

最難得者，園內清潔如洗，我從未發現有一落葉、紙屑、煙蒂及痰漬。

三為太空館。坐落在九龍尖沙咀瀕海，乃利用拆除九龍舊火車站遺址而新建者。我們到港之初，甫正式開館，而預售門票，輒須三日以前。我夫婦仍由劉偉昌君伴往，館廠數十畝。入館以後，先至展覽館，有以各種圖表及實物模型，展示各種天文、地理知識。約半小時後，輪到進入太空館，館為球型，上布日月星辰，下則為可以俯仰輪轉之軟椅。坐後必須用皮帶束緊。仰視上空，恍如置身月色皎潔之星空。展覽開始，先為遊九大行星，然後轉入太陽系外，如坐人造衛星，遨遊太空，遠及各個星系，則見大小星隊，閃爍而過。真如《莊子》之大鵬展翼，一衝九萬里矣。嗣後，又環遊全球。上空先後出現亞、歐、美、非各國之景色，如中國之長城及絲綢古道，如埃及之金字塔及人面獸身像以及巴黎之凱旋門，倫敦之西寺，美國之自由神像及摩天大樓，一一出現在眼前，並配有各自之景色。最令人驚駭者，為置身非洲之天然動物園，猛獅、暴虎及各種猛獸，咸怒吼張口伸爪在目前。還深入斷層石壁，適遇海嘯地震，石塊崩騰下墜。斯時我及老妻，不禁閉目側身，如身臨險境。總之，在太空館歷半小時，無刻不在驚奇震駭中。聞這兩套影片，係從海外有名天文館所翻製，需同時有幾十部放映機在各個角度放映，才能如此逼真。參觀者有不少外國遊客，更多的是各中學師生，由老師率領前來。蓋此為學習天文地理知識之好場所，比之學校書本學習，事半功倍矣。

此外，我們曾漫遊附近小島，假友人別墅憩息一宵；便中參觀養老院，鰥獨孤老均頤養於此。聞年過七十者，無論其子女為百萬富翁，或赤貧無助，港府每年每人例發一百元，名為敬老費。數雖戔戔，亦足以表恤老憐貧之意。至入養老院家無後人者，則所需概由社會募款支付。老人咸茗茶歡談，飯食亦多可口。聞春秋日，港府例派人派車，免費送老人至太平山等處風景點旅行。

我們又曾數次漫步濱海之維多利亞公園，地廣寬闊，游泳池、網球場悉具規模。此外，則草地蔥綠如茵，花樹成林。中秋夜亦曾去觀燈，幾乎萬人空巷，提燈參加者途為之塞，聞該地如按地價出售，收入當不貲。凡此皆引人思考；資本主義制度誠為剝削制度，但開放的資本主義社會，生產力又急速發展，亦有餘力著眼於人民之福利，未可以社會制度落後，而閉眼否定一切也。

即如香港之道路建設及市政管理，亦頗多優點足以為人取法者。香港房屋新建者比比皆是，但從不妨礙交通，打樁、建築，咸局限在一定範圍內，不許占用尺寸公地。不得已礙及行人道者，則就地構造臨時通道以便行人，片刻不使交通受阻。即山上道路修建或翻修，心另築便道，不使行車有一刻妨礙。不似內地之動輒隔斷交通，阻塞動輒數月。此點我體會最深。一九八〇年前後，我在滬住家重慶北路，曾因修造房屋被截斷達數年之久，建築物資，更狼藉四周半邊馬路，使附近居民長期處於狼狽狀態。惜乎近年赴港考察者多未鑒及此。我在港百日，也曾與《文匯報》領導共同接待多批各省參觀、考察團，成員多為黨員首長，甚至有除領導「內行」外別無所長。真正的專門人才，如市政「里手」，則是不出國門一步，宜乎多年來關門自大，無從借鑑矣。

有一次，我曾赴九龍遠郊之沙田，參觀香港中文大學，陪同者有港報副總編輯王家禎兄及劉偉昌君。三十年前，沙田為一荒蕪小村，現則三十餘層之大廈成片，附屬建設，有公園、學校、托兒所以及商場、菜市及其他公用設施，無不完備，儼然成為一新型之衛星城矣。

中文大學在沙田以北之山上。大學原為近十年所建，係以新亞、聯合、崇基等三書院發展而成。新亞書院為吾師錢賓四先生慘淡經營所創立，是以學校之圖書館尚以賓四命名。賓四先生則已年邁退休，在台北構築精舍，仍著書立說矣。

學校的寧静空氣，以及濃厚的學術空氣及自由氣氛，給我一股新鮮印象。有一地區，張貼很多大字報，所涉及之問題，皆多對校內各項興革之意見，亦有對政治發表坦率意見者。

我參觀之重點為該校新聞傳播系，蒙系主任及傳播中心主任余也魯先生導引參觀美術教育室、廣播教育實驗室及電視拍攝並放映設備，還有電腦排版及印刷設備，參觀了數據存儲和傳播的體系，歷數小時。余也魯先生還為我召集座談會，與該系師生交換關於發展大陸、香港和台灣傳播事業及新聞教育的意見。談話很坦率誠懇，使我很受教益。

後來，我又到幾家設備較新的報館、電視台參觀。我猛然像從舊世界跳入一個嶄新的時代——以電腦、人造衛星、光導纖維、遺傳工程為中心的時代了。

回顧一百多年來的中國近代新聞史，也隨技術、設備的革命而一步步飛騰。機器的開始傳入中國，帶來了以《電報》創刊為代表的飛躍；電氣的推廣，帶來了從梁啟超到于右任、宋教仁的躍進；無線電和電傳照相的應用，使中國新聞界邁入張季鸞、戈公振的時代。現在，我們閉關自大了三十年。恰在這一段時期，世界已進入比前幾次技術革命更迅猛的電腦時代了！而且來勢之猛，有瞬息萬變之勢。我們只有迎頭追趕，趕上新飛躍的勢頭，才能與時代相適應。信息社會，是新時代的特徵之一。新聞傳播事業如不徹底更新，流連於舊模式，仍受窯洞文化的禁錮，那將是自絕前進之路。

這個問題，使我沉思、苦惱了好幾天。

是年十月一日，為香港《新晚報》創刊三十周年。該報的血緣，源於一九四四年重慶創辦之《大公晚報》。總編輯羅承勛兄亦《大公晚報》舊侶。他請我寫一專欄。我義不容辭，且如久未登台之舊藝人，一旦有機會放聲高歌，自然不願輕易放過。於是以「海角寄語」為欄名，每天一篇，每篇千餘字，輒於晚間應酬畢後，深夜濡筆寫成，頗引起讀者之重視與歡迎，欲罷不能。十二月回滬後，又連續寄稿數年，直至羅兄離職後始結束。後香港文藝書屋匯集其一部分，出版專册。

內容大率為回憶「左」傾二十年之舊事，亦有談及對新聞之希望者。蓋我自「改正」之後，即抱定不計較過去之態度，一切恩怨，俱付之汪洋大海。但認為經驗不可不吸取，過去

「左」的根子不可不挖根刨盡。否則，一日如有適當氣候，毒根又將萌發新瘤，毒害國家民族。

在其他報刊上，也曾發表文章，希望香港報界能形成一健康的輿論中心，對國內政治，善意批評監督；尤其對「三中全會」以來之路線，希望耐心期待，勿過分評頭品足，此國家唯一出路所繫。

迄十二月上旬，即束裝賦歸。途經廣州，又由陳朗兄挽留旬日，在暨南大學講學一週。又承暨大招待去從化温泉遊覽兩日。見報，知上海復旦大學已聘為兼職教授。回上海《文匯報》任顧問，則早已發表矣。

回滬以後，曾為《世界經濟導報》寫一連載，題為〈香港見聞〉，略述所見所感。

是時，正值公審林彪、江青反革命「十惡」大會。看到江青、張春橋仍氣焰囂張，咆哮法庭，若有所恃，不勝氣憤，乃為港報《海角寄語》寫一篇〈他站在哪裡？〉略抒所感。後聞有些一貫正確者大不以為然。其實，要撥亂反正，尊重法治，必須正本清源，絕不可再不顧事實，為尊者諱，為賢者諱也。

一九八一年　七十四歲

受香港《明報》之約，兼為該報寫通信。闢專欄名「上海書簡」，筆名為金戈，蓋各取鑄成二字之半邊也。

在港《文匯報》續寫之《舊聞雜憶》，由香港三聯書店編次成冊出版，書名《炸彈與水果》。

是年春，值母校無錫師範成立七十周年，特偕老妻赴錫參加。同班同學管文蔚、華洪濤亦專程到會祝賀。住無錫賓館，參觀林彪在錫時所建造之地下室。又暢遊惠山及黿頭渚等處名勝。

又承旅遊局及《無錫日報》友人之招待，派車送我們老夫妻至宜興，暢遊善卷洞。時值天雨，匆匆在宜興城內一過。三十年睽別之故鄉，未能向父老拜訪，趕回無錫，翌日即由錫返滬。

是年三月，飛京參加浦熙修同志追悼會。哀此戰友，患癌後在文革中竟被醫院趕出，不治而逝世。聞其在全國政協從事文史資料工作時，尚每天記日記，並曾上書周總理，請嚴格審查其一生云。參加追悼會者有幾百人。其女公子袁冬林君告我，陸定一同志因病住院，特專函冬林，大意謂在渝時曾共同戰鬥，一九五七年狂風席捲時，身為中央宣傳部長，不能加以蔽護，請冬林在靈前代致歉仄之忱。又名畫家華君武同志亦來函，謂當「反右」鬥爭時，他曾畫一漫畫，題為「猶抱琵琶半遮面」，以譏諷熙修。亦請代向熙修遺容致歉。

在狂風飆起時，熙修且被輕浮之筆調，賜為「能幹的女將」，當時定一先生並未親歷其事，而內疚如此。與君武同志發自內心之悔疚，真誠十分感人。蓋彼此都為極「左」思想之受害者，一聲懺語，足慰死者於泉下矣！

在京勾留數日，聞作家白樺受批判，一貫正確者磨刀霍霍，意圖以掀起一場運動為快。曾寫短文，抒其憤懣，刊之《明報》。幸鄧小平、胡耀邦諸公及時制止，未起波瀾。

曾抽空赴保定探望三兒媳婦及長孫，重遊古蓮花池公園及光園舊跡，真不勝今昔之慨矣！

返滬乘火車，初過南京之長江大橋。

是年冬，香港中文大學聯合美國東西文化中心（在檀香山），發起在香港舉行新聞教育討論會，我及其他九人被邀參加，費用概由邀請者負擔。我國關係方面已覆電應約。後聞有一貫正確者從中作梗，卒失信而未能成行，而台灣應邀之五人，則已將首途赴港矣。

秋冬之際，開始寫《杜月笙正傳》，在上海《青年報》連載。刊登之日，郵局發報處門前常排成長龍。後因恐主持者心旌不寧，乃於刊出第八章後宣告腰斬，嗣再補寫五章，交浙江人民出版社出書。

廈門大學抗戰前本有新聞系。此時議恢復，劉季伯先生主其事。函請香港《文匯報》介紹我先往講學。金堯如兄乃函其大學時代之老師張立先生（廈大歷史系教授）到滬面邀。我和老妻乃乘車前往。晤廈大黨委書記曾鳴先生及正副校長。初住五老峰之凌峰樓（教授住宅），後以上下不便，移住山下之賓館。

我對曾鳴等先生陳述管見，認為目前已進入電腦時代，新聞教育應走快一步，設立新聞傳播系，以培養能適應四個現代化對內對外之宣傳人才。曾先生等深善是說。

曾對中文系師生作學術演講。原擬作三講，兩講未畢，則見《廈門日報》刊載，本年全國政協增補委員名單，我亦在其列。旋廈大亦得北京電通知，請促余速赴京開會。

廈門風景秀麗，空氣清新，初冬氣候尤為宜人。來廈數日，余夫婦僅遊南普陀、鼓浪嶼等處，其餘勝景，尚未及一一登臨。接訊後，不得不連夜登程，先趕回上海，然後單獨飛京。至則開幕式已過，參加大會及小組會。我及陸詒兄及清華同學吳志強兄同住一室，在國務院第一招待所，地距中關村不遠，有直達車可通，休息日可與長兒白侖、長媳益陶及次孫時霆歡聚。

一九八二年　七十五歲

六十年前，我方小學畢業，暑假後考入無錫省立第三師範。是年家鄉西城牆新闢城門，城樓懸有蔡孑民先生題字，下署：「壬戌之秋」。運用蘇東坡〈赤壁賦〉舊文，信手拈來，不落痕跡，對我印象甚深。光陰如白駒過隙，轉瞬已歷一花甲矣！

四川人民出版社徵得香港三聯書店同意，出版《舊聞雜憶》正續編，樣書及稿酬已寄到。

暮春三月，應浙江人民出版社之邀，赴杭看《杜月笙正傳》清樣。下榻葛嶺下之新新飯店，地臨裡西湖。每於讎校之餘，推窗一望，則西湖波光如鱗，白堤如帶。「夾枝楊柳夾枝桃」，堤上如一彩帶，桃花正當怒放時節，紅、白、粉紅色相間，斷橋上下，中外遊人如蟻。

每當日出和白兔東升之際，輒攜老妻躑躅於孤山、西泠印社、放鶴亭及蘇堤一帶。孤山麓重新雕成之鑒湖女俠秋瑾石像剛落成樹立，石基下已有不少花圈。我曾目擊三五青年自遠跑來，訝曰：「何來一婦女像，一定是劉胡蘭之塑像。」其中一人似較為老練，亟更正說：「劉胡蘭不會是婦人，一定是黃道婆的紀念像。」青年對歷史的無知，可勝浩嘆！這都是十年浩劫之後遺症。推而廣之，解放後中學不重視歷史課程。我寫《辭海》秋瑾條釋文時，本書「近代革命烈士」，乃被審稿者紅筆劃去，改書為「近代民主主義革命者」。可見「左」傾思想，源遠流長矣。

在西湖暢遊十日返滬。

初夏，余也魯先生同他的老師傳播學專家W・宣偉伯教授及夫人來滬講學，《文匯報》設宴款待，余送之返錦江寄寓。余先生邀我單獨談話，欣然曰：「聞先生將協助廈門大學創辦新聞傳播系，計劃如何？」我說：舊大學新聞系，輒紙上空談，學生畢業後不能立即投入實際工作。按我的想法，廈大不乏在海外之畢業生，擬發起募款，為廈大建立一規模相當，近於香港中文大學之傳播系，電腦設備雛形齊全，便於學生在學習中，逐步掌握電腦等最新傳播媒介。也魯先生極興奮，慨然說：「募款費時，且無把握，先生果願出面創辦傳播系，我可與國外基金會聯繫，無償、無條件捐贈一批必要設備，並可物色英文及傳播學專家，來廈大講課。」

不久，廈大王洛林教授來滬，聞而亟贊之，回廈即向曾鳴先生及校長等進言。廈大乃再邀我赴廈面商。

我到夏數日內，適項南先生視察閩南抵廈，邀我與曾鳴先生同往廈門賓館晤談。項南先生本為余解放初期舊識，同為第一屆全國人大代表，為人有卓識而富氣魄。長談三小時。項南先生對我籌創傳播系，首先設立國際宣傳及廣告專業之意見，極為贊成。並說，此事為當務之急，即明年開始招生，將至一九八七年始有學生畢業。為四化大業計，為時已甚亟矣。

後經與曾鳴先生及學校各部門領導細細商酌，決成立新聞傳播系籌備委員會，推我為主任委員，劉季伯、未力工先生為副主委。所有教務、人事、基建等部門負責人為委員。

磋商甫告一段落。福建省政協秘書長顧耐雨先生及福州市政府秘書長林萓治先生——為解放前《文匯報》舊友，聯電邀約赴榕講學和遊覽。

廈大特派車並請張立教授伴同赴福州。

廈門、泉州、彰州一帶，稱為福建之金三角，物產豐富，人物蔚起。廈榕間為一級公路，車行甚速，過集美後，即向泉州疾馳，一小時餘抵泉州，在泉州飯店打尖。

泉州為有名之僑鄉，亦為宗教聖地之一，由張立先生一高足導引，參觀泉州古寺，登石塔，並展覽弘一法師遺物。弘一手書屏條、方額及所刻篆印，均造詣極深，真不愧為近代之高僧也。匆匆一過，繼續就道，不久即福州在望。此歷史名城，林則徐、林琴南、薩鎮冰諸名賢之故鄉，心嚮往之久矣！

顧、林兩先生及政協副秘書長兼民盟省委副主席吳修平先生盼候已久，即招待下榻於附有溫泉之東湖賓館。

與顧耐雨先生一見如故，坦率交談，嗣後，我即以顧老稱之。據修平談，福建冤假錯案之平反工作較徹底，顧老與有力焉。

在省政協大樓共講兩次。福建省政協大廈之高敞寬大，為我所經各省市之冠。七樓大廳可坐千人，我的第一講為《新聞「烹調學」》。是時我對大衆傳播之意見，已日趨條理化。大要認為要革新我國新聞事業，一須趕上電腦化時代之新潮流，熟練掌握自採訪到印刷一系列新工具。二須本於實事求是之精神，重視宣傳效果。因此在採訪、寫作、編排、言論各個環節，都要尊重事實，尊重大衆傳播之客觀規律，反對教訓人、滿堂灌之模式，而視讀者為知心朋友，以平等之態度，耐心擺事實，說清道理，以求得讀者之愛讀、信服而引起共鳴。我總結這一套理論，名之曰「新聞烹調學」。恰如廚丁掌杓，不管原料是社會主義的，還是資本主義的，都應力爭適應讀者口味。使讀者翻開報紙，即覺珍饈滿桌，而大碗小盆搭配有致。每菜色、香、味俱全，吸引讀者垂涎欲滴，食指大動。

如每菜都貼上社會主義標籤，而作教條主義宣傳，則恰如廚師每菜必加上大把辣味，則顧客必望而卻步矣。

是日聽講者除新聞界外，有大學教授，有中小學老師，還有大量民主黨派成員。會後聽反映，一般認為針對性強，說理透澈，對各項工作，都舉一反三，有所啟發。

第二講為如何改進對台灣宣傳工作，亦應講求實事求是，不誇大自己之長，亦不抹煞對方之優點，更不應以幸災樂禍之口吻，誇大對方之天災人禍。福建為宣傳前線，更應努力加強祥和空氣，創造聲氣相通之條件。

省政協十分重視我的兩次對話，事後編入學習資料中。對黨外人士之言論如此重視，在我，亦為罕見。

以後，連日參觀漆器廠及玉雕廠，見巧匠精雕之花鳥蟲魚，栩栩如生。大塊田黃雕製之玉器，尤價值連城。漆器如脱胎複製之大件石獅、古器，亦與原件不爽毫釐。

在市區遊福州西湖，市內三山。並驅車同遊鼓山。山丈為縷述左宗棠治閩故事，知左氏之遺愛猶長流民間。省政協及福州市府特治素筵款宴。林萓治兄並帶來葷菜多件，以增酒興。是日，杯盤狼藉，主客盡歡，不知落日之西沉，回城已萬家燈火矣。

是年初冬，偕研究生賀越明君同遊武漢，蓋參加武漢大學之校慶也。寓東湖招待所，適與《人民日報》高級記者、名畫家方成同志為鄰，同席暢談，有時且同車出遊，重溫解放前在上海之友情。此招待所規模殊大。紅太陽曾駐蹕於是——另有一建築群，「百萬雄師」（武漢——

「造反組織」名）鬧「革命」時，聞謝富治、王力亦移居於此。蓋飽記歷史之風雨也。而招待所地廣數十畝，樹木森森，面向東湖汪洋一片，自然景色亦絕佳勝。

三十年代，我曾在武漢工作整四年，對我亦有第二故鄉之感情。武大慶祝告一段落，即由武大吳肇榮、吳高福兩位先生及《湖北日報》之雷剛、《長江日報》之陳修誠諸先生陪同，過長江大橋至漢口尋覓舊蹤。先至大智門，我還依稀認識方向，果找到宏春里。吳肇榮先生亟贊我記憶力之強。里弄宛然舊貌，內部房子已改修。旋至江漢路以東之三教街欽一里，則舊巢房屋仍在，而里弄外已成估衣集市，從滬穗運來之時裝攤販相接，對門原有之世界旅館則不復存在矣。而太平洋飯店大樓依然矗立，已改作某公司矣。

又至原金城銀行所建之金城里，為余在漢居住最久之地，當時為最新式之公寓款式。至則房屋依舊，而窗敗欄斷，非復五十年前面貌矣。又至隔街之漢潤里，尋《大光報》及《大公報》漢口館舊址，亦能辨認出地址門牌。隨行之兩報記者，在我站立各「舊巢」前，為攝影留念。在江漢路之璇宮飯店，為當年花柳煙花之場，現則已改修成為接待外賓之招待所。我等亦在大門前合攝一影。

翌日傍晚，又偕雷剛及賀越明兩君，再往漢口尋夢，在江漢參加夜市，並至因紅太陽照臨而聞名之老通成吃豆皮，味亦平平，所售之罐裝原汁雞湯，實快朵頤。

飯後赴漢劇院看戲，適是日主角陳伯華無戲，由新角演新編劇，漢劇之特色仍保留。回憶五十餘年前，陳伯華初露頭角，藝名「小牡丹花」，而牡丹花則為老輩演員之藝名。我當時曾看其演出《採花趕府》、《活捉三郎》等戲，嘆為觀止。及今道及，真如白頭宮女話當年矣。

在武漢其餘的日子，曾在武大新聞系籌備組與教師們座談，我談對發展我國新聞教育的意見。又應華中工學院院長朱九思先生邀約，向正在培訓的各縣宣傳幹部作了一次講話。《湖北日報》約去座談一次，總編輯樊坤同志虛懷若谷，親自做了筆錄，並邀請我去看武漢歌劇院試演的歌劇《編鐘歌舞》，耳目為之一新。

還去《長江日報》編輯部座談，受到該報負責人陳修誠、胡文新諸先生熱忱的接待。

在武漢遊興已闌，買舟東下，先與江蘇省記協王奇忠先生及《新華日報》高羽先生函約，擬過寧時勾留三日。到南京後，厚蒙接待。先後曾參觀太平天國王府、孫中山之臨時總統府並遊中華門、棲霞山及玄武湖、莫愁湖等風景，再次領略六朝及近代遺跡。

一九八三年　七十六歲

開始寫《哈同外傳》，每天寫一段，即交《新民晚報》發表（後由上海文藝出版社編次成書出版）。

初春，民盟總部在無錫舉行東南各省市宣傳幹部座談會，約我前往參加，並作了講話。住市中心之無錫飯店。翌日，宜興縣政協秘書長俞志厚先生及《宜興報》之許周溥兄駕車來接，我得有機會再至「故鄉作客」。下榻縣委招待所。

飯後休息片刻，即溜至南大街豆腐花小擔飽「脹」了三小碗，蓋此皆兒時所喜嚐，而他鄉雖間亦嚐到，總不如故鄉風味，所謂「月是故鄉明」也。承俞志厚先生親引導參觀周孝侯廟殘址。「十年動亂」中破壞僅存軀殼，而撫摸四壁，周處親書「雲龍風虎」及王羲之所書碑碣幸獲存在，為之釋然。聞縣當局及父老正努力於修復原樣工作。

第二日，全日在《宜興報》講新聞近代史略及「新聞烹調學」，常州、鎮江及長興、湖州報界及部隊宣傳幹部咸派人來參加。案前有大型錄音機七八架。可見我國三中全會以後，各地方報亦日趨健全，主持者亦虛心好學。

在故鄉三日，得交不少新友，並與敦本小學同學萬元祥兄晤談。總角之交，都已白頭矣。第四日又趕回無錫，參加無錫民盟支部之歡宴。主持民盟中央此會者，為老友馮亦代兄。

初夏，應《鎮江日報》總編姚杰先生及編委余中奇兄之邀，偕老伴赴鎮小住三日，得暢遊金、焦、北固及招隱山等遠郊三山，風景尤為秀麗，無怪梁昭明太子棄「皇太子」之尊如敝屣，隱居此山，修纂光照千古之《昭明文選》，而東晉音樂家戴顒亦隱此山，譜《廣陵曲》也。

在鎮亦曾談「新聞烹調學」，南京記協負責同志及興化、揚州報亦有人來聽。南京大學學報編輯亦來聽講。

是年秋，廈大新聞傳播系正式成立，招第一批新生。我請商一仁女士偕往，不日，余也魯先生亦偕夫人來，與曾鳴、劉季伯、未力工、潘潮玄等諸先生共議教育大綱，以及向外引進人才、器材諸問題。籌委會改稱系務委員會，我任主委。

一切商定後，應項南書記電邀，再度赴榕。下榻温泉賓館。聞廈門海濱一帶，風景幽絕，二十年來，一直為「廈門前線」。現則密布祥和空氣，部隊逐步調撤。旅遊部門爭取建造旅遊堂館及景點。項南書記重視教育，劃五百餘畝交廈門大學，作建立傳播大廈及擴充其他文科教育設施之用。聞之極興奮而鼓舞。

送別也魯先生後，我亦旋乘機直飛北京，參加政協大會，途中曾寫〈空中賞月〉雜文，以譏彈「左」得可愛之英雄。此一陣罡風，卒由中央負責同志之英明決斷，得以煞住。

是年夏季，曾由浙江人民出版社袁倫生先生之邀約，偕妻再至西子湖邊，暢遊十日。下榻杭州飯店，整理稿件，發《新聞叢談》稿。有機會參觀改建之康莊、劉莊（皆在後湖，為一九五八至一九五九年「自然災害」期間所改建為行宮）。又參觀林彪出亡前所營之「地下宮殿」。輒誦〈阿房宮賦〉之警句「五步一樓，十步一閣」，「奈何取之盡錙銖，用之盡泥沙」，「秦人無暇自哀，而後人哀之」。反覆吟詠，深為獨夫興嘆。

回滬，又曾為四川人民出版社編《舊聞雜憶．補篇》稿。

並曾於盛夏偕嘉稑赴京，參加民盟中央錢偉長先生所主持之學術講座。我主講之題目為〈新聞藝術〉，共分十講，每講兩小時，每週五次，共講兩週。講壇借北京師大課室。參加聽講者有百人，來自近二十多個省、市、自治區，大率為新聞幹部及新聞教育工作者。我下榻休息，則在東直門附近海運倉賓館，兒、孫咸來歡聚。賀越明君則偕行作為有力助手，協助民盟同志布置討論，甚受學員之尊重。後武漢大學新聞系教師，根據錄音，整理成書，交上海知識出版社出書，頗獲好的反響。

是時，我的長媳朱益陶染有肺癌，我夫婦曾往醫院慰視。無奈病發時已至晚期，化療、中醫均無效。是年隆冬，不幸終於病逝。長兒白侖，遭此喪偶痛苦，自己又雙目近於失明，次孫時霆甫上高中，一家悲痛，自不待言。我夫婦老年痛失此賢孝家婦，亦忍不住老淚橫流也。

富貴不淫，威武不屈，不顛倒是非，不譁衆取寵，
這是作爲報人的品德和特點。——1984 年在復旦大學講學。

一九八四年　七十七歲

新春二月，應蘇州大學中文系邀約，講課兩週，住專家樓，蓋原東吳大學外籍教授之住宅也。憶一九四五年送白侖兒來上東吳高中時，覺房舍優美，花木布置井然。此次重來，四周教育大樓輪廓依然，草地亦依然蔥綠。四周合抱大樹無慮數百株。真「十年樹木，百年樹人」之良好基地也。

我在古屋樓頭，輒涉遐想：假如在解放之初，院系調整之時，能保存私立和教會大學之名稱，而僅改革其課程及人事。諸如「東吳」、「金陵」、「燕京」、「嶙南」、「華西」等校名，並無「階級」意義，且有傳統的學風，則不僅在開放中，增長引進及信息交流之便利，且可以鼓勵千千萬萬老畢業生——大部為老中年各門專家之積極性。而見不及此，當時「一刀切」之結果，三十年後之今日，補救為難矣。

在蘇州大學講課三次，主要為談古典文學及新聞報導文學之語法修辭。空餘時間，並遊附近之滄浪亭及網師園。我幼時曾熟讀蘇子美之〈滄浪亭記〉，故對此古園特有感情。網師園則小巧玲瓏，一亭、一石、一花、一木，皆布置獨具匠心。站在任何角度，或從任何窗口望去，都成一幅中國畫之山水畫圖。我在姑蘇大小園林中，最偏愛網師園。因地較偏僻，遊人亦不如獅子林、拙政園、留園、西園之擁擠。選桌静坐，一壺清茶，從四面門窗中欣賞中國畫活的畫頁，其樂趣誠無窮也。

當時，夏衍、陳白塵諸兄正在蘇審定大百科全書電影戲曲卷，特趨往旅舍拜訪。

蘇州熟友陳雪樓、孫國寶、及表弟周維鈞頻來校訪晤。講課畢後，並相偕至楓橋參觀寒山古寺，蒙性空法師邀入禪堂，款以香茗、乾果。見康南海書法，蒼勁可愛。

旋至附近之楓橋鎮，看其鄉辦工業，已有絲織廠、塑模廠等多家，工業總產值已達幾千萬元。且在深圳設「窗口」，產品遠銷港澳。蓋斯時三中全會所決定的開放政策，農村推行承包責任制已初見成效。楓橋加緊步伐，鄉民之生活，已見顯著改善，公共福利亦已規模初具。我們夫婦及諸友窮一日之光陰，遍訪工廠、花木培養場及農民住宅，興趣甚濃，想此處為蘇南推廣承包責任制及試辦鄉鎮企業之先進點。回蘇大後，亟將所見、所聞、所感，連寫兩篇通訊，寄香港《明報》發表。

後幾日，移住市中心的樂鄉飯店，又與楓橋鄉之幹部座談，了解該鎮工業創立之經過及遠景規劃。便中遊觀前街及玄妙觀，亦已修繕一新，玄妙觀之特色小吃，亦漸次恢復文革浩劫前之舊貌矣。在蘇州共勾留十日。

四月，接合肥《安徽日報》邀請，並承安徽新聞刊授大學聘為名譽校長，乃與復旦大學之王中教授（新聞系主任，亦被聘為名譽校長）先後前往。參加了刊授大學開學典禮，並「面」授了兩次課。暇時，出遊逍遙津公園，瞻仰包孝肅祠並附近之廉泉。又尋訪張遼「威鎮逍遙津」遺跡。

合肥為我國中等城市，市內馬路寬闊，到處樹木成蔭，市內新建房屋甚多。

我及王中先生並參觀《安徽日報》社，在編輯部舉行座談。

因合肥火車班次少，經長途電話請南京《新華日報》代訂好寧滬客票。昧爽，即乘汽車離合肥出城，在路邊小店吃白粥、油條，風味遠比上海為好，而取價公道。途經吳敬梓之故鄉——全椒，未能停車展謁名文學家墓道。

到南京後，即由《新華日報》總編輯高羽先生招待。旋即趕往車站，乘直達車回滬。

回家度夏。盛暑甫過，忽接《湖北日報》函邀，樊坤同志親為布置，再遊武漢三鎮，並暢遊鄂中各縣，遠至宜昌，參觀甫落成之葛洲壩，上溯至奉節，來回暢遊三峽。樊先生並計劃兼遊荊襄及秭歸，展遊屈子及王昭君故居。盛情極可感。

由雷剛兄來滬迎接，我欣然就道。至武漢，寄寓武昌飯店，地近江邊，眺望黃鶴樓，重建即將竣工，五層高閣，翼然挺立。

到漢，始知樊坤先生已有出訪任務，由《江漢早報》總編輯冉中先生及雷剛兄伴我出遊。

到漢之第三日，即由《江漢早報》派車隨行。由漢陽登程，中午在沔陽打尖。一路車輛如梭，且多新式之旅遊車。蓋多為第二汽車廠出品，兼之農民生活大改善，有力出資坐此較華麗舒適之旅遊車矣。

抵荊州已傍晚，覓旅舍休息。荊州為三國時名城，尚保存城垣。現有人口十萬，除當地居民外，尚有一部分在沙市工作之工人，早出晚歸，卜居於此。而城內柏油路四闢，居民大樓已接成整齊大街，空氣清新，誠大都市生活者所無法享受。

翌晨，參觀博物館，其中陳列有古楚時遺物如吳王劍等，並有一具完整之古屍，衣飾皆楚時裝束，彌足珍貴。又參觀一古城樓，格式彷彿《三國演義》插圖中所見，還保留一古街道，長約一里，聞將改造成一條楚街，一切商店、居民，皆仿楚時格式。將來建成時，必能吸引大批旅遊客人，比之香港宋城，則真景真色，超邁遠矣。遊畢，即繼續登程，穿行沙市，未多停留，蓋留待歸程時細細參觀也。

當晚直抵宜昌，《江漢早報》記者早在桃花嶙飯店訂好房間三間。我獨住一房，一切設備均現代化，尤其招待人員服務周到熱情，為國內旅館所少見。早晚餐均熱菜、熱湯、熱飯。烹調亦屬上乘，看我年邁，每餐還特為預備可口之麵條，至足感也。宜昌街市濱海長約二十餘里。一九四五年勝利復員時，余與同業在空中過此，一片殘垣頹壁，僅余之小屋，亦零星殘破。今則見大樓成片，半山所建之公園，青翠可愛。真換一人間矣！

參觀葛洲壩，先在展覽館看模型，聽講解，後至壩址現場參觀二江過船閘，規模遠比一九五七年我所見之蘇聯伏爾加水閘為宏大。發電站下水勢奔騰，如千軍萬馬之怒吼。第二期工程尚未竣工，而所發出之電，已遠濟漢、滬電力之不足矣。

到宜昌之第三日，與冉、雷二兄同遊上游之三遊洞名勝。又遊三斗坪，聽指揮同志介紹三峽大壩建造規劃。大壩將高達一百七十五米，人工湖儲水則抬高達一百五十米。預計裝機發電能力為一千三百多萬千瓦，即比目前世界最大的水電站——巴西、巴拉圭合建大水電站發電量還多四十多萬千瓦。葛洲壩屆時與之相比，則「小巫見大巫」了。

所可慮者，三峽水庫一旦建成，壩西水位將抬高約八十米，這樣，將形成一個人工內海，不僅鄂西的秭歸、巴東一帶將沉入海底，川東的巫山、奉節、萬縣等縣大部地區，亦將受淹，影響直至涪陵、重慶，將嚴重影響生態平衡。此則不可不及妥善考慮也。

我溯三峽直至奉節的那天，聞李鵬副總理帶了一小班子，親至宜昌、三斗坪一帶仔細複查。可見興建三峽大壩的計劃，已日益提上中央之議事日程了。

我們從宜昌西上，直至夔門所在地的奉節縣。時值皓月當空，萬里晴空，江水微波，沿岸暢遊了三峽勝境，特別是矗立千丈高山之巔的神女，月色如罩上一層薄霧，有翱翔太空、藐視人間之勢。

奉節為一舊式城市，新建市房極少。我們所住的縣政府招待所，簡陋彷彿如解放前一舊式客棧。而從江邊到達，約歷經五六百級台階。幸有一縣府吉普車迎接，可少上一半台階。

第二天清晨，步行至沙跡中之碼頭，乘渡輪至白帝城，時值枯水季節，從山麓至山巔白帝廟有彎曲崎嶇九百餘級石階。當時有不少退休老幹部，來此度「安慰」旅行，平均約六十餘歲，大都望而卻步。我則以機會難再，賈勇前進，有雷剛兄及縣青委一幹部攙扶，走走停停，終於到達山頂。瞻仰昭烈帝托孤壁畫及泥塑，曾打油七言絕句一首，以志感：

桃園高義傳千古，草對遠謨棄敝屣。
白帝托孤空惆悵，船山評議有深意。

憶讀王船山《讀通鑑論》，對劉備憤於關、張之殞命，不聽武侯及趙雲等之勸阻，悍然興兵伐吳，從而破壞了諸葛亮在草廬時即立下之「東聯孫權，北討曹操」之基本戰略方針。至遭彝陵大敗，將諸葛亮苦心積累的一點本錢——人才與資材，毀於一旦，遺千古之恨。王船山（夫之）曾不勝感慨地說：「劉備平日視諸葛如股肱，但究不及對關張之桃園手足情深也。」又劉備在托孤時，曾對孔明說：「阿斗可輔則輔之，否則君自代之」。王船山讀至此，批一評語曰：「疑之深矣！」

我完全同意這看法。劉玄德因私交而不顧全局，有這樣好的遠見卓識之良輔，到頭來還存懷疑之意，此劉備之終於被稱為「先帝」，而不及魏武、吳大帝之豁達大度也。

在奉節宿了兩宵，各人買了兩筐川東有名的甜橙，仍乘輪東下。我特於甲板頂頭房間，靠窗留一座位。每夜月徹圓，照三峽山嵐險峰，輪廓可辨。我又一次溫習了這天下奇景。

回到宜昌，仍住桃花嶙飯店，因我們出發前，即曾預訂也。時已晚八時以後，餐廳正在清掃桌椅，聞我們來，服務員個個笑臉相迎，重新放好桌椅盤箸。廚房也重新發火，特為我們重煮熟飯，烹飪熱菜，還不忘為我另製一盂爛麵。我們由衷感激，有回到「家中」之樂。

又在宜昌補參觀了兩天。聽說川東、鄂西將另建立一三峽省區，以宜昌為省會。

會見《宜昌報》（專區報紙）及《宜昌市報》（市屬報）的總編輯。我特為《宜昌報》寫了一篇文章，希望注意開拓信息，辦好電視、廣播，以適應未來的新形勢。

我以身體疲倦，婉謝了秭歸和襄樊的旅行盛情邀請，逕赴當陽，參觀當年三國時古戰場。至則旅社、飯莊乃至百貨商場，頗多以長坂坡命名，想見兩千年來，小民對「常山趙子龍」及「燕人張翼德」的崇敬。市內還有「劉後主墓」，小坏黃土，顯係後人製造，因這位阿斗，晚年在許昌養老，受封為安樂公，有「此間樂，不思蜀」之名言。何來歸葬鄂中之根據乎？

並暢遊了關陵，看到文革後重新修復的不少碑碣，為之感慨繫之。憶幼年每讀《三國演義》，至走麥城及水淹七軍各節，即掩卷不忍卒讀，深深致恨於孫權、呂蒙、潘璋輩。近年聽名說書藝人袁闊成在廣播中說《三國演義》情節敷談生動，故事基本根據「演義」而參考陳壽之《三國志》及有關野史。毫無時下藝人亂放噱頭之惡習。自開書以後，我即被吸引，每至此檔書開講之際，即「洗耳恭聽」，如是者數月。但到關羽嚴拒東吳聯姻之提議，孫權遂聯合曹操，南北夾攻荊襄，我也不願再聽下去了。等到「跳」過火燒連營，白帝托孤一段，再繼續收聽。

檢查我的原因，則和童年時不一樣了。我是恨關公的輕狂自大，自以為出身好——販賣棗子的勞動人民，而看不起「三世公卿」的孫權，口出「虎女焉配犬子」的狂言，悍然斷交。使孫權忿而北聯曹魏，南北夾攻荊襄，致呂蒙用計，潘璋設伏，麥城被擒。

兼恨劉備之小不忍則亂大謀，堅拒孔明、趙雲等之苦勸，遽發大軍，遭到彝陵大敗，蜀漢實力，毀滅殆盡。諸葛在草廬對時即定下之聯吳、伐魏的基本政策，被拋棄得乾乾淨淨。

從此，三國鼎立之局，開始動搖，雖經孔明七擒孟獲，六出祁山，也只能以「鞠躬盡瘁、死而後已」收場。我之不忍卒聽，蓋悲於千載以後，亦有「後人哀之而不鑑之」之事例，同樣懷疑良輔，同樣自毀長城，自掘墳墓而以為得計者。古代明君，每以歷史為鑑，信然！

憑弔當陽古蹟後，翌日即至沙市參觀二日。此為三中全會後被稱為開放中等城市的典型之一。全市工廠林立，馬路平整。我們曾先後參觀其發電廠及紗織廠、熱水瓶廠，多能引進先進技術，不斷改進其產品，降低其原料及能源消耗。其不斷前進之經驗，足供全國中小城市之借鑑。參觀畢，即循原道回至武漢。

武漢大學新聞系本年成立，第一班新生早已入學，主持者吳肇榮、吳高福兩先生堅挽至該校講學一週。我為全體師生共講課三次，分別為我國新聞事業之過去、現在及未來展望。接受該校劉道玉校長之聘，任新聞系兼職教授。並將研究生賀越明君搜集編次之《徐鑄成新聞評論選》稿，交武大出版社出版。

時樊坤同志已出國訪問回漢，為縷述國外新聞傳播事業之見聞，甚擴眼界。在漢事畢，即飛回上海。

一九八五年　七十八歲

今年，大概是「驛馬星」當頭了。

正月，政協大會閉幕後，即應《天津日報》之約，到天津小住一週。天津，是《大公報》的發祥地，二十年代到四十年代，天津民諺有「天津新三寶，永利、南開、《大公報》」，也是我在新聞界「初出茅廬」練功、學藝的地方。我曾在這裡當編輯及政治記者達兩年有半。從一九五一年參加赴朝慰問團在此集中並整休後，已暌別了三十四年。下車進入市區後，即有「遊子歸來」之感。

住在馬廠道招待所，這時《天津日報》李夫兄等正在籌創《今晚報》，我曾先後去《天津日報》講了三次話，說明我對晚報的看法。

鞍山道《天津日報》社，原來是溥儀出關當「滿洲國」傀儡前的「小朝廷」之一的張園舊址。現在，可以尋覓的痕跡已不多了。地已墊高，原來溥儀曾在台階上與外賓及遺老們照過相，現在台階已只存三級，非復當年之氣概矣。李夫兄等請我在該報食堂便餐，我事後為港報寫了一篇《張園赴宴記》，蓋記實也。

我急於巡禮一下《大公報》舊址，乃由《大公報》老同事張高峰及《天津日報》劉書申諸兄陪同，先至舊日租界看四面鐘對過舊址，則房屋輪廓依然，已修繕改為天津鞋業工會會址。對面之德義樓四面鐘已不復存在，修建別的大樓了。便道至「小松街」我當年的住所，則舊房仍在，未便敲門闖入，不知住幾家人家矣。

復至原法租界三十一號路「九．一八」後搬進的《大公報》舊址，則門前懸有「天津京劇二團」的招牌。那天為星期日，劇團領導均未上班，則懇商守門人員放我們入內參觀，則房屋格式如舊。哪裡是經理部，哪裡是編輯部，哪裡是張季鸞先生寫出蜚聲中外社評的地方，歷歷如在目前。而目前，正有一位小青年在練功，掛上髯口，在原總編輯室舞弄大刀，身段頗見功夫。《天津日報》派有攝影記者隨我拍照。我請這位未來的名武生與我合攝一影留念，他再三不肯。我對他說：「我青年時也和你一樣，在此苦練基本功，我們原是『同行』呀！」

那幾年天津建設突飛猛進，首先解決了唐山大地震所遭到餘震破壞而建搭的防震臨時房問題。其次，是大力組織人力、物力。開闢引灤入津工程，解決了居民飲水、用水問題。處處可見李瑞環市長的識見與氣魄。張、劉諸兄還伴我到海河邊參觀，只見碧水漣漣，兩岸行人道花圃則種花木甚多，信為夏季市民納涼的好地方也。

所住招待所為市政協所轄。陳冰同志特設宴款待。陳在一九五七年時任上海市委宣傳部副部長。十年文革結束後，即來津任市委書記。現任津政協主席。

天津四面鐘《大公報》舊址，其房屋輪廓依舊。（1985）

招待所為一園林，有亭台花石之布置。最使我驚奇者，天津已有溫泉，洗臉、洗澡，龍頭一開，熱水即汩汩流出。又聞天津地下已發現煤層，煤的品質不亞於開灤，蓋即與唐山煤層相連者。此皆近年所發現。有煤有大港油田之油，加以塘沽碼頭擴大，天津發展前途之樂觀，可以預卜。

乘火車回上海。塵裝甫卸，忽接廈大來電，謂余也魯先生即將偕一批傳播界人士來廈講學一週，盼我前往主持迎接。即約賀越明君偕往。時廈門新建之國際機場已落成，廈京、廈港、廈滬航線新闢，清晨起飛，一小時許即抵廈門。當時上海尚春寒料峭，廈門則溫暖如初夏，到處百花怒放，草綠鶯啼矣。

到廈之第三日，也魯先生一行八人即乘輪抵廈，如香港中文大學鄭惠和博士、電視台孫郁標女士，浸會書院教師張同先生等皆初識，而一見如故，朝夕討論海外傳媒教育發展近況。大家喜稱他們一行為「海外八仙」（其中恰有一位「何仙姑」），來閩傳「道」送經也。翌日，他們即分別向廈大新聞傳播系師生講課，我主持紹介，並恭謹聽講，記錄筆記。為時五日，即同乘旅遊車前往福州。途經泉州，曾訪問附近之華僑大學，並在開元古寺參觀數小時，抵榕已萬家燈火矣。即下榻西湖賓館，承項南先生即時延見，並設宴款待。

送別「八仙」後，我和賀越明君仍移居溫泉賓館，由顧耐雨、吳修平先生招待，並重晤林萱治兄，留三日遄飛返上海。

在家中休息約半月，即蒙西安之西北新聞刊授學院電邀，前往講學。航班延誤，至翌午始到達，有該校之陳布南先生迎接。次兒福侖一家在西安落户，他也偕長孫女時雯同至機場迎接。聞開學典禮已開始，即相偕遄赴會場，我趕得上在會上講了話。以後，又上下午一連講學兩天，聽講學員近千。該校並當場錄了音。

西安古都，我以前從未到過。果然街市寬敞，城樓齊整，為現在保存城廓最完整之都市。我在西安勾留一週，下榻於大會堂，為迄今西安設備最現代化之旅舍，距次兒家僅咫尺，兒媳及孫兒，孫女輩時可侍奉飲食。幼孫向向且於課餘來旅舍伴宿，得享天倫之樂。

於講課之餘，得暢遊驪山華清池及半坡人遺址，並細細參觀了秦始皇兵馬俑，彷彿重溫了秦漢直至唐代之歷史。慨嘆這位以焚書坑儒遭百代唾罵之暴君，不僅建立「同文、同軌」之偉績，且創建了如此燦爛之文化。「後人哀之而不鑑之」，只在「焚書坑儒」上遠遠超邁之，而美女與行宮，規模則差近阿房，將使百世以後，「後人復哀後人也」！

城內大小雁塔，及碑林等勝蹟，亦一一參觀。我國古文化之發達，於此可見一斑。

承《陝西日報》之請，得嚐餃子宴之風味，大小餃子無慮數十種，每樣嚐一口，即大飽口福矣。

仍乘蘇製客機返滬，幸未照例誤點，如時回到家中。

我在赴西安前兩天，民盟蘇州市委，約我去了一天，向民主黨派講了一席話。順便，遊了西園和虎丘側面新建成的萬石公園，看到不少假山和盆景的珍品。

由西安暢遊歸來，蘇州友人孫國寶及楓橋農工聯合企業派車邀我遊蘇一周，我與嘉稑偕一保姆同往。

重遊寒山寺，蒙性空長老合十迎於山門，並款以果點。後赴楓橋鎮觀光。一年來，鄉鎮工業又有顯著發展，鎮上商業亦更加繁盛。為招徠遊客而建造的楓橋賓館已將次落成，主持者含笑對我說：「你如遲一個月來，即可下榻此處，不必住市內矣。」寒山影劇院則早已建成，規模不亞於上海二等劇場，建築費聞達五十萬元。劇場後曠敞，並新建旅舍十餘間，有劇團來演出時，招待演員，平時可公開營業。

楓橋新建設尚有敬老院，收容全區孤寡老人五十餘人，請十幾位婦女照顧其生活。老人二人一間，被褥帳子均潔白，每室有一架收音機，全樓有一彩電。老人們都對我說：「想不到老來交運，享此清福了。」

據楓橋鎮主任人員說：這一年中，除上列建設外，還辦了以下幾件事：

一、提高民辦中小學教師薪金，共贈加八萬八千元。

二、獨生子女津貼，共增十三萬四千元。

三、軍烈屬補助金，共增十三萬五千元。

四、擴大醫療基金，撥二十萬元。

在蘇期間，還去東山遊覽，參觀雕花樓，並到聞名中外之紫金庵參觀，宋代名藝人雷潮所塑的十六尊羅漢，尤栩栩如生，即衣帽折紋及挑幡等，無一不生動自然，而羅漢的喜怒哀樂，神態各異，真正可說是巧奪天工。其餘八尊，聞出自明代匠人之手，雖亦精巧，而高下判然矣。又遊席氏花園。東山席家代出名流，三十年代至四十年代之席德懋、德炯昆仲，即著名於財政金融界。

五月一日，友人《宜興報》總編輯許周溥兄親自駕車來迎，乃告別蘇州諸友，逕回我宜興故鄉，下榻宜興賓館。地濱西氿，臨近岳堤廢址，為原任氏花園之舊址而加以擴建者。來遊宜興山水之中外賓客，大都在此駐足。

丁蜀陶都，現為故鄉最繁庶之地。我們曾參觀紫陶館及陶器館，興奮地看到吾宜陶業不僅質量大大提高，且發展了均陶、彩陶及工業陶幾個新品種。而據縣當局報告，在工業總產值中，陶業只占百分之八左右。於此可見故鄉城鎮工業近年之飛速發展。

我們特請《宜興報》記者陪同，訪問了丁蜀附近之湯渡及湖㳇鄉。此皆曾遍灑我童年足跡之地，湯渡僅一石拱橋還是七十多年前舊物。其餘房屋（一般已新蓋二樓二底之新瓦房）、人物（都新鮮衣著，器宇軒昂）皆是另一番景象。湖㳇為鄉政府所在地，變化更大。我一九四三年深入淪陷區過此時，一片瓦礫堆，僅餘一條狹徑可通。現則柏油公路，四通八達。市內頗多三層以上之建築，鄉鎮府對面之湖㳇影劇院，堂皇寬廣。聞此鄉今年工農業總產值已達八千萬元云。

在湖㳇鄉近張公洞一山麓，有鄉人數百，正在開挖一山洞，積土滿谷。據介紹，此洞之發現，經過甚奇。山旁本有一小洞，經常冒氣流水，水甚清冽，鄉人勞動之餘，輒盛水飲用。一日，收工後，有三五小學生，冒險鑽人，入則漆黑茫然。膽大者傴僂前行，至數十步處，忽天際露一線光明，再前行，則頂上開朗。此情此景，恍如漁人之發現桃源。是夕，各家晚炊已熟，不見小孩，四處尋找，恐被野獸所傷，有一農人發現，在其收工時，彷佛有幾個小孩，在洞口遊玩，家長們即燃火把，擎鋤將洞掘開，則聞笑聲喧然，小兒輩方遊跳正歡。乃由家人一一領回。

鄉政府聞訊，派人到滬請專家來測定，認為抑係一水成岩洞，有開挖價值。鄉政府即集資自己開發，已掘出泥土數萬擔，上有不少奇突之鍾乳，且有後洞，水路出口，將次掘通云。

地方經濟發展，人民有餘力從事風景點之開發，此為一個證明。

異日，我們又至張渚鎮太華鄉訪親，至則萬杆修竹，青翠欲滴，鄉人名為竹海。聞友人談，該處雖盛夏無熱浪，且無蚊蚋，信為消暑之勝地。

據許周溥兄見告，宜興除陶、竹、絲為特產外，近年已發現有煤礦、大理石礦，且已從事開採。此外，並發現礦泉，已設廠試製礦泉水。以礦泉水製造之「善卷啤酒」已少量生產云。

十七日，《湖州日報》總編輯許學東兄（亦復旦新聞系畢業生）駕「小麵包」來迎，乃暫別故鄉，乘車經長興赴湖州。許周溥兄原籍吳興，亦相送返其故鄉。

長興與宜興接壤。我幼年仰望南山銅官，只知長興為山鄉。今車過此，見風景之秀麗，市井之繁庶，不減宜興。因車拋錨一次，午時在長興鐵鐘飯店打尖。飯店高五層，有電梯上下。地當十字路口，有紅綠燈指揮交通。凡此，皆宜興所少見也。飯後略休息，許學東兄為述其故鄉掌故（學東，長興人），娓娓動聽，因知長興亦人才輩出。南北朝之陳霸先、陳叔寶父子亦長興人。明文學家歸有光及《西遊記》作者吳承恩亦同時服官長興。是以長興人每健談之。

到了湖州，在招待所安排好行囊後，即出發觀賞市容。湖州是有名的絲綢之府，馬路開寬，大商店、工廠林立。且「物華天寶，人傑地靈」，人才蔚起。記得國民黨統治時代，據統計，國民黨中央執監委員籍湖州者，占總數四分之一，其聞名近、現代史者，有張静江、陳其美（英士）、戴傳賢及陳果夫、立夫兄弟。等而下之，則有徐恩曾（中統局最早的局長。曾留美學工程，為當時工程師學會副會長）及舊上海聞名之潘公展、錢新之（永銘）等。

陳其美先生是辛亥革命功臣之一，首任光復後上海都督，而且後來反對袁世凱軍閥獨裁統治極為堅決，被袁派刺客暗殺。所以，上海老西門鬧市，立有英士紀念碑。杭州西子湖濱，矗立英士銅像。新中國成立，風雲初展，這些紀念碑、銅像都被推倒。聽說湖州之陳英士墓亦遭破壞，使關心歷史者為之嘆息。我到湖州後，聞陳英士墓園已經修復，足見中共三中全會實事求是精神之貫徹，亟驅車至碧浪湖觀看。地在湖州南門外硯山之南麓。至則墓道修建一新。墓前石獅、石碑，亦修繕恢復原樣。石碑中為孫中山先生題額「氣壯山河」。其旁分別為林森先生及蔣中正先生題字。最使我驚奇者，有蔡元培先生一聯：

軼事足征，可補遊俠貨殖兩傳；
前賢不讓，洵是魯連子房一流。

顯然是對英士參與陶成章被刺案有微詞。蔣介石先生當年建立此碑，對此聯照樣刊鐫，此與蔡先生之諒直，具足為尊重事實，尊重歷史，不為賢者諱，不為親者諱之典範（案英士為滬軍都督時，蔣先生為其最親信之袍澤）。

硯山對面之碧浪湖，聞昔日湖面開闊，一湖碧水，夏日荷葉亭亭。惜在「大躍進」年代，大造農田，因而湮沒，僅留一灣濁流，聞市當局正規劃恢復，俾闢作風景點，為市民遊息勝地。

在湖州四日，作了一次演講，還遊了潛園、飛英塔等名勝古蹟，並參觀絲織廠及王一品湖筆店，為兒孫輩各買了一套毛筆，鼓勵他們好好練習書法。

由《湖州日報》副總編錢先生陪同，驅車至南潯鎮參觀一天，遊了小蓮莊花園，以及有名江南之嘉業堂藏書樓，並參觀了張靜江先生及其大哥（南潯有名之巨商、四匹大象之一）之故居。所有見聞，已詳記於拙著之《錦繡河山》（湖南人民出版社一九八六年版），玆不贅。

在湖州之第五日，浙江人民出版社楊淑英同志駕車來接至杭州。至西湖已萬家燈火。寓南山路湖濱之賓館。先集中精力，整理近年所作懷念好友之篇章及遊記，輯為《風雨故人》，由浙江人民出版社出版。早晚仍徘徊湖濱，欣賞西子媚色。過去一年來，西湖又有較大的變化，將原來荒無人跡之阮公墩，開闢整理成景點；曲院風荷原為蘇堤畔之一泓小池，現則擴展成占地數百畝之花園，且利用原有附近一帶之舊亭台而加以修繕，景色天然成趣，自成一格局。最大變化，為將斷橋及湖濱六公園一帶公私所占房屋，盡加拆除，擴寬馬路，布置新景點，使遊目為之一舒。憶從一九二四年我初遊西湖時，即覺湖濱公園至斷橋間，有不少民房雜建於此，彷彿西子喉頭，被物卡住；歷年來此類房屋日益增多，思想上覺得有無可奈何之感，此次當局下定大決心，清掃一切占地，實為一大快事。但願有這麼一天，將西湖湖山其餘所被占土地，盡數還之人民，使西子眼目清亮，益增嫵媚，則為萬世所造福也。

另被軍隊占用多年之淨寺，亦已退還，並重加修葺。惜雷峰塔舊址，尚未清除完畢，而雷峰塔是否重建，議尚未決。鄙意以為寶俶、雷峰二塔，如西子之一雙玉手，斷其一腕，終為一大憾事。誦古人詩，有「浮屠會得遊人意，掛住斜陽一抹金」，「煙光山色淡溟濛，千尺浮屠兀倚空，湖上畫船歸欲盡，孤峰猶帶夕陽紅」，輒為之神往。

袁倫生兄等又伴我重遊劉莊等處勝景，並在孤山一帶躑躅一周，遊興得以略盡。

六日後，乘車回滬。計此行共歷時二十二日，凡寫遊記、通信二十三篇（皆寄香港《明報》發表）。蓋此行所見，新鮮事物極為豐富。我從張季鸞、胡政之先生學得一習慣，每日有所見、所聞、所感，夜深則必趕寫成篇，「不留宿債」。二十年被迫擱筆，好不容易「熬」到此太平盛世，更以一吐為快矣。

回到家裡當晚，即接南昌長途電話，江西人才開發學院，促我及早赴贛。我說：「剛由江浙遨遊回來，想休息一段時期，盛情邀約，緩日再來吧。」對方說：「我們上月就邀請，承你應允，所以講座早作了安排，報紙已刊出，報名聽講者極踴躍，你辛苦一趟，盼早日就道，我們準備今日即派人來接你。」記起我赴蘇前夕，確曾由《江西日報》來邀過。怪我疏忽，竟把這檔事忘懷了。於是，第三天就乘車前往。到了南昌，休息一天，知其他人主講的講座尚未結束，乃抽空兩天，先作廬山之遊。

那天天氣晴朗，初夏的驕陽已灼人，一路疾馳，汗濕衣衫，兩小時餘即到了匡廬之巔，則我所寄寓的蘆林飯店已為濃霧籠罩，而涼氣逼人，連忙取出毛衫披上。開窗即琴湖在望。旋至美廬別墅參觀。看題名即知為當年蔣介石先生及宋美齡先生之別墅。正房兩層，園內仍保留當年蔣先生夫婦與馬歇爾將軍密談處。憶及當年馬歇爾七上廬山，報紙曾大字刊載寄以厚望，而和平卒未能挽救，內戰終於全面展開。看此遺跡，不勝今昔之慨。

解放後改充行宮，名「蘆林一號」別墅。後又覓地另築一美侖美奐之行宮，代號為一〇二工程。時當一九六〇年，正「三年自然災害」頂峰時也。三中全會以後，已改名廬山博物館，使後人知所警惕。

又遙望廬山最吸引遊客之仙人洞，欣賞「無限風光在險峰」之奇景。並直下半山，參觀胡先驌先生艱苦經營之植物園，展謁胡先生像。胡先生博學而耿直，與胡敦復、明復昆仲共倡中國科學社，為我國自然科學組織之始。先驌先生，亦「五七戰士」也。

翌日下山至九江，在甘棠湖休息，有浸月亭，皆白居易《琵琶行》中出典也。車繞遊東林寺，見石碑鐫《三友圖》，記陶淵明當年常策杖來遊，神情宛然。

傍晚即回南昌，下榻省委招待所，乃舊勵志社原址而加擴建者。地廣樓多，樹木森然。我所住為最後一幢，推窗即贛江在下，穿流而過，來往風帆如織。據服務員告我，不遠處即方志敏烈士就義之地。

回南昌之日，中共江西省代表大會方勝利閉幕，選出萬紹芬同志為第一書記。女同志膺一省重任，此為創舉也。不可不記。

在人才學院上下午講學兩日。又應民盟江西省委會之約，談了一次。

暇時並瀏覽百花洲等名勝，並參觀八大山人故居。在市區稍作鳥瞰。

在南昌遇一意外之事。某日下午，我方苦暑，步行至招待所前之市口，飲冰淇淋一客。方回寓所休息，忽聞槍聲怦然二響。後服務人員告我，適聞有一某省委兼管司法之衙內，被其司機刺殺於車內，蓋司機新婚，不堪衙內凌辱，乃在停車購買汽水之際，返身將其槍殺於車內，自己亦舉槍自戕。黨風，民風如此，可發一嘆！

我本擬便中一遊贛州舊地，因道路顛簸而中止，乃就近作臨川之行。一九六〇年我隨上海市政協參觀團曾遍遊贛省各地，對撫州留有深刻印象，未及多留。想乘此機會，一償宿願。

臨川為我國偉大文學家湯顯祖之故鄉。其著作《玉茗堂四夢》，幾百年來尤膾炙人口，海外近以湯顯祖與莎士比亞並稱為東西兩大劇作者。

至撫州，見市容整齊，買賣興隆，遠非二十餘年前可比。最繁盛處，建有巍峨之玉茗堂劇院，其頂層，並設有湯顯祖紀念館（計劃將單獨建一專館）。詳細展覽一過。見湯氏手跡《滕王閣王有信演牡丹亭二首》。其詩曰：

韻若笙簫氣若絲，牡丹亭夢去來時。
河移客散江波起，不解消魂不遣知。

樺燭煙消泣絳紗，清征苦調破殘霞。
愁來一座更衣起，江樹沉沉天漢斜。

想見在他生前，《玉茗堂四夢》，尤其是《牡丹亭》已到處排演。受到士大夫的擊節讚賞。也可見當時滕王閣一直成為贛省文化之中心。順便提一下，滕王閣廢址已清掃開闢，省府已規劃重建此閣，不久當與岳陽之岳陽樓、武漢之黃鶴樓並為長江三大偉構矣。

是晚，撫州市文化局及採茶劇團，特為我請劇團彩演《牡丹亭・驚夢》一折，盛情可感。

翌晨，遊撫州公園，展謁湯臨川先生墓道。並承文化局邀集座談會，得以詳聞湯臨川及王臨川（安石）先生軼聞，我當場詳細筆錄。

回到南昌後，即訂票東歸，又承江西人才學院同志送至上海。

這一下，總算宿債盡了，可以小休了。時將屆盛暑，天氣悶熱，開一瓶家鄉的善卷啤酒消

1986 年在家中寫作《回憶錄》。

暑。想不到區區一瓶飲料，竟把我這個當年「四大酒仙」之一「打倒」。翌晨，即赴華東醫院診治，斷為小中風，病因體力、腦力皆超負荷所起。檢查我的血壓及心臟，則完全正常。

又針灸，又吃藥，約匝月之久，腿力漸見恢復。又開始每晨做丟了多年的太極拳，以增強鍛煉，身體算是基本正常了。醫生囑咐，以後千萬自己注意，勿再任性而為，幹那些超出老年人可能練的事情。我也想，應該自己保重，爭取多活幾年。不是「活命哲學」，而是為了能親眼看到國家的富足、強盛、自由、幸福。多不容易盼到有那麼一天，日麗風和，充滿希望（而不是前此的空想、幻想），我怎麼忍心撒手而去呀！

本來想，從此不再寫東西，以免動腦傷神。但實踐幾天的結果，整天呆著，手足反而無所措，似是行屍走肉。真像張季鸞先生生前的名言：老記者而不「記」，變成純粹的老者了。再說，用慣了腦子的人，一旦不用，失其調節，反而會影響身體的健康。

大約停了一個月，我又恢復寫作，先是每天一小時，後來加到兩三小時，為《明報》、《今晚報》、《江漢早報》寫些短文。後來，深深感到筆滯了，想到什麼，不能「信筆直書」，再不像以前那麼流暢了。不是哪一個字記不起來，就是某一句成語、詞匯，明明寫對，會發生懷疑。再不，一個極熟極熟的朋友，音容如在目前，名字卻想不起來。必待「清夜自思」，才恍然記清楚。

我猛然悟到，老年人的大腦皮層，大概像一個篩子，如不常用，網眼會越來越大，以至於把腦子裡所殘存的一些東西，盡行「漏」掉了。古人所說的「江郎才盡」，大概就包含這個原因，腦和筆不常用，就澀滯了。

發現這個毛病，連忙適當地恢復正常的寫作生活，一天限寫一兩千字。給香港《華人雜誌》寫回憶文章就是這段時期開始的，哪裡知道，「自述」正文寫了幾節，就為殷洪喬所誤，我又沒有復印存底的習慣，只能就此算數了。

是年冬天，我還應《宜興報》的邀約，策杖回家鄉一次，並為港報寫了幾篇通信。

一九八六年　七十九歲

二月，赴北京參加政協會議，好友們咸謂我精神煥發，不減當年。長孫時霖已在河北水專任教，特由滄州趕來伴侍。

1986 年 4 月，作者在廈門大學新聞傳播系主持系務會議並講課。

會議期間，與老友羅承勛兄快晤，並承在中關村新設之烤鴨店設宴款待，極為感激。

我在去年曾開始寫《報人張季鸞先生傳》，已在《中國建設》連載一年。在京期間，范用、倪子明、戴文葆諸先生見訪，約定由北京三聯書店整理出書。

返滬後，即補寫《張傳》五章，並將全書清校一過，將書稿及所附照片，寄戴文葆兄。

又，福建人民出版社排印中之《徐鑄成通信遊記選》（賀越明君所搜集整理）將次出書，囑寫注釋，又寫釋文近萬言。

四月中，廈門大學新聞傳播系又來函邀請赴廈，並由我所帶的研究生黃星民君伴同前往。在廈十日，由研究生朱家麟、黃星民、陳金武三君朝夕陪伴，並輪流購備早餐，十分可感。由教師姚嫣嫣君陪同，赴美籍教授布萊德·蕭夫婦歡宴。蕭先生年逾花甲，曾長期任路透社遠東分社主任，近年執教密西根大學。經歷與我相彷佛，是以暢談終宵忘倦。

在廈期間，參加廈大全校運動會。在系內，對全系師生講學一次。

抽暇並偕朱、陳二君專車赴漳州遊歷二日。所寫〈真正的宋城

〉、〈木綿庵參觀記〉等通信，已收入《錦繡河山》，不重複。其實，漳州之行，雖短短二日，收穫極為豐富，只以節制精力，未及一一寫出。如漳州女排訓練基地，為「五連冠」之搖籃，如高甲戲排練場，為漳州木偶之製作、排演場。我們多曾前往細細參觀，感受很多。漳州之八寶印泥廠及有名之水仙種植地，亦曾訪問。如在往年，必可為港報寫寄十餘篇通信了。思之，不勝有「美人遲暮」、「寶刀已老」之嘆。近年，我最讚賞京劇《群英會》中老將黃蓋的四句「定場詩」：「二十年前在戰場，好似猛虎趕群羊。光陰如箭催人老，不覺雙鬢白如霜。」我的二十年寶貴光陰，卻在「運動」中白白流失了！

六月二十四日，為我八十初度。按舊俗，特在附近餐館，備酒三席，宴請至親近族子侄。《文匯報》多年老友多位，特設盛宴祝嘏，《文匯報》總編輯馬達兄及黨委同志，亦在上海大廈設筵款待我們老夫婦。市委宣傳部潘維明部長亦欣然參加。

八、九月間，應宜興旅遊部門之邀請，組參觀團再次回故鄉，被接待下榻南山群峰中之別墅（似名翠碧山莊）。建築為新構，有泉石之勝，而環境幽靜，空氣清新，朝晚時間群鳥啾啾。

我曾隨團遊新闢之慕蠡洞（即我去年所見正在開挖之山洞，相傳春秋時范蠡治吳以後，偕西施來宜興隱居附近山中，故以是名）。我曾由表侄女朱海芳攙扶，暢遊是洞。洞中鍾乳千姿百態，其奇幻不減善卷，後洞亦有水路可通。

並遍遊了玉女山莊。憶童年在湖㳇上廣善小學時，曾遠足至庚桑（張公）洞及玉女潭。當時在荒蕪中見一泓碧水，泉聲滴滴可聞。並曾遊附近之海會禪寺，聽高僧講法。現玉女已修繕成景點，我策杖遍遊，殊勾起兒時回憶。聞海會寺只留廢墟矣。遊畢，在大門前餐廳飲茶談天。

一九八七年　八十歲

一月，赴京參加民盟中央全會，我辭去中委職務，被選為中央參議會委員並被推為常委。是次會議在豐台京豐賓館舉行，休息期間，偕時霖孫遊正在拓寬、修繕之盧溝橋參觀，並在「盧溝曉月」之碑前，攝影留念。時鵝毛大雪日夜不停，四下房屋樹木，如罩上一大塊白布，茫茫蒼蒼。自一九三一年我離津赴漢工作後，五十多年未逢此大雪。一片縞素，象徵懷念「七七」抗戰初期為國捐軀之二十九軍將士也。

三月，又赴京參加政協會。新聞組委員仍住遠望樓賓館，計在此居住已歷四次矣。賓館服務周到，服務人員咸笑臉相迎，有「賓至如歸」之樂。

休息期間，中國社科院基建規劃會開新聞小組會，石西民為組長，我及李莊、方漢奇諸同志為委員。開會審查基本工程項目有二。

羅承勛兄及三聯書店范用兄等在交道口某飯店設宴為我祝壽。承勛兄並賦詩二律為壽：

金戈報海氣縱橫，六十年來一老兵。
早接瓣香張季子，晚傳詞賦庾蘭成。
大文有力推時代，另冊無端記姓名。
我幸及門慚墮馬，京華眾裡祝長生。

桂嶙何曾鬢有絲，巴山長夜史如詩。
江南風雨揮戈際，海角歌呼奮筆時。
萬里神州歡五億，廿年惡夢痛三思。
老來一事尤堪羨，依舊冰河鐵馬姿。

四月初返滬。

港友查良鏞、卜少夫、陸鏗、胡菊人諸兄發起，在港辦筵為我祝壽兼紀念我新聞工作六十周年紀念，在台北之陳紀瀅兄、在美之李秋生兄及梁厚甫兄等諸老友咸欣然將趕到香港參加。我亦已辦好簽證手續，訂好五月三日機票，準備出發。由於在港之某先生處理不當，使得臨時忽發生變化，不能成行，只能奉命去電婉辭。而香港方面已訂好賓館，聞曾敏之、易錫和兩兄且準備至深圳迎候。聞之異常不安。

更令我抱愧、內疚者，陳紀瀅兄已專程從台抵港，攜來禮物，長途電話催問究竟，使我愧難作答。

六月二十四日，值我八十整壽。先一日，民盟上海市委會與《文匯報》在錦江飯店聯合舉行座談會，為紀念我壽辰及從事新聞工作六十年舉行慶祝，參加者有：中共上海市常委毛經權，他代表市委致祝詞；蘇步青、談家楨等代表民盟致詞祝賀；《文匯報》總編輯兼社長馬達、市委宣傳部副部長龔心瀚，亦先後致詞；廈門大學黨委書記未力工及福建人才開發學院主任潘潮玄，他們特由閩趕來參加。此外發言及參加者尚有柯靈、鍾沛璋、陸詒、夏其言、欽本立、馮英子、陳念雲、束紉秋、閔孝思、呂文等同志。賀越明則代表我的學生發了言。新華社記者的發言極使我感動，他說：「不僅要文品好，尤貴在人品高。」民盟中央副主席馮之浚、秘書長吳修平特由京趕來參加。座談會後，特舉行壽宴。《文匯報》、《解放日報》、《新民晚報》及《聯合時報》並送了禮。錦江飯店經理並送了祝壽蛋糕。

香港《文匯報》連日以顯著地位，報導慶祝會盛況。李子誦、金堯如、曾敏之三兄並聯名發來賀電，全文為：

> 德登耋壽，文播神州。以民主勇士之姿，挾風雲舒卷之筆，六十年來，論政立言，可謂不負平生之志。兩報壇建樹，更徵愛民愛國之誠。弟等忝列同行，追隨有日。特電申賀，藉表敬意。

是日，香港《大公報》、《明報》、《信報》等亦刊載消息。陸鏗兄等並專發賀電。《宜興報》亦發表新聞及賀詞，尤見光寵。

二十七日，《文匯報》老友，並另設壽宴，慶祝我老夫婦，洪荒兄並為我畫了一幅極為神似的漫畫。

中國新聞社為此也向海外發了新聞。

綜憶我過去八十年的生活，經歷了前清王朝、北洋軍閥統治、國民黨執政、日寇軍事入侵、新中國成立後這五個時代。簡單劃分，在舊時代生活四十二年，新時代已三十八年，差不多各占一半，可謂歷盡滄桑矣！

童年記憶，還有些殘留在腦海裡。比如，辛亥革命前，猶記得曾隨大人唱的山歌：「川鄂鐵路人民造，賣給外國激起大風潮。……呀、呀、呀得兒喂，倒運盛宮保（指盛宣懷）。」後來，我在書櫥角落，還撿到許多本用紅白洋紙印好的薄薄的小本子，印有這些山歌，還刊出「革命首領孫文」以及黃興、黎元洪、程德全等的肖像，顯然是從上海流入這個小城市的宣傳品。於此，可見當時同盟會中部總部曾做了不少革命宣傳的工作。辛亥革命後，我記得宜興城內，有幾天全城斷市，我們家這個破牆門也緊閉了好多天。

以後，直到一九二四年江浙戰爭以前，一直過的是艱難而「太平」的日子。

一九二七年大革命浪潮席捲江南，接著是「四・一二」反革命屠殺，不久引起宜興暴動。我則已於早一年到北京上學去了。

一九二七年秋，我半工半讀、跨入新聞界的大門。從此與新聞結了「不解之緣」。一九二九年調至天津《大公報》任編輯。記得那時最吸引我的是塔斯社的新聞，特別是《真理報》總編輯拉迪克的社論和聯共書記布哈林的文章，文詞簡練而富於說服力。想不到若干年後，他們都被揭露為一貫仇視布爾什維克的反黨份子。在槍決以前，還刊出他們的「供詞」，自己直認不諱，侃侃詳談他們的叛黨經過。我當時很不解他們會是這種人，更不解他們怎麼如此「坦白」。

直到幾十年後，自己陷於「陽謀」，特別是經過十年浩劫，才深刻體會「認罪」、「坦白」是個什麼滋味！

我進入新聞界後的六十年，也可以分為幾個階段。

前三十年，有十年是當一般記者、編輯。以後的二十年則「挑大樑」當了報館的總編輯（或總主筆），主持一家報的筆政。一直自勉、自信，「勤勤懇懇辦報、老老實實做人」，以前輩為榜樣，努力做一個稱職的報人。

後三十年，則二十年白白浪擲，被迫「冰凍」，被調至出版界做一個反面教員。後十年，欣逢大地回春，撥亂反正，我才重新調回到新聞界。可惜年已衰邁，只能做力所能及的著述工作，寫些通信遊記，做一名老記者。並努力在新聞教育工作上，盡其綿力。十年來，出版了十七本書，寫了不少拙文，當了三四所大學的兼任教授。如此而已。

古人說：「是故擇業不可不慎也。」這話，我想想頗有道理。比如說，美術家每多長壽，因為他們經常寫字作畫，可以陶冶性情，且可鍛煉眼神筋骨，其符合養生之道。音樂家則易動激情，難以自制，所以高壽者不多見。新聞工作者長期俾夜作晝，飲食無定時，作息無秩序，所以易損健康。翻閱我國近代新聞史，可以無愧稱為報人的，寥寥可數。王韜存年最長，六十九歲，梁任公五十二歲，戈公振四十五歲，鄒韜奮四十九歲，張季鸞五十四歲，胡政之五十七歲，類多不過「中壽」。而新聞記者必須明是非，辨黑白，敢於秉筆直書，我國又一向無新聞自由之習慣，因而被害者更屈指難數。如宋教仁存年僅三十一歲，黃遠生三十二歲，史量才五十六歲；其餘如鄧拓、金仲華、范長江、浦熙修、楊剛、儲安平等優秀新聞工作者，在文革中被迫害離開人間時，有的剛年近六十，有的還不到五十。正在才華煥發時，不幸已作了古人了！惲逸群長期受迫害，熬到天日重光，甫過七十，即不幸逝世！

我並不自悔以新聞為職業。從中學時代時，即立志以新聞為終身事業，即使後來歷盡坎坷，亦從無悔意。

我走入新聞界時，正當中國新聞事業處於新舊交替之際。舊一代的報人，正努力於新聞規範化，使採訪、編排、言論各方面改革趨於定型，以張季鸞、胡政之兩先生苦心經營的《大公報》可為代表。其貢獻在力求翔實，講求新聞之效果。新的一代，則致力於思想之奮進，對讀者，偏於注入式的灌輸，不講宣傳實效。在此模式下，重視新聞的客觀規律，往往被視為資產階級的辦報觀點。

我能活過八十，而且能目擊四害盡除，天日重光，殊非始料所及。又有機會能夠在老年奮力寫作，作育後人，比之前輩及同輩，應該説是難得的幸運者了。

司馬温公曾自豪地説：「事無不可對人言。」我摭拾這一名言，湊成一絕句以自慰：

胸有是非堪自鑑，事無不可對人言。
清夜捫心無愧怍，會將談笑赴黃泉。

昔人易簀時，每稱「去見上帝」；近人則好稱「去見馬克思」；我平生既無宗教信仰，又自問不配有堅定的唯物主義世界觀，只有魯迅説的「地母」可為歸宿了。

一九八七年十二月二十二日寫畢

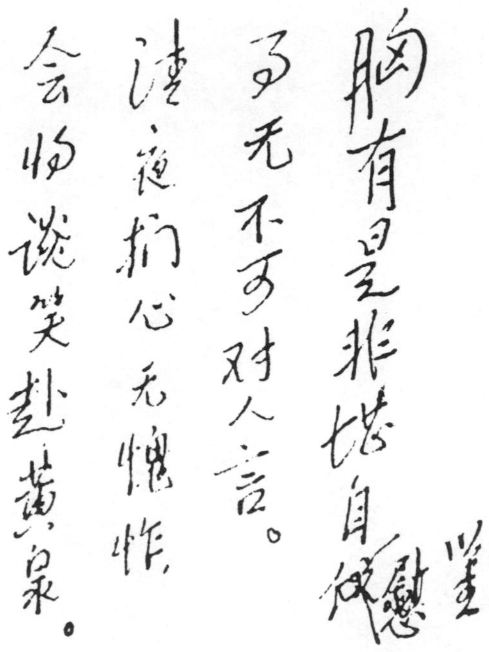

胸有是非堪自慰
事无不可对人言。
清夜扪心无愧怍
会将谈笑赴黄泉。
董

作者手書的〈自慰〉絕句。
寫於 1987 年 5 月，回憶錄完成時。

附錄一
「陽謀」親歷記

前幾年，我曾拜讀一本偉大的著作，其中，有一篇談到「陽謀」，涉及到我和當時的《文匯報》，當然，由此開始，還使數以萬計的知識份子陷於羅網，成為「史無前例」的一場浩劫的前奏。

事隔三十年，現在，早已雨過天晴，風和日麗，一切從實事求是出發，我應該把三十年前親歷的過程，不加修飾地加以敘述，希望能引出教訓，讓後人評議。

為了使讀者了解「陽謀」的前因後果，我想從一九五六年講起，按時間的程序，根據記憶，盡可能詳細而扼要地將我親身所受一一記錄於下。

一九五六年五月，《文匯報》「自動」宣布停刊，職工除一部分肅反對象（其中有黨員）留滬繼續檢查外，其餘都遷往北京，參加《教師報》。我被任為總編輯。

《文匯報》所以停刊，原因有二：

一、當時上海的第一書記（有名的「一言堂」）認為上海報紙太多，不便於控制，主張《文匯報》停辦。根據之一：剛調來的一位黨員副總編曾對人說：「我到《文匯報》的使命，是改造和消滅《文匯報》。」二、教育部正擬模仿蘇聯，創刊《教師報》，乃派人和我們商定，吸收我們全部人員。

《教師報》創刊後，我的心情是平靜的，以為不論從事業的前途，還是從個人的前途看，這是「社會主義改造」必然的結果。加上當時教育部負責聯繫和幫助《教師報》的副部長柳湜（後也「擴大」成為「右派」）、葉聖陶遇事坦率好商量，和我相處得很好。舉例言之，上面提到的原《文匯報》副總編某同志，曾把自寫的一篇文章，送柳湜副部長審閱，立即被批駁回來：「《教師報》的稿件，應由徐總編輯審決，除非徐鑄成同志認為應由部長審閱的稿件，並經他簽過字的，我一律不看，特退還。」

那年夏天，舉行全國人民代表大會，我曾去前門飯店看一位香港來的政協委員，在樓梯口巧遇《人民日報》的鄧拓同志，他熱情問我：「鑄成同志，你是哪一天抵京的？」

我答：「我已搬到北京了。」

鄧拓同志聽了「哦」了一聲說：「我是聽到你在主持《教師報》了。」接著他說：「我認為《文匯報》停下來很可惜，它有特色，有別的報所不能代替的作用。」

當晚，我回家反覆沉思，《文匯報》究竟有哪些特點，值得鄧拓同志懷念呢？

人代會後不久，我被邀去中南海聽了中央宣傳部長陸定一同志的報告，闡發中共中央關於「百花齊放、百家爭鳴」的方針精神（以後簡稱「雙百方針」），很令人鼓舞。他在報告中還提到俞平伯的「新紅學」論，認為這是對他粗暴的批評，當場表示對俞先生道歉，我聽了很受感動。

過了幾天，又聽到一位黨員副總編輯傳達關於劉少奇同志兩次對新華社的講話，講話的大意是新聞工作以後不要生硬照搬蘇聯的經驗，報紙應注重消息（新聞），創造中國特點。劉少奇還建議，新華社不妨自己辦一張報紙，與《人民日報》比賽。

又過了若干天，鄧拓同志果然把《人民日報》實行改版，貫徹中央「雙百」方針。「副刊」上也刊載不少以前從未有的新題材，如雜文、喜劇等等。聽欽本立同志說，鄧拓同志已邀請蕭乾同志為副刊顧問，幫助充實文藝作品，並組織作家來討論如何貫徹「雙百」方針。

當時，我家住在東四十條西口，和欽本立同志住的《人民日報》集體宿舍只隔二、三家門面。他常於公餘來我家談天。原《文匯報》的北京辦事處，在燈市口朝陽胡同三號裡，那時已改名《教師報》城內記者站（《教師報》報館在北太平莊建有辦公大樓、職工宿舍），仍由浦熙修同志（任編委兼新聞部主任）負責。

她有時也來我家，約欽本立（她參加《文匯報》，原由欽向我推薦）一起來交談對《人民日報》之新改革以及「雙百方針」提出後之新面貌，甚為鼓舞。但那時我心如止水，安心於《教師報》工作，絕沒想到《文匯報》有朝一日會復刊的事。《教師報》每週出兩期，發行五十萬份以上，我也很高興。重要社論，大多由葉聖陶先生執筆，他的文風清麗而曉暢，沒有時行的教條氣，深得讀者的歡迎。我除每週主持兩次編前會議外，公餘的時間較多，除讀書報外，可以在城內及四郊名勝遊覽，甚覺安適。

大約在六、七月間，忽然有一天，中宣部副部長姚溱同志前來報社訪問（那時北太平莊尚屬遠郊區，《教師報》四周，還有大片大片的田疇或矮屋）。寒暄後，他向我問道：「你近來心情如何？」我答道：「我情緒甚好，安居樂業。」他哈哈笑道：「你不要說表面的話，你這位老辦報的人，在這一家一週出兩張的專業性報裡泡著，能安得下心嗎？」接著他對我說：「現在中央為貫徹長期共存的精神，決定把《光明日報》還給民盟，請章伯鈞任社長，原總編輯常芝青同志為中共老同志，中央決定撤出來，想請你擔任總編輯，讓我來徵求你的意見。」我連忙搖頭說：「你知道這一台戲是不好唱的，我有我的『班底』，現在都在《教師報》，單把我一人調去當主角，這台戲怎麼能唱？」他聽了想大概也有道理，不再談下去了，談了些別的，就告辭而去。後來怎麼請出儲安平的經過，我就不知道了。

又過了一些時候，有一天傍晚，我應邀去波蘭大使館參加國慶雞尾酒會，我正和常芝青同志（那時他已調至《大公報》任黨委書記）站在一起，我拿了一只冷盤，並隨手接過了一杯酒，相互交談。他不經意（大概以為我已知道了）地說：「中央已決定《文匯報》復刊，想必你已接到通知了。」聽我說「沒有」，他就不談下去了。

我聽到這消息，喜出望外，回到家裡，立即打電話把欽本立和浦熙修同志約了來，把這一尚待證實的消息告訴他們，大家都高興。浦二姐在京人頭最熟，立即掏出小電話本，打了幾通電話，向幾位有關方面的人打聽，都說毫無所聞，時已深晚，他們兩位就告別回去了。

第二天，恰好當時《教師報》管理部主任的嚴寶禮進城來看我，得知這一消息，自然也極興奮。我們立即同車到辦事處，和浦熙修同志商量的結果，主張向「老領導」夏衍同志去打聽，打電話到文化部約他在燈市口的萃華樓飯莊便餐，夏衍同志很關心我們，欣然赴約了。

哪裡知道，夏衍同志也不知確訊，只說：「聽到一些有關《文匯報》的消息，也未能證實，我昨天和小姚（姚溱同志）通電話，他也不清楚，看來中央還未完全決定，你們靜靜候著吧。」

第二天浦熙修忽然想起，說她有陸定一同志辦公室的專用電話，不妨試試，直接問問他（她和陸定一同志在重慶時期即有工作聯繫）。

陸定一同志回答：「這事中央已有決定，但我主要抓文化思想工作，關於新聞工作，主要由副部長張際春同志管，等時機成熟，他會打電話通知你們，你們安心等候著吧。」

這樣，一塊石頭落了地。

沒有幾天，張際春同志的電話果然來了，約我和浦熙修二人翌晨九時在中南海中宣部辦公室面談。

翌晨，我們同到中南海，張際春副部長立即出來會見，在座的還有中宣部新聞局長王同志（這位同志以前曾屢次在新聞界聚談中見過多次，曾在解放之初任山東《大衆日報》總編，可惜，一時記不起他的尊姓大名了），沒有別人。張際春同志對我們說：「中央已決定《文匯報》復刊，所以請你們兩位來，作為正式的通知。希望你們盡快寫好兩個方案：一、《文匯報》復刊後的編輯方針；二、《文匯報》復刊計劃，包括房屋、機器設備和職員搬遷，以及復刊時要多少資金等，希望開列清楚。中央盼《文匯報》早日復刊，因此希望你們抓緊，送給我們，轉呈中央審批。」他還問我們有什麼具體要求？我說：「《文匯報》解放前有不少得力的編輯幹部，現在散在各機關，我希望中宣部能幫助我們爭取一部分人回來；因為辦報好像一個戲班，單靠主角是唱不好戲的。第二，《人民日報》經濟部主任欽本立同志是和我合作有年的同志，是否請《人民日報》支持，讓還給《文匯報》？」張際春同志說：「第一點，你們可開列一名單，我們將盡力向有關單位爭取。第二點，欽本立的問題，必需《人民日報》鄧拓同志肯放，我們決定告訴他，你們是朋友，不妨先和鄧拓同志商量。」接著，他拿出一封信，對我說：「你說要過去班子的人歸隊，我想起前幾天有人投書給中宣部，說他原在《文匯報》，現在進出口公司工作，用非所學，要求歸隊。我們正想辦法安排，你們就把他帶回去吧。」

回到辦事處，嚴寶禮兄已在等著，我們簡單談了經過，請他準備寫一份復刊計劃草案，他認為這事好辦，找幾位管理部的科長談談，可以如期寫出。

編輯方針怎麼寫，我很躊躇，當晚，把欽本立、浦熙修同志請來，一起商量。大家認為，中央如此英明地決定《文匯報》復刊，大概認為《文匯報》與知識份子一向有聯繫，應以宣傳雙百方針為重點。但如何宣傳，我心中無底，欽、浦兩位也提不出具體意見，所以陸續談了兩天，我還難以落筆。

正在我為難之際，欽本立來對我說：「鄧拓同志對《文匯報》非常關心，如果你願意，是否與鄧拓同志約期談談？」自從一九四九年新政協會議以來，我對鄧拓同志的品格、態度，就特別感到欽佩，加上前面提到的，他對《文匯報》評價相當高，所以極願向他討教，當即請欽本立同志約好日期、地點，我決定登門拜訪。

第二天，本立就來說：「鄧拓同志很高興跟你和浦熙修同志暢談，明天晚上他已決定不去上班，特地留出充分時間在王府井金魚胡同《人民日報》他的住宅裡，接待你們兩位。」

我們準時找到鄧拓家中，鄧拓同志滿面熱情地接待我們。在客廳前落座後，我簡單地談及

《文匯報》復刊的打算，談起編輯方針，我說只有一點抽象的想法，主要是宣傳中央的雙百方針，至於如何具體地一條條寫出來，我思想上還不成熟。

鄧拓同志對我像極熟的老朋友一樣，立即滔滔不絕地談了幾點他的看法：

我們《人民日報》已千方百計鼓勵知識份子鳴放，但知識份子看來還有顧慮，不能暢所欲言。你們《文匯報》，歷來就取得知識份子的信任，你們首先要說服知識份子，拋開顧慮，想到什麼說什麼。使廣大知識份子思想上的障礙消除了，他們才能盡其所長，為社會主義建設盡其力量。我看，還應是《文匯報》復刊後主要的編輯方針。

其次，我們被帝國主義封鎖，也自己封閉多年，你們應多介紹各國科技、文化發展的新情況，以擴大知識份子的眼界，以利於他們研究、提高水平。

也要關心知識份子的生活，他們有什麼困難，你們可以反映，再如室內外環境應如何合理布置？業餘生活知識份子喜歡種花養鳥等等，你們也不妨闢一個副刊，給知識份子介紹一些知識，談談這些問題。

應同時注意廣大農村知識份子。毛主席講過：三大改造完成後，不可避免地在廣大農村會出現文化高潮，過去《大公報》所載的旅行通訊，這形式很受讀者歡迎。你們不妨派一部分記者，深入各地農村採訪。我一向反對由各級黨委介紹下去，到合作社找人說；這樣，必然報喜不報憂，只說好的，不談問題。你們不妨直接派記者到基層了解情況，寫出旅行通訊，這會有利於得到真實新聞，有利於文化高潮的來到。

最後一點，我認為《文匯報》也應注意國際宣傳。目前，新華社和《人民日報》的影響，還只能偏重於蘇聯及東歐國家；《文匯報》和《大公報》，因歷史的關係，更可以影響日本、東南亞及西歐各國。在這方面，《文匯報》有不少有利條件，比如，通過香港《文匯報》，多進口些最新國際書刊，總之，對這方面多發言，多報導，可以彌補我們的不足。

以上是鄧拓同志對我們談的大意。使我感到十分親切，切中我們的問題。他為我們設想，如此深入而周全，連我自己也沒有想到，當時，我真有「聽君一夕話，勝讀十年書」之感。

我回到家中後，第二天一個上午，即基本按鄧拓同志的意見，寫好了《文匯報》復刊後的編輯方針計劃。下午，分頭打電話給本立、熙修兩同志，他們也完全表示同意。

正好，翌日中宣部新聞局長那位王同志來電催詢，我說一切已準備就緒，只等張部長接見。

張際春同志第二天下午即予延見。我們把擬好的《文匯報》編輯方針及復刊計劃面交給他。張際春同志特別詳細地看了編輯方針，看畢即對我們說：「很好，很好，你們不必等待中央批示，先照計劃著手籌備復刊工作。」後來，我們回滬後，黨中央的批示下來了，除了「照准」二字外，還加了一句附文：「要讓徐鑄成同志有職有權。」我看了真是感激涕零，衷心感謝黨對我的信任。

關於欽本立同志的調回問題，我們曾一再要求，鄧拓同志答覆「先由你們借調，以後再辦正式調動的手續。」

中宣部將《文匯報》復刊的消息通知我和浦熙修同志，原《文匯報》副總編輯有劉火子、唐海兩同志，柯靈同志在一九三八年即參加《文匯報》。郭根同志原在一九四六－一九四七年間任《文匯報》總編輯，那時他在山西任教，特函熙修同志表示希望「歸隊」，因此我上報的副總編輯有下列幾位：欽本立、柯靈（負責副刊）、浦熙修（兼北京辦事處主任）、劉火子、郭根、唐海。顯然把欽本立列為「第一副總編」的地位。

復刊的方針、規劃和主要負責人選，經中央核准確定後，地點曾有過一度反覆：留在北京呢？還是仍遷回上海？既然復刊後《文匯報》的讀者以高中級知識份子為主要對象，內容以文化教育為主，自然以留在首都直接受中央領導為宜，機器、器材及大部分職工已搬到北京，就地覓址復刊，也免於再搬遷的耗費。更重要的，我們對於那時上海領導的「一言堂」（指柯慶施）早有些戒心。曾向張際春同志請示，他說：「中宣部沒有直接領導一家報紙的先例，我們曾向沈雁冰部長徵詢歸文化部業務領導的意見，他表示十分同意，但茲事體大，他無權決定。」

正在這時，上海市委宣傳部長石西民同志因公來京，姚溱同志特地作了一次安排，由他約西民同志、浦熙修同志及我四人，在浦的寢室裡進行坦率交談。姚溱同志勸我們早日決定搬回上海出版，說上海是《文匯報》的發祥地，再說，在哪裡出版，都歸中央領導，中央一打電話，上海就立即知道了。石西民先自謙地說：「我調滬不久，很多老朋友未及一一訪問。對《文匯報》，我們關心不夠。今後，有事希望隨時找我談，我如不在，也可和分工管報刊的副部長白彥同志談。總之，有什麼問題，有什麼困難，我們當盡力代你們解決。」姚溱同志還說：「為了與中央級報紙具有同等待遇，今後中央的宣傳大綱，可以及時發給你們，你們也可以訂閱新華社的『大參考』」。那天，浦熙修同志特備了幾樣菜，我們四人邊酌邊談，心情十分舒暢。在這一席「三國四方會談」上，基本上打消了我們留京復刊的打算，而姚、石兩位同志，後來也確實履行了各項「諾言」。

為了加強在首都的採訪，決定擴大北京辦事處的編制，商請夏衍、姚溱、羅列（人民大學新聞系主任）三位同志為北京社外編委，以便就近指導北辦的工作。

另外，還舉行過幾次座談會，分別請各方權威人士及《文匯報》老同事，那時在京任相當重要工作的同志（如張錫昌、秦柳方等）參加，發表他們對《文匯報》復刊後的意見和希望。很多位對《文匯報》有深厚感情的老同志如邵力子、張奚若、章乃器、陳劭先、翦伯贊、侯外廬等先生都欣然應邀參加，發表了極寶貴的意見。

教育部的柳湜副部長等，以《教師報》的名義設宴款待我們，慶賀《文匯報》的復刊，並對幾個月的合作，表示感謝。

留京該辦的事已告一段落，我乃於八月初飛上海，著手於復刊的準備工作。在我之前，嚴寶禮同志已回上海，接洽館址及職工宿舍以及搬遷的各項具體工作。

我們的意見，復刊後的《文匯報》，應該有一定水平的質量，必需有好的內容，而我們本身的見識有限，應廣泛要求各方面的專家共同來辦好這張報。經多方懇請，決定聘傅雷、周煦良、周谷城、周予同、羅竹風、陳虞孫、李凱亭（體委負責人，《體育報》主編）等為社外編委，定期開會，為《文匯報》撰寫專文並出主意，協助審定稿件，平時，我也向這些專家登門求救。

到八月底，籌備工作大體就緒，職工也已回到上海，經過一個月認真的試版（共先後四次），我認為「操練」已成熟，自己看看樣版也有自信了，於是決定是年（一九五六年）十月一日（國慶節）開始正式復刊。

新復刊的《文匯報》，力求革新，企圖打破蘇聯式老框框，內容主要以貫徹雙百方針為主，多姿多彩，除刊載各方面專家「言之成理、持之有故」的文章之外，還連載了安娜·路易絲·斯特朗的回憶錄（係長江同志介紹，經本報翻譯）。老一輩革命家朱德同志及魏文伯、陳同生等同志的詩詞，也特寄我報刊載。編排、標題也有所革新，使讀者喜聞樂見，耳目一新。副刊中有彩色版，主要為落實鄧拓同志的建議，關心知識份子的生活情緒，如書齋如何布置，如何綠化環境，如何提高情操等等，極受讀者歡迎。編者黃嘉音同志，編輯《西風》月刊，富有經驗且有豐富學識，經柯靈同志介紹，特請他兼任主編。

我們編輯分工，除我總攬全局，著重抓一版——社論及要聞版外，欽本立同志協助我的工作，並全局掌握二、三版學術性論文，貫徹雙百方針（欽已兼任本報黨組書記）。他還經常聯繫北京辦事處的工作，幾乎每晚和浦熙修同志通話，有時還與《人民日報》聯繫，副刊各版，由柯靈同志負責領導。劉火子同志及郭根同志主持新聞版版面。各外勤新聞組，則由唐海同志負責。

我還接受鄧拓同志的建議，派記者赴各地採訪，撰寫旅行通信，如派黃裳同志赴滇，派宦邦顯同志赴四川，全一毛同志赴浙江，都寫出了極有內容、富有文采的報導，並就地組織作家撰寫作品，深受廣泛的歡迎。這就是後來被指為我「向各地放火」的罪證，這是後話。

鄧拓同志曾先後寫給我的三封長信表示讚揚（這些信，都被報社運動辦砸開我的抽屜，全搜去）。欽本立同志赴京把關係正式轉來時，曾對我說，鄧拓同志曾對《人民日報》同志說，應全力支持《文匯報》及俄文《友好報》。我當時除由衷地感激外，也體會到鄧拓同志如此支持我們，是因為他目光遠大，著眼於我國新聞事業的革新與不斷前進，他真不愧為一位學識豐富、有膽有識的中國現代新聞界先進人物，《文匯報》當時取得的一點成就，都和他的指導和鼓勵是分不開的。

我自己回顧，在我主持《文匯報》工作的三十餘年中，認為有兩個「黃金時期」令人難忘，一個是抗日戰爭後從一九四六年到翌年被封的這一段時期，另一段就是復刊後的《文匯報》，直至黑風匝地起為止。不論內容的充實、生氣蓬勃，也不論是編輯部陣容的整齊，都是空前的，可惜都沒有好結果，留下令人難忘的回憶。

一九五七年三月初的一個晚上，我接到市委宣傳部一個通知，要我於翌晨去參加在錦江飯店舉行的一個座談會，內容沒有說明，只說會議很重要，必須本人準時參加。

第二天我去參加，見到文化、教育、新聞、出版、電影界代表人士陳望道、徐平羽、傅雷、周煦良、孔羅蓀、周信芳及金仲華、舒新城、吳永剛、石揮等，還有一個宣傳部文藝處的幹事姚文元（當時文藝處長為張春橋，《解放日報》總編輯由楊永直繼任，這次會議，楊也參加）。由石西民部長作簡單講話，說中央即將召開全國宣傳工作會議，並邀請黨外人士一起參加，今天到會的，都是黨中央邀請的對象，因時間匆促，我們昨天才得到中央電告。務望各位同志原諒。我們已訂好車票，今晚七時火車出發，各位辛苦些，會畢即回去料理公私事務，整理好行裝，以便準時登車。

上車時，我看到姚文元也去了，在車上打了個招呼，按他當時的地位（更不談文名了），似乎和其他去參加者不相稱。我想，他大概是作為部裡的幹部去開會的吧。

第三天上午到了北京，上海的代表全部安排在阜城門外百萬莊招待所裡，這一帶，當時還很空曠，周圍房子疏落，空氣也很清新，嚴冬已過，春寒仍有餘威。

當天下午，即赴政協禮堂，聽毛主席最近在最高國務會議上的講話錄音，很清晰。最使人興奮的是下面一段話：國內形勢急風暴雨式的階級鬥爭時代已經過去了，黨內命令主義、官僚主義、關門主義等還很嚴重，中共中央決定早日開始整風，希望黨外朋友幫助，但絕不強迫別的民主黨派參加。毛主席講話一向很風趣，如談到整風時，說這不再是狂風大雨，也不是中雨，是小雨，是「毛毛雨」，下個不停的和風細雨。從錄音裡聽到他在講話時，不時引起哄堂大笑，並聽到劉少奇、馬寅初等同志插話，真是輕鬆愉快，談笑風生，我們聽了錄音，也感到興奮、舒暢。

聽畢，我和傅雷同志即相約赴中山公園聊天，我們覺得雙百方針實在正確，黨真英明，都認為今後更應響應黨的號召，為社會主義建設多盡力。正如《傅雷家書》所載，他當時給他兒子信中所寫的，他衷心感到社會主義的可愛，感到社會主義國家很多，而「毛澤東全世界只有一個」（天下無雙）。可見他那時正是最熱愛共產黨、熱愛和由衷尊敬毛主席的。

講到這裡，我想插一段話：在解放戰爭時期，他看到一本介紹「蘇聯內幕」的書，其中有一段序言，以事實說明蘇聯在史達林領導下，並不那麼自由，他徵得我的同意後，譯登在《文匯報》。而按當時的邏輯，說蘇聯有一點點缺點，就是反蘇，反蘇就是反共，因此引起不少進步人士的圍攻。大概因為這個原因，在一九四八年左右他即遷居昆明。當時，我在香港主持《文匯報》，他寫信給我，希望將歐美新出版的書籍雜誌，擇要寄給他。上海解放後，我聽說他已由昆明遷居香港，曾去函勸他早日回來。他回滬後，即租住在江蘇路，離我住的愚園路很近。但他很少出門，閉户譯書，而每出版一本，即托人帶贈給我。一九五六年《文匯報》復刊前，我登門造訪，我對文化、文藝方面知識淺簿，而深知傅雷同志是這方面的專家，見識博而廣，我希望他多予指教和幫助。那時的傅先生，和幾年前已判若兩人，他參加了作協主席團，並在上海市政協學習小組任組長。對《文匯報》的復刊及所訂方針，他極表贊同，除積極為我設想外，還推薦林風眠、沈知白先生及錢鍾書、楊絳伉儷，力舉這幾位是我國文學、藝術界的真正行家，希望我多向他們組稿。我當時深有體會，覺得中國知識份子優良的傳統，不是人云亦云，必待真正親眼看到真、善、美，才服從真理，投身於這個事業。傅雷先生就是一位傑出的典型人物。誰知後來竟也中了「陽謀」，陷於羅網，到「史無前例」這一幕開始，竟被殘酷迫害，並與夫人雙雙被迫自盡，我深感「我雖不殺伯仁，伯仁因我而死」，我終生負疚！這是後話，下面還有補充。

我們那天回到百萬莊，第二天上海小組分組座談，康生還特地作了啟發報告，希望大家暢所欲言。以後，我們又與各地代表按不同系統分組座談意見和體會。聽說也有不少代表對「知無不言」、「言者無罪」尚有疑慮，譬如，有人說：「要我發言，先要給我一張『鐵券』。」

上海電影名演員石揮同志還以滑稽的口吻道：「這正如京戲《甘露寺》所說的，是賈化（假話）。」

我因為百萬莊離市區較遠，在市區開小組會時時間較多，也為了就便與北辦同志聯繫工作，在招待所（記得與孔另境同志同住一室）住了兩天後，即搬到北辦居住。

有一天（三月十日）下午，我飯後在燈市口一帶散步，剛回到北京辦事處，《解放日報》的楊永直同志已在焦急地等著，說「已接到通知」，毛主席接見我們新聞界一部分代表，我到處找不著你，現在約定時間已到，我們趕快坐我的車去吧。」我沒有坐定，即相隨乘車赴中南海，到了一處院落（記得並非一九八三年的「毛主席故居」），院牆粉刷陳舊，一大間客廳，中間放著一張長桌，四周圍著坐椅，如此簡單而已。（比之一九八〇年以後看到的各地行宮，有天淵之別。）

我們被引入客廳，毛主席和康生已在門口等候，聽到康生逐一介紹，老人家伸出大手，緊緊握著我的手說：「你就是徐鑄成同志？」慈祥地看著我說：「你們的《文匯報》辦得好，琴棋書畫、梅蘭竹菊、花鳥蟲魚，應有盡有，真是放得好！我下午起身，必先找你們的報紙看，然後看《人民日報》，有工夫再翻翻其他報紙。」對於主席的讚賞，我心中湧起感激的熱淚，感到無比温暖、幸福。我們大概已是最後一批人了，看看在座的，有金仲華、鄧拓、王芸生、舒新城，其餘還有幾位我不認識。劉少奇、周恩來等中央其他首長沒有在座，也沒有中宣部的陸定一和周揚同志，僅有康生陪同接見，這是我記得很清楚的。

我被安排坐在毛主席旁邊，中間只隔著金仲華同志，鄧拓同志則坐在我們對面。

康生先講話，說：「今天，毛主席邀請新聞出版界一部分代表來談談，各位有什麼問題請主席回答，請提出來。」會上沉寂了片刻，鄧拓同志輕輕對我說：「鑄成同志，你先開個頭。」我就說：「關於在報紙中宣傳雙百方針，我覺得心中無數，難以掌握，怕抓緊了，犯教條主義的錯誤，抓鬆了，會犯修正主義的錯誤，請教主席指示，該怎樣掌握？」

毛主席含笑答道：「我們當年打仗的時候，一點打仗的經驗都沒有？就在戰爭中學習戰爭。你們諸位，都有二十多年的辦報經驗，應該好辦得多了。如何掌握，這叫做從打仗中學習打仗嘛。」毛主席接著說下去：「不要怕片面性，片面性總是難免的嘛！多學一點馬列主義，剛學會學不進去，會吐出來，這叫條件反射嘛，多學了會慢慢學進去，像瓶子裝油，倒出來，總會漏一點，慢慢就學懂了。魯迅學馬列主義，是創造社、郭沫若逼出來的嘛，他原是相信進化論的嘛，早期的雜文，很多片面性，後來學習馬列主義，片面性就很少了。我看，任何人都難免有片面性，年輕人也有，李希凡有片面性，王蒙也有片面性，在青年作家中，我看姚文元的片面性比較少。」主席這最後一句話，使我出乎意外，姚文元曾在上海寫些文章，常常揪住人家一句話不放，怎麼會受到他老人家的賞識，認為他的片面性較少呢？

接著我發問的，是金仲華同志，他認為政府對紙張控制太緊，自從各報開展雙百方針的宣傳後，報紙的讀者大大增加，而政府所按定數配給，報紙困難越來越大，希望主席了解此情況，讓有關方面設法減輕各報的困難。毛主席說：「這個問題好解決，有關部門當然也有他們的困難，我不具體了解。」正好在這時，文化部常務副部長錢俊瑞同志夾著一個皮包，匆匆趕到，進入會場。毛主席風趣地說：「錢武肅王的後人來了，這問題請他給你們解決。」錢俊瑞開始有些惶然，經主席扼要說明問題，錢俊瑞答應向各方面了解，適當增加各報社的紙張供應配額。

以下，還有幾位提問，主席一一作了答覆，內容已摘要載於前幾年毛主席誕辰時補發的毛澤東同志與新聞出版界代表的談話中，不需再贅述。

還記得出版界的舒新城同志說：從三大改造以來，各地有些無知的農民工商户，紛紛把一些書籍出售，甚至拆散當廢紙賣，使珍貴文物散失，幹部出面制止也無效，請主席注意這一嚴重問題。毛主席風趣地回答：「你倒很注意為共產黨説話。」

後來，毛主席問道：「各位在宣傳百花齊放、百家爭鳴的方針時，究竟還有什麼具體困難沒有？」

我說：「我體會雙百方針的提出，在政治意義上，是高價徵求批評，讓人民暢所欲言，慢慢再加以說清楚，不要一下子壓下去，我認為這就是高價徵求批評。」

毛主席說：「你的意見很對，很好，說下去。」

我接著說：「我們《文匯報》開展電影問題的討論，收到來信很多，批評相當尖鋭，也有一些不同意見，我們故意放一放，好讓大家把意見說完，等以後再開展討論。但在上海卻遭到了圍攻（指張春橋組織的圍攻），請問主席，我們該怎麼應付？」

毛主席說：「我叫周揚同志給你們這場討論寫一篇小結，這樣，批評、反批評、小結，這就叫正、反、合，這就是辯證法嘛，你同意不同意？」

我高興地回答：「主席想得很周到，我完全同意。」

接見約談兩個小時，我們辭出後，我立即趕到北辦，向全體同志詳細談毛主席對《文匯報》的評價以及毛主席對新聞出版界的談話，當時即由記者姚芳藻同志詳細記錄，當晚即密封寄一份給上海編輯部，並向北辦人員傳達，大家聽了很受鼓舞。

那兩天，毛主席還分別接見教育、文藝各界代表人物。

大概在十二日晚上，石西民同志召集上海全體代表開會，由陳望道同志匯報毛主席接見教育界部分代表的談話，徐平羽同志（當時的上海文化局長）匯報毛主席接見文藝界代表的情況，我則匯報毛主席接見新聞出版界的情況。記得姚文元這個「小八拉子」正坐在我旁邊，我匯報畢落座後，曾低聲對他說：「毛主席還表揚你的文章呢。」他臉紅地點點頭，掩飾不住其得意之色。

在此以前，新聞界曾舉行小組討論會，我曾去參加，趕到遲了十分鐘，主持會議的鄧拓同志忙招呼我坐在他的旁邊，親切地問道：「鑄成同志，請你多發表意見。」我說：「我實在想不出什麼意見可談。」

所以，這次中央宣傳工作會議，無論大會或小組會，我都沒有發言。

在大會進行期間，鄧拓同志即告訴我，中國新聞記者訪蘇代表團即將在本月內出發，「團員人選已決定，請你任副團長」。我很感惶恐，怎敢當此重任呢？後來想，有團長負責，我掛個空名，大概也負不了什麼責任，就欣然答應了。

大會將閉幕時，鄧拓同志去告訴我，訪蘇代表團一週內即將啟程。我焦急地說：「報館的事和我的家事應該讓我先回去安排一下呀。」鄧拓同志說：「那天會閉幕即回滬，三天內務必趕回北京。」

我在飛滬途中，看到青翠的泰山，高聳於群山之上，想起《論語》有「登泰山而小天下」一句話，我當時想，毛主席的英明和目光遠大的確在世界「群峰」中，無與倫比。

留滬實際只有兩天，匆促安排好公私事務，編輯工作自然由欽本立同志全權處理，經理部則我雖兼任社長（停刊前稱管理委員會主任），一向不大管，由副社長兼經理部主任嚴寶禮同志全力主持。

第三天（三月二十四日）上午離滬飛京。那時，民航還沒有大型飛機，滬京班機，中途要在南京、合肥、徐州、濟南停靠，全程要飛五六小時。第二天中午，去訪晤鄧拓同志，哪知短短三天中，「行市」變了，原定任訪蘇代表團長的林朗同志（俄文《友好報》總編輯）不去了，改派我為團長，由徐晃（原中南軍政委員會公安部部長）、盧競如（俄文《友好報》副總編）為副團長，團員共十二人，另有兩名翻譯。我聽到這消息，真是「受寵若驚」，非常惶恐。蘇聯是社會主義國家，而且一向被稱為「老大哥」，怎麼可以讓我擔任團長呢？（全團十二名代表中，只有我和《光明日報》的張同志兩人非黨員。）我堅決向鄧拓同志表示，不敢擔負此重任。鄧拓同志說：「這是中央決定的，你不必謙遜了，中央還決定徐晃同志為代表團黨組書記。我已關照徐晃同志，黨組開會時，除討論純黨內問題外，其餘都要請團長列席。」我聽後真是感激涕零，衷心感激黨如此信任。總之，我那一段時期的心情，也彷彿如傅雷同志在「家書」中所表達的，對黨和毛主席的熱愛、崇敬，達到了最高峰。

這次中國新聞工作訪蘇代表團是蘇聯外交部新聞司和蘇聯對外友好協會共同邀請的。當時，我國外交部新聞司司長是龔澎同志，也是熟朋友，博學多才，性格開朗。我去外交部拜訪，她要向蘇聯外交部部務委員兼新聞司司長伊利切夫問好，並托我帶禮品贈送給他。

我向鄧拓同志（當時兼任中國新聞協會會長，我是常務理事）問及代表團此行的主要任務。他說：「關於蘇聯辦報經驗，我們前年已去《真理報》學習了一段時期（指第一屆中國新聞工作者訪蘇代表團，鄧拓同志任團長，參加的代表有《解放日報》總編張春橋，回滬大做報告，還出了一本書，大談蘇聯報紙如何如何干預生活等等先進經驗），已夠多了，你們此去，不必再注意這一方面，而著重去了解各地情況，增進兩國友誼。」

已定好三天以後的機票。在這三天內，天天召開全團會議，談出發前的準備工作，特別請戈寶權同志來詳細介紹蘇聯的生活習慣，以及交際場合應注意的事項，並傳授了若干常用的俄語。

三月二十七日，代表團出發。那時蘇聯的「圖一〇四」噴氣巨型客機剛參加中蘇民航，每週來回一次，我們沒有趕上航班，坐的是螺旋槳的小飛機，只有二十四個座位。我們於清晨六時許登機，旋即起飛，乘客只有代表團十四人，等於是我們的專用機。沿途停烏蘭巴托、伊爾庫斯克、克拉斯諾雅爾斯克、新西伯利亞、斯維爾特洛夫斯基、喀山等站，都停機進機場休息，共走了二十五小時，二十八日上午八時許始抵莫斯科（蘇聯時間上午零時許），受到伊利切夫及文化部副部長和《消息報》、《真理報》等報的盛大歡迎。《消息報》總編輯致歡迎詞，我代表全團致答詞。時當深夜，莫斯科春寒入骨。旋被招待赴蘇維埃旅館下榻，此為當時最高級賓館，我住的房間有三室，兩套衛生設備。招待人員告訴我，今年彭真率代表團來蘇訪問時，即住在這間房內。

這篇文章專門談一九五七年那場陽謀的詳細經歷，我們訪蘇的見聞，我不想多談（一部分曾登於當年五月底至六月上半月的《文匯報》，後來我被揪出批鬥，才被夭折。寫出的部分有十餘篇，已收入福建人民出版社即將出版的我的《通訊遊記選》），只簡單談些我印象最深的幾件事，和赴蘇訪問的日程安排。

第一件事，我們團到達的當天的晚上，恰好匈牙利事變後新上台的首領卡達爾到蘇訪問，蘇共中央特為他在克里姆林宮舉行盛大的歡迎酒會，我們被邀請參加。當我們走近主席台時，看清楚幾位蘇聯領導人如赫魯雪夫、莫洛托夫、馬林可夫、卡岡諾維奇、伏羅希洛夫、布爾加寧、米高揚等，全都神采奕奕，笑容滿面。想不到我們回國後不久，蘇聯即發生所謂「五月會議」，其中大部分都被赫魯雪夫指為反黨份子，從此被趕下了台，或降職、或貶居。上月看報，知道莫洛托夫上月（一九八六年十一月）年九十六歲才逝世，他晚年一直領養老金過著悠閒的生活，前兩年還恢復了他的黨籍。可見蘇聯在史達林逝世後，肅殺的氣氛畢竟不同，而且即在史達林時期，黨外的知識份子也並未遭到劫難，比之我們國家主席劉少奇同志以及許多開國元勛都一一受冤蒙難，被迫慘死，可見青出於藍了。

在那晚的會上，還會見了不少蘇聯作家如西蒙諾夫、波列伏依等人。

在平息匈牙利事件中，周總理出了不少力，所以卡達爾對中國很感激。當蘇聯朋友把我們向卡達爾介紹時，他對我團代表一一熱情握手，還和我擁抱。

第二件事是赫魯雪夫的會見。在臨走前幾天，陪同我們的蘇聯外交部人員就告訴我們：

「赫魯雪夫同志可能要接見你們。」一直到預定動身的那天，還音訊杳然。大家幾乎絕望了，副團長盧競如上街去買些東西（她曾留蘇多年，俄語講得非常流暢，甚至各地的方言也能說，所以，我有些講話，特別請她翻譯），尚未回旅館，伊利切夫同志於下午七時特來面告：「赫魯雪夫立刻要接見你們。」時間匆促，連盧競如同志也沒有能趕回來就匆匆趕到蘇共中央辦公大廈，好在前幾天已和我駐蘇大使館文化參贊商量好，準備向赫魯雪夫提出哪些問題。文化參贊特關照大家，不要你一句、我一句的提問，該問的問題，應由團長一人提出。到了赫魯雪夫辦公室（很大而陳設簡單，會客桌上，只擺一架飛機模型），賓主坐下後，我把大家擬定的三個問題依次談完了。在談話中間，他還風趣地說：「毛澤東同志上次來蘇，只在莫斯科停留，這一回（即將召開的各國共產黨會議），我們要『報復』一下（指伏羅希洛夫正在華訪問，受到熱烈的歡迎），請他到蘇聯多參觀幾個地方。」接著他說：「你們大概很關心我們開墾生荒地的情況吧？」於是，他滔滔不絕地談他的開墾計劃和已獲成就。他答覆我提的三個問題，大約只花了半小時，而他主動談及墾荒問題，卻娓娓談了一小時半，可見他對此很得意。

會談後，就在他辦公室裡和我們全體合影留念。合影時，我靠他站著，他還挽了我的手。我們回到旅館，急急吃了晚飯，急忙收拾行李，匆匆趕到機場，登上圖一〇四飛機，在開機前五分鐘，蘇聯外交部人員才趕來分送每人一張剛沖洗出來的照片。這張照片，「文革」中害我吃了不少苦頭，被造反派抄家時抄去，指為我的反動「罪證」，迫使我多次嘗到「噴氣式」的味道。

蘇聯人民對我們確是十分友好的。我們所到之處，不僅官方熱情接待，一般工人、群衆，也非常親切。舉一個小例子來說，我們接觸過不少頓巴斯工人，他們對我們都很熱情，有一個曾對我說：「什麼老大哥、小弟弟，中蘇兩大國好比是孿生的一對兄弟，如果中國同志需要，要我脫下最後一件襯衫我也心甘情願。」多麼樸實而美好的感情！安排我們的參觀生活，接待人員也十分周到。我們在莫斯科十幾天後，即分兩路到各地參觀，我和盧競如帶的一路，團員有邵燕祥（中央人民廣播電台）、劉克林（大公報）等，另一路參觀中亞細亞及蘇聯亞洲部分，由徐晃副團長帶隊，相約在列寧格勒會合。我們這一路共參觀訪問了俄羅斯歐洲部分，波羅的海、白俄羅斯、烏克蘭及黑海、裏海一些地區共十個加盟共和國，為了節約時間，全用飛機旅行，只有莫斯科到列寧格勒一程坐火車。中間曾安排我們到旅遊勝地索切去休息了三天。我們回莫斯科參加五．一盛典後，蘇聯外交部和對外友協還要安排我們去雅爾達旅遊休息一段時間。那時國內整風運動已全面展開，鳴放已進入高潮。大家認為這是難得的機會（如延安整風一樣），怕錯過鍛煉、改造的時機，因此婉言謝絕，決定於五月九日回國。

這次訪問，共歷時四十四天，加上回京後又清理團內事務，耽擱數天，那時，所謂「鳴放」高潮已接近尾聲了。在莫斯科時，看到《文匯報》，認為有些標題太尖銳，火氣太大，根據我多年從事新聞工作的經驗，有些題材尖銳的新聞，標題應求平淡。反而內容一般，標題不妨「打扮」得突出些，這是老編輯的一般的常識。為什麼這一段《文匯報》標題如此「火上加油」，我很不安。到京的當晚，即和本立同志通了「長途電話」，說了我的看法，問他為什麼標題火氣這麼大？他對此含糊答覆了。（直到文革以後，原《文匯報》參與編輯的同志告訴我，在那一段時期，編輯部負責人幾乎天天接到市委一言堂的指示，要《文匯報》加溫再加溫。原來這也是引蛇出洞，「陽謀」的一個手法。）

回京的第二天晚上，我去訪問鄧拓同志，先向他匯報了訪蘇的經過，他說：「徐晃等同志已對我談了，總之，你們這次出國很成功，完成了任務，加強了兩國人民的友好，任務完成得很出色。我們還是談談報紙工作吧，你們出國後，《文匯報》在貫徹雙百方針及幫助我黨整風方面，幹得很好，所以很受讀者歡迎，聽說發行數已接近二十萬了。」我說：「有些標題太火辣辣，我總不放心。」他說：「這些，是小毛病，不要緊。」接著，他對我說：「我們《人民日報》也有計劃想提高一步，但是上面卡得很緊，比如，我準備寫一組題目，共十篇社論，但報上去一直沒有消息，寫好的社論稿，大部分扣壓了，其中只發了二篇，把我的計劃全搞亂了。」接著，他悲憤地說：「有時，我真想辭去《人民日報》的職務，另外去幹一張報。」

留京的最後一個晚上，曾在辦事處設便宴與全團同志歡叙話別，感謝他們的合作。那時，浦熙修同志正參加全國政協東北考察團，尚未回京。我向來每次進京必去訪問的夏衍、姚溱兩位「老領導」，這次因為時間實在倉促，未及拜訪，至於章伯鈞、羅隆基等民盟的首腦，連影子也沒有見過。

飛回上海後，即以全部精力開始寫《訪蘇見聞》，差不多隔一天交出一篇。白天有時去報館看看，打算在《訪蘇見聞》寫完後，再正式上班。

當時的市委宣傳部副部長白彥同志曾到我家中，希望我去參加即將閉幕的上海宣傳工作會議（也仿中央的慣例，吸收黨外代表性人士參加，幫助黨整風）。

我說，我正在趕寫《訪蘇見聞》，而《文匯報》現在黨員與非黨同志融洽、合作得很好，我沒有什麼意見可談，堅決回絕了。

第二天，白彥副部長又來，說：「會開得很熱鬧，你一定去聽聽，因為會議快要結束了，我們不準備發給你出席證，你拿我的出席證，今天下午一定去參加吧。」說畢，即掏出他的出席證交給我。

盛意難卻，我當天就去了。發言者確是爭先恐後，發言的內容，差不多全集中在消除黨民間的隔閡即拆牆問題（聽說這一名詞，最初還是中央某首長提出來的）。

記得那天會上給我印象最深的發言，是一位大專校長的發言，說他如何毫無實權，一切由黨委書記說了算等，他還舉了一個生動的例子，說有一次這個黨委書記兼副校長因公赴京，還貼出堂堂布告，說他在離職期間，校務由校長代理云云。

我由此觸發，要求在第二天大會上發言，大意說：「牆」是很容易「拆」掉的，只要彼此尊重，有共同語言，黨與黨外人士就可以水乳交融，很好地進行工作。我舉《文匯報》一例，說我和欽本立等同志，就合作得很好，遇事坦述相商，《文匯報》就不再存在「牆」的問題。可見，領導的黨員，至少要懂一點本行業務，如果完全外行，那就「秀才遇到兵，有理說不清」了。

現在，領導應該懂行，已成為常識。可是我那天的一番發言，卻闖了大禍，被指為大毒草，說是推廣「反黨經驗」。而且，隨後不久展開了反右鬥爭，「偉大領袖」還進一步指出：外行領導內行，是必然的規律。

當時，欽本立同志問我這個發言要不要見報？我說當然見報。我認為問心無愧，是一片熱情，想介紹《文匯報》黨內黨外坦誠合作的事實，來平息大會上的爭論。即用以後發明的動機、效果統一論來檢驗，也是站得住腳的。但一聲令下，反右運動匝地而起，這就成為我的重要的「罪證」之一了。

運動是從一位國民黨員寫的一篇文章開始的。接著，是六月初的《人民日報》社論〈這是為什麼？〉作為正式序幕。我當時心裡還很坦然。《文匯報》復刊的編輯方針，是經中央審批的。《人民日報》又發表另一篇社論（據說也是偉大領袖親筆寫的）〈文匯報一個時期的資產階級方向〉。在中央宣傳工作會議期間，毛主席親口對我肯定並表揚了《文匯報》，可見這裡指的一個時期，是指中央宣傳工作會議以後，而這次會議剛閉幕，我就到蘇聯去訪問了四十四天，回京在五月中旬，所謂大鳴大放的高潮已經過去，而且回滬已近五月下旬，到六月初這一「號角」吹起時，我趕寫《訪蘇見聞》，尚未全面抓起工作。心想，我有什麼責任呢？有什麼可檢查呢？

鄧拓同志十分關心《文匯報》和我，在《人民日報》這篇社論發表前，就電告欽本立同志，希望我們爭取主動，先自我檢查。我怎麼樣也想不通，如何落筆？到深夜才勉強湊成一篇社論，大意說我們響應號召，展開雙百方針的宣傳，想不到引起讀者這麼大的反響。這就被偉大領袖指出：「《文匯報》寫了檢討文章，又寫了許多反映正面路線的新聞和文章。這當然是好的，但是還覺不足。好像唱戲一樣，有些演員演反派人物很像，演正派人物老是不大像。」（見《文匯報的資產階級方向應當批判》）在同一篇宏文中還明白指出：「讓大家鳴放，有人說是陰謀，我們說，這是陽謀……牛鬼蛇神只有讓它們出籠，才好殲滅它們，毒草只有讓它們出土，才便於鋤掉。」原來，這一切，都是聖明領袖的偉大戰略部署早已定好了的。

上海的運動，從「拋」出陸治等同志開始，市委宣傳部還希望我「揭批」陸詒，「立功贖罪」，我斷然拒絕。過了幾天，才由一位復旦大學教授開始點了我的名，我知道風慢慢颳大，但還沒有想到雨點，真會降到我身上來。

欽本立同志說：「我們不妨去看看石西民部長。」見面後，石西民同志對我說：「我是了解你的，但我作不了主，必須請示柯老。」

於是，我們又設法去面見那位「一言堂」（柯慶施）。他開頭就說：「這事不能由你一人負責。我已對欽本立說過：『你的一隻腳早踹進右傾泥坑裡了。』又對我說：『你自己從思想上挖挖，我想辦法搭一架梯子，好讓你下樓。』」接著，他說了一段話，使我驚心動魄。他說：「中國的知識份子，有兩個字可以概括。一是懶，平時不肯自我檢查，還常常會翹尾巴。二是賤，三天不打屁股，就以為了不起了。」原來，他對知識份子是這樣看法，真對毛澤東思想深通三昧，不愧後來稱為好學生了！

正在此時，全國人民代表大會舉行第四次會議，我赴京出席。

初到京時，我曾與葉聖陶、鄭振鐸、宋雲彬三位先生一起共酌（我們這四位「酒仙」，照例每入京必聚飲一次的）。宋雲彬兄嘆氣說：「我在杭州已被批過幾次，恐怕此次在劫難逃了！」我還寬慰他說：「可能有人真正想反黨，你是人所共知的黨的老朋友，如果我們也被打成右派，豈不令人寒心？萬一有事，誰還敢挺身擁護黨？」雲彬只慘然一笑說：「天下已定，以後不會有什麼萬一了。」葉、鄭兩位也說：時局真有些看不透，究竟要發展到什麼地步？

過了一天，可能是康生之流授意的吧，在《光明日報》登了一條署名「新聞」，說我去年在民盟新聞小組談過，《文匯報》復刊後，將一切聽羅隆基的指揮。真是白晝見鬼。新聞界的朋友，都知道我這個人很倔強，從來不盲目接受什麼人的指使，而且，任何人也不會這麼笨，會當衆説出心裡的打算。

但這是一個信號，一場大風雨就要降臨了！（事實證明，這也是一個預設的安排，不是那篇堂堂宏文中，就説章羅同盟中的羅隆基與《文匯報》編輯部是民盟系統的「兩帥」，「兩帥」之間還有一個能幹的「女將」浦熙修麼？編得多麼巧妙！）

我翻閱一九五七年當時的日記，可以看出，運動完全是「有領導、有計劃」進行的，而且早就作了精心的安排。綱領性文件自然是〈關於正確處理兩類不同性質的矛盾〉。這一宏文，比幾年前我們聽到的錄音，已經過大改動、大補充，這是盡人皆知的。鬥爭的對象，也一步步有計劃、按步驟推開。就民盟範圍來説，先是製造一個「章羅同盟」，集中力量鬥爭章、羅兩位，從而牽及浦熙修。在差不多時間，也以我為重點之一，然後一步步推開，到各省市的民盟負責人（名之曰「章羅聯盟」代理人）。同時，揪開新聞界中的盟員（自然，從兩篇宏文發表後，《文匯報》成為網魚的重點）。最後牽到基層。

鬥爭的方法，也非常講究「技巧」。當集中鬥爭章、羅的時候，除積極份子外，已點過名的，也用種種方法威脅鼓勵他們參加批判、揭發，予他們以「立功贖罪」。這種一步步深入的方法，後來就成為「文革」時「揪出、火燒、油煎」直到「徹底打倒」的藍本。所以，我和巴金同志回憶文革的遭遇時，在好友葉以群被迫害致死後，他也不得不隨衆舉手，高喊「打倒反黨反社會主義自絕於人民的葉以群！」到後來，他自己也被揪出來了。這個滋味，我在一九五七年反右派中已嘗夠並深有體會的，經常有一把刀架在脖子上，逼你說出「供詞」，以便他們擴大鬥爭面。（滋味就是這樣！）

七月初，上海統戰部的劉述周同志到辦事處來看我。說「毛主席十分關心你，毛主席昨天接見，我也在座。毛主席特別提到你，說徐鑄成的包袱很重，但無論什麼樣的包袱，丟了就好了。所以，特別叫我來傳達他的意見。」

我把是年七月五日的日記，照抄如下：

> 這幾天的教育，對我特別深刻，從來京後，反右鬥爭步步深入，無論什麼會場，都是反右鬥爭的戰場。三星期來，我的體會一天比一天深刻，對自己的認識也一天比一天提高。我初來京時，還沒有深刻認識自己的錯誤的嚴重性，後來，經過不斷鬥爭、檢查、分析，才開始認識了，搞得滿身大汗。黨對我還是採取幫助和保護的態度（注：當時正在《北京日報》大禮堂舉行全國政協反右鬥爭大會，每天開一次會，主要是批鬥我和浦熙修同志，提法是「批判浦熙修的反黨罪行！」對我則為「批判徐鑄成的錯誤言行」，顯然有區別。大概我還是放在「火燒」階段，浦熙修同志早已列入「打倒」對象了）。一方面幫助我真正認識錯誤，從這裡汲取應有的教訓，一方面盡量保留餘地，給我交代改悔的機會。李維漢同志親自啟發我，柯慶施同志和石西民同志也經常關心我的問題。（注：劉述周同志說：他們經常有電話問起我的近況。）劉述周同志更一次一次幫助我分析問題，還自己到辦事處找我，幫助我。黨對我的愛護，真可說是無微不至了。毛主席說要我放下包袱，

可是，我還是解不開包袱，不是沒有決心，也不是有顧慮，而是不知從何解起。因此，迂迴曲折了一個時期，多挨鬥了幾次，特別是昨天，受到的教育更深刻些（注：會場的火力更猛）。幾天來，皮膚下面刻刻在發火，心往下沉，半月來幾乎沒有好好睡過（那時天天晚上要寫檢查，以備第二天交代，而冥思苦想，常常寫不出一個字，每晚要抽兩包煙，到深夜，只能自己胡亂上綱，湊寫成篇，到睡在床上，翻覆難眠，每晚必出幾身冷汗，汗衫透濕，入睡至多只有兩小時）。嘴裡發膩，吃不下東西，飯菜到喉頭就卡住了。陶陶（指現在已病死的我的長媳，那時她和我的大兒子常來看望我）說我瘦多了……今天的檢查，我是什麼都抖出來了，相信我已認識自己的錯誤，同志們的意見不多，是否算是通過了。我不知道。

為什麼在日記裡我特別提到李維漢同志的啟發呢？他是當時的中央統戰部長，就在劉述周同志親自來轉達毛主席如何對我關心談話以後兩天，周又來北辦找我，說：「李維漢同志對我也十分關懷，已約定即日見面。」於是我們同車到中央統戰部。見面後，李維漢部長問我檢查得怎樣了。我說：我苦苦思索，實在是什麼都倒出來了，但還得不到同志們的諒解，說沒有交代清楚和章羅聯盟的關係。他說：我知道你和章羅沒有特殊的交情，我也了解你是一貫對黨有感情的，為什麼把報引到這條道路上去？受了什麼人的鼓勵報才這麼辦的？你應該講講明白。我說：「我這個人，脾氣很頑固，向來沒有什麼人會誘導我走邪路。《文匯報》如果辦的方針不對頭，一切責任在我。」他說：「你的思想不用太偏狹，想想你的上下左右，和什麼人接觸過？有意無意受到什麼影響？」我心想：《文匯報》復刊方針、計劃是黨中央審批的，鄧拓同志、夏衍同志、姚溱同志最關心《文匯報》，但這些，我能講嗎？萬萬不能講。他又再三逼我，我只得說：「我平素最欽佩的是傅雷、宋雲彬兩位，關於文藝學術問題我知識不夠，有時向他們求救。主意還是我自己定的。」這間房子裡，本來只有李維漢、劉述周和我三個人，講到這裡，我忽然看見旁邊一間小屋裡，有兩個人在記筆記。而「一言既出，駟馬難追」了。

宋雲彬同志先我陷入羅網，而傅雷同志則因我這一句話，可能要受牽連了，自己追悔莫及。

當時我被鬥的戰場，主要有二，一是廣州小組（我是廣東省選出的代表），一是新協召集的會議。上午在人大小組，「火力」不大，很多代表只是「表個態」，記得有一次蔡廷鍇將軍發言說：「你以前一向和我們民革的同志常來往，為什麼最近和章伯鈞、羅隆基這些人搞到一起去了？」如此等等。主戰場在新協，每天下午一場，而且每次批鬥後，主持會議的人必說：「這次交代不老實，明天大會繼續批鬥，浦熙修、徐鑄成要端正態度，老老實實徹底交代！」

這樣持續了一個多月，到七月底才結束，作為新協主席的鄧拓同志一次也沒有參加。我於七月三十一日乘車回滬，鄧拓同志關照唐海一路陪我，大概是怕我尋短見吧。

八月一日傍晚回到上海。不久，又由上海新協出面，召開了會議，又展開了疲勞戰術要我交代「罪行」，檢查根源。大概共開了四次大會，三次都被主持者說是沒有觸及政治問題，態度不老實，到第四次交代時，我把他們所提的批判和暗示都寫了上去，大概算是「老實」了，不再開會窮追猛打了。

「柯老」（柯慶施）自然不再「挽救」了。不久，他召開了一次會議，集中了那時已確定的所有的「大魚」，一臉秋霜地訓了一次話，說：「你們的出路只有一條，繼續檢查交代，爭取重新做人。」右派的一頂帽子，已飛上我的頭頂。

《文匯報》的社長和總編輯，早已換了人。對我的具體處罰，是降職降薪，工資級別從八級降為十四級。

從是年九月起，先在市政協集中學習，後來，又在上海顓橋辦了一個專政學習班，半天勞動，半天檢查。下半年，又轉入新聞辦的上海社會主義學院，邊學習邊勞動，後才被分配到上海出版局工作。

我沾了「頭面人物」的光，處分算是寬大的。這次「陽謀」發動者定有指標，全國知識份子（當時說有五百萬），其中有百分之五是反對社會主義的，加上各級層層加碼，一籠子裝的大魚小魚，總不下幾十萬尾吧。《文匯報》被列為「陽謀」的重點，比例當然更高，其中北辦原有記者十餘人，除了三人倖免牽及外，幾乎一網打盡。

他們大多妻離子散，一部分還發配到北大荒及其他邊遠地區，受盡了種種折磨和人身污辱。大約為《文匯報》遭殃而自盡的，先後有十餘位，其中，最使我終生負疚的是梅煥藻同志。他中英文流暢，長期任《大公報》駐印記者，勝利回國後，任當時《大公報》總經理胡政之先生的秘書，而傾心進步，當《文匯報》因經濟困難招讀者股時，他是《大公報》內少數積極應募者之一。後來，《大公報》北遷，他自願留在上海。《文匯報》一九五六年復刊時，我再三登門邀請他任社長辦公室秘書。平時，他工作十分負責、認真，但從不參與編輯部事務，他心直口快，有時對《大公報》的要員，也表示不滿。罡風匝地時，有位原《大公報》要員調《文匯報》任總編輯，曾找梅煥藻同志談話，問他對運動有何看法，他只說了一句：「徐鑄成成為右派，我思想有些不通。」一言既出，立即受到圍攻，要他交代，他走出會場，立即跑上屋頂，跳下樓了！他是《文匯報》第一個壯烈犧牲者。

一九五九年，我和沈志遠同志被列入第一批「改造好」的右派份子，摘去帽子。但「帽子」雖然摘了，痕跡依然被留著，被列入「另册」。到了史無前例的「文革」，我還被「兩報一刊」公開點了名，說「大右派」徐鑄成把持的《文匯報》是中國的赫魯雪夫最賞識的報紙云云。同時又多次被批鬥。

直到一九八〇年，才得到平反。

我只記下身歷「陽謀」的經過，未加分析、評議，一切留待歷史來作結論吧。

有一點想法值得提一下，從那次「陽謀」後，知識份子從此閉口不言，真是萬馬齊暗了，這大概是「殺雞儆猴」的戰略部署吧。這次「陽謀」的如願以償，為以後的「史無前例」作了準備。

附錄二
右派份子徐鑄成的言論作品選

在社外編委會議上的發言

一、一九五六年九月十四日《文匯報》第一次社外編委會議

「《文匯報》於四月底休刊，旋即去北京改為《教師報》，這樣一辦，不久之後，各方面便發覺有不妥之處，中央宣傳部也找我們談話，最後決定《文匯報》在上海復刊，……

全國性報紙不一定要在北京出版，上海是國際大都市，《文匯報》在上海有根基，所以決定十月一日在上海復刊。復刊後的《文匯報》應不同於以前的《文匯報》，應當具有自己的特色和個性，應當反對公式和教條。《文匯報》的主要對象從前是中小學教師，以後將是高級知識份子和一般知識份子。

報紙當然要刊載新聞，但是《文匯報》將著重國內外文化、科學消息的報導。我們當努力鼓勵知識份子發表意見，展開討論，反映知識份子工作、生活各方面的問題，在報導文化、科學的消息中，當注重日本及亞非各國。

根據我們的對象是知識份子這一特點，我們除採用新華社電訊以外，還要進行自由採訪，刊載我們自己的通訊和專電。

關於版面，目前這樣打算：

第一版：重要新聞。

第二版：文化、學術上的新聞和文稿，中心在百家爭鳴。我們想一開始就鳴，而不擬討論怎樣去鳴。這一版將報導那些問題正在鳴，分歧之處何在，並指出鳴的趨向。

第三版：一部分刊載綜合性文藝，包括新的和舊的，其餘地位用作副刊。碰到星期天，讀者大都在家休息，我們的版面安排都稍有不同，例如第三版就可以專稿影劇。

……」

二、一九五六年十一月三十日《文匯報》第二次社外編委會議

「《文匯報》繼續出版，到現在正是兩個月。現在銷數約十三萬，本市兩萬餘，其餘都在外埠，銷行面很廣。取得這些成績，是執行編委會的方針的結果。但還存在缺點，社內編委檢查的結論是：

編輯部人力還相當薄弱，外埠只北京、南京、廣州有特派記者，北京陣營較強。現在設法擴大記者網，希望做到國內各大城市、江南各小城市、各文化學術機關團體都有特約記者。

讀者對論壇情報、教育生活、新聞窗、外論選譯等都表示歡迎。不少讀者希望我們對資本主義國家的情況多多介紹。在這方面，有兩個困難：一、所訂資本主義國家的書刊要到明年一

月以後才能收到；二、缺乏外語人才，最近聘到俄文、日文翻譯各一人，懂法文的人還找不到。

讀者的批評是：報上舊東西偏多，干涉生活的東西嫌少，培養新生力量還做得不夠。以我們現有的力量和社會給予的支持，我們應當比現在做得好些。可是，我們……，已經冒出了驕傲自滿的情緒。此外，嚴重的保守思想還存在著。

……」

（摘自《文匯報》會議紀錄）

在編輯部各種會議上的發言摘錄

一、一九五六年九月十日編輯工作會議

「關於『八大』（按：指中國共產黨第八次全國代表大會）宣傳，不要以教條主義形式來宣傳，主要是通過民族遺產問題來宣傳，拿具體的問題來宣傳。《文匯報》的出版，就是一個標誌，宣傳須跟『百家爭鳴』結合起來。」

「關於『八大』宣傳，主要是宣傳知識份子靠攏黨這一精神。第二方面，從『百家爭鳴』、民族遺產等來體現。要避免過去咬文嚼字的教條主義做法。」

「第一天（按：指復刊第一天）對我們是一個考驗，不一般化，要有特色。」

二、一九五六年九月二十二日編輯工作擴大會議

「關於內容方面，要注意和發揮我報的特點。

第一版：把最重要的國內外新聞放在第一版，做到名副其實的『新聞櫥窗』。除新華社電訊外，可以多登一些通訊、特寫和重要的專文，並且爭取有二分之一的稿件是本報記者採寫的。使讀者一紙在手，一目了然。但兩次試版結果，第一版的新聞量還很少，自己組織的新聞更少，需要加強。

第二版：目前要著重用新聞報導和專欄形式反映國內外文化、科學、教育各方面動態，用新聞報導推動『百家爭鳴』。長文章要少些，每週至多發表一兩次。可組織各種專題文章、通訊發表。以兩次試版觀之，還不能盡符要求。

第三版：『筆會』副刊，應該不同於黨報。《人民日報》的副刊做為黨報，有局限性。我報則時不論古今，地不分中外，文不問新舊，一律兼收蓄，反映中國民族遺產好的東西。副刊基本上是好的，對舊的東西要注意，應該容許矛盾和不調和。『社會大學』作為理論學習，要避免大塊文章和教條概念。

第四版：整版要以國際新聞為主，反映東南亞情況，幫助讀者分析和說明國際問題，文字要精雕細琢。除國際方面外，有關國內方面的材料也可以選登。

試驗下來，每版八欄是一個很好的創造。」

「《人民日報》和《解放日報》好像吃西餐，我們副刊要像滿漢全席。」

「注意『人棄我取』。」（按：有人說「第一次試版，一版較好，要避免跟《人民日報》、《解放日報》相同」，徐鑄成接著說的這句話。）

「把力量放在人家不注意的地方，要打破過去規律。」

三、一九五六年十月五日編輯工作會議

「……今天的版面，高和深的多，怕發展到《光明日報》的路。要注意兩頭小中間大，否則危機就可能出在下月。各版和副刊都要注意一些常識性的東西，……

……新聞少，不等於多登新華社稿，要改寫和補充。困難在國際版，自己沒有什麼，四版編排好看，內容空洞。標題要打破成規。」

四、一九五六年十月二十二日編委會議

「……我看改寫還不夠大膽。第一版有很多新聞，可以做頭條的沒做。……我們的膽子還要大些，進一步打破清規戒律。」

「螃蟹上市，全國關心。黃岩桔子上市也如此。別報想不到的，我報可做。」

「聽批評，有時也要分析研究。」

「……有些同志，根據《人民日報》和《解放日報》，作機械學習，也有不妥之處。……」

五、一九五六年十月二十五日編輯工作擴大會議

「出版近一個月，一般說，采聲多於批評。主要是新鮮，缺點是質量不高。在思想上要：

1.繼續與教條主義作鬥爭；2.繼續與長文章作鬥爭。而這兩個鬥爭，是提高質量的關鍵。二十

多天來，有些自滿情緒，……保守思想也不斷在抬頭，創造新形式僅僅是開端，保守思想抬頭後，有些在回生。我們要大膽創造，老文匯的傳統，就是不斷創造。……

七年來，對學習蘇聯、人民民主國家有成績，但也帶來了概念化、公式化、一般化。要創造人民民主持代的報紙風格。

中央提出爭鳴和齊放的方針，立場觀點是一樣，但要與衆不同。通過我報，團結更多的知識份子，……繁榮文化，調動一切力量，建設社會主義。我們要繼續創造一條路。……」

六、一九五六年十月三十日編委會

「……我們把二版做為靈魂版，但過去沒有經驗，與人民、光明等報又有不同。我報二版作為『百家爭鳴』的論壇，最新科學的情報以及重要通訊等。出版以來，大家很注意，但認為質量不高，只有宋雲彬、傅雷和舒新城的三篇較好。……面要廣，不能走《光明日報》的路，登一兩篇長文章。」

「……評論問題，數量不算少，但計劃性不足，政治多，干預生活不足。」

「社論不走長文章的路，長文可做『專論』，也不像今天應景的短文章。時事社論不必向『大公報』去約，我們要調動社內力量，必要時才向外間組織力量。」

七、一九五六年十一月六日編委會議

「……解放前，通訊員寫當地發生的新聞；解放後，寫各機關的工作經驗。這兩個概念，

不要混同起來。解放前，有好處和壞處，解放後，寫經驗，甲地不適於乙地，也有好處和壞處。要截短取長。我的意思，要在各文教機關和江南地區，有計劃有重點地發展通訊員，反映當地經濟生活和文化生活的變化。舊瓶裝起新醋來，例如無錫土地廟改學校，用舊的通訊形式，反映新面目。這也是我們的一條路。」

八、一九五六年十一月二十二日編工作擴大會議

「……第一版……繼續組織力量是必要的，京、寧、杭、穗各辦事處，按照我們特點，多打專電，或多寫通訊。

關於上海方面，消息不跟解放（日報）新聞（日報）比較，我們有四分之三的讀者在外埠，這個特點要記住。『人棄我取』這個原則要抓住。例如反對英法侵略埃及，到領事館一幕，可寫特寫，『人略我詳』。必須使北京讀者，看了《人民日報》之外，還想看本報。可搞一點小特寫，例如黨的二中全會的分析。有計劃地對高等學校組織稿子，分量好的可上一版做頭條。上海博物館、友好畫廊，可寫一個很漂亮的特寫。可提出上海文化生活中心問題而具有全國意義的，同志們可多想想。一版可以經常保持新的東西。

二版方面，……

第三版，名作家多，不能算是缺點，……名作家要占主要地位，以高級知識份子帶動一般知識份子，調動一切力量，介紹新舊東西。……

第四版，新聞窗有特色，……但還未充分利用我們好的條件，例如外文書報，就未很好利

用。新聞窗絕不走上過去五版的道路，主要是背景材料，豐富讀者知識。

對亞非國家報導的特點，也未突出。

內幕新聞，可以經常組織力量去搞，要加強與香港（按：指香港《文匯報》）和北京的聯繫。

……」

九、一九五六年十二月十三日編輯工作擴大會議

「……

第一版，加強本市新聞，加強自己專電和特稿，保證二分之一是自己東西，要求每週有一頭條，北京辦事處供給兩條或三條，不限於文化科學範圍，……希望北京辦事處、廣州辦事處和採訪部要注意這一點，要求取材適合知識份子。……每週要有一張獨立照片。主要力量不要用在遊行等政治任務上，要訂出專題，照出上海或全國人民關心的畫面，例如雪景、馬戲團、春在江南等鏡頭。……

……」

十、一九五六年十二月七日編委會議

「形式不要學他報，不要頭條是雜文，不能面貌一般化。」

十一、一九五七年二月八日編委會議

「……我的思想情況，初出版時，受批評，未動搖。今天北京方面反映些好話，我則難受，因為幾個月來的報紙在後退，這是真的危機。從一版到四版，生氣蓬勃的氣象越來越少，一版版面一般化了。因為沒登鐵托的文章，怕犯錯誤，回到『應有盡有』的路上，題目越來越一般化了。……最近一個時期，同解放（日報）、新聞（日報）沒有什麼兩樣。有些自己的東西，但未在版面上突出。……」

十二、一九五七年二月二十八日編委會議

「……電影討論編輯部無主見，客觀上造成《文匯報》無肩膀。」

「民盟討論了電影問題五次，有人不服氣，沒有什麼談頭。儲安平告訴我，人家說，像電影問題不讓自由發表意見，還有什麼可說。我們鼓勵爭鳴，假如如此，可造成很不好後果。」

「電影討論……中反映批評的缺點：1.前者缺乏與人為善；2.後者接受批評不虛心。……我想寫〈培養批評風度〉的社論。對我們的教訓是要全面，要兩點論，必要時，編者要站出來。張駿祥的長文章變成公式，是教條，我不贊成。」

十三、一九五七年五月二十一日編委會議

「……關於氣候問題，應以北京氣候為主，要尊重北京辦事處的意見和判斷。

浦熙修同志視察回來後，……電報、電話要加一符號。她是副總編輯，可以作主。要當天見報的就當天見報，這是解決京滬矛盾的一個方法。……」

「有些問題需要獨立思考，上海和北京的氣候，就是有點不同。」

（摘自《文匯報》會議紀錄）

在北京辦事處座談會上的發言

一九五七年五月十三日，徐鑄成在《文匯報》北京辦事處召集的座談會上，談到今後工作應該注意的方面說：

「開始是從各方面展開，把『百花齊放、百家爭鳴』的氣氛充分地表現出來。但是，接著就要選擇一些重點，作為典型，展開攻勢。例如選擇一個方面，或者更細緻地選擇一個單位，甚至集中在一個人身上，使問題挖得更深。……

其次，我們要注意死角，如果有的地方還有阻礙整風和『百家爭鳴』的現象，我們就要幫它揭開蓋子，另外有的地方表現了新的氣象，我們又要積極的加以指導，這樣就可以積極地推動整風，正確地引導『百花齊放、百家爭鳴』的方針的貫徹。

第三，我們一定要獨立思考，而且要真正努力走在事物發展的前面。關於高等學校黨委制的消息處理，就因為我們自己思考有束縛（按：中共中央統戰部召開座談會討論高等學校領導問題的消息，登在五月八日《文匯報》二版，北京辦事處右派份子姚芳藻認爲這是新問題，不應該登在二版，批評編輯部沒有給予應有的重視）。有些消息的處理為什麼有些過分，只是因為市委在主持的，於是覺得跟著做不會有錯，這也表現我們缺乏獨立思考的精神。關於某些問題是我們自己報紙揭開的，則一定要求得徹底的戰果，不能放鬆。有時集中注意和力量也是很重要的。

……」

（摘自《文匯報》「內部通報」）

在編輯部和採訪部的座談會上的發言

一九五七年五月十七日，徐鑄成在《文匯報》編輯和採訪部的座談會上發言說：

「今天《文匯報》的聲望很高，到處找我們開座談會，看出《文匯報》和知識份子有著血肉相連的關係。從中央到市委，普遍支持我們，同業也羨慕我們。社內外同志們工作熱情很高，可以說已具備了搞好工作的條件。

現在處在新的情況，過去是單一的，只要按照領導意圖，就可以了，今天卻是群衆作主，我們最近收到幾千封讀者來信，從來信中可以發現許多新的問題。打起仗，就需要計劃，也需要獨立思考！……

總的說來，我們放和鳴，是否過分了？在京時曾找過鄧拓同志，他支持我們繼續放和鳴，而不是收。作為編輯部，自己應該掌握。現在想到幾個問題說一說：

1.今後還要繼續放和鳴，運動發展越來越深入，也越來越不平衡，建議多派人到外埠去，北辦已派呂德潤到湖南了。同時，建議從外埠報紙中去發掘問題。

2.放和鳴，不是鬥爭和吐苦水，主要是拆牆和填溝，目的在改進工作。可以把各方面所發現的問題，例如高等學校黨委領導制等，排排隊。……

3.內外勤同志，都要掌握這精神，通過這次運動，使國家前進。……做題目，……不要求快，……凡文尖的則題穩，文穩的則題尖。

（摘自《文匯報》第三十五號）

在編輯部大會上的講話

一九五七年五月二十五日，編輯部舉行全體大會，討論怎樣改進目前的報紙工作，徐鑄成發言如下：

「……

這幾個月的報紙，有很大的進步，人人都發揮了力量，……我今後工作，主要是抓編輯部，尤其是抓言論工作；其次，是有重點地幫助各版做好版面安排、編輯標題等工作；又次，關於人力調配和發揮，要多多注意，特別是編委的明確分工，很關重要。……《文匯報》的知識份子有血肉的聯繫，各方面很重視，估價也很高。『盛名之下』，隨時要警惕『名不副實』。……

下面提出個人的看法：第一、關於鳴放問題。《文匯報》應在鳴放中起作用，編輯部有時未發揮獨立思考，一揭蓋子，就害怕了。做報不能脱離黨的領導，應該尊重領導，這是肯定的。現在是否『放』過頭了或『鳴』亂了呢？體會柯老（按：上海市委書記柯慶施同志）的話的精神，現在仍是要鳴要放，而不是收。另外，解決人民內部矛盾，需要逐步進行。整風是逐步下放的，根據這個情況，就須好好掌握政策，掌握分寸、火候。

第二、關於基層問題。所謂基層，從教育範圍上來説，是指中小學。《文匯報》是一張知識份子的報紙，對中小學要多報導。……揭露時可舉些實例，特別是基層領導與中級領導，用群衆的材料去揭露，幫助黨的整風。總之，基層是抓共同的問題，抓重點的問題。

第三、關於人力問題。同意放出一部分人力到外地去，例如杭州、江西、兩湖和兩廣，都可以分出一部分力量去，幫助當地揭開蓋子，幫助黨的整風，編委會要考慮怎樣匀出力量到外地的問題。

第四、關於標題寫法問題。我們做標題，是代表編輯部發表意見，要抱定兩個原則：1.編輯記者一定須掌握政策，做標題既不可幸災樂禍，又不能斷章取義。須知一個標題，是表示編輯記者的政策水平和態度，……關於魯莽在上海市政協發言的綜合稿，頭一天我就不主張登，因為民主黨派固然有三大主義，惟今天是黨內整風，不能給人一種轉移視線的感覺。2.一般群衆對於所謂積極份子，逢迎黨員，表示不滿，不過他們擁護黨的政策是對的。我們對任何問題，要提高到問題的本質上，否則發表出來就沒有什麼好處。

第五、關於加強言論工作問題。今天讀者很敏感，要看我們的態度，要聽我們的聲音，我們應該有自己的看法，不宜光摘錄一些《人民日報》社論。『編者的話』應該有，今天可談之事很多，可以及時表示我們的態度，這個方式還可以用。過去缺點是湊篇幅，這個缺點是可以糾正的。

第六、關於『讀者的話』問題。近來我們收到很多來稿來信，這是很好現象，必須在這個時候抓緊，擴大作者面，加強與讀者的聯繫。……很好處理來信，要讓廣大的讀者講話。『讀者的話』版，每週可出兩期，二三版各占一期，約束一期『筆會』和『各地通訊』，來個整版也無不可。……

第七、關於諷刺文章和『筆會』版內容問題。我認為對三大主義鬥爭，諷刺是必要的。……『筆會』版可以運用雜文，揭露矛盾，通過鳴放後，使品種更多，作者面更廣，這就是配合了鳴放了，……

第八、關於標題目和寫新聞問題。今天，千萬別讓讀者從標題或新聞上面，看出《文匯報》是在收。……揭露矛盾是片面的，解決矛盾才是全面的。今天要了解黨的政策是鳴放，整風是從上到下，同時又是和風細雨的，要緊緊抓住這兩點。

第九、關於反對偶象問題。今天紙張問題雖不大，但不可能增加篇幅。有些文章，不起積極作用，不能因為崇拜偶像而刊登。約束掉呂文同志在宣傳工作會議上的發言，我也有意見。

第十、關於機構問題。編委會已進行討論，要好好安排。檢查室決定取消，希望編輯、記者和校對，要多多擔負起防止錯誤的責任。由於信稿日多，來信室要加強人力。……

為了做好版面工作，吸取解放前好的經驗，每版設主編一人，負全版責任，主要題目由總編輯、編委來做標題，其他概由主編負責。現決定一版主編為……，二版主編為……，四版主編為……，三版『筆會』版主編為……。希望大家把責任挑起來。

……」

（摘自《文匯報》第三十六號）

在編委會議上的發言

一九五七年六月三日，徐鑄成在編委會議上發言說：

「整個國家在整風後將有巨大的改變，黨的領導要加強，我們報紙也要考慮站在一個什麼位子上（我這樣提並不涉及立場、觀點問題），如何起作用。

今後我報要更豐富多彩，要按歷史去發揮它的作用。編輯方針要重新明確一下。社論等言論不能像過去那樣送往迎來，而要在大問題上獨立思考，不能按《人民日報》的社論的說法或搬兩句算了。如果這樣，還不如不寫。

新聞也要保持《文匯報》一貫使知識份子感到親切的文風，副刊也要考慮怎樣安排。對黨報，我門也要像鄧季惺所說的，起長期共存互相監督的作用。就是國際問題也不要全國報紙一個面孔。

毛主席說中國要是有一張唱反調的報紙也未始不可。『文匯報』當然不是要唱反調，基調應該是一樣的，但做法應該不一樣。我看了儲安平的發言，估計也很可能要效法解放前的大公報的做法，表面很兇，實質不兇。……我們都是老報人，要怎樣把我們的報紙變成知識份子自己的報紙，如何使我們報起它的特殊作用？提出來大家談。

其次，欽本立、唐海是黨員又是副總編輯，如何明確分工，也得談談。」（按：徐鑄成要削弱黨員的職權，欽本立是副總編輯兼編輯主任，徐讓他只管二版和「社會大學」專欄。）

「問題是批評不能教條。」（按：有人說「知識份子……有左中右之分，我們單一地唱反調，也將脫離他們。所以我們要刊登尖銳的意見，也可以有尖銳的批評」，徐接著說這句話。）

「報紙對象是百分之八十的知識份子，百分之十精通馬列主義者的文章要少用，反對馬列主義的百分之五的人所寫的文章也不要。」

「整風後，報紙將起經常洗臉的作用。」

「我同意要放，而且要在今後使之經常化，可以有批評，批評時不能不是片面的。如果在批評時也要兩點論，就不能不影響鳴放。黨現在是高價收購大家意見的時候。什麼時候批評，這不是全面不全面的問題，而是策略問題。對人民大學那一位（按：指葛佩琦）我們可以批評，但是批評不能兩點論。

關於鳴放問題，編輯部要獨立思考，特別是編委。例如上海市委說要有步驟，基層不放，我就不通。要整教育局的風，你要不發動中小學教師，那怎麼行。再說是全國性的報紙，姑且不論上海是否放夠了，從全國來看，我們還得大放，不是收。」

「是啊！一批評知識份子就很敏感。」（按：有人提出《解放日報》批評張孟聞的事，徐接著說這句話。）

「里平說上海鳴放夠了，我不同意。事實上有人有顧慮，還有好多沒有放出來呢！」

「最近讀者直接給我來信，說我報對《廣西日報》的批評也是吞吞吐吐的，表示很失望。」

「在平等的基礎上可以批評。」（按：有人說「像《解放日報》的做法我們可不可以批評，我看有些束手束腳的，……我看我們可以軟攻」，徐接著說這句話。）

「我們是進步報紙的傳統，不能唱反調，在國統區時我報跑在最前面，百分之八十五接受我們的意見，愛《文匯報》，但是我們不能機械地說進步是唱高調，唱高調要脫離百分之八十知識份子，我們不能右到資本主義民主，也不能將調子拉得太高。

要不要登全面性的文章，一般地說是可以的，但是現在反而會使大家有顧慮。統戰部的座談會要大膽發言，說是對黨的愛護，鳴放還要鼓勵，不能教條主義，登了就是不要鳴放，在鳴放時不要力求全面。

有人說上海没有收，但中央和上海有不同，例如作協就是怕，這是客觀存在。

今天是黨與知識份子的問題，我們要考慮如何來領會市委的意圖。」

「《文匯報》會和《光明日報》去比誰更右的。」

「編輯部要清醒，今天右的不等於就是右了，現在表現得左的也不等於左。」

（摘自《文匯報》會議紀錄）

在《文匯報》中共黨組擴大會上的發言

五月底，《文匯報》黨組邀請黨外人士，召開擴大會議，宣布黨組成立，討論如何宣傳和報社內部工作，徐鑄成先後七次發言如下：

「目前的情況，整風是全國性的，在我們內部也開了不少座談會，但這次整風在《文匯報》是風平浪靜，如果是去年今日，就要大風大浪，像《新聞日報》那樣搞大民主。

今天喝了一點酒，喝了有好處，可以把我的心裡話講出來。在《文匯報》是真正解放了，這朵花在愛護之下開放了，我的心情很開朗。

……

在宣傳會議上，我講的都是真心話。現在事實上也是把牆拆掉了。《新聞日報》像魯平、鄒凡揚這些人是教條、主觀，這些人不撤，就不能解決問題，有人在說，看到這樣嚴重的教條主義、主觀主義而不撤掉，是黨對黨員的姑息。

《文匯報》的牆和溝都拆了填了，……

今天剛談到讀者來信的意見，有的談遠（按：指談過去的缺點）不談近，這對鳴放不能起引導作用。

今天人家不相信我們已經沒有牆溝，今天在我們思想上已沒有什麼問題了，但是要警惕，《文匯報》如不團結的話，就會牆高溝深，要注意。

我們《文匯報》有今天這個條件是不多的，黨內黨外有深厚的基礎，我們有可能培養成典型，要發揮，還要提高。黨內沒有牆了，黨外還要注意，只有在黨的及時幫助之下，搞好群衆與群衆之間的關係，從而才能對文教知識份子的團結有好處。我們有今天的條件是很少的，不要因為我們沒有像《新聞日報》那樣大放大鳴而放鬆我們的工作。

關於外面，過去市委對《文匯報》、《新聞日報》、《新民報》等報的領導，沒有一套的經驗，各報有各個不同的條件。這樣的報除《大公報》外，全國只有上海三家。這些報在解放前是有作用的，問題是如何領導，但是過去沒有很好地領導。要是由彭柏山、范長江這些人領導沒有辦法，就是夏衍來也沒有辦法，因為社會主義國家沒有這樣的報。搞得不好，就要失去作用，再不然，就是修正主義的報紙。

上次日本記者來談，我們說是通過憲法的關係來領導，不是一個半獨立性的報紙。」

「……有很多人要爭取蔣文杰來（按：蔣文杰是上海市委宣傳部報刊處副處長，曾在香港《文匯報》工作過），我認為不反掉他的專橫作風，是不能來的。

金仲華對鄒凡揚（按：金是《新聞日報》社長，鄒是中共黨員）也是有意見的，有就應該反映，只要不從個人利益出發。

孫葵君和張樹人（按：孫張二人曾在《文匯報》工作過，《文匯報》復刊時，徐鑄成不要他們回來。）有所不同，但如果不很好整風，我看這兩人不能在新聞界工作，但黨還把孫葵君調到《新民晚報》。新民、文匯、新聞三報是在一起的，又把他派到《新民晚報》去，這是什麼意思？要是我，就不要，加什麼帽子也不怕。我深深感到，沒有一定條件的人就不可能來。關於孫葵君去《新民晚報》的事，我問過趙超構（按：趙是《新民報》社長），趙說：市委要我在兩人中選一個，一個是《新聞日報》的魯平，一個是孫葵君，我當然選孫。在這樣條件下，孫才去《新民晚報》的。但照理說，『文匯報』不用孫，《新民晚報》也不能用，不是要逼他到死路上去。

孫葵君所以這樣派，是領導上的宗派，對這件事我是有一些情緒的。」

（按：有人提出普遍點火，基層如何搞以後，徐鑄成說：）

「要選典型，但要摸一下。像張樹人過去領導搞的南洋模範學校，思想整得狠狠的。像這樣的人搞的地方，一定有問題，只要去找好了。從他在這裡的工作，就可以看出來，他拿市委指示做密本，他自己發言就是結論，他總不能讓你和他講知心話，他自己也不談知心話。比方過去一萬元買三輛汽車他不肯買，到《教師報》後三萬元一輛他買了。」

（按：右派份子徐鳳吾提出「黨組是個什麼，我不清楚，成立黨組不要築起新的牆，我覺得就是應該社長負責」之後，徐鑄成緊接著說：）

「學校也取消黨委制了。

《文匯報》合作得好是好的，合作得不好，就是宗派。

今天都要對黨負責，很容易代替行政。黨組究竟怎樣起作用？」

（按：黨組書記欽本立提出來行政上「要有職、有權、有責」，右派份子徐鳳吾說「事實上有職有權有責是有矛盾的。應該是市委領導徐社長，過去就是黨組代替領導」，徐鑄成接著說：）

「要具體考慮，也不是要黨員低一等，要帶頭，過火也不好。

各得其所，安居樂業。在比較鞏固的基礎上，開始整三個主義。」

「對張樹人、孫葵君要有一個估計，越是對他批判得正確，黨越有威信。」

（按：有人提出「是不是可以找張樹人回來批判」以後，徐鑄成說：）

「張樹人……回來很容易變成大民主。」

我們的自勉（上海《文匯報》社評）

本報今天起增加篇幅，版面也略有變動。報紙應該不斷求進步；這樣平凡的改革，本來用不著說什麼話；但我們想乘機發表一點感想。

新聞檢查，內地在勝利後就宣布取消；收復區的檢查機關，也於三個月前撤銷了。據我們所知，政府並沒有變相壓迫報館，干涉言論；但解放後的報界，究竟有多少蓬勃的發展？自由後的言論，究竟和以前有什麼不同？說起來非常慚愧，是不是裹慣了的腳，一時竟邁不開大步呢？

美國人說：中國的和平，關鍵在中國的民意，馬歇爾這次的工作，根本要靠中國的民意予以支持，而不靠美國的力量。民意的具體反映在新聞紙，而我們新聞界捫心自問，今日究竟能反映出多少民意？

進一步論，中國的唯一進路是民主，而所謂民主，絕不是靠權力階級的恩惠，而要民衆自動覺醒，由下而上，組織爭取。報紙應該是人民最有力的武器，而今日的報紙，能不能肩荷這艱鉅的責任呢？

勝利後民衆怎樣痛苦，報紙有沒有詳細切實的報導？他們如何渴望和平建設，詛咒內戰殘殺，報紙有沒有正確的反映？對於當前危局應如何挽救，報紙有沒有提出鮮明而合於民意的主張？對於建國前途，有沒有積極的建議？我們細細反省一下，實在汗顏無地。事實上，許多國際的報紙，對於中國現狀的報導分析判斷，反比我們自己近於真相，健全有力。我們的新聞事業，論規模設備，當然遠不及人家，但要向近代化的方向走，應該先嚴肅自己的立場，樹立應有的風格。否則，儘管數量多，銷路好，設備改進，而一味歌功頌德，吞吞吐吐，不敢正視現實，正視真理，那麼，我們新聞界不僅永無前途，而且遲早要被民衆唾棄，被時代拋落的。

《文匯報》的歷史甚短，基礎極脆弱，但因為她在抗戰期間誕生，曾受上海和各地讀者的熱烈愛護，得以存立，所以我們絕不敢妄自菲薄，忘了我們對社會對國家所負的責任，復刊以來，艱苦支撐，而兢兢業業，牢牢守住民間報的立場；我們的新聞記載不夠充實，說話也不免幼稚，但我們的態度是透明的，每一個讀者都看得清清楚楚，我們要求民主，擁護經濟建設，扶植民族工業，反對一切獨裁，壟斷，剝削及違反自由民主的現象。這些，都是今日中國人民迫切的要求，而絕不是任何黨派的私見。

今後，我們將追隨全國同業之後，加緊努力，為民衆的喉舌，作民衆的前驅，在這建國的大時代中，盡我們應盡的責任。我們熱望讀者不斷指導，尤望社會不斷鞭策我們，呵護我們。

（一九四六年五月一日）

敬告讀者（香港《文匯報》社論）

本報今天在港出版了。香港有些讀者，也許對《文匯報》還生疏，要問：文匯究竟是怎樣一張報紙？而許多本來是文匯的老讀者，也許也有一個問題：《文匯報》在港出版，是不是和上海時一樣？

論歷史，《文匯報》不算太短了。他於廿七年一月創刊，到現在已整整十年。但在這十年中，首先因為他堅決號召抗戰，敵偽恨如切骨，三次拋擲炸彈，兩度投寄特種「禮物」，最後終於廿八年五月被其暴力摧毀。三十四年秋，抗戰勝利了，文匯首先復刊，為國家服務，想不到因為堅決主張和平，反對內戰，到去年五月，又不能繼續出版。十年歲月，實際只有三年生命，而三年中也無時不在風風雨雨中，受誘脅，受迫害。所餘一身傲骨，遍體鱗傷，民間報遭遇之慘烈，《文匯報》可說是一個典型。

當然，這樣的遭遇，也正是「咎由自取」。因為今日的時代，只許有宣傳，不許有輿論；只許說假話，不許說真話。這情形，遠在抗戰前就已如此，抗戰時和勝利後，並沒有多大的改變。我們並不是不認識環境，橫逆之來，也並非不能趨避。而正因為認識太清楚了，才愈感自身職責之重大。報紙既是人民的喉舌，社會的公器，就不容許投機取巧，看風使舵。中國之有現代報業，雖僅七八十年，但一貫的傳統是明是非，辨黑白，刀鋸在前，斧鉞在後，絕不歪曲事實，改變一字的褒貶。我們雖是中國報業的後起，但絕不敢妄自菲薄，隨波逐流，而願始終守住新聞界應守的崗位，對真理無愧怍，對歷史有交代，成敗利鈍，在所不計。

我們在滬復刊之初，曾公開宣示我們幾點基本的立場：㈠我們是獨立的而不是中立的報紙。所謂獨立，就是對問題有一貫的看法，對新聞有一貫的尺度，絕不與政治發生任何關係，也不在黨派中間作偽裝中立的鄉愿。㈡我們是向下看而不是向上看的報紙。作為一張民間報，就應該誠心誠意代人民說話，為人民服務。因此我們絕不考慮權力者對於我們什麼態度，黨派對於我們什麼反響。我們只問所說的話，是不是老百姓所要說的？有沒有偏見？對一般社會的影響又怎樣？㈢我們是一張說真話而不是說假話的報紙，在是非之間，我們絕不含糊，在真理面前，我們絕不固執主觀。

簡單說，我們的目的，只是想辦一張平凡而樸實的報紙，把握中國報業固有的傳統，遵循現代先進國新聞自由的信條，不騖高遠，不炫新奇，希望在平淡的努力中，為中國民間報摸索出一條應有的道路。我們過去承讀者熱烈愛護，在國際間亦薄負聲譽，或者就因為這一些平凡的信條和平淡的努力。

今天，我們在港出版，絕不因自己又站起來了而感覺輕鬆，我們的心頭，實在是很沉重的。因為今天的局面，是黑暗的，也是光明的；是一個開始，也是一個結束；是混亂的，但也有明顯的歷史軌跡。在這樣一個存亡絕續的大時代，一個團體或一個事業的榮辱恩怨，實在太渺小了，為世界的和平，為國家的進步，為流血犧牲的先驅，為水深火熱中的同胞，我們都不容逞意氣，求痛快，而應沉著努力，負起莊嚴的責任。在這時代，宣傳是容易致力的，但一個平實可靠明辨是非的輿論，則非旦夕可以養成；但這無疑是推動時局走向光明軌道的一個重要因素。

《文匯報》基礎脆弱，而又遍體鱗傷，面對這樣一個重要的任務，實不勝戰慄危懼；幸而香港有足夠的空氣，而香港的同業，也都有優良的傳統，足為我們的範式。今後我們將追隨中外同業之後，盡其棉力，甚望各界賢達，各地同胞，時予賜教，不勝幸甚。

（一九四八年九月九日）

終刊詞（《文匯報》社論）

編者按：徐鑄成對把《文匯報》改爲《教師報》，非常不滿意，但是他卻寫了如下的「終刊詞」。從這裡，可以看出右派份子的兩面手法。

《教師報》決定五月一日創刊，《文匯報》出版到這一期為止。親愛的讀者們！從今以後，我們要在《教師報》見面了！

當去年十月《文匯報》改為三日刊的時候，我們就向讀者報告過：中華人民共和國教育部和中國教育工會全國委員會為了適應國家的社會主義事業飛躍發展的新情況，為了滿足廣大教師和教育行政幹部的迫切需要，決定出版《教師報》。《文匯報》在《教師報》出版以前，決定按照《教師報》的方針任務，改進內容，為《教師報》積累經驗。現在，《教師報》的籌備工作已經大體就緒，委托給《文匯報》的任務也已大體上順利完成。因此，全國教工同志能夠在自己的節日——偉大的國際勞動節，看到自己的報紙的誕生。

《文匯報》全體職工以無限歡欣鼓舞的心情慶祝《教師報》的創刊，並以能夠參加《教師報》工作而感到極大的幸福。

《文匯報》創刊於一九三八年一月，轉瞬已歷十八寒暑了。十八年的時間不算長，但在《文匯報》的十八年，卻也像我們親愛的祖國所經歷的那樣，經歷了從災難深重到光榮幸福的奮鬥過程；在解放以前那一段艱苦的歲月裡，《文匯報》曾遭到當時上海租界帝國主義者的壓迫，遭到日本侵略者的摧殘，遭到國民黨反動政權的封閉，報紙停刊的期間比出版的時間長，職工則受迫害、拘捕，或逃亡、流浪，從來沒有一刻安定工作的時候。在這一段時間裡，由於共產黨的領導和廣大讀者的支持，才使《文匯報》能夠在抗日戰爭和民主運動中盡了一分應盡的力量。

解放以後的情況就完全不同了。在共產黨和人民政府的關懷和領導下《文匯報》獲得了充分的發展，特別在一九五二年明確以中小學教師和教育行政幹部為主要讀者對象後，報紙的發行數不斷增長，最近每期已接近三十萬份，全國各地的讀者都予以熱烈的支持，在團結和鼓舞廣大讀者積極參加國家的社會主義建設和人民教育事業方面，《文匯報》也作了一定的貢獻。但是，在發展中，新的情況產生了，《文匯報》原是在上海出版的一張地方性報紙，而讀者則遍於全國（近三十萬份報紙中，在上海只發行約三萬份），雖然中央教育部和中央其他機關經常給以大力的幫助，但在聯繫全國讀者群衆，聯繫全國普通教育工作的實際方面，畢竟是困難的，不僅困難，而且常常因為脱離實際、脱離群衆而造成工作中的錯誤。因此，在教育部和中國教育工會全國委員會邀請座談創辦《教師報》的時候，我們欣然地爭取參加《教師報》，以便進一步滿足國家的社會主義教育建設和廣大教育工作者對報紙的迫切要求。

結束《文匯報》，參加《教師報》，我們相信這個決定是完全正確的，也是廣大讀者所共同要求的。一切為了社會主義，是一切事業前進的指針。今天，我們國家的社會主義建設高潮正洶湧奔騰，文化建設的高潮也已不可避免地來到了，為了適應這個新的形勢，教育事業必須跑步前進，作為教育工作者自己的報紙，必須及時地反映全國教育工作的基本情況，深入地宣傳國家的教育政策，交流教學工作的經驗，鼓舞和指導全國教師和教育行政幹部，又多，又快，又好，又省地完成國家計劃所規定的任務。這個艱鉅而偉大的責任，顯然不是《文匯報》所能擔負得了的。由此可見，結束《文匯報》，創刊《教師報》，是符合國家飛躍發展的客觀要求的，因而是完全正確的。

《教師報》是中華人民共和國教育部和中國教育工會全國委員會合辦的、指導全國教育工作，反映全國教育工作基本情況的綜合性報紙，它將及時地反映全國教育工作（從小學到大學、從學校教育到掃除文盲工作）的基本情況，指導全國的中學教育、小學教育、師範教育、幼兒教育、工農業餘教育，指導掃除文盲工作和教育工會的工作。因此，它的讀者對象有中學教師、小學教師、師範學校（包括師範學院）的教師和學生，有幼兒教育工作者，工農業餘教育的教師和幹部、教育行政幹部和教育工會工作的幹部等。《教師報》的內容將是豐富多彩的，它不僅有闡明教育政策的論文，交流教育和教學工作的經驗、教育工會工作的經驗以及教育行政工作的經驗，報導全國各地教育消息，還要結合教育工作實際，宣傳唯物主義思想，批判資產階級唯心主義思想，反映教師和學校生活，有重點有系統地報導祖國建設事業和國內外重要新聞，介紹蘇聯和人民民主國家的先進工作經驗。它的形式將是生動活潑的，除新聞、評論和文章以外，將經常刊載教育文藝、小品文、圖片、漫畫等等。我們相信，有中央教育部和中國教育工會全國委員會直接的領導，有全國教育工作者熱烈的支持，《教師報》是一定能夠辦好，一定能夠滿足廣大讀者的要求的。

讓我們熱烈歡呼《教師報》的創刊吧！《文匯報》的職工，今後將在《教師報》更加努力工作，在偉大的社會主義建設和社會主義改造事業中充分發揮自己的力量，以報答廣大讀者十幾年來對《文匯報》熱情的支持和關切。我們懇切希望《文匯報》的讀者，今後與《教師報》緊密聯繫，積極地愛護《教師報》，大家一起努力，把這張教育工作者自己的報紙辦好。

（一九五六年四月二十八日）

敬告讀者（《文匯報》社論）

《文匯報》今天繼續出版了。

在這國慶、報慶大喜的日子，讓我們向廣大讀者表示祝賀和感謝，祝賀一年來我們祖國社會主義事業的巨大勝利，感謝讀者對《文匯報》的熱烈支持。

自從《文匯報》繼續出版的消息宣布後，讀者的來信即如雪片飛來，迄今為止，我們已收到的來信逾七萬件，都充滿著對《文匯報》的關懷、鼓勵和希望；對今後《文匯報》的內容，來信中也提出了很多寶貴的意見。從這裡，我們得到了很大的鼓舞，吸取了前進的力量。我們把讀者的意見認真地分析、討論，最後歸納出幾條，作為《文匯報》今後的編輯方針。

《文匯報》一向是一張人民的報紙，是一張知識份子的報紙。一張人民的報紙，主要應該以事實說話，以每天發生的新聞反映現實，宣揚真理。很多讀者來信指出，《文匯報》過去新聞太少，而且太偏於一個方面。這樣的批評是完全正確的，我們決心在今後的《文匯報》上改變這種狀況。我們已作了一些具體布置，使得《文匯報》能夠翔實地報導國內外的重大新聞，特別著重報導文化、科學、教育各方面的新聞。

作為一張知識份子的報紙，必須從各方面滿足知識份子的要求。知識份子是熱愛祖國、熱愛真理的。自從中共中央提出「百家爭鳴」的方針後，全國知識份子受到極大的鼓舞，學術上自由討論的空氣日益濃厚，這是十分可喜的現象。在這方面，《文匯報》將以一定的篇幅作為「百家爭鳴」的論壇，並組織報導，反映各方面爭論的問題，推動「百家爭鳴」，以繁榮我國的學術，加速向科學進軍。知識份子是熱愛知識、熱愛生活的。今後的《文匯報》有「筆會」「彩色版」、「社會大學」、「教育生活」、「新聞窗」等副刊，有各種專欄，將從各方面滿足讀者的要求。

中國報紙有中國報紙的風格，《文匯報》也有它傳統的風格，這是讀者們所熟悉的。過去幾年來，我們學習蘇聯和其他兄弟國家新聞工作的經驗，有了一定的收穫。今後的《文匯報》，將繼續學習各方優點，保持自己的風格，內容力求豐富多采，形式力求活潑大方。

以上所述，都是根據讀者意見而確定的努力方針。在繼續出版之初，當然還不可能完全做到，主要還要讀者們今後經常支持我們，督促我們，指示我們。

我們的祖國正沿著社會主義的道路飛躍前進。今天普天同慶國慶節，看到我們各方面的光輝成就，也看到我們前進途中的不少困難。努力發揮我們知識份子的作用，根本改變我國知識、技術方面的落後狀態，將是我國克服困難、實現社會主義工業化的一個重要關鍵。黨的英明領導，黨對知識份子的關切與愛護，已為我們開闢了空前廣闊的前途。讓我們更加奮勇地前進，向科學前進，向社會主義前進！

（一九五六年十月一日）

中國報紙的傳統（一九五七年一月八日在上海《解放日報》業務學習座談會上的講話）

首先我們估計一下幾年來報紙工作的主要成就和缺點。我覺得解放後，報紙工作有很大的改進，主要是明確了工人階級的立場和馬列主義思想，明確了贊成什麼和反對什麼，強調報導的真實性，要聯繫實際，聯繫群衆，開展批評與自我批評等等。這都是過去報紙所沒有的，有基本的、普遍的意義，應該肯定。但是在學習和實踐的過程中，我們的報紙有什麼缺點呢？第一、注意了真實性，忽略了時間性；第二、報紙有共性，但喪失了個性。如果把各報的報頭去掉，就很難分出這是哪個報紙；第三、重視原則性，忽視宣傳效果。我們辦報的指導思想是「但求無過」——只求不犯錯誤，不注意宣傳效果。報導一般化，沒有感情，乾巴巴的，記者也不敢把自己的感情——儘管是健康的感情放到新聞中去。這些工作中的缺點，也可說是轉變中不可避免的，也是在改變過去報導的客裡空、客觀性等所帶來的消極作用。我們辦報的人應該對這些缺點負責，不能說是蘇聯經驗不好，而是我們沒有把蘇聯經驗和中國的具體情況結合起來，只學到皮毛而沒有學它的精神。如有些報導寫法不很生動，把立場觀點放在臉上，開口見喉嚨，缺乏技巧。又如報紙有專業分工，有工人報、青年報、教師報等。我覺得報紙沒有新聞，枯燥乏味，就不像報紙，這是把報紙與雜誌混淆了。

黨對報紙工作的指示和幾次報紙工作的決議，都應該肯定，在今後改進中應該鞏固下來。如果把這些都改掉了，那就是嚴重的錯誤了。我們的改進，主要是在形式方面、工作的方法方式等等。我們也應該學習蘇聯經驗中好的東西，資本主義辦報經驗中對我們有益的東西也要學習。尤其應該學習中國百年來的辦報傳統經驗，我們要辦好一張報紙——社會主義的中國報紙，社會主義的內容，中國民族的形式，這是擺在我們面前的任務。

批判、發揚中國辦報傳統

中國報紙有沒有傳統呢？有人說，過去的官邸抄不是報紙，中國報紙是與中國的資本主義一起發展起來的，所以沒有傳統。我不同意這個看法，我想，問題還在如何來看待中國報紙的歷史，不能籠統地對待中國過去的報紙。中國有報紙已有百年餘，我認為可以把過去中國報紙分為三種類型。

一種是洋人辦報。鴉片戰爭後，外國人在中國辦了一些外文報紙，如《字林西報》等。後來為了要向中國人宣傳，為了侵略，就辦華文報紙，如香港的《華字日報》等。《申報》也是外人創辦的，以後賣給中國人，其目的是賺錢，所以沒有自己的主張，也沒有培養出人才來。（只在史量才辦報時期才有主張，不過時間很短促。其他報紙，如新聞報等也是如此。）他們誰來就依附誰，新聞和文章都不接觸政治問題，不面對現實。編輯部受經理部管，經理部受廣告科和廣告公司的控制，甚至版面上先安排了廣告，由編輯部去填補。以後日偽和蔣介石就抓了這個弱點，把這些報紙抓到自己手裡。這樣的報紙是談不到什麼傳統的。

另一種是文人辦報。鴉片戰爭後，一部分進步人士要求改良變法，沒有武器，就從文化開始，如王韜、梁啟超，後來還有孫中山、邵力子等。這些人大都是自己湊錢辦報，規模不大，提出政治主張，以影響別人，推動改進。這種情況與資本主義國家不同，也可說是半殖民地半封建國家中辦報的特點。這裡就談得到傳統，就是敢說敢言。報紙被封閉後，再辦；辦報的人被抓了，再辦。報紙的主張上受到限制，就辦副刊。例如魯迅就在《自由談》上發表過自己的主張，鄒韜奮也辦過報紙，敢說敢言，他們辦報不是為了賺錢，而是為了發表自己的政治主張，對國家有所貢獻。這就是中國報紙的優良傳統。同時這些報紙還創造了各種形式來適應環境，聯繫群衆。如解放前的《文匯報》，在政治轉變時，就利用讀者來信，編者的話，座談會等來揭透社會矛盾。

我認為要研究中國報紙的辦報傳統，就是要研究文人辦的報紙。這裡有文化人的同人性，發揮同人的創造性、能動性，經過自己的共同研究來進行宣傳。也由於重視言論，就使用了史家春秋筆法。文人辦報要表示自己的立場主張，言論和標題的每一個字都要考慮適當。又因為是文人辦報，就產生了副刊形式，刊登雜文，詩歌等。

我們要辦好報紙，就不能抹煞中國報紙的傳統，如果不說是傳統，至少也可以說我們也有辦報經驗。今天就要批判地研究過去的經驗，把好的當作遺產繼承發揚，改進我們的報紙工作。

制度和工作方法

其次，過去報紙的確有一些好的辦報經驗，在今天還是值得提出來分析接受的，我想談一談《大公報》和《文匯報》的一些經驗：

採編輪換制度。編輯和記者在工作了一個時期後，互相輪換，這辦法有很大的好處，可以培養全面發展。編輯長期工作後，很容易長出怠性，調做記者後，就了解行情，知道新聞的分量和關鍵，採訪工作中的甘苦。現在，有些記者發來的電報不好，編輯就把它丟了，做過記者的編輯，知道其中甘苦，總要設法把它用出去，能改寫的改寫，不能改寫的也要設法抽出一些來用。我們現在似乎太強調分工，編輯就是編輯，記者就是記者，其實過去的辦法仍可採用，當然也不要依樣照抄。

言論的集體討論。現在有黨的指示，安排題目比較容易，只要按指示出題目做文章，甚至按條文來寫。過去則沒有這個條件。《文匯報》每週有一次會，分析當前情況，估計下週鬥爭重點何在，交換意見，提出題目，然後分配由誰來執筆。當然這是大體的規定，有機動餘地，臨時發生的問題臨時再寫。

編輯的準備工作。《大公報》有過不成文的規定，編輯要看各種報紙，互相比較，晚上工作就心中有數。記者也要這樣做，可以從其他報紙上找到線索，然後追下去，這是一條很重要的經驗。編輯還應該在工作前一小時上班，把稿件看一下，分類清理。我們現在到時候上班，工作很亂，排字房來要稿，就發一些，這樣一定搞不好，準備工作充分，工作就會細緻些。

編輯記者帶助手。編輯初來，主編交一些不用的通訊或社會新聞給他編，修改他的標題。慢慢的看他能夠獨立工作，才給他編小新聞還要做登記發稿工作。我們現在大都「不好為人師」其實這制度還是好的。記者也要帶徒弟，記者帶著他跑新聞，還要修改他寫的稿件。

總編輯親自動手。解放後，總編輯大都忘了自己是個記者。其實不論內部分工怎樣，我們終究是記者，應該寫各種東西，如言論、通訊、消息等。做頭條新聞的標題，是報紙最重要的一件事。那條新聞可作頭條新聞，標題的分寸要怎樣才適當，過去，大公報都是總編輯親自動手。頭條新聞確定後，編輯部主任發稿時不做標題，打出小樣由總編輯去做。總編輯大都是老記者，如果老記者不「記」，就成為「老者」，行將就木矣。

業務學習制度。現在我們都有政治學習，這比過去的報紙強，但如何把政治用到業務上來，這就很疏忽。過去大公報每週有一次討論會，大概是二種形式：一種是專題報告。我們許多人都有一些專題研究，根據情況來作一小時的專題報告，然後大家來討論。還有一種是一週大事報告，在上週已經指定了人，助理編輯或助理記者也可以做。做這樣的報告，就要仔細地看報，經過整理，還要提出自己的看法，報告後大家提意見。這就推動大家關心時局，使大家對時局的看法，更有條理。

版面和標題

版面工作。做編輯的條件，我們要求是相當高的，至少要有四五年報紙工作經驗，有獨立工作能力。

編輯應該有兩套本事：一套本事是摸清行市。現在說來，就是要明確政策界限，了解實際情況，才能分別新聞的輕重，知道新聞關鍵（矛盾）。這好比是做帳房，要知道貨色，要知道市價。另一套本事是安排版面。版面有一定的容量，但新聞來的有多有少，有重有輕，如果重要新聞太多，不能多出；新聞來的很少，又不能少出，所以編輯要有廚子的本事。新聞是原料，如果重大的新聞很多，一視同仁地放在報紙上，看起來一片汪洋。新聞少了，也要能夠拿得出來，使版面上顯得很熱鬧。好的廚子做菜，就有這個本事，編輯也要這樣。如果沒有重大新聞，編輯就要把幾條小新聞併起來。例如在增產節約運動中，有一條機關浪費和一條志願軍節約的新聞，我們把它對照起來，用一個大標題，也很有思想性，這就要看你如何取材。沒有重大新聞是不是可以把次要的擴大，太多了是不是可以把重要的縮小，事實並不是完全如此。主要是看你如何打扮，用什麼方法來使版面精神飽滿，重點突出，給人以立體的感覺。這就要求事先了解行市，做好安排規劃，發新聞心中有數。同時還要求版面有風格，讀者也知道你的版面是怎樣安排的。

標題工作。標題要表明自己的主場，還要把意思表達得很清楚，這是報紙的眼睛。

標題要真實，不要不符合事實。標題可以帶有批判性的，但不能離開新聞。過去《文匯報》常常藉新聞來批評一件事，如特務頭子戴笠死後，國民當開追悼會。這新聞原來可以不用，我們卻用了，標題是「戴笠音容宛在」，意思就是說特務統治精神不死，這是借題發揮，但又不脱離事實。

標題還要明確地表示宣傳什麼，反對什麼，不是客觀主義的。如果我們做這樣的標題：「納賽爾發表演説收回蘇伊士運河」，這到底是支持呢？還是反對呢？當然標題也不是把新聞都消化了告訴讀者，而要帶有傾向性，暗示給讀者。標題有實際和虛標。實標就是把事實説出來，如「周總理到達莫斯科」。虛標是要標出氣氛，要有高度的概括，根據形勢看出方向，這比較困難。解放前國共在南京和談遭到阻礙，《文匯報》標題是「大局再拖下去」，這是經過研究的，周總理認為標得對，有傾向性。不過，虛標的標題如果太抽象，就會流於八股，如最近《文匯報》報導人代會的標題：「發揚民主，暢所欲言」、「知無不言，言無不盡」，就像標語口號，讀了標題，反而覺得新聞可看可不看了。標題應該促使讀者去看新聞，同時又有暗示，告訴讀者新聞的重要性何在。

我認為標題要短，用十幾個字就沒意思，應該一題説一事，不要有二個動詞。標題中的主題，一定要把一個事情完全講清楚，如果要把上下題都看完後才知道，這就不能稱為主題。只能稱題之一、題之二，或第一行題，第二行題。例如《解放日報》有一個主題：「達到是非分明認識一致」，如果不看眉題──「市人民代表經過熱烈討論」是不能了解的。主題要力求簡短，删掉多餘的字。如《解放日報》有個主題：「蘇聯馬戲團昨首次演出」，其中「昨」字可以删去，因為不説也知道。有些題目可用成語的，如果用得不好，就可能造成錯誤或相反的東西。埃及抗擊英法侵略，《北京日報》有一個標題：「納賽爾發表豪言壯語」，「豪言壯語」就是説大話，原來使用這個標題是支持納賽爾，因為成語用得不適當，反而變成諷刺打擊了。中國標題還要講究音韻，這很不容易，如《解放日報》一個標題：「萬水千山情意深温暖不忘送衣人」，很好。

記者的活動及其他

要寫好新聞，如何與採訪對象交朋友是個重要的問題。交朋友不是要求政治上一致，也不是見面嘻嘻哈哈，而是要能夠熟悉他的業務，深知他的工作和工作中的甘苦。這樣，你所要了解的問題，恰正是他要做的工作，或者是他所感到苦惱的問題，他就會和你暢談，甚至把自己的喜怒憂樂都告訴你。在談話中，你還可以提出你的見解，使他覺得你不是記者，而是他的朋友，是來和他商量的。藉此你就可以獲得許多材料，摸清他的底，從中選出所需要的東西來報導。否則，抓到一點就寫，很容易片面。如果你單刀直入的問他有什麼新聞，他又沒有學過新聞學，就只能瞠目以對。交朋友主要是能夠建立一種信任，他覺得可以把什麼都告訴你，你是完全可以信托的，你報導出來的東西，只會對他的工作有利，至少也不會對他的工作不利。有了這種信任，你就能夠取得新聞。

報紙版面的風格因人而異，只可以意會，不可言傳。例如編國際版的編輯，就必須了解時局的矛盾，版面風格就是由編輯部的意圖和編輯對問題的了解程度所形成的，並決定著標題的深淺和版面的安排。此外，標題的用詞，稿件的删改，也體現著編輯的水平。

要提早出版時間，就要很好地掌握發稿，做到心中有數，發稿的時候就在思想中形成一塊版樣。時間長了，排字工人也摸到你的發稿規律，能夠按照你的意圖拼版，你所設想的版樣，和他的拼版結果大致相同，只有很少的地方要改動。現在我們正在試驗邊發稿邊貼版樣，這樣也可壓縮時間。

《文匯報》過去有幾個週刊，我們自己是外行，編不來；讓別人來編，過多的干涉又不好，如果不過問，就好像把這園地租出去，不能完全按照編輯部意見來辦。因此，《文匯報》曾搞過週刊委員會，請各週刊的主編參加，編輯部也有幾個人參加，這樣，可以把報紙和主編的意圖統一起來。

（原載一九五七年四月十日「新聞與出版」）

祝蔣主席壽（上海《文匯報》社評）

今天是蔣主席六十壽辰，他雖然一再告誡，不得鋪張，但首都和各地的祝壽情緒還是很熱烈。

蔣主席過去六十年的光陰，大部消耗在操持國事；民國以來，他是當政最久的領袖，以一身歷國家之安危者近三十年；這樣關係重要的人物，在中國近代史上，可以說是絕無僅有的。中國的一般人民，對國事沒有像歐美各國那樣關心，尤其沒有擁護任何一個領袖的習慣，像蔣主席那樣受人民愛護，在過去也是很少見的，這原因也不難理解，因為：㈠中國的民族革命，過去歷經推翻滿清，肅清軍閥，對日抗戰的三大過程，而蔣主席領導了其中兩件最艱鉅的工作，對國家的貢獻是有目共睹的。㈡中國經百年的內憂外患，民眾的生活已經苦到極點，大家需要安定，需要和平建國，蔣主席經三十年的奮鬥，在主觀上無疑已形成一個安定的中心，在客觀上，一般民衆也認為他是領導和平建國最適切的人物。所以，儘管在這樣兵荒馬亂民不聊生的時候，大家還破涕為笑來慶祝蔣主席的壽誕，希望他為國珍攝，克享遐齡。大家的動機是單純的，而情緒卻是很複雜的。

蔣主席過去的功業當然是很輝煌的了，但現在還沒有到歌功頌德的時候。因為革命尚未成功，國事還沒有走上承平的軌道，一切的一切，還需要繼續努力。中國民族革命的最後目的，是要建立獨立自由民主的新中國，過去推翻滿清，打倒軍閥，對日抗戰，都只是革命的手段，革命的過程，而不是目的。假使最後目的不能圓滿達成，則過去的一切，都可能被歷史所否定。所以，今後這一段的歷史，在國家說是興廢存亡的關頭，在蔣主席個人說，也正是為山九仞最後成敗的關頭。「靡不有始，鮮克有終」、「行百里者半九十」這類的古訓，蔣主席過去曾一再用以告誡國人；在千鈞一髮的時機，我們相信蔣主席也必然引以自勉的。

今後這一段的工作，最重要，也最艱苦。中國是一個老大的國家。因為老，所以有許多歷史的負擔難以克服，如專制的遺毒，封建的思想，非有大智大勇的精神，無法予以連根摧毀。因為大，所以各地的情形特別複雜，尤其在國內幾十年分崩離析之後，在國際空氣緊張激蕩的今日，來完成這一步最後的建國工作，當然是非常吃力的。以蔣主席的雄才大略，經三十年的奮鬥，假使在歐洲的中外國家，無論如何總統一了；就是在中國的歷史上看，經過這樣長期的戰鬥，也可以把國家粗定了。但中國畢竟是老大的中國，而又正當這民主潮流泛濫的人民世紀，一切的發展，最後都要由人民的意志來決定，機智和武力，已不再是推進時代巨輪的決定因素。秉國政的，必須有這個基本認識，一切開誠公布，堅韌涵忍，兢兢努力，才能克服難關，達成最後的目的。這一段的工作雖然艱苦，好在國父孫先生的遺教，是最正確的指針。目前的局勢雖然晦暗，而如何貫徹政治民主化軍隊國家化的兩大目標，政治協商會已鋪好了軌道，以蔣主席的目光如炬，飽往憂患，相信他一定能夠把握這些歷史的法則，最後使國家走上民主建國的坦途的。

蔣主席以前曾表示，願做華盛頓，不願做拿破崙。這可說是全國人民所想望的。今日的中國，就需要華盛頓這樣的平民領袖，廓然大公，終生為民主獨立而努力。就中國目前的形勢說，更相像林肯時代的美國，而美國終於在林肯手中統一了，百年來繁榮成長，一直發展到今日的強大。林肯一生堅定不移的目標，是建立「民有、民治、民享」的國家，而他成功的秘訣，就是「忍，忍，忍」。不逞意氣，不求痛快，不尚權詐，無私無我，一切以人民的意志為依歸。今日中國的人民，對於蔣主席的擁護，或者比美國當年的擁護華盛頓林肯更熱烈，而期望也特別殷切。期望他能夠超邁前賢，使中國這一段的歷史，最後終能與美國媲美。

北伐時代的蔣總司令，還是青年將軍，光陰轉眼，現在蔣主席已經是花甲大壽了。人生朝露，而歷史是綿長不盡的。六十歲，在中國已稱老年，在外國還正當壯盛，人生最主要的事業還正當開端。蔣主席今後必能自強不息，為國宣勞；而國家也需要蔣主席健康進步，領導和平建國的大業。目前的中國，固然風雨如晦，危機四伏，但只要一旦走上正軌，就不難一日千里地前進。馬上止戢干戈，安定下來，那麼，十年以後，國家至少可以像點樣子了！到那時，蔣主席還領導著中國，我們可以想像，全國祝壽的熱烈，不僅會百倍於今日，就是西安事變後那種如醉如狂的自發熱情，也絕對不能比擬了！

（一九四六年十月三十一日）

杜魯門連任總統是美國人民的勝利（香港《文匯報》社論）

美國大選昨已揭曉，杜魯門已以三百〇四票的絕對多數，當選下屆總統。今後四年，他將連續為白宮的主人。

這結果是爆出「冷門」，誰都會有意外之感。因為在選舉前一秒鐘，大家都還以為杜威一定能當選的。從競選運動開始以來，杜威就以壓倒的優勢從事角逐；照美國過去的傳統，美國人民「換新鮮」的心理，以及杜魯門這幾年的政績和聲望，民主黨都不可能勝利；而且一般估計，杜魯門必定失敗得很慘。然而選舉的結果，杜魯門竟當選了，而原以為十拿九穩的杜威反而慘敗。不僅是總統選舉，連參衆兩院的選舉，民主黨也獲得壓倒的多數。這是什麼原因呢？

從表面看，也許因為杜威的才華和人望也不算高，半斤八兩，在兩個同樣平庸的人物中，美國人民寧可選擇比較有經驗的一個了。但我們從深一層來觀察，這次的選舉，可以充分反映出美國一般人民反戰爭要和平的心情。民主黨和共和黨，在本質上當然沒有多大的區別，但在外交政策上，共和黨無疑更傾向戰爭，尤其這次杜威的競選，儼然是以第三次大戰主帥的姿態出現的，他強調不妥協，不姑息，甚至破壞聯合國亦在所不惜。在這時候，華萊士的當選既屬不可能，於是美國的人民，運用了最後的智慧，選擇比較穩健的杜魯門了。我們這樣的觀察，有幾點證據：㈠本來估計選民棄權的將很多，而結果卻意外的踴躍，這是美國人民最後善用他神聖的一票，以圖挽救危局。㈡不僅杜魯門得票遠比杜威多，華萊士也獲得了意外多的選票。㈢更可以表現民意的，是國會的選舉，民主黨也大勝。這表示，美國人民不是喜歡杜魯門，也不是喜歡民主黨，而是根本反對以共和黨占多數的國會，反對這國會所決定的「兩黨外交政策」。這個很明白的事實，足以說明美國人民的智慧和沉著。過去，一般人都以為美國人重感情少理智，而擔心他們對民主政治的運用不夠靈活，看這次的選舉，可以釋然了。

所以，我們可以說，這次的選舉，既不是杜魯門的個人勝利，也不是民主黨的勝利，嚴格說，是美國人民的勝利。

杜魯門這次榮膺連任，他應該聆受選舉的教訓，要明白這不是人民欣賞他的才智，更不是擁護他的政策；相反的，正是反對他過去的一套政策，尤其是外交政策。因為人民要和平，反對戰爭，所以厭惡叫囂戰爭的共和黨，揚棄以戰爭為號召的杜威，更反對過去以共和黨為主體的兩黨外交政策，所以在國會內把共和黨的優勢也鏟除了。同時，我們也不能忘掉羅斯福的偉大，他的遺愛，使選民對民主黨餘戀不盡，而寄期望於他的黨，希望他偉大精神的復活。這一切，杜魯門應該有自知之明。

我們希望杜魯門這次當選後，不僅接受連任的榮譽，而更應該接受人民衷心的意見，從而翻然改圖，恢復羅斯福所遺留的光榮傳統，對內實行新政，對外遵循「天下一家」的理想，爭取和平，力避戰爭，真正奠定聯合國的基礎。這樣，他不僅可以獲得美國更大的榮譽，而舉世愛好和平的人士，也一定將和敬仰羅斯福總統一樣，向他歡呼！

（一九四八年十一月四日）

什麼叫國際化（香港《文匯報》社論）

據法國新聞社上海電：「美當局已與中國政府簽定一協定，使上海在外人管理下，成為國際化區域，據稱此舉等於暫時恢復戰前公共租界之地位。」又稱：「此事係由中國政府所建議」。

這消息還沒有其他方面的消息可證實。我們憑常識判斷，實在不敢相信竟有這樣的事；因為今天當局雖然已日暮途窮，但像這樣公然出賣領土主權的行動，似乎還不至於如此倒行逆施。

什麼叫「國際化」，這消息說是「暫時恢復戰前公共租界的地位」，我們更明白一點說，就是把上海整個變成美國租界。汪精衛這樣的媚敵漢奸，他名義上還是把上海的租界收回了的。今天，名為「正統」的政府，竟雙手又把上海的領土主權捧給外國。除非是瘋狂了，有誰能想像到這樣的事？

有人說，因為共軍快打到京滬一帶了，為著上海的安全，當局才不得已而這樣做。但我們可以肯定地說，假使真有此事，那麼，當局的動機絕不在保護上海的安全，免於破壞；而是想以主權來換取外援，以這個題目，吸引外敵，來緩和當前的嚴重危機。這居心就太可怕，也太無賴了（我們實在不願意用「無恥」的字樣，為著國家的體面）。當瀋陽失守以後，蔣總統在北平對紐約《前鋒論壇報》記者談話，認為要挽救中國的危機，必須各民主國共同致力。《前鋒論壇報》就認為這是叫美國統治中國。這幾天，正當美領事勸告京滬僑民撤退，白吉爾聲明如上海危急時，美海軍可能在滬登陸保僑。假使法新所傳的「國際化」真是事實，那一定是南京當局看到美國這樣「關心」上海，就乘機把她拉進來。目的是為保護上海的安全麼？絕不是的，把上海「國際化」了，一日共軍打到上海附近，當然不承認這個片面宣布的「公共租界」，而很可能引起「誤會」，這樣一來，就很容易把中國內戰「國際化」，而實現「各民主國共同來負責」的局面了！

上海是我國最大的工商業中心，而又人口密集，為著保全國家僅有的元氣，凡可以減少犧牲，避免破壞的辦法，我們認為都應該採用。不僅上海，像北平那樣的文化古城，以及廣州、武漢等大城市，都是我國文化實業的精華，凡愛國愛家的，都應盡可能予以葆愛，因為內戰終要停止，破壞了再建設，絕不是一件輕易的事。但要保全都市，並不必要把都市變成「租界」，減輕犧牲是一件事，出賣主權領土又是一件事。我們認為，像上海北平這樣的都市，可以劃為非武裝區，但必須雙方遵守幾個條件：㈠保證雙方不在各該非武裝區作戰。㈡無論易手與否，雙方均不得以炮火或飛機轟擊。㈢國軍及一切武裝人員及特務黨務機關必須完全退出該區域。㈣在戰事未完全終止前，共軍及一切武裝人員亦不得進入該區域。㈤所有各該區域之公共財產以及工業設備等等，不得移動，所有工事應一律拆除。㈥各該區域所需之食糧燃料及其他必需品，應獲得適應之供應及運輸，雙方均不得留難或奪取。同時，我們必須堅持，這類的非武裝區域，絕不需要國際力量來參加，盡可由當地工商界、教育界以及公正士紳，共同組織一臨時機構，以維持秩序及治安。我們相信，在不受威脅，不受牽掣的條件下，我們各都市的同胞，會維持得很好的。我們四億六千萬同胞，百年來受不平等條約的苦痛已夠了！從中山先生創導革命以來，志士仁人，前仆後繼，全國同胞，艱苦奮鬥，所為的又是什麼！到今天，假使還有人引狼入室，出賣主權，這無異自甘為人民公敵。所有這類的賣國契約，不論用任何名義，我們當然誓不承認。

（一九四八年十一月八日）

（本附錄由中華全國新聞工作者協會研究部、中國人民大學新聞系合編，一九五七年十月）

附錄三

專訪大陸最後的老報人徐鑄成：「沒坐過牢不算好記者」

李慧菊

什麼是歷史的真相？

民國史到現在仍然是一團迷霧，各路人物是非難明、褒貶不一。在兩岸交通日見頻繁的今日，歷史面貌會更清楚，抑或更模糊？

當記者最自豪的一件事，是與歷史對談，親身經歷大事件的發生，親自與當代一流人物晤面，所以傳播人說：「今天的新聞，是明天的歷史。」言下之意，大有「春秋之筆」的氣勢。

「不坐牢不是好記者」

徐鑄成如今是個八十二歲的老人，在北伐、抗戰、國共內戰時當記者。他訪過蔣介石、蔣經國父子，也見過胡漢民、閻錫山，甚至周恩來及汪精衛。這些人的風貌、這一段紛亂的歷史，對他而言不僅是鮮活的生活紀錄，更是一場不斷要作判斷的挑戰。

這位上海及香港《文匯報》的創辦人，自認「客觀公正」，否則不會在國民黨及共產黨時期都挨鬥，甚至強調在那個時代做傳播事業，「沒有坐過牢就不是好記者」。

徐鑄成當年同情共產黨，覺得是中國的希望，在物價膨脹上天，生活毫無保障，人民疲於戰爭的時候，他反內戰，強烈批評國民黨。

而在曾虛白所著的《中國新聞史》中，如此敘述《文匯報》：「該報一向左傾，屬附庸黨派，大陸淪陷後，立刻投靠中共……。」

徐鑄成最佩服《大公報》的張季鸞，他因為敬仰張氏，才立志當記者，但他後來也批評張氏，認為他失去公正，偏向蔣介石。

但就在一九五二年，他卻成為中共「中國新聞社」的負責人之一，這家通訊社專對海外華僑宣傳，它的公正性又能有幾分呢？

歷史開了個大玩笑

歷史跟這些社會主義思想濃厚、對毛澤東及共產黨寄以殷望的知識份子，開了個大玩笑。他們心目中「愛國、救民族、禮賢下士」的毛澤東，變成大魔王。「是毛老頭變了，我沒辦法。」徐鑄成後來也因不滿壓抑言論的做法而被「掃地出門」、勞改。

拜訪徐鑄成，不禁令人聯想，這一段迷霧似的近代史，何時才能澄清？

問：你歷經北伐、抗戰和國共之戰，你怎麼看近百年的中國？

答：這一段中國歷史，總是令人失望。從大革命到文革都是如此。

大家遭遇到的都是屢次熱望國家好起來，但是都失望了。經過好幾次，比如大革命的時候，看到北洋軍閥倒下去了，中國有希望了，後來國共分家，國民黨打共產黨打了十年。等到抗戰開始，國家又好起來，抗戰勝利有希望了，內戰又搞起來，大家對國民黨已經絕望，不得已只好看看共產黨有沒有新辦法。

結果共產黨一上台，不到十年就搞運動，可說是自毀長城、自掘墳墓。毛澤東把所有擁護共產黨的人都改造、打倒了，包括他黨內的彭德懷、周恩來、鄧小平等都給毀掉了，原本他的威望很高，後來連名聲都毀了。

共產黨現在搞官倒、侵占，跟國民黨後期差不多了。鄧小平要四個現代化，但沒有政治現代化，這些都是談不到的。

小龍變大龍

問：我們在外面，常問別人也問自己：中國的希望在哪裡？你認為呢？

答：我希望中國（大陸）能夠勉強度過思想危機的難關，真正能夠樹立起信心，這要看共產黨是否有決心。希望國家的經濟好一點，同時除了新聞透明之外，還要打破輿論一律；要政治民主化、新聞有言論自由，這一點一定要做到。

另一方面希望台灣民主的風氣能起作用、台灣的經濟對大陸有所幫助。台灣如果單只是一個島，海峽兩岸都沒有希望。從長遠看，從外表看也只能是一條小龍，不是一條大龍。將來假如能成為像美國一樣的聯邦，尊重台灣的資本主義制度，那麼中國還是有前途，因為中國這民族是優秀的。

現在糟的是不許人民説話，輿論不能擔任監督的工作。

問：在這麼長的記者生涯中，有什麼印象深刻的事？

答：（笑起來）難忘的有幾件。《大公報》在桂林時，我當總編輯，蔣經國很重視我，特別邀我到廬山住了一個多星期，親自陪我勘察一些地方，他那時的確很不錯。

另外，我看「末代皇帝」頗有所感。我年輕的時候採訪過很多人，感覺就像「末」一樣。很多事，不能以後半輩子論人。像汪精衛很有風采，很懂得對方的心理，採訪時他不急著講話；而胡漢民只有自己説話，不讓別人開口；蔣介石則自己説一半，你説一半。汪精衛比較聰明，讓你先講完，你沒話講了，才輪到他講。

佩服一半

比如我採訪汪精衛，那時他在北平成立國民政府，失敗以後逃到山西太原，我到太原去採訪他，我兜個圈子問他，國民政府是否還要留在那個地方。他也兜個圈子講：「我們國民黨的歷史，地下的時候多，公開的時候少。」意思就是他就要走了。

儘管他後來做漢奸，萬世罵名，但是不能否認，他前半輩子有才華、有好評。我們做新聞記者要以歷史的眼光看待人。

問：在您見過這麼多人之中，你最佩服什麼人？

答：最佩服嘛……，有些佩服一半，譬如有骨氣的但是又比較尖刻的人，像林語堂、梁實秋，當時人家批評他一句，他一定也要很尖銳的批評對方。在新聞界，我比較佩服張季鸞，但不是張季鸞所有的我都贊成，比方西安事變的時候，他也罵張學良，後來從歷史上看起來，就是太偏袒，失去一個新聞記者應該有的真正公平、真正客觀。

兩邊挨鬥的記者

問：你自覺在客觀公正這方面做得如何？

答：我要不是這樣子，我不會兩邊挨整，就是因為這樣才會……。

問：對一個歷史的真相，海峽兩邊有很大的爭論，就是抗戰時期蔣介石委員長提出「安內攘外」，一些大陸知識份子因此認為他不抗日。你能否以你的親身經歷為歷史做見證？

答：那是我們做記者時候的事，上海炮戰，全靠國民黨，國民黨把四川的軍隊都調到上海來，死了三、四萬人，我們都派了記者到大常、江灣前線去採訪，天天晚上報告消息。那時有人說蔣介石躲在峨嵋山，勝利之後才逃出來，這都是鬼話。

老實講，那時候共產黨藉機壯大自己的力量，抗戰初他只有四萬多人，藉機膨脹所謂解放軍。後來是蔣介石沒有辦法了，所以要打共產黨，他也知道過去上了共產黨的當了，共產黨藉抗戰名義，膨脹自己的力量，讓國民黨去犧牲。

問：請談談你當年辦《文匯報》的理念、想法是什麼？

答：我認為《大公報》還不夠公平，太袒護國民黨，我希望進步、民主，想超然地辦一份獨立的報紙。我有獨立的主張，反對內戰、反對獨裁、主張民主、主張自由。這樣一個獨立的主張，不因黨派的態度而遷移。這樣的民間報紙，當然後來就受到壓迫，把我們關了門，我就到香港去辦《文匯報》。

問：你那時的想法和言論，是受到大多數人的支持，還是少數呢？

答：不論我在上海主持《大公報》，或是離開《大公報》去辦《文匯報》，我的報紙都是上海第一家，銷路最好，大約有二十萬份，當時已經很了不起。

治治病在床上的中國

問：為什麼你四九年，要從香港回來呢？

答：歷史的幼稚吧！那時看到中國有希望了，多年病在床上的中國，好不容易有希望了，我應該回來幫助它治療治療。

我八〇年到香港去，香港有個記者就問我：「你丟開自己辛辛苦苦創辦的《文匯報》，回到大陸去，你得到的結果是二十年的挨整，你現在懊悔不懊悔？」我說：「不懊悔，作為一個中國人，在當時的條件之下，看到中國的希望，總希望能回來參加工作，後來挨整，是毛老頭的思想產生變化，我沒辦法。」

問：而你在四九年後，也被掃地出門？

答：就像一句話說的：沒坐過監牢的記者不算好記者。解放後，好多真正的好記者也被整死了，像我們這樣都是硬著頭皮挺過來、受侮辱的一代，但是沒有受過這些，就不能真正成為不加引號的記者。

問：那麼現在記者中，你有沒有比較欣賞的一些人？

答：都年紀大了，都六十幾歲了。年紀輕的很少是好記者，因為文化大革命犧牲了一代人，再加上思想不開放，學校教育沒有真正培養出有人格、有學識的新聞記者。

問：你對目前新聞界的期望是什麼？

答：就是希望新聞記者講真話，不要講假話；對於國家政策來講，希望新聞記者能夠開放，真正做到民主化。

問：當初你在辦報及在《大公報》的時代，講真話同樣要受到一些壓制，跟現在情況一樣。但是，為什麼那時的人就能堅持下去，現在就不行了？

答：那時候有些講真話的就被槍斃了，連張季鸞也坐過兩次牢。後來張季鸞因為中國被日本侵略，一定要團結大反抗，要反抗就要有中心力量，要培養一個領袖，所以他認為應該把蔣介石扶起來。

問：現在的記者可以做到什麼程度呢？

答：一方面他（指中共當局）壓你，一方面好的記者露不出頭。過去的名記者能參加重要會議，可以跟高級政治人物當面談話，現在鄧小平也好，其他的人也好，很多都看不起記者，他壓制你，知道你不會講真話，他也看不起你的能力，有些話他寧可跟外國記者講，再其次跟香港記者講，也不願直接跟國內記者講。

問：如果是你親自出馬，有沒有可能？

答：也不可能，他知道你不會，手裡也沒有工具，同時你不會反抗他，也沒有這個能力，他不怕你了。

歷史總有個水落石出

問：你目前有什麼心願？

答：心願是希望能看到海峽兩岸一天天接近，因為彼此的經濟距離差太遠了。

問：你看希望如何？

答：依舊是要有兩個前題：一是大陸內政治民主化，一是經濟能趕上去。

問：你一生中經過中國這麼大變亂，這一生固然很坎坷，是不是也很精采呢？

答：人家說：我挨了那麼多次整，為什麼還沒有被整死？一是因為我相信自己，我沒有做虧心事；二是我相信歷史，總會捱得過來的，因為歷史總有個水落石出的，當然沒想到會那麼快；三是我能看得開，反正我有良心，你儘管帽子一個一個戴到我頭上來，我問心無愧，所以沒有半夜睡不著覺的時候。

我今年都八十二歲了，可是我頭髮還是黑的，牙齒倒是掉光了。所以我常笑自己，「不白之冤」、「無齒之徒」，哈哈……。

（本文轉載自《遠見雜誌》一九八九・一一・十五）

附錄四
民主報人徐鑄成先生

羅孚

一

徐鑄成先生是一代報人，他一生也就只是報人，別無旁騖。他是很重視報人這銜頭的，他在寫《報人張季鸞先生傳》時，就說：「我認為，『報人』這個稱謂，就含有極崇敬的意義。」用不著再加上偉大、卓越之類的形容詞了。他只是給自己加了兩個字，自封為「民主報人」。民主，他辦報的一生最燦爛的歲月，就是爭民主的歲月。這直到他生命最後的日子，他還是在力爭民主。

這本書成為他的遺作，在他去世六、七年後才出版，就是一個證明。書本來在他生前已經印好了，由於後來某一個方面要他修改，刪削一些被認為有違礙的地方，他堅持不肯，書印好也不能發行，終於等到今日，才能以本來面目出而問世。

四十年代裡，他在上海辦《文匯報》辦不下去，被官方封了，後來到香港來才使它復活，重新活躍於爭民主的事業中。這前後發生在半個世紀中的事，一書一報，並不相同，卻同樣使人感慨。

在上海「道不行，而乘桴浮於海」，到海外辦報，在他這不是第一次。三十年代初，在日本占領下的「孤島」上海，他主持的《文匯報》正以愛國報紙異軍突起的姿態，振奮人心，因不見容於敵偽而停刊。他這就到香港來，重回《大公報》主持編輯、評論工作，直到太平洋戰爭爆發，日軍占領香港，才宣布停刊，暫別讀者。

在最後的十多年裡，他忙於寫書，寫出了那麼多本書；忙於旅行，旅行也是為寫書；忙於教學，助廈門大學辦新聞傳播系，又在別的大學教課，帶研究生。如果到香港辦報成為現實的話，那就更加晚景輝煌了。事情雖然使人遺憾，但他那老當益壯的精神，真是使人羨慕的「依舊冰河鐵馬姿」！

這是他八十壽辰時我給他祝壽的詩句。他似乎很歡喜我送給他的這份秀才人情，既在為我的老師朱蔭龍的詩文選作序時，寫進了序文中；又在他自己這本回憶錄中記了下來。這兩首七律寫下了他的一些經歷，也寫下了我和他的一些關係。

二

金戈報海氣縱橫，六十年來一老兵。
早接瓣香張季子，晚傳詞賦庾蘭成。
大文有力推時代，另冊無端記姓名。
我幸及門慚墮馬，京華眾裡祝長生。

桂嶺何曾鬢有絲，巴山長夜史如詩。
江南風雨揮戈際，海角歌呼奮筆時。
萬里神州歡五億，廿年惡夢痛三思。
老來一事尤堪羨，依舊冰河鐵馬姿。

金戈是徐先生晚年為香港《明報》寫文章用的一個筆名，是鑄成這個名字的左右各一半。《報海舊聞》是他晚年許多著作中的一種。他從一九二八年起開始採訪活動，到八十壽辰時，同時慶祝的是從事新聞工作六十年。

他參加《大公報》工作是由胡政之先生引進的，但在編輯部一直師事張季鸞先生。在于右任的詩中，張季鸞是「榆林張季子」。

老記者是張季鸞先生寫通訊時用的筆名，他晚年以《大公報》總主筆的身分，還不時為報紙寫通訊，而且說，老記者不記，就成為老者了。一時傳為名言。

大文有力，既是說徐先生的文章，更是說《大公報》和《文匯報》推動了時代。

另册無端，是無端端把他打入另册，劃為「右派」。昨天去蘇聯，還被指定為訪蘇新聞代表團的團長，貴為盟國上賓，今天一回來，就馬上不是人，成為另一類了。

我幸及門，徐先生既是我的上司，更是我的老師，於我是有教導和知遇之恩的。我可以說是及門的弟子，也可以說是私淑的弟子，以他為師，是心底這樣想，卻從來沒有在口頭上說過。及門更是不用說，有幾年我們是朝夕相處，許多時候不僅同在一間屋子，甚至還是同在一張桌子上編報的。

我一九四一年在桂林考進《大公報》，比徐先生進桂林《大公報》還要早一年。他是一九四二年才從日軍占領下的香港輾轉到的桂林，主持編輯部工作。他和香港《大公報》的同事來到以後，就創辦了《大公晚報》。他很快就讓我這個毛頭小子去編晚報的副刊。他自己經常在那上面寫短短的幾百字的雜文，用銀絲做筆名，那時他不過三十五六歲，以現在的標準看，還可以說是個青年，就在當時，也不過是剛剛進入中年而已，銀絲、銀絲，何曾鬢有絲？

我還記得，徐先生欣賞我的第一篇文字，是我根據資料寫的有關台灣的介紹。當年開羅宣言發表，台灣將要歸還中國。他要我寫點東西，介紹被日本霸占了幾十年我們不免有些陌生的失去的國土，我當時充滿著激情，寫了我們這「美麗島」，把一篇可能枯燥的文字，寫得充滿了感情。徐先生用顯著的地位以特欄的方式刊出。因此認為孺子可教，後來更把晚報副刊的擔子也交給我挑了。

一九四七年，《文匯報》被國民黨查封後，徐先生應吳紹澍之邀作伴小遊台灣，吳紹澍一心想拉徐先生替他辦《正言報》，被徐先生拒絕了。不久，徐先生就到香港創辦了香港《文匯報》，我則至今還沒有去過台灣，去看這美麗島的美麗。

在桂林時代，當英、美於中國的「雙十節」宣布取消對中國的一切不平等條約時，徐先生親自書寫頂天立地的整版大標題，「清算百年歷史，重添雙十光輝」，這大字肩題，至今還印在我的腦海，當時真是十分感佩！

桂林在抗日戰爭時期是有名的「文化城」，文化人雲集，政治氣氛也較為寬鬆。桂林《大公報》在徐先生的主持之下，也較為開明，他寫的一些社論，敢言重慶《大公報》所不敢言，而名記者子岡把在重慶《大公報》不能發表的新聞，寫成通訊，經常在桂林《大公報》上面發表，這使得桂林《大公報》自具特色，更為知識份子所喜愛。

桂林失守，我們都去了重慶，編新出的《大公晚報》，他任主編，我編副刊，又是我比他先到重慶《大公晚報》。湘桂大撤退，我先走一步，去重慶籌備晚報，他是等到日軍逼境，桂林危急時，才宣布桂林《大公報》停刊撤走的，路上比我們先走的人吃多了許多苦頭。

在重慶的幾年，他主持《大公晚報》，雖然是獨立行事，但形式上還是寄人籬下，事先又受到胡政之的提醒，要注意「以小事大」，和王芸生他們搞好關係，料想他的心情不會很好，但他留下的卻是這樣的紀錄：「晚報由徐盈任要聞編輯，羅承勳任副刊編輯。彼此心領神會，工作極為愉快……晚報無評論，我負主編名義，甚得悠閒之趣。副刊偶登雜文，觸著當局痛處癢處。友德不時電囑『火燭小心』。布雷先生則時有警告。好在闖禍不大，留意而已。」闖禍的當然是我，王芸生先生笑說《大公報》是一個蓄電瓶，我編的晚報副刊卻在那裡時時漏電。好在我有徐先生這株大樹遮陰乘涼，終於平安無事，真要謝謝他了。

徐先生提到的徐盈，我們都叫他徐老大，是子岡的丈夫，是個大能人，也是大好人。臥病多年，九六年在北京去世，去了另一個世界，他這位徐先生又去追隨另一位徐(鑄成)先生去了。這裡祝他安息！兩位徐先生都安息！

那幾年正是抗戰勝利的「天亮前後」，漫漫長夜，不知何時是旦。到得日本投降，勝利了，徐先生就趕著復員回上海了。

官方先是忙於「劫收」，緊接著是忙於內戰，劫後河山，又是幾番風雨。上海《大公報》在復刊的初期，在徐先生的主持下，更發揮了桂林《大公報》時代的特色，言論大膽，新聞報導更開放，又是登重慶《大公報》不能刊登的報導和評論，如「校場口事件」等等，揭露了國民黨的許多陰暗措施，而對國民黨在收復區中的「劫收」行動和大打內戰的準備，更是如實報導，不為隱諱。不久以後，他更離開《大公報》，轉去《文匯報》，作更好的發揮，那是為民主而揮戈，國民黨在威脅利誘不遑之餘，終於頒下了查封令。

又是「道不行，而乘桴浮於海」，又是到香港這海角謀發展，創辦了香港《文匯報》，而戰局的發展是蔣家王朝在金陵如夢消亡。新朝在北京建立，「縱橫十萬里」的神州大地上，五億人民是在歡呼的。

但從五十年代到七十年代，二十多年中，土改、肅反、三反五反、反右、大躍進、「文化大革命」……二十多年中，惡夢知多少？豈止要三思？這二十年是國家人民不幸的二十年，也是徐先生和大家同樣遭受不幸的二十年。

這二十年並沒有消磨掉他的壯志，到了真的銀絲入鬢的年紀，他仍不改一個戰士的姿態，為新聞工作，為民主事業盡自己最大的努力，和許多志士仁人一樣，要把無端被浪費了的生命爭取回來。

徐先生八〇年來香港時，正是《新晚報》創刊三十周年，我請他為晚報寫一個專欄，他爽快地答應了，在香港就馬上動筆，回上海後還繼續寫稿，這就是後來出了書的《海角寄語》。這時正是北京在公審林彪、江青兩個集團的「十惡」。他天天看電視，看到江青「氣燄囂張，咆哮法庭，若有所恃，不勝氣憤」，就在專稿中寫了一篇〈他站在哪裡？〉寄來。此文我初時還有些不敢登，考慮再三，拖延幾天，才終於把文章發了出來。事後我雖然受到批判，不過也總算並無大礙。徐先生也沒有受到什麼警告。但很可能因此種下來港辦報受阻的近因了。寶刀未老，餘勇可賈，徐先生的膽識是實在令人佩服的。

「夜闌臥聽風吹雨，鐵馬冰河入夢來。」陸放翁到了晚年，只能作詩作夢想，我們這時代的智者、仁者、勇者卻有幸「依舊冰河鐵馬姿」地上陣，奮不顧身，死而後已。

徐先生就是這其中突出的一個！是我所深深敬佩的，我在這裡可笑地為自己的詩句做注腳，只是希望能略微有助於對徐先生多一些了解而已。

我們一些朋友是在北京為他祝壽的。後來香港的金庸、陸鏗、卜少夫和另一些朋友邀請他到兩度辦報舊遊之地的香港，接受港、台和海外朋友們的祝福，卻又意外的受到了阻隔，護照和機票都到手了，依然有變，行不得也，這也是使人莫名其妙的。

三

這本書原名《八十自述》，是徐先生寫下的八十年生涯的回憶錄。他實際上活了八十四歲，是一九九一年才去世的。他還多看了四年的世變，只是沒有再記下來。這四年中一些最大的世變，他一一目睹耳聞，卻沒有留下回憶，這不能不使人記起了龔定庵的詩：「未濟終焉心縹渺，百事反從缺憾好，吟到夕陽山外山，古今誰免餘情繞。」來面對這一缺憾了。

這四年中國發生的大事，有胡耀邦的下台，鬱鬱而終；有趙紫陽的罷官，默默失聲；有

「六四」的學生運動，驚天動地。據說徐先生曾經感慨而道：「民主是我們這一輩人在爭取的，想不到現在還得要年輕的一輩繼續爭取！」徐先生沒有機會重遊台灣，那邊的民主進程在海峽此岸還不十分注意之際，跨出了較大的步伐，黨禁、報禁開放了，言論、新聞自由的氣象使人耳目一新，他肯定是樂觀其出現的。而在他身後，更實現了全民投票，直選最高領導人的民主。可惜這些他已看不見了。泉下有知，他這「民主報人」當為神州一角的民主變化而欣然色喜的吧。

一九九七年初寫，一九九八年改寫於金山陽谷

附錄五
父親和他的回憶錄

徐復侖

我的父親徐鑄成先生，去世已經七年多了。人們把他稱作「報人」，他自己是非常珍重這一稱呼的，他在寫《報人張季鸞先生傳》時就說：「我國近代新聞史上，出現了不少名記者，有名的新聞工作者，也有不少辦報有成就的新聞事業家，但未必都能稱為報人。歷史是昨天的新聞，新聞是明天的歷史。對人民負責，也應對歷史負責，富貴不淫，威武不屈；不顛倒是非，不譁眾取寵，這是我國史家傳統的特色。稱為報人，也該具有這樣的品德和特點罷」。他的一生，只有辦報這一個理想，並為這一理想而付出了畢生的努力。「報人」的稱謂是他一生追求的最高境界。

父親生於一九〇七年，不到二十歲就開始做記者，到去世時從事新聞工作有六十多年。這六十多年中，他從一個負笈求學的學子歷經坎坷而成為「民主報人」。而這六十多年是中國歷史上波瀾壯闊，滄桑巨變的時代。在這樣的時代裡，任何一個有良心負責任的新聞工作者，都不可能「躲進小樓成一統」。把一個報人的經歷放到這樣一個大的時代背景下去看待，或許有些意義。

父親的一生，其實只做了兩件事：一件是辦《文匯報》和《大公報》，另一件是當右派。父親的好友羅承勛先生有詩云：「大文有力推時代，另册無端記姓名」，說的就是這兩件事。一九二七年，父親參加《大公報》，得益於張季鸞、胡政之等先生的指教，後來擔任過桂林版、上海版總編輯等重要職務。一九三八年，他和幾位朋友一起創辦了《文匯報》，三十年代到五十年代的《文匯報》曾三次停刊三次復刊，始終走在時代的前列，把握時代的脈搏，在中國現代史上留下了痕跡，在自己的報史上也創下了不再的輝煌。一九五七年，父親和許許多多知識份子一樣，懷著對新中國和共產黨的深厚感情，響應「百花齊放、百家爭鳴」的號召，真誠地發表了自己的意見。父親擔任社長和總編輯的《文匯報》再次成為時代的焦點，與國家的命運、知識份子的命運聯繫在了一起。沒有想到，百家爭鳴事實上是「兩家爭鳴」，《文匯報》的資產階級方向應當批判，父親乃至我們全家的悲劇從此開始。

縱觀二十世紀的中國新聞史，似乎可以這樣分期，一九四九年以前的新聞史是反帝反暴、爭取民主獨立和言論自由的歷史；一九四九年以後的新聞史是歌功頌德、輿論統一、不唱反調、爭當喉舌的歷史。三、四十年代父親辦《文匯報》時，正是國家和民族災難深重的時刻，他懷著救國救民的理想，在實踐中摸索辦報的規律，塑造報人的品格，實現自己的新聞理念。堅持獨立立場，弘揚愛國主義，宣傳自由民主，不畏強暴，不屈服於權勢，就是那個時代《文匯報》的特點。抗戰時期，《文匯報》受到日本侵略者和漢奸「炸彈與水果」的威脅，最終被汪偽政府查封，父親逃往後方。抗戰勝利後，《文匯報》又把矛頭指向國民黨的獨裁與專制。父親在一九四七年出版的《文匯日記》上題詞：「希望政治家今年少說假話，希望新聞界的朋友今年多說真話」，正是因為說了太多的真話，《文匯報》又被國民政府查封。在光明與黑暗作最後較量的時候，父親毅然地選擇了跟隨共產黨走向光明的中國。他雖然沒有住過延安的窯洞，喝過延河的水，但是他從幾十年的人生經歷和新聞實踐中體會到了只有共產黨才能救中國。曾虛白先生撰寫的《中國新聞史》是在台灣流行了近四十年的教科書，書中這樣講到那時的《文匯報》：「該報一向左傾，屬附庸黨派，大陸淪陷後，立刻投靠中共……」。一九四九年，父親懷著激動的心情走進了新的時代。他參加了一屆政協和開國大典，慰問了赴朝參戰的人民志願軍，他虔誠的信服社會主義建設的巨大成就和偉大領袖毛主席崇高威望，全身心都投入到新的時代裡。然而，當他回復到平靜的日常生活和新聞實踐中的時候，內心很快就產生了深刻的矛盾，他真誠地希望能在社會主義的新時代裡實現自己的新聞理念，同時又無法理解那些把政策當作真理，思想教條化，人格政治化的現象。他一方面努力從思想上追求和探索馬克思列寧主義和毛澤東思想，另一方面又不願意犧牲做人的尊嚴來換取政治上的進步。他不願意做「奉旨而行」的歌德派，也無意在「黨天下」中爭得一席之地，只想辦好一張報紙，當好一個報人。作為一個報人，他不可能脫離自己所處的時代，而他所處的時代卻並不需要他這樣一個報人，這就是父親的悲劇所在。一九五七年，毛主席引蛇出洞的時候，他認為知識份子的春天、新聞輿論的春天真的到來了，他擺脫了迷茫和苦悶，把自己對新中國對共產黨的深厚感情都傾注到新復刊的《文匯報》中去了。短短幾個月後，父親作為報人的生涯從此徹底結束了，他苦心經營並且深深熱愛的《文匯報》從此徹底告別了過去，在一條完全不同的道路上一去不返。

在以後的二十多年裡，面對巨大的壓力和無情的摧殘，父親也曾徬徨迷茫，作過違心的檢討，但他做人的信念沒有動搖，對國家前途的信心沒有喪失。在社會的最底層，他沒有喪失人格和尊嚴，他一直把這悲劇保持到最後，沒有成為笑劇，我以為這是他一生中最值得稱道的地方。談到那二十多年經歷，父親曾對我說：「比起國家和共產黨受的損失，比起那些年輕人的遭遇來，我這點事實不足道。」

黨的十一屆三中全會以後，父親的問題得到了改正，他又全身心地投入到新的生活中去了。劫後餘生，使父親對中國的國情和前途，對人生的意義和價值有了更為深刻的認識。父親為自己立下了「三不」，即「不計較過去、不服老、不自量力」，為國家的美好前途，為振興中華，發揮一些餘熱。雖然後來又發生過一些令父親傷心的事，但他都能顧全大局，泰然處之。父親重新拿起了塵封二十多年的筆，由寫新聞轉變為寫「舊聞」，他的第一部著作就起名為《舊聞雜憶》。以後的十多年裡，父親寫了四百多萬字，有十幾本專著或文集出版。在這些文字裡，他大量的回憶了過去幾十年的「舊聞」，還指出這些「舊聞」對現在的意義或經驗教訓；他一方面回憶自己幾十年新聞實踐和經歷，另一方面也在總結自己的新聞理念，探索新聞輿論事業發展的規律；他在忘情歌頌大好形勢的同時，更多地關注那些不如人意的地方；他無情地揭露和批判過去「左」的那一套作法，同時也透露出對實事求是、改革開放的真誠擁護。他始終貫徹了「說真話」這一宗旨，不僅大力倡導說真話，而且還身體力行地說真話。

作為一個愛國者，父親一貫堅持宣傳愛國主義，籲望祖國統一；作為執政黨的諍友，他一直肝膽相照，坦陳己見；作為一個具有中國儒家思想的知識份子，他始終堅持獨立的見解，把自己的命運與國家民族的命運聯繫在一起；作為報人，他始終關注著國家的民主建設和新聞改革。一九七四年，反擊「右」傾翻案風的時候，上級領導要求父親寫批鄧的文章，被他拒絕了。八十年代，他多次發表文章和談話，呼籲加快新聞改革的步伐。一九八九年五月，父親的幾位朋友請他在他們起草的宣言上簽字，父親婉言謝絕了在其中一篇反鄧的宣言上簽字，他說，為了國家民族的長遠利益和根本利益，不能反對鄧小平和胡耀邦。他還說，我們老一代知識份子為民主進步而付出的代價，不能再讓年輕的一代付出了。一九九〇年三月，他在出席全國政協會議時，在《光明日報》頭版發表了題為〈開門見山話民主〉的文章，對新一代領導人表示支持和擁護，同時也表達了自己的希望，如果他能看到最近幾年的變化，大概能多一些欣慰。

父親剛剛去世的時候，馮英子先生寫了一篇悼念文章送上海《新民晚報》發表，報社的編輯認為這篇文章涉及了父親那一代人的評價問題，因此面有難色。馮先生一怒之下，撤回了這篇文章。當然，這個「評價」問題至今還沒有解決。我以為，就一己之私而言，我們實在不需要這個「評價」，因為父親一生淡泊名利，如今棺木已拱，不再過問身後榮辱，我們子孫後代更不需要藉此承襲父蔭。更何況，國家主席劉少奇臨終前的一句話足以使那個時代的所有受難者感到欣慰：「好在歷史是人民寫的」。但是，歷史的進程卻無法回避這個「評價」，因為這個評價關乎國家的發展、民族的振興，關乎執政黨的進步。

父親生前有一句重要的話：「沒有坐過牢的記者不是好記者」，這當然不是說當好記者一定要做過囚犯。在父親的心目中，當一個好的記者和報人，就必須站在獨立的立場上，維護社會的基本精神價值，具有批判和抗議的精神，客觀公正地對事實作出報導，不受任何主觀因素的影響，更不屈服於任何勢力。為了說真話，為了新聞輿論的公正，作為一個合格的記者和報人，就要能夠超越自身的利害關係，就要有犧牲自我、成仁取義的決心，就要有無所畏懼的勇氣。要真正做到這一點其實非常艱難，許多人為此付出了高昂的代價，但仍有無悔的來者。父親的一生，正是為這一目標而不懈努力的一生，他一生的經歷，正好說明了做到這一點的艱難。

一九八四年十月，父親在一篇文章中說：「估計再寫兩年，腹中的『存貨』也掏得差不多了。那時，我已過了八十整壽，而祖國更加繁榮昌盛，現代化的美麗前景更加清晰，我打算基本擱筆，歡度晚年了」。這「擱筆」之作，就是近期由三聯書店出版的《徐鑄成回憶錄》。父親的這部回憶錄，是從一九八五年三月開始動筆的。當時三聯書店的范用先生、戴文葆先生建議他把一生的經歷寫下來，以饗讀者。父親斷斷續續地寫了兩年，於一九八七年十月完成。當時擔任中共上海市委組織部部長的趙啟正同志很感興趣，特推薦在上海《人才開發》雜誌上率先發表。後交給家鄉的某出版社出版，於一九八九年六月付梓。由於該出版社採取了過分小心謹慎的態度，幾經周折，致使這部回憶錄終於成了「遺作」。然而，這部「遺作」最終能在完成十一年後在大陸無需小心謹慎地完整出版，應視為中國政治的進步。

父親在這部回憶錄裡，以自編年譜的方式，敘述了自己的報人生涯和人生經驗，對三次停刊三次復刊的《文匯報》作了評述，對自己親歷的「陽謀」也進行了反思。這部回憶錄的出版得到了許多長輩和朋友的關心和幫助。回憶錄出版後，我們沒有組織任何宣傳活動，卻收到了意想不到的熱烈反應。父親生前的朋友們，有的人徹夜不眠通讀了回憶錄，激動的心情難以平抑；有的人年邁目衰，就讓親友誦讀；有的人對回憶錄進行了精心的考證，指出了其中許多不準確的地方和遺漏未盡之處。許多素不相識的讀者來信來電，聲稱感謝父親對那段不能忘懷的歷史所作的動人回憶。上海等地的書店裡竟然供不應求，一時洛陽紙貴。海內外的出版界，也紛紛聯繫出版父親的其他著作。我們雖然無意承襲父蔭，但仍對大家的熱情關心非常感激，同時也為父親感到無比的欣慰。不過，也有一些海外的人士，憑著道聽途說的傳聞，按照自己的需要對父親的事情隨意編造，這雖然無損於父親的形象，但也是許多正直善良的長輩和朋友們所不願意看到的。

說起父親的回憶錄，還有一部書值得一提，那就是父親在八十年代初期寫的《報海舊聞》，書中詳細回憶了他一九二七年步入新聞界到一九五七年離開《文匯報》這三十多年裡的新聞實踐活動，不僅對他工作過的報紙作了評述，還對所處的那個時代的重大事件作了描述。《報海舊聞》初版發行了十萬册，還被譯成了英、日兩種文字。這本書是《徐鑄成回憶錄》的姊妹篇，其實可以稱為父親的新聞回憶錄，晚年父親重新修訂這本書的時候，在書的扉頁寫道「這是我的代表作」。

父親於一九九一年十二月二十三日在家中猝然去世，無疾而終，也算是對他一生敬業的回報。遺憾的是，他沒有看到自己回憶錄的出版，更沒有來得及進一步修訂和補充對最後幾年的回憶。父親去世前幾天還對我說，他準備在明年（一九九二年）用一年的時間來修改這部回憶錄並補上後來五年的事情。

父親曾說，他的這部回憶錄稱不上是對歷史的判斷和總結，只是「白頭宮女在，閒坐話玄宗」罷了。今天，父親的這部回憶錄終於和讀者見面了，但願後來的人們能從父親一生的經歷中獲得一星半點啟示，不再走前人走過的彎路。

一九九九年三月十二日

徐鑄成回憶錄 / 徐鑄成著 . -- 初版. -- 臺北
市： 臺灣商務，1999〔民88〕
面；　公分. --(歷史與傳記；2)

ISBN 957-05-1610-0（平裝）

1.徐鑄成 - 傳記

782.886　　88010426

歷史與傳記

徐鑄成回憶錄

歷史與傳記／讀者回函卡

感謝您對本館的支持，為加強對您的服務，請填妥此卡，免付郵資寄回，可隨時收到本館最新出版訊息，及享受各種優惠。

姓名：＿＿＿＿＿＿＿＿＿＿＿＿＿＿＿＿ 性別：□男 □女

出生日期：＿＿＿年＿＿＿月＿＿＿日

職業：□學生 □公務（含軍警） □家管 □服務 □金融 □製造

□資訊 □大眾傳播 □自由業 □農漁牧 □退休 □其他

學歷：□高中以下（含高中） □大專 □研究所（含以上）

地址：□□□＿＿＿＿＿＿＿＿＿＿＿＿＿＿＿＿＿＿＿＿＿＿＿

＿＿＿＿＿＿＿＿＿＿＿＿＿＿＿＿＿＿＿＿＿＿＿＿＿＿

電話：（H）＿＿＿＿＿＿＿＿＿＿（O）＿＿＿＿＿＿＿＿＿＿

購買書名：＿＿＿＿＿＿＿＿＿＿＿＿＿＿＿＿＿＿＿＿＿＿＿

您從何處得知本書？

□書店 □報紙廣告 □報紙專欄 □雜誌廣告 □DM廣告

□傳單 □親友介紹 □電視廣播 □其他

您對本書的意見？（A/滿意 B/尚可 C/需改進）

內容＿＿＿ 編輯＿＿＿ 校對＿＿＿ 翻譯＿＿＿

封面設計＿＿＿ 價格＿＿＿ 其他＿＿＿＿＿＿＿＿

您的建議：＿＿＿＿＿＿＿＿＿＿＿＿＿＿＿＿＿＿＿＿＿＿＿

＿＿＿＿＿＿＿＿＿＿＿＿＿＿＿＿＿＿＿＿＿＿＿＿＿＿

＿＿＿＿＿＿＿＿＿＿＿＿＿＿＿＿＿＿＿＿＿＿＿＿＿＿

臺灣商務印書館

台北市重慶南路一段三十七號 電話：（02）23116118・23115538

讀者服務專線：080056196 傳真：（02）23710274

郵撥：0000165-1號 E-mail：cptw@ms12.hinet.net